Rainer Lachmann
Reinhold Mokrosch
Erdmann Sturm (Hg.)

Religionsunterricht – Orientierung für das Lehramt

Mit 25 Tabellen/Grafiken

Vandenhoeck & Ruprecht

Bibliografische Information der Deutschen Bibliothek

Die Deutsche Bibliothek verzeichnet diese Publikation in der Deutschen Nationalbibliografie; detaillierte bibliografische Daten sind im Internet über <http://dnb.ddb.de> abrufbar.

ISBN 3-525-61014-9

Printed in Germany.
Satz: weckner media+print GmbH, Göttingen
Druck und Einband: Hubert&Co., Göttingen

Gedruckt auf alterungsbeständigem Papier.

Inhalt

Vorwort

Im Jahre 1997 veröffentlichte die Gemischte Kommission der EKD unter dem Titel »Im Dialog über Glauben und Leben« Empfehlungen zur »Reform des Lehramtsstudiums Evangelische Theologie/Religionspädagogik«, die in didaktischer Integration von Religionsunterricht und Theologie Intentionen und Inhalte für ein theologisch-religionspädagogisches Lehramtsstudium formulierten. Diese Empfehlungen, die sich auch der Evangelisch-Theologische Fakultätentag zu Eigen machte, setzten Standards für die Lehramtsausbildung an Universitäten, die auch unter den geänderten Bedingungen von BA- und MA-Studiengängen ihren leitenden Reformideen treu bleiben wollten. Ein von der Fachkommission II der Gemischten Kommission erarbeiteter »Rahmen für einen Modellstudiengang BA/MA Fach: Evangelische Theologie/Religionspädagogik« beweist das. Was bisher noch fehlt, ist ein Arbeitsbuch, das die »Empfehlungen« in brauchbares Orientierungswissen für Lehramtsstudierende umsetzt.

Die Herausgeber des vorgelegten Bandes, die zum Teil an der Erarbeitung der »Empfehlungen« beteiligt waren, wollen diese Lücke schließen und Lehramtsstudierenden aller Schularten und Schulstufen auf ihrem Weg durch das Studium grundlegendes religionspädagogisch-theologisches Wissen vermitteln.

Inhaltlich soll das gemäß den »Empfehlungen« in neun Kapiteln geschehen, die nach einer wegweisenden Einführung in Beruf, Berufsfeld und Berufsanforderungen einer Religionslehrkraft (1. Kap.) an den klassischen Disziplinen Evangelischer Theologie ausgerichtet sind: am Orientierungswissen Religionspädagogik (2. Kap.), Altes Testament (3. Kap.), Neues Testament (4. Kap.), Historische Theologie (5. Kap.), Systematische Theologie/ Dogmatik (6. Kap.), Ethik (7. Kap.), Ökumenische Theologie (8. Kap.) und Religionswissenschaft (9. Kap.). Außer dem ersten folgen alle weiteren Kapitel demselben Gliederungsschema: Es beginnt A mit *Sach- und Überblickswissen* der jeweiligen Disziplin, führt dann B in gängige *Arbeitsformen und -methoden* ein, bietet C *Beispiele für das Studium* mit Vorschlägen für berufsfeldbezogenes wissenschaftliches Studieren und schließt D mit konkreten *Hilfen für das Studium* und einer *Literaturauswahl* ab. Um ein integratives Studium der Einzelfächer zu fördern, sind die Kapitel untereinander mit Pfeilen (→) vernetzt und können über die Personen- und Sachregister wechselseitig ergänzt und erschlossen werden.

Zielmäßig möchte das Arbeitsbuch dazu beitragen, jene Fähigkeiten und Kompetenzen auf Seiten der Lehramtsstudierenden anzubahnen und zu fördern, die nach den »Empfehlungen« ein erfolgreiches Studium für das Lehramt ausmachen sollten: Das wäre *einmal* die für gelingenden Religionsunterricht ungemein wichtige Hilfe zur Gewinnung *personaler Glaubwürdigkeit,* die der Aufarbeitung der eigenen religiösen Sozialisation ebenso bedarf wie der Reflexion der späteren Berufsrolle; *zum Zweiten* sollte theologische und religionspädagogische Reflexions- und Urteilsfähigkeit zum Zweck *didaktisch-hermeneutischer Kompetenz* eingeübt werden; *zum Dritten* sollten die Studierenden durch kontinuierliche Auseinandersetzung mit anderen konfessionellen, religiösen und philosophisch-weltanschaulichen Lebens- und Denkformen *gesprächs- und kooperationsfähig* werden; und *zum Vierten* schließlich sollten sie im Umgang mit verschiedenen wissenschaftlichen Arbeitsweisen einen Grundbestand an *Methodenfähigkeit* gewinnen und erlernen.

Die Herausgeber und Autoren legen ein Arbeitsbuch vor, das sich nicht nur »einfach« lesen und studieren lässt, sondern das auch zur Diskussion anregt. Damit trägt es dazu bei, den angehenden Religionslehrkräften die für ihren Beruf nötigen Grundkenntnisse zu vermitteln, Auffassungen zu klären und ihnen wichtige religionspädagogisch-theologische Einstellungen zu vermitteln. Solcher Effekt beim Studieren des Arbeitsbuches und mit dem Arbeitsbuch will nicht nur die Lust zu vertiefender Weiterarbeit fördern, sondern dürfte auch die nötigen Voraussetzungen schaffen, um den Fortgang des Lehramtsstudiums Evangelische Theologie/Religionspädagogik auf der Basis des gelernten und kritisch begleitenden Orientierungswissens selbstständig und erfolgreich anzubahnen.

In diesem Sinn sollte das Buch also nicht nur bei Einführungs- und Orientierungs-Veranstaltungen für Lehramtsstudierende in den Anfangssemestern herangezogen werden, sondern als Arbeitsbuch das gesamte Studium begleiten. Bereits praktizierenden Religionslehrkräften kann es zur wiederholenden Information und Orientierung dienen. Allen, die für die Verwirklichung dieses Projektes Zeit, Geist und wissenschaftliches »Herzblut« aufgebracht haben, sei an dieser Stelle vielmals gedankt. Das gilt nicht nur für die Autoren der Einzelbeiträge, denen von den Herausgebern Einiges abverlangt worden ist, sondern auch für jene, die sich um der möglichst optimalen Lese- und Brauchbarkeit des *Arbeitsbuches* willen dem mühsamen »Joch der Formalfron« unterworfen haben: dem Lektorat des Verlags Vandenhoeck & Ruprecht, seinen Druckexperten, den Sekretärinnen an den Lehrstühlen und Instituten der Herausgeber und den Mitarbeitern und Mitarbeiterinnen, Assistenten und Hilfskräften, die sich um das mühsame Geschäft des Korrekturlesens und die Registererstellung verdient gemacht haben. Dem Verlag Vandenhoeck & Ruprecht schließlich danken wir für das verlegerische Veröffentlichungsforum, das er diesem Arbeitsbuch eingeräumt hat. Möge es sich durch guten »Leumund« und Absatz in jeder Hinsicht auszahlen.

Bamberg, Osnabrück, Münster
im Oktober 2005

Rainer Lachmann/Reinhold Mokrosch/Erdmann Sturm

I. Einführung in den Beruf einer Religionslehrkraft

Rainer Lachmann

Leitende Perspektive für diesen Einführungsbeitrag mit seinen Fragen nach Studium und Beruf der künftigen Religionslehrkräfte (RL) soll – gemäß den paradigmatischen Tendenzen in der derzeitigen Pädagogik und Didaktik – eine durchgängige »Subjektorientierung« sein. Das heißt konsequente Ausrichtung an den »Subjekten des Lernens«, hier nicht wie im (Religions-) Unterricht an den Schülern und Schülerinnen, sondern an Ihnen selbst als Studierende, die den Beruf der RL anstreben, zu dessen selbstständiger, sachgemäßer und verantwortlicher Ausübung das Studium vorbereiten und befähigen will. Das angebotene Orientierungswissen will dabei als kompendienhafter Leitfaden für ein Studium dienen, in dem Sie mit je Ihren individuellen Biografien ernst genommen werden und sich existenziell in das Studium einbringen können. Das macht das RL-Studium und den RL-Beruf so ungemein spannend, ja – denken wir an seinen »Hauptgegenstand« Gott, der nie zum Objekt werden kann und darf! – riskant und abenteuerlich: Wir sind immer mit im Spiel und müssen mit der Unverfügbarkeit Gottes nicht nur »ganz« persönlich, sondern auch didaktisch und methodisch umgehen lernen. Bei aller Theoriearbeit, die dem Studium undispensierbar die Anstrengung des Denkens abverlangt, kann deshalb ein Orientierungswissen für Lehramtsstudierende nicht rein kognitiv verstanden werden, sondern ist stets mit affektiver Beteiligung und motivierenden Handlungsimpulsen verbunden.

Seine besondere Würze erfährt das Lehramtsstudium da, wo sich der Subjektbezug mit dem Berufsbezug verbindet und Berufsfeld und -rolle der RL als wesentlicher Bestandteil des Studierens wahrgenommen werden. Dazu bedarf es einer systematisch reflektierten Auseinandersetzung mit den Berufsvorstellungen, -anforderungen und -kompetenzen einer RL, was wiederum von Ihnen verlangt, dass Sie sich Ihrer Erfahrungen mit dem RU, Ihrer Vorverständnisse und Vorurteile und nicht zuletzt auch ihrer Erwartungen ihm gegenüber bewusst werden. Hier empfiehlt sich ein biografischer Zugang, und zwar nicht nur über die je eigene religionsunterrichtliche Lebens- und Lerngeschichte, sondern auch über biografische Erzählungen, Erinnerungen und Texte aus der vielstimmigen Religionslehrerschaft. Sie gewähren Einblicke in den religionsunterrichtlichen Berufsalltag und erschließen ihn nach seinen Schwierigkeiten, Möglichkeiten und Erwartungen in der subjektiven Sicht und Konstruktion der jeweiligen RL. Angefangen mit *H. G. Heimbrocks* »Religionspädagogischen Biographien« und *H. Heinemanns* dokumentierten Erfahrungsberichten aus dem Alltag von RL verschiedener Schularten Anfang der 80er Jahre besteht heute kein Mangel an geeignetem biografischem Material.[1] Bereichert werden können solche Einblicke noch dadurch, dass man die religionsunterrichtlich einschlägigen Erfahrungen der universitären Lehrer der RL mit berücksichtigt.[2] Das kann, was Ihr künftiges Studium betrifft, zu ambivalenten Einsichten führen, die Sie kritisch und hellsichtig im Umgang mit Ihren künftigen Ausbilderinnen und Ausbildern, Professoren und Professorinnen an den Hochschulen machen sollten!

1. Was erwarten Studienanfänger? – Schlaglichter aus einem »alten« Bundesland

Tabelle/Grafik 1

Bevor Sie sich mit den Erwartungen auseinander setzen, die in unserer Gesellschaft an den Beruf der RL geknüpft werden, empfiehlt es sich für Sie, darüber nachzudenken, welche Motivationen und Erwartungen Sie selbst hinsichtlich Studium und Beruf mitbringen. Bei aller Vorläufigkeit, Bruchstückhaftigkeit und Unsicherheit, die einem solchen Klärungsprozess am Beginn des Studiums anhaftet, ist er schon deshalb nötig, damit Sie sich nicht nur den Erwartungen ausliefern, die von außen an Sie herangetragen werden. Nur so kann Ihr Berufsbild ein »Selbstentwurf« werden, der freier Gestaltung, eigenständiger Kreativität und subjektiver Profilierung genügend Raum lässt.[3] Die im Folgenden »eingespielten« Äußerungen von

1 *H. G. Heimbrock (Hg.),* Religionslehrer – Person und Beruf, Göttingen 1982; *H. Heinemann,* Das Bild des Religionslehrers, in: Rh 3/Juni 1983, 84-100 u. 105-108; »Ressourcen der Motivation« Themaheft 3 rhs 39/1997, 154-201; Rh 6/Dezember 1998, 224-231: »2. Block Religionslehrer zwischen Anforderung und Überforderung« – Erfahrungsberichte.

2 *R. Lachmann/H. F. Rupp (Hg.),* Lebensweg und religiöse Erziehung. Religionspädagogik als Autobiographie, 3 Bd. Weinheim 1989/2000.

3 Vgl. *H.-G. Ziebertz,* Wer initiiert religiöse Lernprozesse? Rolle und Person der Religionslehrerinnen und Religionslehrer, in: *G. Hilger/S. Leimgruber/H.-G. Ziebertz,* Religionsdidaktik. Ein Leitfaden für Studium Ausbildung und Beruf, München 2001, 180-200, bes. 183.

Studienanfängern zur Frage nach ihren Erwartungen und ihrer Studiums- und Berufsmotivation sollen Sie ermuntern, für sich selbst Ansätze eines solchen (religions-) pädagogischen Selbstentwurfs zu entdecken.

Grundlage der Darstellung sind die schriftlichen Voten von 147 Teilnehmenden (120 w./27 m., betrifft alle Lehrämter außer Gymnasium und Förderschule) eines so genannten »Theologisch-religionspädagogischen Propädeutikums«, das die Bamberger Universität seit dem WS 1996/97 durchführt, auf die Frage, warum sie »ausgerechnet« RL werden wollen.

In den Äußerungen der Befragten sind persönliche Erfahrungen, religionsunterrichtliche Intentionen und Motivationen nicht trennscharf auseinander gehalten; mit Überschneidungen ist zu rechnen. Mehrfachnennungen waren möglich, d.h. ein Grund schließt einen anderen oder auch mehrere andere Gründe nicht aus.

(1) Mit 59 Nennungen begegnet am häufigsten der religionsunterrichtlich intentionale Grund, den *Glauben weitergeben zu wollen!* Hinter dieser Kurzformel verbergen sich sowohl ungebrochen naive Zielvorstellungen wie auch vorbehaltlich differenzierende und einschränkende Äußerungen. In einigen Fällen sind sie verbunden mit Bekenntnissen persönlicher Frömmigkeit und Glaubensüberzeugungen, die auf Weitersagen drängen. Beispielhafte Formulierungen der Befragten mögen diesen Grund-Typ konkretisieren: Ich will »den Kindern Gott nahe bringen«, »sie zum Glauben einladen«, »für den Glauben begeistern«; »ich will meinen Glauben vermitteln, auch wenn das im RU nur begrenzt möglich ist«; »im RU Kindern den Glauben positiv vermitteln«; »Wege des Glaubens für jemanden erschließen, gerade wenn er Probleme hat«; »Kindern Wege zum Glauben ebnen, ohne sie zu bedrängen«; »Kindern von meinem Glauben erzählen« ...

(2) Am zweithäufigsten (56 Nennungen) werden als Gründe *Prägungen und Erfahrungen* angegeben, *die im Zusammenhang mit der eigenen religiösen Sozialisation stehen.* Dabei rangiert der RU, den man selbst erlebt hat, mit 46 Nennungen unangefochten an erster Stelle und zwar vorrangig als positives Movens; 8-mal aber auch trotz oder gar wegen erlittenen schlechten Unterrichts! 10-mal kam der Anstoß zum RL-Studium aus dem Engagement in der Kirchengemeinde, sei es als Kindergottesdiensthelfer/in, in der Jugendarbeit oder auch in der Diakonie: »Seit der Konfirmation bin ich als aktive Mitarbeiterin in der Kindergottesdienstarbeit der Kirche verbunden«. Und zum RU heißt es: »Ich habe durch meinen guten Religionsunterricht Interesse und Lust bekommen, selbst Religionslehrer zu werden«, oder auch: »Ich will es besser machen als meine meist schlechten Religionslehrer«; »weil

ich meinen künftigen Schülern einen miesen Religionsunterricht wie in meiner Kollegstufe ersparen möchte«...

(3) An dritter Stelle werden 45-mal kognitive Gründe wie *religiöses Informationsbedürfnis, intellektuelle Neugier, theologisches Interesse und vergewisserndes bzw. zweiflerisches Hinterfragen* genannt: »Weil ich erlebt habe, wie Glaubensdogmen einengen können, suche ich die kritische Auseinandersetzung mit Glaubensinhalten«; »ich möchte durch das Studium mehr über die verschiedenen Bereiche und Richtungen der Theologie erfahren«; »möchte ergründen, wie weit sich Theologie wissenschaftlich belegen lässt«; möchte »im Studium meine eigenen Zweifel beseitigen«...

(4) Wieder stärker religionsunterrichtlich intentional motiviert, sind die mit 32 Nennungen vergleichsweise noch recht häufig vorgebrachten *Gründe im Umfeld ethischer Erziehung und Wertevermittlung.* Vereinzelt wird dabei ausdrücklich auf christliche Bezüge und Gebote abgehoben, doch wird in der Mehrzahl der einschlägigen Äußerungen darauf verzichtet und »undefiniert« von Regeln, Werten und Normen gesprochen, wobei der sozialen Komponente ein relativ starkes Gewicht beigemessen wird. Entsprechend lauten die Voten der Studierenden: »Auf dem Hintergrund des christlichen Glaubens Werteorientierung anbieten«; den »Kindern gewisse Verhaltensnormen und Grundregeln menschlichen Zusammenlebens vermitteln«; ihnen »Werte und Maßstäbe vermitteln, wie z.B. für andere da zu sein, anderen zu helfen, andere zu achten«; ihnen »Ansichten, Tugenden, Regeln weiterzugeben, ohne sie zu belehren«; »zu einer festen ›moralischen‹ Basis auch für schwierige Zeiten verhelfen«; »zu Menschlichkeit/Ehrlichkeit erziehen«...

(5) Eine erstaunlich hohe Zahl (31 Nennungen) der Studierenden erwartet sich vom RU *Möglichkeiten und Freiheiten, die andere Schulfächer nicht bieten.* Man meint, in ihm könne lockerer, flexibler, offener und »relativ frei von Leistungsdruck« unterrichtet und insgesamt besser auf den einzelnen Schüler eingegangen werden. Außerdem eröffne der RU methodisch vielfältige und andere Gestaltungsmöglichkeiten, lasse sich kreativ und spannend halten und könne sogar zur »Oase im Schulalltag« werden, die »ganz anderen Unterricht« erlaube und Schule zum »Lebensraum« werden lasse: »Ich erwarte vom Religionsunterricht die meisten Möglichkeiten einer alternativen Unterrichtsgestaltung«; er »eröffnet mir einen großen individuellen Gestaltungsfreiraum«; ermöglicht mir, »neue Strukturen (›frischen Wind‹) in die Schule zu bringen durch Methoden wie Meditation und Diskussion«; erlaubt mir »ohne großen Leistungsdruck zu unterrichten«...

(6) Mit recht großer Überschneidungsmenge zu den ethisch motivierten Gründen und der Absicht, den Glauben weiterzugeben, folgen Motivationen, die sich als *Lebenshilfe mit seelsorgerlicher Akzentuierung* beschreiben lassen. Deutlich profiliert werden sie 20-mal als Grund für die Berufswahl angeführt. Danach soll den Schülern z.B. »ein Haltepunkt im Leben« gegeben werden; sie »sollen durch den RU etwas haben, um sich im Leben ›festhalten‹« zu können; »auf ihre Probleme soll eingegangen werden«; sie sollen »im RU spüren, dass sie wertvoll sind und ihr Leben sinnvoll ist«...

(7) Nicht ausgelassen werden in der anonymen Befragung *pragmatische Gründe*, die mit 18 Nennungen zu Buche schlagen. Ganz nüchtern und praktisch werden dabei Motive und Erwartungen genannt, die scheinbar recht wenig mit dem spezifischen Anspruch und Profil des RU zu tun haben: »Ich habe Religion gewählt, weil ich mir Bio(logie) nicht zugetraut habe und Deutsch mir zu realitätsfern ist«; »ich wollte mein Fächerspektrum so anlegen, dass dadurch meine Anstellungschancen verbessert würden«; »ich erwarte mir vom Lehrstuhl gute Betreuung und auch seelsorgerliche Begleitung«; »weil ich Religionsunterricht bereits in der Schule am meisten mochte und die besten Noten hatte«; »weil ich das Studium der Volltheologie wegen der mangelnden Sprachkenntnisse nicht antreten wollte«...

(8) Relativ dünn ausgefallen sind Nennungen (7-mal), die genuin *pädagogische Gründe* für die Wahl des Fachs RU anführen. Das hängt einmal damit zusammen, dass die pädagogischen Gründe in vielen Fällen mit den anderen bereits oben genannten Motivationen und Erwartungen verknüpft sind, zum anderen aber sicher auch damit, dass die Lehramtsstudierenden wohl im »pädagogischen Eros« kein nennenswertes Spezifikum und Motiv für die Wahl des Faches RU sehen.

Was an den Stellungnahmen der Studierenden auffällt, ist der fast durchgängig fehlende Kirchenbezug. Nur vereinzelt wird auf Erfahrungen mit und in der Kirchengemeinde (vgl. 2.) verwiesen; nur eine der Befragten gab an, »Jugendliche zur Kirche führen zu wollen«.

2. Was wird von Religionslehrkräften erwartet?

□ **Tabelle/Grafik 2**

2.1 Verfassungsrechtliche Vorgaben

Religionsunterricht ist etwas Besonderes – abgesehen von seinen Inhalten auch bereits in seinen Rahmenbedingungen: Als einziges Schulfach wird er grundgesetzlich gewürdigt! Die vom Grundgesetz markierten und garantierten Rahmenbestimmungen des RU lauten – teilweise in wörtlicher Übereinstimmung mit Artikel 149 der Weimarer Reichsverfassung – gemäß Art. 7 Abs. 2 u. 3 GG folgendermaßen:

»(2) Die Erziehungsberechtigten haben das Recht, über die Teilnahme des Kindes am Religionsunterricht zu bestimmen.«

»(3) Der Religionsunterricht ist in den öffentlichen Schulen mit Ausnahme der bekenntnisfreien Schulen ordentliches Lehrfach. Unbeschadet des staatlichen Aufsichtsrechtes wird der Religionsunterricht in Übereinstimmung mit den Grundsätzen der Religionsgemeinschaften erteilt. Kein Lehrer darf gegen seinen Willen verpflichtet werden, Religionsunterricht zu erteilen.«

Diese Ehre ist zugleich eine Bürde und markiert nicht nur die Umstrittenheit des RU, sondern auch seine Sonderstellung im Fächerkanon der Schule. *RU ist Gesetz!* Um dies zu ändern, wäre eine Zwei-Drittel-Mehrheit im Parlament nötig, was bei den derzeitigen gesellschaftlichen und parlamentarischen Verhältnissen in absehbarer Zeit wohl nicht zu erwarten ist. Das schützt allerdings die Grundgesetzbestimmungen weder vor Kritik, noch darf es zeitgemäße Auslegungen und Fortschreibungen verhindern. Vor allem darf es nicht zu der Illusion verführen, der RU sei hiermit ausreichend begründet.

Drei konstitutive Aussagen dieser grundgesetzlichen Minimalforderung müssen besonders beachtet werden:

Erstens. Die Kennzeichnung des RU als *ordentliches Lehrfach:* Das bedeutet, dass der RU als Pflichtfach den anderen Fächern der Schule gleichgestellt ist, dass er innerhalb der normalen Stundentafel gegeben werden muss, dass wie in jedem Fach für messbare Leistungen (!) Noten zu geben sind, die im Zeugnis erscheinen und versetzungsrelevant sind, und dass schließlich der Staat für die Sach- und Personalkosten aufzukommen hat. Für die hauptamtlichen RL impliziert das den Status eines staatlichen Angestellten bzw. die Rechtsstellung eines Beamten des öffentlichen Dienstes, weswegen auch der Staat und nicht die Kirche für die Ausbildung der RL zu sorgen und zu zahlen hat. Entsprechend handelt sich der RU mit seiner Bestimmung als »ordentliches Lehrfach« ein, dass er wie das gesamte Schulwesen der staatlichen Aufsicht unterliegt und sich damit auch dem schulischen Bildungsanspruch stellen und integrieren muss. Der RU ist kein kirchlicher Unterricht, keine Christenlehre in Schulräumen, sondern ein Schulfach, das seinen spezifischen Beitrag zur schulischen Bildung zu leisten hat. Nicht nur für die Religionspädagogik ist das eine ständige Herausforderung, sondern auch für jede RL, die sich deshalb im Klaren darüber sein muss, dass für einen einseitig kirchlich ausgerichteten Unterricht die Schule nicht der richtige Ort ist.

Zweitens. Die Bestimmung, den schulischen RU *in Übereinstimmung mit den Grundsätzen der Religionsgemeinschaften* zu erteilen: Das bedeutet herkömmlicherweise einen nach Konfessionen getrennten RU. »Unbeschadet des staatlichen Aufsichtsrechtes«, unbeschadet auch der »Ordentlichkeit« des RU als Pflichtfach an der Schule und unbeschadet der Mitwirkung am schulischen Bildungsauftrag signalisiert diese Verfassungsformel die Mitverantwortung der verfassten Kirchen für den RU an den Schulen! Das bezieht sich im Wesentlichen auf die inhaltliche Seite des RU und garantiert den Kirchen die bestimmende Partizipation an der Lehrplanarbeit, an der Ausgestaltung der Curricula sowie an der Erarbeitung und Zulassung von Religionsbüchern und anderen Lehrmitteln. Diese Mitwirkung der Kirchen beschränkt sich freilich in der Regel nicht nur auf inhaltliche Fragen; es leiten sich daraus auch Rechte und Ansprüche ab, die sich auf Belange der RL erstrecken. So heißt es etwa in Art. 136 Abs. 4 der Bayerischen Verfassung – und ähnlich auch in anderen Ländern: »Die Lehrer bedürfen der Bevollmächtigung durch die Religionsgemeinschaften zur Erteilung des Religionsunterrichts« – eine gesetzliche Festschreibung, aus der sich dann die Mitsprache der Kirchen bei der Einstellung von RL, das Recht auf »Visitation« des RU, die Mitwirkung bei Examina und eine Mitbestimmung bei der Berufung von Dozenten und Dozentinnen ergibt. Ohne das berühmte »Nihil obstat« (= »Nichts steht entgegen«!) der Kirchen erfolgt keine Bestellung oder Berufung durch den Staat. In Staatskirchenverträgen, staatskirchlichen Regelungen, kirchlichen Gesetzen und Ausführungsbestimmungen ist das je nach Bundesland und Landeskirche unterschiedlich geregelt, und Sie tun gut daran, sich früh darüber zu informieren, wie in Ihrem Land und Ihrer Landeskirche die Bestimmungen lauten. Gerade im Blick auf die Mitbestimmungsrechte der Kirchen gibt es hier große Unterschiede.

Drittens. *Weder Schüler/Schülerinnen noch Lehrer/Lehrerinnen können zur Teilnahme am RU bzw. zur Erteilung von RU gezwungen werden:* Gem. Art. 7,2 u 3 GG steht beiden Gruppen das Recht auf Abmeldung vom RU zu, womit Art. 4 GG Genüge getan wird, der in weltanschaulichen und religiösen Fragen Freiheit garantiert. Diese im Kreis der Schulfächer einmalige Bestimmung folgt aus der mit der »Übereinstimmungsformel« gesetzten Konfessionalität des RU, die, im weitesten Sinne verstanden, konfessorische Parteilichkeit für die »Sache« des Christentums verlangt und kein neutrales Unterrichten zulässt.

Es liegt auf der Hand, dass die beiden letztgenannten, kirchlichen Einfluss und Konfessionalität markierenden Bestimmungen des GG der Charakterisierung des RU als »ordentlichem Lehrfach« widerstreiten. Staatskirchenrechtlich präsentiert sich der RU als »res mixta« mit einer doppelten Zuständigkeit, was von Seiten des Staates wie der Kirchen wechselseitigen Einvernehmens und kooperativer Pflege bedarf. Dass diese Aufgabe in Zeiten zunehmender bzw. längst gegebener Entkirchlichung unserer Gesellschaft nicht unbedingt einfacher wird, kann man sich denken. Umso wichtiger ist es, dass Sie als künftige RL sich nicht nur der antagonistischen Spannung im Grundgesetzartikel bewusst sind, sondern diese aushalten und an Ihrem späteren Berufsort die dem RU auferlegte Doppelzuständigkeit von Staat und Kirche zu produktiver Kooperation mit Kollegen, Schulleitung, staatlichen Ämtern und kirchlichen Verantwortungsträgern ausgestalten. Als RL werden Sie, grundgesetzlich verordnet, Ihr (un-)ordentliches Lehrfach RU als staatlicher Beamter bzw. Angestellter unter kirchlicher Aufsicht erteilen und vor sich selbst, Ihren Schülerinnen und Schülern, Ihren diversen Vorgesetzten und den Eltern zu verantworten haben. Hier kommt in aller Deutlichkeit die Rollenproblematik in den Blick, die für die RL so relevant ist wie sonst wohl für die Lehrkräfte keines anderen Faches.

2.2 Erwartungen von Seiten des Staates

Ihre Erwartungen an den Beruf der RL haben natürlich auch mit der Rolle zu tun, die Religionslehrenden in der Öffentlicheit zugeschrieben wird. Dabei verstehen wir unter Rolle ein »Bündel von Erwartungen, die sich in einer gegebenen Gesellschaft an das Verhalten der Träger von Positionen knüpfen«.[4]

Betrachten wir zuerst die Rollenerwartungen, die von Seiten des Staates an die RL herangetragen werden. Der Staat – im Schulalltag konkret vertreten und erfahrbar durch die Schulleitung und das Schulamt – wacht da-

4 *R. Dahrendorf,* Homo sociologus, Köln/Opladen ^{7}1968, 33.

rüber, dass die RL sich an den vorgeschriebenen Lehrplan hält und ihr Unterricht die Bildungsziele beachtet, wie sie je länderspezifisch in Schulordnungen, Unterrichtsgesetzen, Länderverfassungen und grundgesetzlichen Vorgaben angelegt und ausformuliert sind. Dabei gilt es besonders für den RU, der außer von christlichen Kirchen auch von anderen Religionsgemeinschaften erteilt werden kann, darauf zu achten, dass er mit seinem Unterrichten und Erziehen im maßgeblichen Rahmen der Grund- und Menschenrechte bleibt und für seinen Teil zur Wahrnehmung dieser Rechte im Bildungsbereich Schule beiträgt. Hier hat der Staat das »Sagen« und muss gewährleisten, dass durch die Lehrkräfte seiner Schulen die grundgesetzlich normierte demokratische Ordnung nicht verletzt wird. Nicht zuletzt deshalb hat ein Schulleiter jederzeit das Recht, Einblick in den RU zu nehmen, wobei freilich vordergründig konkrete Probleme des Schulalltags bestimmend sein werden, spezifischerweise Disziplinschwierigkeiten und Fragen der Notengebung und Leistungsmessung.

Wie in allen anderen Fächern müssen auch im RU abprüfbare Leistungen erbracht und – nach dem üblichen Notenschlüssel – bewertet werden (können). Der Schulleiter ist dem Staat gegenüber in der Verantwortung, für eine gerechte und vergleichbare Lern- oder Leistungskontrolle in allen ordentlichen Schulfächern zu sorgen. Dass hier in pädagogischer und theologischer Hinsicht Spannungen angelegt und Rollenkonflikte vorprogrammiert sind, gehört zu den Erfahrungen von RL so lange dazu, wie sie ihren Dienst an der öffentlichen Schule versehen.

Wenn Sie sich als RL an der Schule anstellen oder verbeamten lassen, müssen Sie das akzeptieren und gleichzeitig Wege finden, wie Sie Ihre Angestellten- bzw. Beamtenrolle mit ihren pädagogischen, theologischen und religionspädagogischen Funktionen und Intentionen vereinbaren können.

2.3 Erwartungen von Seiten der Kirche(n)

Historisch betrachtet trug das Verhältnis zwischen Amtskirche und RL durchgängig Züge ausgeprägt klerikaler Natur. Nach der Aufdeckung und Hinterfragung solcher Tendenzen durch die Aufklärung wurde in der Restauration des 19. Jahrhunderts besonders die sog. »geistliche Schulaufsicht« zum Instrument und Signum klerikalen Interesses, bei dem es den Kirchen vorrangig um Macht, Herrschaft und Einfluss ging und nicht zuerst um das Evangelium! Wo Sie als RL solche Irrungen und Anmaßungen im Verhältnis zur Institution Kirche beobachten und erleben, sollten sie sich um der Kommunikation des Evangeliums willen nicht scheuen, Einspruch einzulegen und Protest zu erheben. Gerade im Blick auf die unvermeidlichen Amtsakte wie Prüfungen, Berechtigungsausweise und Beaufsichtigungen ist hier beiderseits ein Verhältnis kritischer Solidarität anzustreben, das klerikal unverdächtig, offen, vertrauensvoll und belastbar sein sollte.[5]

Für RL ist ein solches Verhältnis zur Amtskirche äußerst wichtig, denn diese stehen auch als staatliche Lehrkraft mit ihrem konfessionellen RU in den Augen der Kollegen, der Schüler und Eltern für die verfasste Kirche. Sie werden, ob sie wollen oder nicht, mit ihr identifiziert und man erwartet, dass sie für »ihre« Kirche einstehen. Hier wird meistens nicht unterschieden zwischen Kirche, Amtskirche und christlicher Botschaft. Schon aus diesem Grunde wird von Ihnen als RL erwartet, dass Sie Mitglied der Kirche sind; ein Kirchenaustritt würde in der Regel als Absage an die Inhalte des christlichen Glaubens verstanden werden. Der oft zu hörende Spruch »Religionslehrer ja, Kirche nein« ist für RL konfessionellen oder auch ökumenisch-christlichen RU keine Alternative. Deshalb müssen Sie sich den Erwartungen der Kirche stellen und erwartungsvoll mit ihnen umgehen.

Was die inhaltliche Seite der kirchlichen Erwartungen an den RU angeht, so finden sich diese in kirchlichen Verlautbarungen oder Grundsatzerklärungen der Landeskirche zum RU, wie sie häufig in einschlägig thematisierten Synoden verabschiedet und in Lehrplänen kodifiziert werden. Mit ihnen müssen Sie umgehen lernen, und dieser Umgang wird – auch der Kirche gegenüber – umso souveräner, je besser Sie sich in der religionspädagogischen Landschaft mit ihrer konzeptionellen Vielfalt auskennen. Massiv gebündelt begegnen kirchliche Erwartungen und Ansprüche an Sie in der »Bevollmächtigung«, die RL in einigen Bundesländern zur Erteilung des RU brauchen. Diese »Vocatio« leiten die Kirchen – wie oben bereits angesprochen – aus der Übereinstimmungsformel des GG 7,3 ab, wonach der RU »in Übereinstimmung mit den Grundsätzen der Religionsgemeinschaften« zu erteilen ist. Landeskirchlich unterschiedlich fallen die Regelungen zur Vokation und Vokationspraxis aus, wobei der Anspruch kirchlicher Bevollmächtigung da besonders nachdrücklich und nachhaltig geraten kann, wo er – wie z.B. in Bayern – in die Verfassung aufgenommen worden ist (Bayer. Verf. Art. 136,4). Doch unabhängig davon, ob die Vokationsregelungen in den einzelnen Landeskirchen nun strenger oder »sanfter« gehandhabt werden,[6] macht der Bevollmächtigungsanspruch unmissverständlich darauf aufmerksam, dass es sich bei dem RU, den Sie einst erteilen sollen, definitiv

5 Vgl. *H. Kemler,* Antworten der Kirche »Gebunden an Lehren und Ordnungen seiner Kirche«, in: Rh 6 / Dezember 1998, 241-244, bes. 242.

6 Zu den Regelungen in den Gliedkirchen der EKD vgl. *M. Hahn,* Religionslehrerinnen und Religionslehrer (Da)sein – Person und Beruf, in: *H. Noormann/U. Becker/B. Trocholepczy (Hg.),* Ökumenisches Arbeitsbuch Religionspädagogik, Stuttgart/Berlin/Köln 2000, 75-93, bes. 84f.

um einen evangelischen, zumindest aber christlichen RU handelt. Das aber verlangt von Ihnen, dass Sie sich Gedanken darüber machen, was an elementaren Inhalten christlichen Glaubens und Denkens in Ihrem RU zur Geltung kommen muss, sofern er noch christlich genannt werden möchte. In Ihrem Verhältnis zu den Erwartungen der Amtskirche kommt hier die inhaltliche Dimension von Kirche und Konfession in den Blick. Sie sind als Theologe gefragt, der Stellung bezieht und theologisch denken und argumentieren kann.

Was die Übereinstimmungsformel betrifft, so müssen hier verbreitete Missverständnisse ausgeräumt werden![7] Keine evangelische Landeskirche verlangt von Ihnen ein geschlossenes System christlicher Glaubenswahrheiten, keine verpflichtet Sie zu unkritischer Übernahme und Weitergabe überholter und unverstandener Dogmen. Vielmehr werden Sie von den Kirchen ermuntert und unterstützt in Ihrem Bemühen um einen kritischen Umgang mit den dogmatischen Traditionen der Kirche. Zweifel und Anfechtungen sollen nicht ausgespart werden; es gilt, konstruktiv an einer lebensnahen und -förderlichen Auslegung und Vermittlung der biblischen Botschaft zu arbeiten. Das setzt eine unklerikale Kirche voraus, der es institutionell uneigennützig um das Evangelium geht und die von daher ein herrschaftsfreies kooperatives Verhältnis zu ihren RL pflegen kann. Kirchliche Bevollmächtigung verliert dadurch viel von ihrem »Berechtigungscharakter« und kann die Amtskirche zu einer Instanz werden lassen, die den RL in ihrem verantwortungsvollem Geschäft den Rücken frei hält, sie stärkt und ihnen beisteht in allen (Schul-)Nöten![8]

7 Hilfreich und entlastend ist hier nach wie vor die EKD-Stellungnahme von 1971 mit ihrer Auslegung der »Grundsätze der Religionsgemeinschaft nach evangelischem Verständnis«. Danach müsste eine GG-konforme evangelische Theologie (1.) die Bibel als konstruktives und korrektives Bezugszentrum anerkennen, (2.) unter ökumenischer Perspektive die biblische Wirkungsgeschichte und konfessionelle Auslegungsgeschichte berücksichtigen, (3.) den kritischen Verstehenszusammenhang mit dem gegenwärtigen »Zeugnis und Dienst der Kirche wahren« und (4.) »auf wissenschaftlicher Grundlage und in Freiheit des Gewissens« vorgenommen werden (vgl. Stellungnahme des Rates der EKD zu verfassungsrechtlichen Fragen des Religionsunterrichts (vom 7.7.1971), in: *EKD-Kirchenkanzlei (Hg.),* Die evangelische Kirche und die Bildungsplanung, Gütersloh 1972, 119-127, bes. 124; abgedruckt u.a. in: *G. Adam/R. Lachmann (Hg.),* Religionspädagogisches Kompendium, Göttingen ^{6}2003, 128ff.

8 Vgl. *M. Hahn,* aaO., 85.

2.4 Erwartungen in den neuen Bundesländern

Raimund Hoenen

(1) Die äußeren Bedingungen. Fünfzehn Jahre nach der Wende und der Wiederherstellung der deutschen Einheit im Jahr 1990 ist ein Blick aus der Perspektive der fünf neuen Bundesländer Brandenburg, Mecklenburg-Vorpommern, Sachsen, Sachsen-Anhalt und Thüringen und des vereinigten Berlins immer noch notwendig, denn gerade für das Berufsfeld der RL bestehen trotz vieler Gemeinsamkeiten auch wesentliche Unterschiede und Besonderheiten. Die Deutsche Demokratische Republik (DDR) veränderte durch sozialistische und kommunistische Konzeptionen einer autoritär regierenden Staatsmacht die Gesellschaft, die Lebensweise und das Bewusstsein ihrer Bevölkerung. Besonders nachhaltig hat das einheitliche sozialistische Bildungssystem durch Schule, Erziehung und Ausbildung auf die Menschen gewirkt, die heute unter den für sie neuen Bedingungen einer freiheitlichen Demokratie leben. Der große Teil der Lehrerschaft ist geprägt von den Erfahrungen der DDR-Schule, die nicht weltanschaulich neutral war, sondern auf dem Boden einer marxistisch-atheistischen Weltanschauung stand. Die radikale Trennung von Kirche und Staat bzw. Schule wies die religiöse Bildung und Erziehung allein den Familien bzw. den Religionsgemeinschaften zu. An den Schulen gab es weder das Fach Religion, noch an Fach- oder Hochschulen eine staatliche Religionslehrerausbildung. Die evangelischen Kirchen richteten die »Christenlehre« für das Schulalter ein und bildeten dafür kirchliche Mitarbeitende aus (Katechetinnen und Katecheten, Diakoninnen und Diakone, Pfarrerinnen und Pfarrer); in ähnlicher Weise gestaltete die katholische Kirche ihre religiöse Unterweisung. Zwei wesentliche Ergebnisse dieser Entwicklung sind die Entkirchlichung der Gesellschaft mit einem Anwachsen der Konfessionslosigkeit auf etwa 70 Prozent der Bevölkerung und die Privatisierung des Religiösen, die die Kirchen aus dem öffentlichen Leben und Bewusstsein zunehmend verdrängt oder minorisiert hat.

Auf dem Weg zur deutschen Einheit setzten sich die politischen Kräfte durch, die für die Neueinrichtung des Schulfachs Religion auf der Basis des GG gemäß Art. 7 eintraten. Damit war für die neu gebildeten Länder, die nun auch die Kultur- und Bildungsverantwortung selbst zu übernehmen hatten, der Weg vorgezeichnet, religiöse Bildung an den öffentlichen Schulen zu gewährleisten und RU als Fach einzuführen. Zugleich waren sich die »Runden Tische Bildung« 1989/90 mehrheitlich einig, dass eine ethische Bildung für alle Schülerinnen und Schüler notwendig sei, ein Anliegen, das die neuen Länder zugleich auch verwirklichen wollten. Vier der ostdeutschen Länder mit Ausnahme des Landes Brandenburg haben sich für die Einrichtung des Faches Religion nach Art. 7,3 GG entschieden, das damit an öffentlichen Schulen unbeschadet des staatlichen Aufsichtsrechts in Übereinstimmung mit den Grundsätzen der Religionsgemeinschaften als ordentliches Lehrfach erteilt wird. Mit ihm haben sie zugleich das Fach Ethik – bzw. Philosophie/Philosophieren mit Kindern in Mecklenburg-Vorpommern – als ordentliches Lehrfach eingeführt.

(2) Die Besonderheit des Fachs Religionsunterricht im Fächerkanon der Schule. Im Unterschied zu den Altbundesländern und dem Wortlaut des GG gemäß Art. 7 sind nun Religion und Ethik als ordentliche Lehrfächer an den staatlichen Schulen in den Länderverfassungen und Schulgesetzen benannt. Die Freistaaten Sachsen und Thüringen sowie Mecklenburg-Vorpommern bestimmen das ethische Fach als Ersatz- oder Alternativfach für diejenigen, die nicht am RU teilnehmen, Sachsen-Anhalt stellt beide Fächer als Wahlpflichtfächer nebeneinander. Die Wahlpflicht tritt allerdings nur dann ein, wenn die Fächer evangelische und katholische Religion und Ethik zugleich angeboten werden. Bis zum vollendeten 14. Lebensjahr der Kinder entscheiden in allen Ländern die Eltern über die Teilnahme, ab da die Jugendlichen selbständig, ein Wechsel ist sogar nach Schulhalbjahren möglich. Der RU wird nach Konfessionen getrennt angeboten, ein ökumenischer konfessionenübergreifender Unterricht ist bisher nicht entstanden. Auch wenn in Mecklenburg-Vorpommern seit 1997 ein themenübergreifendes Fächergruppenkonzept erarbeitet wurde,[9] entsteht eine Konkurrenz zwischen den Fächern und Lehrkräften. Sie wird dadurch verschärft, dass in den meisten Regionen die Mehrheit Ethikunterricht wählt und dass um die Bildung von Religionsgruppen in Mindestgröße – in der Regel klassen-, schuljahrs- und sogar schulübergreifend – auch unter den Konfessionslosen geworben werden muss. Ein großer Teil der Lernenden kommt nicht aus kirchlich oder religiös sozialisierten Familien; im Land Sachsen-Anhalt sind nur etwa ein Drittel bis ein Viertel getauft. Religion ist nicht nur ein Fremdkörper im Fächerkanon der Schule, sondern auch die RL erleben sich als Exoten und erfahren Vorurteile, Distanz und Ablehnung im Kollegium. Gemeinsame Projekte und fächerübergreifende Kooperationen sind nicht selbstverständlich.[10] Noch schwerer gelingt die Integration, wenn die Lehrenden von den

9 *A.-K. Szagun,* Mission auf Erfolgskurs? Zu Chancen und Stolpersteinen des konfessionellen Religionsunterrichts in Mecklenburg-Vorpommern, in: Neue Sammlung 40/2000, 295-312, bes. 303ff.; *E. Schwerin,* Religionsunterricht in Mecklenburg-Vorpommern, in: *M. Hahn u.a. (Hg.),* Religiöse Bildung und religionskundliches Lernen in ostdeutschen Schulen – Dokumente konfessioneller Kooperation, Münster 2000, 165-188, bes. 181ff.

10 *A.-K. Szagun,* aaO., 296ff.; vgl. *M. Hahn* u.a. (Hg.), aaO., 55ff.

Religionsgemeinschaften beauftragte oder durch Gestellungsverträge eingesetzte kirchliche Mitarbeiter sind, die keine anderen Fächer unterrichten und die oft auch noch wie »Wanderprediger« an mehreren Schulen eingesetzt sind.

Das Land Brandenburg hat 1996 eine abweichende Regelung beschlossen: In den öffentlichen Schulen wurde für alle Schülerinnen und Schüler verpflichtend ein ethisch orientierter Unterricht »Lebensgestaltung – Ethik – Religionskunde« (LER) ab dem 7. Schuljahr eingeführt, versuchsweise auch in der sechsjährigen Grundschule. Unabhängig von dem Fach LER können die Religionsgemeinschaften auch Religion an den Schulen anbieten. Bei nachweislicher Teilnahme am RU können sich Schüler und Schülerinnen von LER abmelden. Das Land beruft sich rechtlich auf Art. 141 GG (Bremer Klausel), wonach Art. 7,3, Satz 1 keine Anwendung findet in einem Lande, in dem am 1. Januar 1949 eine andere landesrechtliche Regelung bestand. In der sowjetischen Besatzungszone einschließlich Ostberlin durfte es seit dem SMAD-Beschluss von 1946 offiziell keinen RU an öffentlichen Schulen geben. Die Bremer Klausel sollte freilich nur die andere Praxis des Landes Bremen legitimieren, das Pflichtfach »Biblische Geschichte« für alle fortzusetzen, nicht aber fehlenden RU legitimieren.[11] Die Kirchen West-Berlins plädierten nach dem Zweiten Weltkrieg dafür, die Erfahrungen der Bekennenden Kirche fortzusetzen und den freiwilligen RU mit öffentlicher Unterstützung an den Schulen durch selbst ausgebildete katechetische Kräfte nicht aus der Hand zu geben. Dem entsprach die Praxis der Ostberliner Christenlehre, so dass das Berliner Modell nach der Wende fortgesetzt wurde. Inzwischen wird deutlich, dass diese Regelung aus schulorganisatorischen und inhaltlichen Gründen die ursprüngliche Bildungs- und Erziehungsaufgabe nicht mehr erfüllen kann. Deshalb wird von den Berliner Kirchen ein staatlich geregelter RU in einer Fächergruppe mit Fächern philosophisch-ethischer und weltanschaulicher Bildung angestrebt.[12]

Die deutsche Einheit stellte mit einer neuen Bildungspolitik die Schulen im Osten vor tiefgreifende Veränderungen. Entscheidend waren

- die Umwandlung von der sozialistischen Einheitsschule in das mehrgliedrige Schulsystem,
- die Neuorientierung der Bildungsziele und Erziehungsaufgaben,
- die Umstrukturierung der Schulorganisation und der Stellenbesetzung,

11 So *Chr. Link*, § 54 Religionsunterricht, in: *J. Listl/D. Pirson (Hg.)*, Handbuch des Staatskirchenrechts der Bundesrepublik Deutschland, Bd. 2, Berlin ^{2}1995, 439-509, bes. 444f.

12 www.alles-wissen-wollen.de oder: Leben mit Sinn und Verstand, Berlin 2000.

- veränderte Fachinhalte und Fächer mit der Abschaffung von Staatsbürgerkunde und Wehrunterricht, der Einführung von Sozialkunde, Religion und Ethik,
- eine höhere Qualifikation der Lehrenden auf der Grundlage eines Hochschulstudiums mit Abiturvoraussetzung für alle Lehrämter.

Diese Veränderungen hatten zusätzliche Fort- und Weiterbildungen, Umschulungen und biografische Einschnitte durch rechtliche Maßnahmen zur Folge. Für die neuen Wertefächer musste eine Fachausbildung an den Hochschulen geschaffen werden. An allen sechs Universitäten wurden religionspädagogische Lehrstühle für Direktstudiengänge eingerichtet; für Ethik ist ein Direktstudium noch immer nicht durchgehend erreicht. Die meisten Lehrkräfte werden durch die zeitlich gedrängte berufsbegleitende Weiterbildung gewonnen, die vielen Teilnehmern völlig neue Inhalte und didaktische Wege erschließt.[13] Zur Gewährleistung der Inhalte des RU bestehen die ostdeutschen Kirchen darauf, dass die Lehrkräfte eine Unterrichtserlaubnis durch die Vokation bzw. die missio canonica erhalten.

(3) Eltern- und Schülererwartungen an die Religionslehrkräfte. Im Gegensatz zu den alten Bundesländern ist der RU in Ostdeutschland kein selbstverständliches Fach, für das es ein mehrheitliches Einverständnis gibt. Wer sich für den RU entscheidet, ist in der Regel auch als Teilnehmer Außenseiter, weniger gesellschaftlich angepasst. Er muss immer noch lernen, die Religionsfreiheit als aktives Recht auch öffentlich zu vertreten. Eine konformitätsgeleitete sozial angepasste Erwartungshaltung ist kaum vorhanden; sie ist gerade noch in traditionell geprägten volkskirchlichen Regionen wie im Süden Sachsens oder Thüringens oder in ländlichen Gebieten anzutreffen. Doch der hohe Anteil konfessionsloser Schülerinnen und Schüler lässt fragen, warum sie und ihre Eltern das Fach Religion wählen.

Das Spektrum der Erwartungen ist breit gefächert, vielschichtig und mit seinen unterschiedlichen Voraussetzungen nicht einheitlich. Es ist nicht möglich, allen diesen Erwartungen zu entsprechen. Aber genauere Kenntnisse der Schülersituation und eine Analyse des schulischen Bedingungsfeldes helfen dabei, einerseits Schwerpunkte zu setzen und andererseits deutlich zu machen, welche Erwartungen der RU *nicht* erfüllen kann. Sechs »Typen« von Erwartungshaltungen zeichnen sich ab:

13 *M. Hahn*, Wende und Wandlung (Münster 2003), zeigt exemplarisch an sieben Bildungsgeschichten, welchen Einfluss die Lehrerweiterbildung auf Leben und Beruf der Teilnehmenden hat.

Die alternative Erwartungshaltung. Nach einer Untersuchung von Elternerwartungen aus Sachsen fällt auf, dass sich Eltern bewusst gegen die Mehrheit entscheiden, so dass man von einem oppositionell-apologetischen Motiv sprechen kann. Es setzt in einer veränderten Oppositionshaltung gegenüber dem Mainstream die christliche Außenseiterhaltung der DDR-Zeit fort: »Sie (sc. die Eltern) entscheiden sich häufig bewusst gegen die Mehrheitsmeinung für den Religionsunterricht, weil sie von ihm Gutes für ihr Kind erwarten...: Ich gehe da nicht unbedingt nach der Masse.«[14]

Die weiteren Erwartungshaltungen finden sich gemeinsam in Ost und West, wenn auch mit unterschiedlicher Gewichtung. Allerdings ist zu bedenken, dass die Entscheidung für das eine Fach zugleich eine gegen das andere Fach bedeutet. Die alternative Wahl legt zugleich das Missverständnis nahe, dass in Ethik keine Fragen der Religion erörtert würden, in Religion kaum ethische Fragen.

Die bildungsorientierte Erwartungshaltung. Religiöse Bildung im RU soll Defizite in der Allgemeinbildung abbauen. Diese Erwartung versteht Religion als Religionskunde, die über das Christentum und die anderen Religionen informiert. Wissensneugier und Interesse sind wesentliche Motive für die Wahl des Fachs. Dieser Haltung entspricht die Begründung von Religion als Bildungs- und Kulturgut, deren christliche Tradition den Alltag und die Feste im Jahres- und Lebenszyklus verständlich macht. Dem Ethikunterricht wird in diesem Fall weniger fachliche Kompetenz und authentische personelle Vermittlung zugetraut.

Die traditionsorientierte Erwartungshaltung. Selbst konfessionslose Eltern sehen sich im Zusammenhang einer Generationenkette, für die der Religionsunterricht die Möglichkeit der Anknüpfung und des Verstehens der Familientradition, des Brauchtums und wiederbelebter religiöser Praktiken bietet. Selbst wenn dadurch mehr oder weniger nostalgische oder historische Interessen bedient werden, geht es doch um ein Kennenlernen und Verstehen geheimnisvoll unbekannter oder faszinierender Phänomene. Die Jugendlichen erwarten, auch wenn sie nicht selbst an Praktiken des Okkultismus, des New Age oder neuer Sekten beteiligt sind, Klärung und Orientierung unter den heutigen Bedingungen. Von der christlichen Religion erhofft man sich im RU sowohl eine gewisse Nähe zu den Phänomenen wie eine kritische Distanz.

14 *H. Liebold*, Elternerwartungen an den RU. Eine religionspädagogische Miniatur aus Sachsen, in: *M. Hahn u.a. (Hg.)*, Religiöse Bildung, 35 u. 41. Vgl. *dies.:* Religions- und Ethiklehrkräfte in Ostdeutschland, Münster 2004.

Die erzieherische Erwartungshaltung. Religion und Ethik gelten als »Wertefächer«, in denen Sitte, Moral und Ethik gelernt werden. Wegen der Herkunft der Zehn Gebote aus der biblisch-christlichen Überlieferung halten viele Eltern die Religion für kompetenter in ethischen Entscheidungen, die möglichst nicht nur als Problem erörtert werden, sondern auch die Haltung bestimmen sollen. Die Elterngeneration hofft, dass der RU die überlieferten Normen stärker bewahrt und besser auf die Jugendlichen einwirkt, als das die Familie noch kann. Damit steht der RU vor der Frage, ob er dieser Erwartungshaltung entsprechen kann und will – ob etwa die RL die erzieherische Funktion der Eltern (mit) übernehmen muss.

Die personorientierte Entscheidung. Eltern und Kinder machen ihre Entscheidungen davon abhängig, wie gut sie die Lehrkräfte kennen und wie viel Vertrauensvorschuss sie ihnen geben. Das trifft für die Wahl oder Abwahl aller Fächer zu. Für Schülerinnen und Schüler spielen Sympathie und Antipathie eine wichtige Rolle, ebenso das Anforderungsniveau bezüglich Mitarbeit und Leistung und die Notengebung.

Individualisierende Erwartungshaltung. Sowohl kirchliche wie nicht-kirchliche Familien erwarten in der kleinen überschaubaren Gruppe eine größere Nähe und stärkere Zuwendung der Lehrkraft zu den Lernenden. Sie soll die Kinder begleiten und ihnen Vertrauen entgegen bringen, auch unter den Bedingungen des Schulalltags.

Aus der relativ kleinen Gruppe der religiös sozialisierten Familien kommen Erwartungen, die den RU als kirchlichen Unterricht verstehen. Erhofft werden eine Beheimatung in der kirchlichen Tradition und ein vertiefender Glaubensunterricht. Immer wieder stellt sich die zentrale Frage nach Gott, an der auch Konfessionslose interessiert sind. Die Lehrkraft wird herausgefordert, lebensgestaltende Orientierung und Handlungsanleitungen zu geben, aber auch zu kritischer Reflexion kirchlicher und gesellschaftlicher Entwicklungen beizutragen.

Für die Jugendlichen, die sich selbst entscheiden können, ist wichtig, inwieweit sie selbst mit ihrer Person ernst genommen werden und mit ihrer eigenen Lebenswelt und Mitbestimmung vorkommen. Dafür spielen die Erfahrungen der Methoden, Inhalte und einer schülerorientierten Unterrichtspraxis eine entscheidende Rolle.[15]

15 Vgl. *K. Petzold*, Religion und Ethik hoch im Kurs, Leipzig 2003, 52ff.

Der Neuaufbau der Fächer Religion und Ethik in Ostdeutschland verläuft parallel mit einer politischen Entwicklung, die vom Staat Sparmaßnahmen und finanzielle Einschränkungen verlangt. Sie betrifft den Bildungsbereich mit Kürzungen von Stellen und Stundenplänen und lähmt erforderliche Initiativen. So fehlen Lehrkräfte in den Mangelfächern, während ausgebildete Lehrkräfte nicht eingesetzt werden können, weil auch die Entscheidungsträger nicht von der Notwendigkeit der Fächer überzeugt sind. Immer noch nicht nehmen alle Schülerinnen und Schüler an den neu eingerichteten Fächern teil, und über ihre Inhalte, Gemeinsamkeiten und Unterschiede herrscht vielfach Unklarheit.[16] Die Entscheidung für das Fach Religion in Ausbildung und Beruf verlangt deshalb aus der Perspektive der neuen Länder besonderen Einsatz und hohes Engagement.

3. Was wird von Religionslehrkräften verlangt?

Tabelle/Grafik 3

Das Reformkonzept, an dem wir unser Arbeitsbuch orientieren, nennt als »Leitziel des Studiums« *religionspädagogische Kompetenz,* mit der »eine entsprechende *Berufshandlungsfähigkeit* ... begründet und angebahnt« werden solle.[17]

Sie schließen zu kurz, wenn Sie daraus folgern, es gehe »nur noch« um die Berufspraxis oder andererseits in erster Linie um die Theologie.

Dieses durchaus brauchbare Leitziel darf weder kurzschlüssig missverstanden werden als einseitig an den Praxisanforderungen des RU ausgerichtet, noch genauso kurzschlüssig und einseitig als vorrangig bestimmt von den Ansprüchen und Erfordernissen der einschlägigen Wissenschaften, in unserem Fall vor allem der Theologie und ihren Disziplinen. Demgegenüber versteht sich die mit Ihrem Studium angestrebte religionspädagogische Kompetenz ausdrücklich »als integratives Ziel«, in dem die »Anforderungen des Berufsfeldes« und die »Anforderungen der theologischen Wissenschaft« miteinander theologisch-didaktisch verschränkt sind.[18] Wir unterscheiden sie nach *sechs Dimensionen:*

16 Vgl. *R. Hoenen,* Religionsunterricht in Sachsen-Anhalt, in: *M. Hahn u.a.,* Religiöse Bildung, 195-207, bes. 197ff.

17 Im Dialog über Glauben und Leben, 38.

18 aaO., 84.

Das ist *erstens* die *rechtlich-institutionelle Dimension,* die wir im vorangegangenen Kapitel näher in den Blick genommen haben. Hier handelt es sich im Horizont unterschiedlicher gesellschaftlicher Erwartungen um den verfassungsrechtlich geregelten RU als res mixta zwischen Staat und Kirche im schulischen Bedingungsfeld.

Zweitens geht es um die *persönliche Dimension,* der vom Gegenstand und Anliegen des RU her eine vergleichsweise hohe Gewichtigkeit im Kompetenzkomplex zukommt. Bei einer Wissenschaft, die im Letzten und Tiefsten immer Theologia practica ist oder – modern ausgedrückt – zu den »selbstreflexiven Wissenschaften« zu zählen ist,[19] gewinnt hier die von uns geforderte Subjektorientierung des Studiums existenzielle Dringlichkeit.

Drittens handelt es sich um die *fachwissenschaftlich-theologische Dimension,* die nach wie vor unverzichtbarer und fundamental wichtiger Bestandteil religionspädagogischer Kompetenz ist. RL werden und sein heißt als Daueraufgabe mit wissenschaftlichem Ernst und Eifer Theologie treiben, lernen und leben.

Viertens verlangt die *pädagogisch-humanwissenschaftliche Dimension* eigenständige Dignität, denn allein sie kann der notwendigen Schülerorientierung dazu verhelfen, wirklich ernst genommen zu werden. Das gilt sowohl im Blick auf die empirischen Befunde aus Entwicklungspsychologie und Sozialisationsforschung wie auch in anthropologisch-normativer Hinsicht. Hier stellt sich die theologisch »normierte« religionspädagogische Zielsetzung den latenten oder manifesten Normen der Pädagogik und tritt in einen normativen Konvergenz- bzw. Divergenzdiskurs ein.

Für alle, die wie Sie konkreten RU vorzubereiten und zu halten haben, macht *fünftens* die *(fach-)didaktische Dimension* den unterrichtlichen Kernbereich der religionspädagogischen Kompetenz aus. Hier werden die theologische Sachdimension und die pädagogische Schülerdimension zueinander in Beziehung gesetzt. Die Auswahl der Unterrichtsinhalte, ihre angemessene Begründung und ihre Lernziele werden didaktisch befragt.

Wo die didaktische Dimension als Kernbereich der religionspädagogischen Kompetenz angemessen in Anschlag gebracht ist, kann schließlich *sechstens* auch die *methodische Dimension* in ihrer unverzichtbaren Wichtigkeit

19 *H.-M. Gutmann/N. Mette,* Orientierung Theologie. Was sie kann, was sie will, Reinbek 2000, 155.

eigens herausgestellt werden. Diese schließt die kommunikativen Fähigkeiten mit ein, die Sie als »Gesprächs- und Kooperationsfähigkeit« bereits im Studium lernen und üben können.

3.1 Die persönliche Dimension religionspädagogischer Kompetenz.

Wie eingangs bereits betont, sind die kritische Wahrnehmung und Klärung der je eigenen Lebens- und Glaubensbiografie eine unerlässliche Aufgabe und Voraussetzung im Aneignungsprozess religionspädagogischer Kompetenz. Sie können sich vollziehen im persönlich gestimmten Nachdenken über sich selbst, in einschlägigen propädeutischen Lehrveranstaltungen und nicht zuletzt in andauernden Gesprächen mit Personen Ihres Vertrauens, Ihren Freundinnen und Freunden, Ihren Kommilitonen und Kommilitoninnen – Gesprächen, die Sie führen und suchen müssen und denen Sie sich auch bei kontroversen Fragen zu stellen haben. Hier äußert sich die soziale Komponente der persönlichen Dimension als essenzielles Element einer religionspädagogischen Kompetenz, die an ihrem Beitrag zur Kommunikation des Evangeliums und der dementsprechenden Bildung zur Gemeinschaftsfähigkeit gemessen wird.

Solche autobiografische »Reflexion der eigenen Religiosität und der Berufsrolle« wird sich immer wieder des »Eigensinns« der erfahrenen familiären Sozialisation, der regionalen und sozialen Herkunft und des mitbestimmenden gesellschaftlichen Kontextes bewusst werden und wird darüber allenthalben auf Beziehungen, Übergänge und Grenzen zwischen dem »eigensinnigen« Subjekt und den Strukturen seiner Lebenswelt stoßen, mit denen umzugehen Sie lernen müssen.[20] Dazu gehört auch die geschlechtsspezifische Perspektive. Sie macht nicht nur aufmerksam auf Benachteiligungen und Einstellungsunterschiede zwischen Religionslehrerinnen und Religionslehrern, sondern schärft den Blick für besondere Begabungen, Auffassungen und Verhaltensweisen, die geschlechtsbedingt sind und kooperativ und kreativ für den RU genutzt werden können.[21]

20 *H.-G. Ziebertz* redet hier von »biographischem Lernen als transitorischem Lernen« (Biographisches Lernen, in: *G. Hilger u.a.*, Religionsdidaktik, 349-360, bes. 353f.); vgl. auch *R. Wunderlichs* Rede von »Übergängen« (Übergänge. Einführung in die Religionspädagogik, in: *ders./B. Feininger (Hg.),* Übergänge in das Studium der Theologie/Religionspädagogik, Frankfurt a.M. 2002, 203-223).

21 Vgl. *M. Hahn,* Religionslehrerinnen und Religionslehrer (da)sein – Person und Beruf, 87f.

(1) Gläubigkeit? Wie gläubig, fromm, religiös muss ich sein, um meinen RU kompetent und authentisch erteilen zu können? Diese religionspädagogisch wichtige, häufig aber unausgesprochen bleibende Frage verlangt differenzierte Antworten.[22] Vorweg muss, bei allem Wenn und Aber im Einzelnen, klar herausgestellt werden, dass für einen konfessionell oder auch christlich ökumenisch erteilten RU eine positive Grundeinstellung gegenüber Religion, christlichem Glauben und - bei aller möglichen und notwendigen Kritik - auch gegenüber der Kirche vonnöten ist.

Nehmen wir unter dieser Voraussetzung die Gläubigkeit in den Blick, so gilt es zunächst das Missverständnis auszuräumen, als könne man von einem bestimmten Zeitpunkt an seinen Glauben als einen Dauerzustand und sicheren Besitz registrieren. Die Glaubenslinie ist keine kontinuierliche, sondern - und das gilt besonders für die unter Ihnen, die meinen, sie hätten einen zu »kleinen«, zu zweiflerischen oder zu skeptischen Glauben - eine punktierte Linie, die immer wieder Unterbrechungen zeigt. Theologisch ausgedrückt meinen diese Unterbrechungen die dem Glauben wesenhaft verbundenen Anfechtungen durch Zweifel, Leid und Unheil, die die Unverfügbarkeit Gottes und seines göttlichen Glaubensgeschenkes wahren und auch der gläubig vertrauenden RL den biblischen Vorbehalt abverlangen »Ich glaube, (Herr), hilf meinem Unglauben« (Mk 9,24). *Glaube* ist deshalb, richtig verstanden, stets *angefochtener Glaube* und von daher immer ein Prozess, oder - um mit *Luther* zu sprechen - »nicht ein Sein, sondern ein Werden, nicht eine Ruhe, sondern eine Übung ..., nicht das Ende, ... aber der Weg«![23] In diesem Sinne setzt sich die Gläubigkeit zusammen aus

- *Erinnerung* an Gottes Geschichte mit den Menschen, wie sie uns als Evangelium von der Bibel überliefert wird und wie sie für uns und unsere Schüler und Schülerinnen ständig wieder-holbar ist;
- zuversichtlicher *Erwartung,* dass diese (Heils-)Geschichte mit uns und für uns weiter geht, und
- der unverfügbaren Glaubens*ereignung* als existenzieller Betroffenheit und Ergriffenheit, die durch die biblische Botschaft und entsprechende religiöse Erfahrungen bewirkt werden kann.

So verstandene Gläubigkeit kann sicher eine Hilfe sein, um mit sich selbst und dem eigenen Glauben ins Reine zu kommen, Überforderungen zu relativieren und mit Defiziten angemessen umzugehen. Im Blick auf den RU dürfte

22 Vgl. *R. Lachmann,* Kann man ›Glauben‹ lernen?, in: KatBl 115/1990, 758-763.

23 Evangelisches Gesangbuch. Ausgabe für die Evangelisch-Lutherischen Kirchen in Bayern und Thüringen, 396.

es dabei auch unmittelbar einleuchten, dass Gläubigkeit im dargestellten Vollsinn der Bedeutung nicht zum unerlässlichen Erfordernis erhoben werden kann. Das verbietet das Moment der unverfügbaren Glaubensereignung, das sich im Letzten jeder objektiven Feststellbarkeit und Messbarkeit entzieht. Das heißt natürlich nicht, dass eine Gläubigkeit, die merklich von Gottes Wort betroffen und ergriffen ist, für den RU ohne Interesse sei. Im Gegenteil: eine solche »vollsinnige« Gläubigkeit der RL ist für einen RU, der sich zentral mit der biblischen Überlieferung befasst, durchaus wünschenswert, ja mit gewissen Vorbehalten sogar so etwas wie affektive *Optimalvoraussetzung!* Das ergibt sich aus der pädagogisch-psychologischen Tatsache, dass ein unterrichtlicher Lern- oder Kommunikationsprozess mit dem Grad des persönlichen Engagements des Lehrenden zunehmend an Effizienz gewinnt. Da gegenüber biblischen Texten und ihren Sinngehalten die persönliche Glaubenshaltung das denkbar höchste Maß an existenziellem Engagement besitzt, spricht alles dafür, dass eine gläubige RL im oben beschriebenen angefochtenen Sinne den Anforderungen des RU besonders gut gewachsen ist. Die Anfechtung wahrt und gewährt die *kommunikative Offenheit und Toleranz,* die schulischer RU der glaubenden RL mit Rücksicht auf seine Schüler abverlangt.

Die solchermaßen theologisch definierte und pädagogisch legitimierte Optimalvoraussetzung für den RL lässt auf der anderen Seite die Frage nach den unerlässlichen *Minimalvoraussetzungen* des RL besonders dringlich werden. So viel kann dazu vorweg gesagt werden: Diese müssen sich einmal im unterrichtlich relativ verfügbaren Rahmen menschlicher Vorstellungen und Einstellungen bewegen und dürfen zum anderen einer Transzendierung zu möglicher Glaubensereignung nicht entgegenstehen. Von daher liegt es nahe, die oben strukturell beschriebene Gläubigkeit ihrer göttlich unverfügbaren Komponente zu entkleiden und ihre verbleibenden menschlichen Strukturelemente zum Maß religionsunterrichtlicher Mindestvoraussetzungen zu machen. Damit bleiben *Erinnerung* und *Erwartung* als Voraussetzungskonstitutiva übrig. Wertmäßig und inhaltlich vermögen diese beiden Strukturelemente christlicher Gläubigkeit auch tatsächlich sachgemäße Minimalerfordernisse für den RL-Beruf abzugeben: Sie verlangen von einer RL, dass sie im Blick auf sich und ihre Schüler die Glaubensinhalte der christlichen Überlieferung für *erinnerungswürdig* hält und sich ihnen und ihren potenziellen Sinnantworten gegenüber aufgeschlossen und *erwartungsvoll* zeigt. Diese Haltung der RL kann geistesgeschichtliche oder schulische Gründe haben; unabdingbar aber muss sie *persönlich und pädagogisch begründet* sein. Persönlich meint dabei, dass die RL für ihre Person die biblische Überlieferung nach ihren Grundauffassungen mindestens im Sinne einer kognitiv akzeptierten Lebensanschauung und -deutung anerkennt.

Pädagogisch meint, dass sie die biblischen Sinn- und Existenzantworten auch für die Schüler als sinnvollen Beitrag zu deren Entwicklung und Lebensmeisterung ansieht.

In diesen Zusammenhang gehört die Frage, ob oder inwiefern der *Glaube Ziel religionsunterrichtlichen Bemühens* sein könne.[24] Nach allem von uns bisher über den Glauben Gesagten kann es hier zunächst nur eine Antwort geben: Glauben, ganzheitlich verstanden als Gott geschenktes lebensbestimmendes Vertrauenswiderfahrnis, entzieht sich im Letzten religionsunterrichtlicher Zielvereinnahmung und -verplanung. Die theologisch geforderte Unverfügbarkeit des im Entscheidenden Gott gewirkten Glaubens verbietet es religionspädagogischer Theorie und Praxis, ihn als operationalisierbares Zielprodukt religionsunterrichtlicher Lernprozesse einzusetzen.

Davon unbenommen gilt auf der anderen Seite genauso unbestritten: Evangelischer/katholischer/christlicher RU hat es zentral inhaltlich mit dem christlichen Glauben zu tun. Dieser ist zwar nicht Ziel des RU, sehr wohl aber Gegenstand des RU! Mit den christlichen Glaubensinhalten beschäftigt er sich nach allen Regeln didaktischer und methodischer Unterrichtskunst. Sie können und sollen wie andere Unterrichtsstoffe von den Schülern gelernt werden. Denn die *kognitive Dimension christlichen Glaubens*, die durch die Glaubensinhalte (fides quae) verkörpert und greifbar wird, ist unterrichtlicher Planbarkeit und Verfügbarkeit zugänglich und dem Lehrer in didaktischer Verantwortung zur Vermittlung aufgegeben. Hier in diesem kognitiven Bereich der Kenntnisse und Erkenntnisse leistet der RU seinen unverzichtbaren Dienst am christlichen Glauben, der ohne Wissen und Kenntnis seines Inhalts nicht zur Wirkung gelangen kann.

Freilich kann sich der RU, der wie alle anderen Fächer an der erzieherischen Aufgabe und dem Bildungsauftrag der Schule partizipiert, nicht mit bloßer Wissensvermittlung und Kenntnisanhäufung begnügen. Wenn Sie von der Erinnerungswürdigkeit und Lebensrelevanz der religionsunterrichtlich zu vertretenden christlichen Sache wirklich überzeugt sind, werden Sie mit Ihrem Unterricht stets darum bemüht sein, Ihre Schülerinnen und Schüler über die Vermittlung von Kenntnissen hinaus zu tieferer Einsicht, zu existenziellem Verstehen der christlichen Inhalte zu führen und anzuleiten. Sie streben also gleichsam eine Verinnerlichung der von Ihnen religionsunterrichtlich verhandelten christlichen Inhalte an in der Hoffnung, dass diese vielleicht im Endeffekt eine verhaltens- und lebensbestimmende Wirkung gewinnen können. Damit würde sich der RU zielmäßig im *Haltungsbereich*

24 Vgl. *R. Lachmann*, Lehr- und Lernbarkeit des Glaubens, in: *G. Bitter/R. Englert/G. Miller/K.E. Nipkow (Hg.)*, Neues Handbuch religionspädagogischer Grundbegriffe, München 2002, 435-439.

ansiedeln, dem Bereich also, auf den alles erzieherische Bemühen der Schule ausgerichtet ist. Für den RU ist das durchaus legitim und erstrebenswert, nur muss er sich wie alle anderen Fächer auch darüber im Klaren sein, dass sich Ziele im Haltungsbereich direkter unterrichtlicher Erreichbarkeit weitgehend entziehen. Sie müssen in, mit und unter der kognitiv unterrichtlichen Auseinandersetzung mit den Inhalten des RU angestrebt werden. Das verlangt von Ihnen als Lehrkraft neben didaktisch angemessener Vorbereitung und Durchführung des Unterrichts vor allem, dass Sie selbst die Unterrichtsinhalte durch Ihre Person, Ihr Auftreten, Ihren Führungsstil und die Art Ihrer unterrichtlichen Kommunikation glaubwürdig und repressionsfrei präsentieren und repräsentieren. Gelingt Ihnen das, so könnte es bei den Schülern und Schülerinnen zu einer haltungsmäßig vertieften, existenziellen Einsicht in die Inhalte christlichen Glaubens kommen, könnten sie zu einem lebensförderlichen Verständnis des Christentums gelangen. Vielleicht wäre das ja schon Glaube, vielleicht noch nicht; auf jeden Fall hätten Sie durch Ihren Unterricht für ein propädeutisch bereitetes Feld gesorgt, auf dem der Glaube Wurzeln schlagen und wachsen könnte!

(2) Konfessionalität und konfessorisches (= bekennendes) Reden? Der Bedeutungsgehalt von Konfessionalität umfasst eine kirchlich-institutionelle, eine inhaltliche und eine personale Komponente. Mit der *kirchlich-institutionellen Komponente,* die bei den RL eine kritisch-solidarische Mitgliedschaft in der jeweiligen »Konfessionskirche« voraussetzt, haben wir uns bereits oben beschäftigt. An dieser Stelle sollte noch einmal nachdrücklich herausgestellt werden, dass sich diese Mitgliedschaft der RL im schulischen Bedingungsfeld als institutionell uneigennütziger Dienst an der religiösen Bildung der Schüler und Schülerinnen vollzieht. Im Sinne einer »Kirche für andere« ist der RU hier gleichsam diakonisch begründet und verzichtet auf vordergründige Mitgliederwerbung, Missionierung und Apologetik. Hier gerät die *inhaltliche Seite* der Konfessionalität ins Blickfeld, mit der sich die folgenden Kapitel unseres Arbeitsbuches eingehend befassen werden.

Im Kontext der persönlichen Dimension religionspädagogischer Lehrerkompetenz, unter der dieser Abschnitt steht, geht es vorrangig um die *personale Komponente* der Konfessionalität, geht es um Bekennen, Zeugnis ablegen, Stellungnehmen, Partei ergreifen, Vorbildsein usw. Soll ich – so könnten Sie fragen – als RL in meinem alltäglichen RU wirklich meinen ganz persönlichen Glauben bekennen, muss ich vielleicht sogar Zeugnis geben von Jesus Christus, eindeutig Stellung beziehen für oder gegen die Segnung homosexueller Paare, vehement Partei ergreifen für die Armen und Benachteiligten in unserer Gesellschaft, für den Schutz des Lebens und der Umwelt? Vor allen und unabhängig von allen Unterschieden in religionsunterrichtlich-konzeptioneller, theologischer oder ethischer Hinsicht gilt hier für unseren RU einmal mehr, dass er »parteilicher« RU ist und Partei für die Sache des Evangeliums zu ergreifen hat. Von da her ist uns der Rückzug in einen religiös und weltanschaulich neutralen RU – herkömmlicherweise als Religionskunde bezeichnet – verwehrt und gewinnt die personale Dimension und Repräsentanz unseres Unterrichtens eine ungleich höhere Gewichtigkeit als in anderen Fächern.

Das darf allerdings auf keinen Fall als Freibrief für unreflektiertes Bekennen und Bezeugen im RU missverstanden werden. Gerade in dieser Beziehung steht die Glaubwürdigkeit unseres Unterrichts auf dem Spiel. Kommunikative Sensibilität und pädagogischer Takt sind angesagt. Mit Nachdruck verbietet sich ein Verständnis »konfessorischer Konfessionalität«, wonach das Bekenntnis und Bekennen der Lehrkraft als Mittel zur Durchsetzung und Verbreitung ihrer eigenen Meinung eingesetzt wird. Dagegen spricht allein schon die plurale Struktur der Gesellschaft, der Schule, des RU und der Situation der Schüler und Schülerinnen, die solch ein funktional missbrauchtes Bekennen im Unterricht nicht zulassen.

Das darf auf der anderen Seite nicht zur pauschalen Verbannung konfessorischen Redens und Stellungnehmens aus dem RU führen. Dagegen steht nicht nur die rechtlich verordnete Konfessionalität des RU, sondern auch die Erwartungshaltung der Jugendlichen: Sie reagieren auf eine neutral unterrichtende RL ebenso empfindlich abwehrend wie auf eine Lehrkraft, die als religionsunterrichtlicher Dauerbekenner auftritt.

Hier deutet sich die eigentümliche »Spannung von Engagement und Zurückhaltung« an, der die RL in ihrem Unterricht ausgesetzt ist. Die Gefahr, dass konfessorische Voten peinlich und lächerlich wirken, ist stets gegeben. Deshalb muss nichts von der RL »so gewissenhaft verantwortet« werden, wie das, was sie ihren »Schülern persönlich (confessorisch) sagt«.[25] Am besten ist in dieser Hinsicht vor Missgriffen und Entgleisungen geschützt, wer sich an den Grundsatz hält, sich das *Recht zu verbindlichen Aussagen* in Form bekennender Rede und parteilicher Äußerung nur von seinen Schülern und Schülerinnen selbst geben zu lassen. Erfolgt dann allerdings eine derartige Aufforderung an die RL, ist sie zu persönlicher Stellungnahme verpflichtet. Dies gilt allerdings stets nur »einschließlich der offenen Fragen« des Lehrers. Mehr als jede zur Schau getragene fraglose Selbstsicherheit verbürgt das in den Augen der Schüler und Schülerinnen die Glaubwürdigkeit des »bekennenden« Lehrers, und gerade auf sie kommt es – wie alle einschlägigen

25 *K. E. Nipkow,* Grundfragen des Religionsunterrichts in der Gegenwart, Heidelberg 1967, 65ff.

Umfragen immer wieder beweisen – ganz wesentlich an. Die Ehrlichkeit, mit der RL zugeben, dass auch sie mit ihrem Fragen nicht am Ende sind, verleiht Glaubwürdigkeit. Sie setzen sich gleichsam Rollen-ungeschützt ihren Schülern und Schülerinnen aus, die in solchen seltenen Augenblicken konfessorischen Redens durchaus ein *Recht auf den Lehrer als Person* haben.

Gleichermaßen verlangt auch die Sache des RU nach einer Rede, die Stellung bezieht und zur Stellungnahme auffordert. Denn insofern als die biblische Überlieferung in ihrer ursprünglichen Intention *kerygmatische (= verkündigende) Glaubensrede* ist, impliziert sie im Vollzug ihrer unterrichtlichen Bearbeitung stets und ständig einen Wahrheitsanspruch, dem bloße religionskundliche Information und Orientierung auf Dauer nicht genügen kann. Er reizt zum persönlich parteilichen Ausspruch und Widerspruch und verleiht auch der sachlichsten Arbeit am Text eine latente Tendenz in Richtung auf konfessorische Stellungnahme.

3.2 Die fachwissenschaftlich-theologische Dimension religionspädagogischer Kompetenz.

So richtig es ist, dass die RL keine theologischen Fachwissenschaftler sein sollen, welche die Erkenntnisse ihres universitären Studiums in wissenschaftlicher Akribie in der Schulklasse reproduzieren, so fatal wäre es auf der anderen Seite, wenn die theologische Fachwissenschaft in ihrer Bedeutung für das Lehramtsstudium marginalisiert würde. Nicht Fachwissenschaftler sollen die RL sein, wohl aber theologische Fachleute oder – in der Terminologie der gegenwärtigen psychologischen und pädagogischen Diskussion um die Lehrerbildung[26] – theologische Expertinnen und Experten, die im Verlauf ihres Universitätsstudiums den nötigen Ein- und Überblick gewonnen haben. Berufsbezug und Wissenschaftlichkeit dürfen nicht gegeneinander ausgespielt werden, sondern im Gegenteil: Das spätere Handeln im Lehrerberuf unter Stress und Druck kann überhaupt nur »mit Hilfe eines hochgradig verdichteten, wohlgeordneten Expertenwissens bewältigt werden«.[27]

Das vom Studium anzubahnende und zu vermittelnde theologische Expertenwissen muss freilich bestimmten Maßstäben genügen. Vor allem ist seine durchgängige »didaktische Perspektivierung« zu beachten.[28] Spricht

26 Vgl. etwa *R. Bromme,* Der Lehrer als Experte, Bern/Göttingen 1992.

27 *G. Faust,* Neugestaltung der Grundschullehrerausbildung an der Otto-Friedrich-Universität Bamberg. Unveröffentlichtes Manuskript Okt. 2003, 4f.

28 Im Dialog über Glauben und Leben, 63ff.

man statt von »religionspädagogischer Kompetenz« genauer von »theologisch-religionspädagogischer Kompetenz« als dem Leitziel des Studiums, wird deutlich, was mit dieser didaktischen Perspektivierung gemeint ist: Die wissenschaftsbezogene theologische Reflexion darf die »Anforderungen des künftigen Handlungsfeldes, des Religionsunterrichts« ebenso wenig aus den Augen verlieren wie die RP die fachwissenschaftlich-theologischen Ansprüche vernachlässigen darf. Wissenschaftliche Korrektheit und Sachkenntnis sind unverzichtbare Voraussetzungen aller Didaktik und Methodik, und das gilt uneingeschränkt auch für das Studium der Theologie. Die in ihr angelegte didaktische Ausrichtung bedingt dabei eine »Theologie im Lebensvollzug«[29] und Berufsvollzug, die mit ihrem Expertenwissen sowohl anschlussfähig wie integrativ sein sollte: anschlussfähig im Blick auf andere Fächer und andere Phasen des Lehramtsstudiums und integrativ hinsichtlich der »Integration von Theologie und Pädagogik« und der »notwendigen hermeneutischen und didaktischen Verschränkung mit den Anforderungen des künftigen Handlungsfeldes, des Religionsunterrichts«.[30]

Das in vorliegendem Arbeitsbuch gebotene »Orientierungswissen« beginnt deshalb nicht von ungefähr mit der RP, denn sie gibt nicht nur den Zielhorizont religionspädagogischer Kompetenz vor, sondern erinnert zugleich die nachfolgenden Ausführungen zu den einzelnen theologischen Disziplinen an ihren didaktischen Auftrag und das Berufsfeld, für das sie das nötige Orientierungs- und Expertenwissen grundlegen sollen.

3.3 Die pädagogisch-humanwissenschaftliche Dimension religionspädagogischer Kompetenz.

Fungieren die RL in der theologisch-fachwissenschaftlichen Dimension primär als Anwalt des theologisch zu verantwortenden Sachanspruchs der christlichen Überlieferung und ihres Gott-bezogenen Welt- und Lebensverständnisses, so sind sie unter dem Funktionsaspekt des Pädagogen in erster Linie als Anwalt des pädagogisch begründeten Rechts ihrer Schüler und Schülerinnen auf Hilfe zu angemessener Lebensdeutung, -orientierung und -bewältigung (heraus-)gefordert. Nach dem Erwerb des theologischen Expertenwissen ist so als weitere unverzichtbare Voraussetzung von den Studierenden verlangt, dass sie lernen, unter leitendem pädagogischen Inte-

29 *H.-G. Ziebertz*, Wer initiiert religiöse Lernprozesse? Rolle und Person der Religionslehrerinnen und Religionslehrer, 193.
30 Im Dialog über Glauben und Leben, 64.

resse »die Wirklichkeit der Schülerinnen und Schüler wahrzunehmen«.[31] Außer einer *pädagogischen Grundhaltung (1)* bedarf es dafür vor allem gediegener *humanwissenschaftlicher Kenntnisse (2)* über die religiöse Sozialisation und religiöse Entwicklung der Kinder und Jugendlichen und die gesellschaftliche und politische Wirklichkeit ihrer Lebenswelt(en). Das fokussiert dann den pädagogischen Aspekt auf die funktionalen Erziehungs- und Unterrichtsprozesse, die Sie als RL durch Ihr So-Sein, Ihr Auftreten, Ihre Körpersprache, Ihr Handeln und Sprechen bei Ihren Schülern und Schülerinnen auslösen und bewirken. Hier ist Ihre *personale Medialität (3)* gefragt, sicher ein wesentliches Bedingungselement für den Erfolg und Effekt Ihrer religionsdidaktischen und methodischen Arbeit.

(1) Die pädagogische Grundhaltung. Wenn wir uns die Frage stellen, was uns als Lehrer oder Lehrerin eigentlich das Recht gibt, pädagogisch auf Kinder einzuwirken, kann m. E. nach wie vor nur anthropologisch-pädagogisch geantwortet werden: Die zunächst totale Hilfsbedürftigkeit eines Kindes bedingt seine kreatürliche Erziehungs- und Lehrbedürftigkeit und wird so zum anthropologischen »Grund, der nicht nur den Eltern, den natürlichen Pädagogen, sondern in einer arbeitsteiligen Kultur auch dem Berufspädagogen das Recht gibt, dem ihm ... fremden Kind« zum »intimsten Außenstehenden« zu werden. Diese Legitimation schulisch erzieherischen Handelns gibt damit gleichsam die Bedingung der Möglichkeit ab für die pädagogische Grundentscheidung und -haltung der Lehrkräfte. Danach entspräche der Hilfsbedürftigkeit des Kindes auf Seiten der Lehrerinnen und Lehrer »die Bejahung jedes einzelnen zu erziehenden Geschöpfes so, wie es ist«, mit der pädagogischen Konsequenz, »jedes Kind vorurteilslos in seinen Möglichkeiten zu fördern« und zwar unabhängig von den Voraussetzungen, Eigenheiten und Vor-Gaben, die es mitbringt.[32]

Für Sie als künftige RL erfährt dieser hohe Anspruch noch eine theologische Begründung und Vertiefung in und mit der christlich fundamentalen Auffassung von der vorgängigen und entgegenkommenden Liebe Gottes zu allen Menschen ohne Berücksichtigung dessen, was sie sind, leisten und zu bieten haben. Gerade für Ihre religionsunterrichtliche Arbeit können Ihnen hier die Kindertaufe als Symbol eben dieser »gratia praeveniens« Gottes oder die Rechtfertigungslehre als symbolischer Ausdruck für die Annahme und Anerkennung durch Gott »ohn all Verdienst und Würdigkeit« zu wichtigen

31 Im Dialog über Glauben und Leben, 50.

32 *K. E. Nipkow,* Beruf und Person des Lehrers – Überlegungen zu einer pädagogischen Theorie des Lehrers, in: *K. Betzen/K.E. Nipkow (Hg.),* Der Lehrer in Schule und Gesellschaft, München ^{3}1973, 113-139, bes. 113.

Hilfen werden. Diese konvergieren zwar mit der anthropologisch-pädagogisch begründeten Bejahung des Kindes, bieten Ihnen aber darüber hinaus noch so etwas wie einen christlichen »Mehrwert« an motivierender und stabilisierender Vergewisserung in Engagement und Anfechtung.

Auf dem Boden dieser grundständigen Bejahung aller Schüler und Schülerinnen fußen letztendlich sämtliche (religions-) pädagogische Aktivitäten und Kompetenzen. Sie partizipieren dabei an einer umfassenden Wirklichkeitsbejahung und Vertrauenshaltung, die das Unterrichten und Erziehen teilhaben lässt an dem übergreifenden Zusammenhang des schulischen Bildungsauftrags. Hier wirken Sie in pädagogischer Verantwortung mit an der Identitätsbildung der Kinder und Jugendlichen und begleiten diese auf ihrem Weg zum mündigen und gemeinschaftsfähigen Menschsein unter den Bedingungen des wirklichen Lebens.

(2) Humanwissenschaftliche Kenntnisse. Kompetente Mithilfe an der Bildung der Schüler und Schülerinnen verlangt von den RL wie von allen Lehrerinnen und Lehrern an der Schule die Fähigkeit und Bereitschaft, »die Wirklichkeit der Schülerinnen und Schüler wahrzunehmen«. Das bedeutet für Sie als unabdingbares Erfordernis Ihres künftigen Berufs über den »Tellerrand« Ihrer wissenschaftlichen Fach-Studien hinauszuschauen und die *humanwissenschaftlichen Studien* ernsthaft in den Blick zu nehmen. Interdisziplinäre Vernetzung ist hier angesagt, und dieser Zielhorizont verbietet entschieden jegliches »Schubladendenken«!

Um sich die Schülerwirklichkeit angemessen erschließen zu können, sollten Sie sich deshalb wenigstens eine Grundinformation über derzeit in den Humanwissenschaften gängige Forschungsmethoden und -wege verschaffen. Hilfreich wäre es hier sicher, wenn Sie in und an einem der humanwissenschaftlich relevanten Wissenschaftsgebiete den sachgemäßen Umgang mit empirischen Erhebungsmethoden üben und lernen würden (→ II. B 1). Je nach Interesse und Schwerpunktsetzung könnte das etwa exemplifiziert und exerziert werden an den Methoden und Ergebnissen der Religionssoziologie, Religionspsychologie oder den in jüngster Zeit boomenden Forschungen zur Lebens- und Glaubensgeschichte von Kindern und Jugendlichen. Damit sind bereits wichtige Perspektiven angezeigt, denen Sie Ihre Aufmerksamkeit widmen sollten.

Zur kompetenten Wahrnehmung der Schülersituationen ist einmal die *religionssoziologische Perspektive* unerlässlich, in der es um die »Erschließung der gesellschaftlichen und politischen Wirklichkeit mit ihren möglichen Entwicklungen und Widersprüchen, Problemen und Aporien« geht: Hier heißt es nicht nur, sich mit den ständig neu und aktuell herauskommenden großen empirischen Untersuchungen kritisch auseinander zu setzen, sondern auch die darin angelegten und angesprochenen gesellschaftlichen Schlüsselprobleme zu identifizieren, zu analysieren und zu reflektieren, um sie dann – als ein dringendes »Implikat christlicher Weltverantwortung«[33] – im RU mit den Schülerinnen und Schülern behandeln zu können.

Neben der Religionssoziologie mit ihren Befunden zur gesellschaftsbedingten Sozialisation der Kinder und Jugendlichen besitzt zum anderen vor allem die *Religionspsychologie* mit ihren unterschiedlichen Ansätzen religionsunterrichtliche Relevanz. Hier sollten Sie sich in Ihrem Studium einen Überblick über die wichtigsten Theorien der religiösen Entwicklung – angefangen bei *J. Piaget* und *L. Kohlberg* bis hin zu *F. Oser, J. Fowler* und *E. H. Erikson* – verschaffen und lernen, damit religionsunterrichtlich sachkundig (pädagogisch *und* theologisch!) umzugehen (→ II. A 6).[34]

Nicht vergessen werden darf schließlich die *Schulpädagogik,* denn sie erinnert nachhaltig an das didaktische Bedingungsfeld Schule, in dem unser RU stattfindet. Ein Blick zurück in die Geschichte der Religionspädagogik lehrt uns, wie nötig diese Erinnerung ist: Der RU, den Sie später erteilen sollen, findet an der staatlichen Institution Schule statt und ist keine Unterweisung im Rahmen der kirchlichen Gemeinde. Das ist der Grund, weshalb Sie in Ihrem Studium nicht um eine gründliche Beschäftigung mit dem schulischen Bildungsauftrag herumkommen, der in der Schulpädagogik umfassend reflektiert wird. Unter rechtlichen, institutionellen und pädagogischen Gesichtspunkten rückt die Schulpädagogik außerdem die Schulstufen und -arten ins wissenschaftliche Blickfeld. Damit werden Sie bei aller Gemeinsamkeit der Lehrerbildung auf je das Besondere des Lehramts verwiesen, in dessen Rahmen Sie Ihren RU erteilen wollen. Hier spezifizieren sich die Lehrämter und hilft Ihnen die Schulpädagogik, möglicherweise etwa differenziert nach Grundschulpädagogik oder Berufsschulpädagogik, die Besonderheiten der jeweiligen Schulart und Schulstufe kennen zu lernen. In diesem Zusammenhang taucht last but not least die *Allgemeine Didaktik* auf, die im Kernbereich der Schulpädagogik angesiedelt ist und von da her wesentliche Bedeutung für die didaktisch-methodische Dimension der angestrebten religionspädagogischen Kompetenz bekommt.

33 Im Dialog über Glauben und Leben, 51.

34 Vgl. u.a. *F. Schweitzer,* Lebensgeschichte und Religion, München [3]1994; *R. Heiligenthal/F. Lemke/R. Schieder/T. M. Schneider,* Einführung in das Studium der Evangelischen Theologie, Stuttgart/Berlin/Köln 1999, 278-284; *H.-J. Fraas,* Schüler und Schülerin: Religiöse Sozialisation – Religöse Entwicklung – Religiöse Erziehung, in: *G. Adam/R. Lachmann (Hg.),* Religionspädagogisches Kompendium, 138-162.

(3) Personale Medialität. Wenn es stimmt, dass die RL das wichtigste Medium erfolgreichen RU ist, oder mit den Worten *Erich Wenigers*, dass »die eigentliche erzieherische Wirkung des Lehrers nicht auf dem beruht, was er mitteilt, sondern auf dem, was er ist«,[35] dann ist alles bisher über die RL Gesagte mit einem gewissen Vorbehalt zu versehen. Es hängt in seiner pädagogischen und didaktischen Effektivität zu einem guten Teil von persönlichkeitsbedingten Faktoren ab: von Haltungen und unterrichtlichem Handeln und Verhalten der RL, der Art ihres Auftretens und ihres Umgangs mit den Schülern und Schülerinnen, mit ihrem Unterrichts- und Führungsstil usw. Das meiste davon kann man lernen und üben. Darauf aufmerksam gemacht zu werden, darum zu wissen und bereits im Studium sich entsprechend zu sensibilisieren, ist ein erster Schritt, um es später im religionsunterrichtlichen Beziehungsgefüge und Kommunikationsgeschehen buchstäblich zu »beherzigen« und zunehmend gekonnter umzusetzen.

Als grundlegend wichtig für die erfolgreiche Wahrnehmung dieser religionsunterrichtlichen Pädagogenfunktion sollte dabei auf zweierlei geachtet werden: *Einmal* auf die notwendige Kongruenz zwischen Ihren im Unterricht offenbar werdenden Haltungen und den unterrichtlich angestrebten Lernzielen und -inhalten; *zum anderen* auf die konstitutive Bedeutung der Lehrer-Schülerbeziehung für den Lernerfolg. Hier verdanken wir der kommunikativen Didaktik die Einsicht in die interdependente »Einheit von Inhaltsdimension und Beziehungsdimension«, d.h. dass die unterrichtliche Kommunikation nicht mehr nur »Austausch von Inhalten« ist, sondern immer auch »Mitteilungen über die Art der sozialen Beziehung zwischen den Teilnehmern an Kommunikationsprozessen« enthält und dabei auf »das Herstellen von zweiseitigen interpersonalen Beziehungen gleichberechtigter Subjekte« aus ist. Hier gewinnt der Kommunikationsbegriff »didaktische Dignität« und verlangt insbesondere von RL, die sich dem Ziel der »Kommunikation des Evangeliums« verpflichtet wissen, ein hohes Maß an kommunikativer und sozialer Kompetenz. Diese erweist sich, wo die Lehrkraft ihre Schüler und Schülerinnen als lern- und kommunikationsfähige Subjekte ernst nimmt und frei gibt und sie nicht zu lerndienlichen Objekten verzweckt.[36] Besonders deutlich lässt sich das am Führungs- oder Leitungsstil der RL ablesen,[37] es zeigt sich aber auch im Umgang mit Konflikten oder in der Diskussion kontroverser Meinungen, dazu tagtäglich in der Art und

35 *E. Weniger*, Die Eigenständigkeit der Erziehung in Theorie und Praxis, Weinheim o.J., 33.

36 Vgl. *R. Lachmann*, Verständnis und Aufgaben religionsunterrichtlicher Fachdidaktik, 30ff.

37 Zur »Leitungskompetenz« vgl. *H.-G. Ziebertz*, aaO., 188ff.

Weise des Unterrichtens, Auftretens, Verhaltens und Redens der Lehrkraft, bis hinein in ihre Körpersprache, ihre Mimik und Gestik, ihre Körperbewegung und Körperhaltung. Sich all dessen bewusst zu werden und es in seiner großen (religions-)unterrichtlichen Wirkung zu erfassen und zu durchschauen, gehört als wichtige »Teilmenge« zur pädagogischen Kompetenz, die Sie bereits während Ihres Studiums propädeutisch anbahnen und herausbilden können. Seminare und Praktika können in diesem Sinne für Sie zum durchaus anregenden und aufregenden Einübungsfeld werden.

3.4 Die didaktische und methodische Dimension religionspädagogischer Kompetenz.

Für Sie als künftige Religionslehrer und Religionslehrerinnen ist die *religionsunterrichtliche Fachdidaktik* oder – was dasselbe meint – die Religionsdidaktik die Wissenschaftsdisziplin, die gleichsam das funktionale Proprium Ihrer religionsunterrichtlichen Professionalität ausmacht. Wissenschaftstheoretisch wird sie verstanden als Verbund- bzw. Integrationswissenschaft zwischen Theologie und Pädagogik. Im Spektrum der theologischen Einzeldisziplinen wird der Religionsdidaktik das Integrativ-Vermittelnde als leitendes Interesse und vordringliche Aufgabe zugemessen. Das gilt sowohl übergreifend wie auch als ständiger Anspruch Ihrer konkreten religionsunterrichtlichen (Vorbereitungs-)Arbeit. Deshalb ist es nötig, genau zu wissen, wonach Sie fragen müssen, wenn Sie sich mit den fachwissenschaftlich vorgegebenen Inhalten didaktisch auseinander zu setzen haben.

Als einfache Faustregel kann Ihnen hier zunächst folgender Fragesatz hilfreich sein: *Was* an Inhalten soll ich meinen Schülern und Schülerinnen *warum, wozu* und *wie* im RU vermitteln? Was sollen sie sich aneignen? In Frageform elementarisiert das die komplexe (religions-)didaktische Aufgabe, wobei mit der Wie-Frage ein weites, die Methodik mit einschließendes Didaktikverständnis im Blick ist. Didaktik fragt also nach der Auswahl der Inhalte, ihrer Begründung, ihrer Zielsetzung, ihrer Verfahren, und das alles unter den leitenden Perspektiven der Vermittlung und Aneignung im RU. Eine so verstandene Religionsdidaktik nimmt dabei dankbar alle Hilfen an, die ihr von der Allgemeinen Didaktik und ihren verschiedenen Theorien und Ausprägungen geboten werden.[38]

38 Vgl. *R. Lachmann,* Verständnis und Aufgaben religionsunterrichtlicher Fachdidaktik, 17-36, bes. 18; außerdem *R. Heiligenthal u.a.,* Einführung in das Studium der Evangelischen Theologie, 249ff.; *H.-G. Ziebertz,* aaO., 195f.

In Ihrem Studium sollten Sie sich so sensibilisieren lassen, dass Sie auch bei Ihren scheinbar »rein« theologischen Studien diese didaktische Perspektive stets mit bedenken. Deshalb sollten Sie sich bereits im Grundstudium in die didaktischen Anfangsgründe und Fragehinsichten einführen lassen und an ausgewählten theologischen Themen religionsdidaktisches Fragen und Denken üben und lernen. Spätestens hier werden Sie erstmals den Lehrplänen der Evangelischen Religionslehre begegnen, wie sie je in Ihren Ländern und für Ihre Schulstufen und -arten gültig sind. Dem Anspruch nach handelt es sich dabei um didaktische Dokumente par excellence, die es verdienen, unter den didaktischen Fragestellungen kritisch analysiert zu werden. Im Laufe Ihres Studiums sollte sich daraus ansatzweise eine Art von curricularer Kompetenz entwickeln, die sich dann in Ihrer Berufspraxis zu einem mündigen – nicht hörigen! – Umgang mit den Lehrplanvorgaben auswachsen müsste.

Konkret bringt sich schließlich die didaktische Dimension ins Spiel, wenn es um die *Vorbereitung des RU* geht, jener Tätigkeit, die unbestritten zu den zentralen Aufgaben eines jeden Lehrers und einer jeden Lehrerin gehört. Neben der Erhebung der Schülervoraussetzungen und der fachwissenschaftlichen Analyse erfährt hier die didaktische Analyse als »Kern der Unterrichtsvorbereitung« besondere Beachtung; denn hier stehen die didaktischen Prinzipien und Ansprüche auf dem Prüfstand ihrer Bewährung und Umsetzung in konkreten Inhalten, Themen oder Problemen. Operationalisierte Fragen ausbildungstheoretischer Didaktik und Curriculumtheorie können hier den Anfängern im Geschäft der Unterrichtsvorbereitung helfen, dem hohen didaktischen Anspruch der Vermittlung zwischen theologischer »Botschaft« und Schülerwahrnehmung mehr und mehr zu genügen. Mit dem perspektivischen Aufbau solcher didaktischer Kompetenz kann man nicht früh und reflektiert genug anfangen, weshalb eine Verlagerung in die zweite Phase der Lehrerausbildung auf keinen Fall in Frage kommt.

Auf dem Weg der Unterrichtsvorbereitung folgen nach der didaktischen Analyse die *methodischen Überlegungen.* Das entspricht der oben bereits geäußerten Auffassung von der Prävalenz der didaktischen Entscheidungen vor den methodischen, d.h. erst wenn Sie in der didaktischen Vermittlungs- und Aneignungsreflexion die Inhalts- und Lernzielfragen geklärt haben, können Sie wirklich begründete methodische Entscheidungen fällen. Im vieldimensionalen Zusammenhang religionspädagogischer Kompetenz bekommt hier nun die Methoden- und Medienkompetenz das ihr zustehende Gewicht, das um so größer und bedeutsamer wird, als Methoden von jeder RL bis zu einem gewissen Grad erlernbar sind und geübt werden können. Das öffnet für Sie als angehende RL den Blick auf das reiche methodische Repertoire, das derzeit angeboten wird, und sollte Sie ermuntern und ermutigen, bereits das Studium als methodisches Beobachtungs-, Experimentier- und Einübungsfeld zu entdecken. Darüber hinaus empfiehlt es sich, mindestens ein religionspädagogisches Methodenseminar zu besuchen. Die Praktika an den Schulen bieten dann die ersten echten Gelegenheiten, um praktische Erfahrungen mit dem Einsatz verschiedener Methoden im RU zu machen. Wo es Ihnen gelingt, durch kreativen Methodeneinsatz und -wechsel die Schüler und Schülerinnen für das lebensförderliche Evangelium zu interessieren und zu öffnen, kann Ihnen mit Fug und Recht religionspädagogische und -didaktische Kompetenz bescheinigt werden.

4. Was macht eine Religionslehrkraft aus?

Tabelle/Grafik 4

Rückblickend stellt sich die Frage, wie man die Fülle unterschiedlicher Erwartungen, die sich mit der Berufsrolle verbinden, und die vieldimensionalen Ansprüche, die an die RL gestellt werden, unter einen Hut bringen soll. Wie soll ich mit ihnen umgehen, wie kann ich ihnen gerecht werden, ohne mich in Rollenkonflikten aufzureiben, ohne mich zu verlieren, ohne mir selbst untreu zu werden? Orientiert am *Identitätsbegriff,* der heute in Psychologie, Pädagogik und Religionspädagogik gleichsam als Ersatz für den verbrauchten Persönlichkeitsbegriff fungiert, wollen wir uns abschließend mit der so berechtigten wie wichtigen Frage nach der Einheit stiftenden Potenz des Religionslehrer-Berufs auseinander setzen.

Wo wir in diesem Interesse auf Ihre Berufsidentität als RL abheben, können zunächst zwei entlastende Feststellungen getroffen werden: Einmal ist Identitätsbildung ein lebenslanger Prozess, der weder mit dem Studium noch mit der Berufspraxis vollendet ist, sondern stets den Ruch des noch Unvollkommenen an sich trägt. Zum anderen ist die religionsunterrichtliche Identität nur ein relativ kleines Segment im Gesamtprozess menschlicher Identitätsbildung, was von vornherein zu Bescheidenheit nötigt. Schon die Tatsache, dass Sie Fachlehrer für mindestens noch ein weiteres Fach sind, verweist Sie auf den größeren Zusammenhang Ihrer Lehreridentität und darüber hinaus dann letztendlich auf Ihre Identität als Mensch im umfassenden Lebenszusammenhang.

Hier deutet sich ein *erstes ganz wesentliches Merkmal* von Identität an, das auch für Ihre Berufsidentität als RL beachtet werden muss: Sie ist und bleibt immer unabgeschlossen, unfertig und schließt das Noch-Ausstehende und Schwer-Zugängliche, Andersseiende ebenso ein wie das Scheitern und Misslingende. *Henning Luther* hat in dieser Beziehung treffend von der

Fragmentarität[39] gesprochen, die nicht zuletzt vom christlichen Menschenbild her der RL-Identität gut und »passgenau« ansteht.

Neben der Fragmentarität kann als *zweites Element* religionsunterrichtlicher Berufsidentität ihre vorrangige Ausrichtung an der *Individualität* gelten. Die unser Studienkonzept leitende Subjektorientierung konvergiert mit diesem individuell gepolten Identitätsverständnis und akzeptiert es im Sinne der *Eriksonschen* »Ich-Identität«, die auch angesichts allen Wechselns und Wandelns »Gleichheit und Kontinuität aufrechtzuerhalten« weiß und sich dabei stets treu bleibt.[40] Diese Individualität lässt sowohl biografisches Lernen als auch den Eigensinn je individuell erfahrener Sozialisation als legitimen Ausdruck religionspädagogischer Identitätsbildung gelten und versteht diese so als vorrangig individuell wahrzunehmende Aufgabe.

Damit ist ein *drittes Merkmal* religionsunterrichtlicher Identität angesprochen: ihr Anteilhaben und -geben an der *Pluralität.* Identitätsbildung in diesem pluralitätsrelevanten Sinne erwächst aus der Akzeptanz der eigenen Individualität, zu der essenziell die Anerkennung des Anderen, Fremden und Verschiedenen gehört. Dies will gerade im Blick auf die Schülerinnen und Schüler, die Sie später im RU zu unterrichten haben, tolerant und kreativ umgesetzt werden. Stehen zu Ihrer eigenen unverwechselbaren Individualität und Aufgeschlossensein für die Pluralität im vielfältig Anderen sind die zwei Seiten einer Medaille, aus denen sich ein glaubwürdiges, authentisches und mit und in sich selbst identisches Lehrer(vor-)bild speist. Ihren Charme und ihre positive Füllung und Tönung empfängt die Pluralität für RL durch ihren Bezug auf Gottes Schöpfung und die unendliche Vielfalt seiner Werke. Das schafft Vielfaltsfreude, macht neugierig und erfordert von Ihnen als RL aufmerksame Wahrnehmung sowie die Fähigkeit, das vielfältig Wahrgenommene auch didaktisch besonnen und begeistert anderen weiter zu erzählen und zu vermitteln.[41]

Was in der schöpfungstheologisch aufgefassten und buchstabierten Pluralität bereits angelegt ist, das findet *im vierten und letzten Identitätsmerkmal* seinen unentbehrlichen Ausdruck: Identität kann nicht bei sich selbst bleiben, sondern ist unverzichtbar auf *Interaktion und Kommunikation*

39 *H. Luther,* Identität und Fragment, in: *ders.,* Religion und Alltag, Stuttgart 1992, 160-182.

40 *E. H. Erikson,* Jugend und Krise, Stuttgart 1979, 82.

41 Vgl. *M. Schreiner,* Mit Begeisterung und Besonnenheit. Zum Profil heutiger Religionslehrerinnen und Religionslehrer, in: *ders.,* Vielfalt und Profil. Zur evangelischen Identität heute, Neukirchen-Vluyn 1999, 189-203. Vgl. auch im selben Band *R. Lachmann,* Kirchlich-konfessionelle Identität oder ökumenische Identität als Ziel des Religionsunterrichts?, 168-188, bes. 173-186.

angewiesen. Die Vertreter der interaktionistischen und kommunikativen Identitätstheorien haben darauf mit Recht nachdrücklich aufmerksam gemacht und versucht, der »Ich-Wir-Dialektik« im Prozess der Identitätsbildung dadurch zu begegnen, dass sie ihn aus seiner individualisierten Befangenheit lösen und ihn gleichsam symbiotisch mit Kommunikations- und Interaktionsvollzügen verbunden sein lassen. Religionspädagogisch kann dem nur zugestimmt werden; und das vor allem dann, wenn sich der RU dezidiert als Kommunikationsgeschehen definiert! Hier weitet sich der Ich-Bezug der Identität aus in Richtung Beziehungsdimension und holt die von Ihnen erwartete soziale Kompetenz als integrativen Bestandteil in den Identitätsbildungsprozess hinein. Religionspädagogische Berufsidentität ist von daher stets ausgelegt und ausgerichtet auf Gemeinschaft und Verständigung und befindet sich damit im religionsunterrichtlichen Einzugs- und Einflussbereich einer Leitintention, die – wie oben bereits verschiedentlich erwähnt – die »Kommunikation des Evangeliums« auf ihre »Identitätskarte« geschrieben hat.

Mit der Kommunikation des *Evangeliums* erfährt dann auch Ihre spezifische Berufsidentität als RL eine inhaltliche Qualifizierung und Profilierung, die am Christentum und seinem in der Bibel enthaltenen Wesenskern, dem Evangelium von der Menschenfreundlichkeit Gottes, ausgerichtet ist. Damit bekommt der bisher eher blasse Identitätsbegriff gehaltvolle Konturen. Da bietet sich der Gott des Evangeliums als Heiliger Geist des Lebens und der Liebe und als Ermöglichungsgrund und Hoffnungshorizont identischen Lebens an, das in der verlässlich gleichbleibenden Liebe und Treue Gottes gründet. Wer sich damit zu identifizieren sucht, vermittelt dadurch seiner beruflichen und personalen Identität das christlich Besondere, das Proprium, den Grund- und Mehrwert christlichen Glaubens.

Ihr theologisch-religionspädagogisches Studium kann dabei nicht mehr sein als ein erster Schritt auf dem Weg Ihrer Identitätsbildung. Die aufgezeigten vier »notae« der Identität können allerdings für Sie bereits jetzt Gültigkeit beanspruchen, indem sie mit Fragmentarität, Individualität, Pluralität und Sozialität einen Rahmen abstecken, in dem Identität wachsen und zu einem guten Teil auch gelernt und (ein-)geübt werden kann. Über die übergreifende Aufgabe der »Kommunikation des Evangeliums« wird der Formalrahmen christlich qualifiziert. Dabei ergeben sich Konvergenzen und Übergänge sowohl zu den Humanwissenschaften wie zu dem theologischen Orientierungswissen, das anschließend folgt.

Literatur

Kirchenamt der EKD (Hg.), Im Dialog über Glauben und Leben. Zur Reform des Lehramtsstudiums Evangelische Theologie/Religionspädagogik. Empfehlungen der Gemischten Kommission, Gütersloh 1997

M. Schreiner, Mit Begeisterung und Besonnenheit. Zum Profil evangelischer Religionslehrerinnen und Religionslehrer heute, in: *ders. (Hg.),* Vielfalt und Profil. Zur evangelischen Identität heute, Neukirchen-Vluyn 1999, 189–203

H.-G. Ziebertz, Wer initiiert religiöse Lernprozesse? – Rolle und Person der Religionslehrerinnen und Religionslehrer, in: *G. Hilger/S. Leimgruber/H.-G. Ziebertz,* Religionsdidaktik, München 2001, 180-200

M. Hahn, Religionslehrerinnen und Religionslehrer (Da-)sein – Person und Beruf, in: *H. Noormann/U. Becker/B. Trocholepczy (Hg.),* Ökumenisches Arbeitsbuch Religionspädagogik, Stuttgart 2000, 75-112

M. Hahn/Chr. Hartmann/D. Kahl/U. J. Plaga (Hg.), Religiöse Bildung und religionskundliches Lernen in ostdeutschen Schulen – Dokumente konfessioneller Kooperation (Religionspädagogische Kontexte und Konzepte 7), Münster 2000

H.-M. Gutmann/N. Mette, Orientierung Theologie. Was sie kann, was sie will, Reinbek 2000

W. Marhold/B. Schröder (Hg.), Evangelische Theologie studieren (Münsteraner Einführungen. Theologie 2), Münster 2001

G. Adam, Religionslehrer: Beruf und Person, in: *ders./R. Lachmann (Hg.),* Religionspädagogisches Kompendium, Göttingen [6]2003, 163-193

M. Hahn, Wende und Wandlung. Bildungsgeschichten ostdeutscher Religionslehrerinnen in Zeiten gesellschaftlicher Umbrüche (Religionspädagogische Kontexte und Konzepte 12), Münster 2003

H. Liebold, Religions- und Ethiklehrkräfte in Ostdeutschland. Eine empirische Studie zum beruflichen Selbstverständnis (Schriften aus dem Covnenius-Institut 9), Münster 2004

II. Religionspädagogik und Didaktik des Religionsunterrichts

Reinhold Mokrosch

Werde ich eine bessere RL, wenn ich wissenschaftliche Religionspädagogik und -didaktik studiere? Auf diese Frage gibt es gemeinhin drei Typen von Antworten:

- Pessimisten meinen: Unterrichten kann man nicht lernen; das muss man können. Glauben können Schüler nicht lernen; das bringen sie mit oder »es geschieht« (Röm 10,17).
- Optimisten behaupten: Man kann besser auf die Schülerinnen und Schüler eingehen, wenn man weiß, wie Kinder welchen Alters mit religiösen Themen umgehen, welche Voraussetzungen sie mitbringen oder welche Lernangebote sie brauchen.
- Neutrale Stimmen argumentieren: Schaden wird's nicht. Später, im Umgang mit den Schülerinnen und Schülern, wird es sich erweisen, ob die Theorien nützen oder nicht. Entscheidend ist doch, sich auf die Realität in der Schulklasse einzulassen.

Alle drei Antwort-Typen sind Kurzschlüsse, entgegnet der Religionspädagoge. Wissenschaftliche Religionspädagogik will gar nicht unmittelbar auf den RU oder gar auf die Schülerinnen und Schüler einwirken. Vielmehr bildet sie den Hintergrund, auf dem das Lehren und Lernen religiöser Sprache und Inhalte geschieht. Die RP lehrt die Bedingungen von Religiosität und Glaube, nicht aber diese selbst.

Die »Empfehlungen zur Reform des Lehramtsstudiums Ev. Theologie/Religionspädagogik« sehen als Mindestanforderungen für das Studium in der Disziplin »Religionspädagogik und Didaktik des RU« folgende fünf Schwerpunkte vor:

- Ergebnisse der Soziologie und Psychologie zur religiösen Entwicklung von Mädchen und Jungen in Kindheit und Jugend
- Religion und Symbol als religionspädagogische Leitbegriffe
- Konzeptionen des RU
- Schulform- und schulstufen-bezogene Didaktik des RU
- Fachdidaktische Erschließung exemplarischer Themen aus den theologischen Teilgebieten

Die ersten drei Schwerpunkte sollen im Abschnitt »Sach- und Überblickswissen« (A), der vierte Schwerpunkt im Abschnitt »Arbeitsformen und -methoden« (B) und der fünfte Schwerpunkt im Abschnitt »Beispiele für das Studium« (C) erarbeitet werden.

A Sach- und Überblickswissen

1. Was ist unter Religionspädagogik und Religionsdidaktik zu verstehen?

Tabelle/Grafik 5

RP ist eine »auf Religion bezogene Theorie von Erziehung, Bildung, Sozialisation, Lernen und Entwicklung in Kirche, Schule und Gesellschaft«.[1] Sie erforscht also alle direkt geplanten und intendierten religiösen Erziehungsprozesse, alle religiösen Bildungsfelder und alle bewussten oder unbewussten religiösen Sozialisations- und Entwicklungsprozesse. Die Orte religiösen Lernens sind dabei vielfältig: Konfirmandenunterricht, Jugendarbeit, Rüstzeiten, Erwachsenenbildung, Kinder- und Erwachsenengottesdienst u.v.a. in kirchlichen Gemeinden, RU und religiöse Projekte in der Schule, Familien und peer-groups und untraditionelle Orte wie Musikerlebnisse (Klassik, Pop, Open-Air-Festivals), Sportveranstaltungen (Fußballkulte, Olympische Spiele) oder private Natur-, Liebes-, und Urlaubsereignisse.

Traditionellerweise unterscheidet man zwischen *kirchlichem* Unterricht, für den die Gemeindepädagogik, und *schulischem* RU, für den die schulische RP zuständig ist. Beide sind unterschiedliche Felder. Am kirchlichen Unterricht nehmen in der Regel Kinder, Jugendliche und Erwachsene teil, die sich bewusst einer Kirchengemeinde angeschlossen haben – Gläubige, die ihren Glauben leben, gestalten und festigen wollen. Der RU ist dagegen von der religiösen Sozialisation seiner Teilnehmer her voraussetzungsfrei: Kirchenferne und Kirchennahe, religiös Erfahrene und religiös Indifferente besuchen ihn miteinander, in der Erwartung, informiert und eingewiesen zu werden – nicht aber im Glauben gefestigt oder gar zum Glauben bekehrt.

1 So die Definition von *F. Schweitzer*, Art. Religionspädagogik – Begriff und Wissenschaftstheoretische Grundlagen, in: *G. Bitter* u.a. *(Hg)*, Neues Handbuch religionspädagogischer Grundbegriffe, München 2002, 47.

Das sind unterschiedliche Ausgangsbedingungen, die einen je spezifischen Unterricht erfordern. – Da Sie das Amt einer schulischen RL anstreben, konzentriere ich mich in diesem Kapitel allein auf RP und RD als »Theorie des Religionsunterricht«.

Zur Definition gehört die Frage, zu welcher Art von Wissenschaft schulische RP gehört. Vier Fragen werden z. Z. diskutiert:

(1) Ist sie eine *Handlungswissenschaft,* d. h. eine an praktisch-religiösen Lehr- und Lernprozessen orientierte Wissenschaft mit handlungsorientiertem Ansatz? Wer sie so versteht, erforscht religiöse Lehr- und Lernprozesse, um diese konkret, d.h. handlungsbezogen, unterrichten zu können. Er möchte lehren und lernen, mit biblischen Symbolen, Gleichnissen, Legenden u.Ä., mit Gebet und religiösen Ritualen umzugehen.

Oder ist RP (2) eine *Wahrnehmungswissenschaft,* die religiöse Ein- und Vorstellungen, Entwicklungen, Sozialisationen und Rezeptionen (nur) wahrzunehmen, zu beschreiben und zu analysieren auffordert, ohne Handlungskonsequenzen in den Blick zu nehmen? Wer sie so versteht, erforscht religiöse Lehr- und Lernprozesse, um die Wahrnehmungsmöglichkeiten z.B. biblischer Texte, Symbole, Metaphern, Gleichnisse und Legenden zu verbessern.

Manche verstehen RP (3) als *Hermeneutische Wissenschaft,* die religiöse Lehr- und Lernprozesse zum Verstehen bringen möchte. Als solche zielt sie darauf, religiöse Phänomene so transparent zu machen, dass Schülerinnen und Schüler, etwa aus biblischen und anderen Texten, selbst Konsequenzen für ihre religiöse Lehr- und Lernpraxis ziehen.

Oder sollte man RP (4) als *Integrations- bzw. Verbundwissenschaft* verstehen, die pädagogische, theologische, soziologische, psychologische u.a. Einsichten verbindet? Dafür spräche, dass sie sich auf Pädagogik bezieht, wenn sie z.B. die religiöse Individuation untersucht, dass sie theologisch argumentiert, wenn sie von Glaube und christlicher Tradition redet, dass sie Sozialwissenschaft in Anspruch nimmt, wenn sie religiöse Sozialisationsprozesse beschreibt, und dass sie mit der Psychologie argumentiert, wenn sie religiöse Entwicklung analysiert. Überdies ist es die erklärte Hauptaufgabe von RP und RD, eine Integration zwischen Theologie und Pädagogik zu leisten. (→ I.3.4).

Die Kurzporträts der vier Auffassungen führen zu folgender Beurteilung: Erziehung allein zum religiösen Wahrnehmen ist zu wenig. Erziehung zum religiösen Handeln wirkt oft zu vollmundig. Religion zum Verstehen zu bringen, scheint dagegen eine machbare Aufgabe zu sein. Dazu muss man selbstverständlich Einsichten aus den genannten Humanwissenschaften heranziehen. Das heißt für Sie: Studieren Sie RP als Hermeneutische und als Verbundwissenschaft.

Religions- und *Fachdidaktik* fragen (→ I. 3 und 4), welche Inhalte, Ziele, Medien und Methoden welchen Adressaten warum, wozu und wie angeboten werden sollen. Sie reflektieren, was, warum, zu welcher Zeit, von wem zu lernen und zu lehren notwendig ist. *W. Klafkis* klassische Kriterien zur Auswahl von Inhalten, Zielen und Methoden sind dabei auch für die RD noch immer hilfreich: Er fordert auf zu fragen, was sowohl für den Stoff als auch für die Schülerinnen und Schüler und ihre gesellschaftliche Lebenssituation *fundamental, exemplarisch* und *elementar* sei.

RD hat wie jede Fachdidaktik immer eine doppelte Perspektive vor Augen: Sie reflektiert sowohl den Prozess der Vermittlung von Unterrichtsinhalten seitens der Lehrkraft als auch den der Aneignung derselben seitens der Schülerinnen und Schüler. Sie vertritt eine Hermeneutik sowohl der Vermittlung als auch der Aneignung. Die Berücksichtigung nur einer Seite wäre einseitig und unverantwortlich begrenzt. RD muss alle Perspektiven religiöser Lehr- und Lernprozesse wahrnehmen.

2. *Das Verhältnis der Religionspädagogik zu anderen Wissenschaften*

Neben der *Theologie* als der Hauptbezugswissenschaft der Religionspädagogik sind Humanwissenschaften wie Pädagogik, Religionspsychologie und Religionssoziologie für die RP von hohem Belang; z.B. die Erkenntnisse der *Pädagogik* über Verlaufsformen religiösen Lehrens und Lernens, *religionspsychologische* Theorien zur religiösen Entwicklung und zur religiösen Sozialisation, *religionssoziologische* Untersuchungsergebnisse zu religiösen Lebensstilen, kirchlichen Verhaltensweisen oder zu Lebensformen in anderen Religionsgemeinschaften.

Eine wichtige Bedeutung haben auch die sog. *Lebenswissenschaften* Allgemeine Biologie, Neurobiologie, Biochemie u.ä. für religionspädagogisches Arbeiten. Das mag hier und da zu Irritationen führen. Um ein Beispiel zu nennen: Die neurophysiologische Erforschung religiöser Landkarten und Antennen im Gehirn, die sogar zur Ausbildung einer Neurotheologie geführt hat, brachte objektive Gottes- und Transzendenzvorstellungen und deren Erlernen gewaltig ins Wanken. Aber gerade das ist der Sinn des Dialogs mit Lebenswissenschaften. Sie sollen religionspädagogisch-theologische Aussagen (z.B. »Gott existiert im Bekenntnis des Glaubens« oder »Jeder Mensch ist religiös« o.ä.) kritisch hinterfragen.

Eine besondere Rolle spielen z.Z. die evangelisch-katholische Kooperation und der interreligiöse Dialog, sozusagen die kleine und die große Ökumene im RU. Die evangelische RP ist aufgefordert, nicht nur katholische, sondern auch islamische, jüdische u.a. Religionspädagogiken kennen zu lernen und ökumenische Dialoge zu führen.

Als Unterschied ist festzuhalten: Während die Theologie und deren Disziplinen im Sinne einer normativen Bezugswissenschaft zur RP studiert werden müssen, sollen religionspädagogisch relevante Ergebnisse insbesondere der Pädagogik, Religionspsychologie und Religionssoziologie als Anregung und Diskussionsgrundlage, nicht aber als verpflichtende Norm zur Kenntnis genommen werden. Hinzu kommen religiöse Aspekte der Lebenswissenschaften und spezielle Einsichten der Religions- und Ökumenewissenschaft.

3. Der Gegenstand der Religionspädagogik: Religion und Religiosität

Tabelle/Grafik 6

In einem Unterrichtsfach, das »Evangelische Religion« bzw. »evangelische Religionslehre« heißt, stehen, abgesehen von den Schülerinnen und Schülern, selbstverständlich Religion und Religiosität – als Form gelebter Religion – im Mittelpunkt. Sie müssen sich deshalb mit beiden Phänomenen auseinander setzen. Ich greife aus der Theologiegeschichte sieben Religions- und Religiositätsbegriffe heraus, die bis heute aktuell sind:

3.1 Das Christentum vertritt *ein monotheistisches Verständnis* von Religion. Der Mensch pflegt eine persönliche Beziehung zu einem personalen Gott, der sich als Schöpfer, Erlöser (in Jesus Christus) und Bewahrer offenbart. Es gibt eine Heilsgeschichte mit verschiedenen Gnadenmitteln und Symbolen, auf die der Christ mit seinem Glauben und seiner Nachfolge antwortet. Es handelt sich um einen theistischen, d.h. auf einen persönlichen Gott bezogenen, Religionsbegriff. Neben dem Christentum sind auch das Judentum und der Islam monotheistische Religionen. Alle drei werden in ihrem gemeinsamen Bezug auf Abraham auch abrahamitische Religionen genannt.

Religiosität – verstanden als Verhalten zur Religion – ist nach diesem Verständnis eine Frömmigkeit und Spiritualität im Gegenüber zu Gott, dem Schöpfer, Bewahrer und Erlöser, wie er sich in seinen Werken und in Jesus Christus offenbart.

3.2 Im Gegensatz zur Offenbarungsreligion vertrat *Immanuel Kant* (1724–1804) eine *natürliche Vernunft- und Moralreligion.*[2] Religion habe die Funktion, Menschen zu moralischem Verhalten zu befähigen und zu verpflichten. Das leiste die praktische Vernunft. Gott sei dabei notwendig im Sinne eines Postulats, nicht einer metaphysischen Realität. Kant ließ Religion nur »innerhalb der Grenzen der bloßen Vernunft« gelten.

Lessing, Herder, Semler u.a. Aufklärer vertraten gleichermaßen einen solchen »natürlichen Religionsbegriff«. Sie betonten zusätzlich, dass das religiöse Bewusstsein ein moralisches und dieses ein Gottesbewusstsein sei. Religion müsse gelebt und nicht nur gelehrt werden.

Solche natürliche Vernunftreligion findet auch in unserer Gesellschaft – und gerade unter Jugendlichen – viel Zuspruch. Religiöses Erleben ohne die »Zumutung«, an Übernatürliches »glauben zu müssen«, scheint reizvoll und attraktiv zu sein.

3.3 Friedrich Schleiermacher (1768–1834)[3] bezeichnete 1799 Religion *und* Religiosität als »Anschauung des Universums und Geschmack und Gefühl für das Unendliche«. Er kam durch eine psychologische Analyse des individuellen Selbstbewusstseins zu dem Ergebnis, dass jeder Mensch von einer größeren überirdischen Macht, d. h. vom Absoluten, Unbedingten und Unendlichen sich abhängig fühle und auch abhängig sei. Jeder trage das »Gefühl einer schlechthinnigen Abhängigkeit« in sich. Erst dieses verleihe ihm – paradoxerweise – Freiheit und Selbstständigkeit; denn dieses Absolute, an dem er partizipiere, sei absolute Freiheit und der Grund und Quell des Lebens. Um sich dieses Grundes bewusst zu werden, solle jeder Mensch das »Universum«, d.h., das Ganze des Seins anschauen und meditativ erfassen, und »Geschmack und Gefühl für das Unendliche« entwickeln. – Weil dieser Religionsbegriff von einer transzendentalen Analyse des Menschen ausgeht, nennt man ihn einen *transzendental-anthropologischen.*

3.4 Rudolf Otto (1869–1937)[4] erklärte 1917 »Das Heilige« zum Kriterium von Religion. Er vertrat einen *religionskundlichen* Religionsbegriff. Überall, wo seit alters her Heiliges erfahren und reflektiert werde, liege, so Otto, Religion vor. Er unterschied als Bezeichnung des Religiösen den Begriff des Numinosen (übersinnlich Machtvollen) von dem des Mysteriums (Geheimnis), dem Elemente des »tremendum«, des Furchterregenden, und des »fascinosum«,

2 Vgl. *I. Kant,* Religion innerhalb der Grenzen der bloßen Vernunft, Königsberg 1793.

3 *F. Schleiermacher,* Über Religion. Reden an die Gebildeten unter ihren Verächtern, Berlin 1799.

4 *R. Otto,* Das Heilige, Breslau 1917.

des »Fesselnden« innewohnten. Religion war für ihn das schaudernde und faszinierte Erleben des unsagbar, unverfügbar und kontingent Heiligen. Er verstand dieses Erlebnis als Gegenstück zum Erleben des Profanen und Säkularen. – *Religiosität* meint danach die Ehrfurcht vor dem Heiligen und Numinosen in Natur, Geschichte, Kultur und Religion.

3.5 Paul Tillich (1886–1965) erklärte 1951: »Der Gegenstand der Theologie ist das, was uns unbedingt angeht« und: »Das, was uns unbedingt angeht, ist das, was über unser Sein oder Nichtsein entscheidet.«[5] Das Unbedingte als das Letztgültige und das Sein-Selbst sei mit Gott identisch; das Bedingte hingegen sei mit der vorfindlichen Wirklichkeit identisch. Religiös sein bedeute, vom Sein-Selbst als Urgrund des Lebens bzw. vom unbedingten göttlichen Geist ergriffen und beseelt zu sein.

P. Tillich ging dabei nicht wie *F. Schleiermacher* von einer Analyse des menschlichen Selbstbewusstseins aus, sondern von seiner Sicht auf die Lebenswirklichkeit. Diese stellte sich ihm so dar, dass alles, nämlich Natur, Geschichte, Kultur, Gesellschaft und Menschheit, letztlich Aspekte einer umfassenderen Wirklichkeit, eben des »Sein-Selbst« seien. – *Religiosität* bedeutet demnach, das Bewusstsein von der Dimension des Religiösen zu haben und dabei zu unterscheiden zwischen dem, was uns unbedingt, und dem, was uns nur bedingt angeht. Religiöse Erziehung hat das Ziel, in die Dimension des Religiösen (geradezu mystagogisch) einzuführen und dabei den Unterschied zwischen Bedingtem und Unbedingtem bewusst zu machen.

Man nennt P. Tillichs Religionsbegriff *theontologisch,* weil er aus einer Analyse des Vorfindlichen (ontologisch) gewonnen und theologisch gedeutet wird: Das Sein-Selbst ist Gott.

3.6 Eine große Rolle spielen bis heute auch die *negativen Religionsbegriffe* der Religionskritiker *Ludwig Feuerbach* (1804–1872), *Karl Marx* (1818–1883) und *Sigmund Freud* (1856–1939). Viele meinen z.B. mit *Feuerbach,* dass Religion »nichts anderes als eine Projektion« irdischer Vorstellungen (z.B. von einem himmlischen Vater, einer himmlischen Mutter etc.) in die Transzendenz seien, berücksichtigen dabei aber nicht, dass auch Theologen selbstverständlich bestätigen, dass personale Gottesvorstellungen aus menschlichen Deutungen hervorgingen. Oder andere kritisieren mit *Karl Marx,* dass Religion tatsächlich das Produkt sozialer Selbstentfremdung sei, Ergebnis eines verkehrten Weltbewusstseins (als ob himmlische Herrlich-

5 *P. Tillich,* Systematische Theologie, Bd. 1, Chicago, Illinois 1951, dt. Stuttgart 1956, 19ff.

keiten das »irdische Jammertal« kompensieren könnten) und Folge ausbeuterischer Produktionsverhältnisse, kurz: Opium *des* Volkes und Opium *für* das Volk; berücksichtigen aber nicht, dass zwar die Kirchen oft genug soziales Elend mit dem Versprechen himmlischer Herrlichkeit hingenommen oder gar gefördert haben, dass aber der biblische Gott in Jesus Christus Mensch geworden ist, um irdisches Elend aufzuheben. Und viele Religionskritiker argumentieren noch heute mit *Sigmund Freud*, dass Religion eine zwangsneurotische Illusion und damit Flucht vor der harten Wirklichkeit sei, bei der Erwachsene wieder zu vaterfixierten Kindern würden, berücksichtigen aber nicht, dass sie damit nur religiöse Neurosen und pathologische Religiosität kritisieren, nicht aber den gläubigen Bürger, der mit seinem Glauben nicht aus der Wirklichkeit flieht, sondern diese vielmehr beispielhaft bewältigt.

3.7 Der *soziologisch-funktionale* Religionsbegriff geht davon aus, dass Religion ein Kulturphänomen verschiedener Kulturen und deshalb nur plural zugänglich sei. Sie repräsentiere den kulturellen Versuch einer Gesellschaft, die Wirklichkeit zu deuten und ihr Sinn zu verleihen. Nach *Max Weber* (1864–1920) ist Religion der Versuch einer Sinndeutung der sinnlosen Wirklichkeit. Nach *Niklas Luhmann* (1927–1998) dient sie der Kontingenzbewältigung und Komplexitätsreduktion der Wirklichkeit. Und nach *Thomas Luckmann* (*1927) fordert sie zur Selbsttranszendierung des Einzelnen in der Gesellschaft heraus. Alle Autoren sind sich einig, dass solche Deutungen je nach Gesellschaft unterschiedlich ausfallen.

Sie sollten diese sieben Religionsbegriffe im Studium sorgfältig untereinander abwägen und klären, was Sie persönlich unter Religion und Religiosität verstehen. In jedem Fall wird Ihr RU davon leben und profitieren, dass Sie Religion und Religiosität verschieden »denken« (nicht glauben) können und diese Verschiedenheiten je nach Anlass zur Geltung bringen. Erfahrungsgemäß ergeben sich folgende Anwendungen und Schwerpunkte:

1. Selbstverständlich unterrichten Sie Christentum als monotheistische Religion. Dies ist für alle Klassen vom 1. bis 13. Schuljahr relevant und verpflichtend. Besonders grundlegend ist das für die Grundschule, denn 6–10-Jährige brauchen ein überschaubares Religionssystem, in das sie hineinwachsen können. Ältere Kinder und Jugendliche könnten dann auch nicht-theistische Religionen und allgemein-religiöse Phänomene kennen lernen und erarbeiten.

2. Die natürliche Religion der Aufklärung kommt mit älteren Schülern zur Sprache (insbesondere Sek II), wo es darum geht, ethische Entwürfe kennen zu lernen. Auch jüngere Schülerinnen und Schüler mögen für das Projekt empfänglich sein, Vernunft ethisch »gut« anzuwenden und im Guten Gott zu entdecken.
3. Schleiermachers konfessionsloser Religionsbegriff ermutigt Schülerinnen und Schüler, sich als »von Natur aus religiös« zu empfinden und Spuren von Religion, außerhalb der biblischen und traditionellen Zeugnisse, in ihrer eigenen Lebenswelt zu entdecken. In der Auseinandersetzung mit Kino, Musik, Sport, Werbung erleben sie, wie groß die Sehnsucht nach dem »Unendlichen« ist. Ziel des Unterrichts ist die Entwicklung eines religiösen Selbstbewusstseins.
4. Der umfassende Religionsbegriff des Heiligen eignet sich für Unterrichtsprojekte, die sich religionskundlich und/oder dialogisch mit anderen Religionen befassen. Als gemeinsamer »Nenner« verschiedener religiöser Weltdeutungen kann die Ehrfurcht vor dem Heiligen entdeckt werden.
5. Mit Paul Tillichs weitem Religionsbegriff und seiner Betonung der Unterscheidung zwischen dem Eigentlichen und dem Mittelbaren öffnet sich der RU für alle Bereiche der Wirklichkeit, welche die Schülerinnen und Schüler bedingt oder unbedingt angehen. Aufgabe der RL ist es, sie in die Dimension des Religiösen einzuführen und vor einer Hypostasierung des Bedingten zum Unbedingten (z.B. Vergötterung eines Idols, eines Fußballclubs, einer Kultur, Subkultur o.ä.) zu bewahren und sie für das Unbedingte (z.B. Tod, Leiden, Leben, Auferstehung) zu sensibilisieren. – Solche Hinführung in die Dimension des Religiösen und solche Unterscheidung ist vorrangig für 15–19-Jährige, in unbewusster Form auch für 10–14-Jährige dringend notwendig.
6. Religionskritik ist ein großes Thema im Oberstufenunterricht. Gerade weil die Vorwürfe von Feuerbach, Marx und Freud für Jugendliche hohe Plausibilität haben, ist es wichtig, sie zu erarbeiten, aber auch – im genauen Hinschauen auf die Theologie – Grenzen und Missverständnisse zu erarbeiten.
7. Der soziologisch-funktionale Religionsbegriff bietet Ansätze für religiöse Deutungen alter Kulturen (z.B. Schöpfungsberichte, Sintfluterzählungen, Göttermythen, Erlösungsmythen, Offenbarungen) und gegenwärtiger Gesellschaften (Feste, Rituale, Symbole, Ideologien, Sekten, Religionsgemeinschaften). Damit kann er in allen Schulstufen den Unterricht bereichern und auch entlasten: Wer versteht, warum bestimmte Regeln und Motive religiöse Verbindlichkeit erhalten haben, kann freier damit umgehen und selbstständig einschätzen, ob sie für die eigene Lebenswelt relevant sind.

4. Die Sprache der Religion: Symbole

Tabelle/Grafik 7

Transzendenz lässt sich nicht direkt, sondern nur mittelbar und (an-)deutend aussagen. Kreuz, Reich Gottes, Auferstehung, Ewiges Leben, Schöpfung und Schöpfer, Engel, Teufel und Dämonen, Baum des Lebens und Wasser des Lebens sind Symbole, welche die unsagbare Transzendenz sagbar machen wollen.

Außerdem schlagen religiöse Symbole *Brücken des Glaubens und Verstehens,* weil sie Unterschiedliches verbinden: z.B. Alltags- und Glaubenswelt, Profanes und Heiliges, Vergangenheit und Gegenwart, Wirklichkeit und Möglichkeit, Sinnliches und Übersinnliches, Individuum und Tradition; und sie weisen auf eine übersinnliche Wirklichkeit hin, an der sie den Betrachter teilnehmen lassen. Um Beispiele zu nennen: Das Kreuz symbolisiert im *profanen Alltag* das denkbar grausamste Todesmarterinstrument, im *Glauben* dagegen ein versöhntes Leben zwischen Gott und Mensch. Als pervertiertes Symbol repräsentiert es oft *profane* kirchliche Macht, als Gipfelkreuz auf Bergen manchmal christliche Überlegenheit, als Schmuckstück persönlichen Besitz, als klischeehaftes Kreuzzeichen (z.B. nach Fußballtoren) persönlichen Erfolg usw. Im *Glauben* dagegen verweist es auf Gottes Macht in seiner Ohnmacht, Gottes Liebe in seiner Selbstopferung und Christi Leiden für menschliche Schuld. Aufgabe der Symboldidaktik ist es, beide Bedeutungen, die profane und die christliche, bewusst zu machen und die Alltags- von der Glaubensbedeutung her zu kritisieren.

Ebenso verbindet das Kreuzsymbol Frömmigkeit *früher* und *heute*. In der Christentumsgeschichte ist es immer wieder im Sinne einer Macht- und Rachefrömmigkeit instrumentalisiert und politisiert worden; heute wird es als Kulturklischee missbraucht; und nur selten wurde oder wird es im Sinne des »versöhnenden Wortes vom Kreuz« (1 Kor 1,18 u. 2 Kor 5,19) verstanden.

Wirklichkeit und *Möglichkeit, Sinnliches* und *Übersinnliches* verbindet es nur, wenn es als »Wort vom Kreuz« angenommen wird: Dann nämlich vermag der Betrachter des Kreuzes und des Gekreuzigten an der übersinnlichen Möglichkeit einer versöhnten Menschheit direkt zu partizipieren, an diese zu glauben und sich für sie zu engagieren. Die übersinnliche Möglichkeit des Friedens kann durch das Kreuzsymbol im Glauben sinnliche Wirklichkeit werden. Das Kreuzsymbol repräsentiert und ermöglicht Versöhnung unter Menschen.

Die beschriebenen Brücken kumulieren in der Verbindung zwischen *Individuum* und *Tradition:* Eine persönliche Kreuzesfrömmigkeit kann dem Einzelnen das Gefühl vermitteln, mit Teilen der Christentumsgeschichte verbunden zu sein.

Neben den Symbolen gibt es andere Elemente religiöser Kommunikation, die klar zu unterscheiden sind:

- *Religiöse Zeichen* (wie Bekreuzigung, Gebetshaltung, Gesten eines Imam u.a.) sind in der Regel eindeutig, funktional und nicht erklärungsbedürftig.
- *Religiöse Signale* (wie Glockengeläut, Muezzinruf, Tranzsubstantiationsklingel u.a.) sind ebenfalls eindeutig, fordern zu sofortigem Handeln auf und repräsentieren keine Transzendenz.
- *Religiöse Metaphern* (z.B. »sie ist ein Engel, er ist ein Satan«) vergleichen eine Sache oder Person mit einem Bild und wollen dadurch ebenfalls Eindeutigkeit schaffen.
- *Religiöse Sinnbilder* (z.B. Familienwappen, Embleme in Nationalfahnen, religiöse Kleidung, Kirchen-, Synagogen- und Moscheenausstattungen u.a.) sind kurzlebige Symbole, die meistens nur für einen Insiderkreis relevant sind.
- *Religiöse Bilder* befinden sich oft noch im Vorstadium möglicher Symbolwerdung.

Sie sollten folgende drei Symbol(didaktik)theorien unterscheiden:[6]

Im Sinne von *H. Halbfas* und auch *P. Tillich* sprechen überlieferte Symbole den Betrachter von sich aus an und lassen ihn teilhaben an dem Symbolisierten. Der Betrachter müsse nur einen religiösen Sinn, ein drittes Auge und religiöse Symbolsprachfähigkeit entwickeln, um die Partizipationskraft der Symbole zu erfassen.

Nach *P. Biehl* und *A. Bucher* sprechen Symbole nicht von sich aus, sondern müssen erlernt und erarbeitet werden. Man müsse im Rahmen einer kritischen Symbolkunde eine poetische Sprache lernen, um Dinge, Personen und Phänomene zu Symbolen zu machen.

Zwischen beiden Grundpositionen vertreten *Michael Meyer-Blanck* und *Bernhard Dressler* eine Semiotik (Zeichentheorie),[7] nach der Zeichen (im weiteren Sinn) über Symbolen stehen und nach der erst das Bezeichnete

6 Vgl. zum Folgenden: *H. Halbfas*, Das dritte Auge, Düsseldorf 1982; *P. Tillich*, Recht und Bedeutung religiöser Symbole, 1961 in: Ges. Werke Bd. V, 1964, ^{2}1978, 237-244; *P. Biehl*, Symbole geben zu lernen, 2 Bd. Neukirchen-Vluyn 1991, 1993; und *A. Bucher*, Symbol – Symbolbildung – Symbolerziehung, St. Ottilien 1990.

7 *M. Meyer-Blanck*, Vom Symbol zum Zeichen. Symboldidaktik und Semiotik, Rheinbach, ^{2}2002; *B. Dressler* u.a. *(Hg)*: Religion zeigen. Religionspädagogik und Semiotik, Münster 1999; vgl. auch *R. Lachmann*, Grundsymbole christlichen Glaubens. Eine Annäherung, Göttingen 1992.

interpretiert werden muss, bevor es verstanden wird. Um ein Beispiel zu nennen: Erst müsse das Wort vom Kreuz interpretiert werden, bevor ein Kruzifix oder ein Kreuzeszeichen verstanden wird.

Welcher dieser drei Grundpositionen Sie sich anschließen, soll sich in Ihrem Studium zeigen. Sie sollten auf jeden Fall Position beziehen. Die Frage, wie Symbole sich didaktisch erschließen lassen, soll im Abschnitt »Arbeitsformen und Methoden« thematisiert werden.

5. Konzeptionen des Religionsunterrichts

Tabelle/Grafik 8

Im 20. Jahrhundert wurden zahlreiche Konzeptionen des RU entwickelt, die aus der Theologie und den Strömungen ihrer jeweiligen Zeit erwachsen sind. Sie werden noch heute praktiziert. Deshalb ist es wichtig, sie in ihrem jeweiligen historischen Kontext *und* in ihrer Bedeutung heute hier kurz zu skizzieren, obwohl sie in der Literatur oft dargestellt worden sind.[8]

5.1 Unterricht mit dem Ziel, auf Gottes Wort zu hören. 1929 veröffentlichte der Religionspädagoge *Gerhard Bohn*e sein Fundamentalwerk »Das Wort Gottes und der Unterricht«. Er plädierte darin für eine Spannung zwischen Wort Gottes und Kultur, aus der er auf eine notwendige Spannung zwischen RU und Schule schloss. Der RU solle, so forderte er, Kultur und Schule in die Krise, d.h. zur Einsicht in das Scheitern von Selbstmächtigkeits- und Autonomieansprüchen führen. Ja, die RL solle die Schüler und Schülerinnen in die »Entscheidung vor Gott« stellen: »Ich oder Gott«. Und er fuhr fort: »Da geht es nicht mehr darum, dass er (sc. der Schüler) sich entscheidet über seine Stellung zu Gott, sondern dass er spürt, wie Gott über ihn entscheidet, indem die Begegnung mit dem lebendigen Gott ihn selbst notwendig in eine Entscheidung zwingt« (ebd. 139).

Diese Wende von der kulturintegrierenden zur kulturkritischen RP ist nur aus der damaligen Zeit, vor dem Hintergrund der Trümmer der Weimarer Republik, zu verstehen: Der Glaube an jegliche neuhumanistische Bildung,

8 Vgl. insbesondere die Darstellungen von *H. Schmidt,* Leitfaden Religionspädagogik, Stuttgart 1991, 92-123; *C. Grethlein,* Religionspädagogik, Berlin 1998, 1-214; *W. Sturm,* Religionspädagogische Konzeptionen, in *G. Adam/R. Lachmann (Hg.),* Religionspädagogisches Kompendium, Göttingen ^{6}2003, 37-86; *R. Lachmann,* Gegenwärtige Entwicklungen und Perspektiven des Religionsunterrichts, in: *G. Adam/R. Lachmann (Hg.),* aaO., 87-103; *R. Mokrosch,* Ökumene im Religionsunterricht, Gütersloh 1994,47-70.

humanes Christentum, liberale Kultur, soziale Welt und Kirchenordnung war auf den Schlachtfeldern von Verdun 1916 zerbrochen. Verdun hatte eine Epoche der Deutschen Geistesgeschichte beendet. Auch Religion und RU waren am Ende! Als einzigen Weg, aus dieser Krise herauszukommen, anerkannte Bohne eine Sensibilisierung der Kinder und Jugendlichen für Gottes richtendes und heilendes Wort. Er hatte damit den Weg zur Evangelischen Unterweisung bereitet, die den RU ablösen sollte.

Dreißig Jahre wirkte dieses Konzept des Hörens auf Gottes Wort. Von *Oskar Hammelsbeck* (»Der kirchliche Unterricht«, 1931) über *Martin Rang* (»Handbücher zum biblischen Unterricht«, 1939) bis *Helmuth Kittel* (»Vom Religionsunterricht zur Evangelischen Unterweisung«, 1947) galt die RL als Zeuge des Glaubens und Anwalt der Kirche in der Schule, wurde RU bzw. Evangelische Unterweisung als ideologiekritischer Stachel im Fleisch von Kultur, Staat und Politik gesehen. Materialien wie der Lutherische Katechismus, das evangelische Kirchengesangbuch, das evangelische Kirchenjahr, der evangelische Gottesdienstaufbau und die Bibel in der Lutherübersetzung bestimmten die religiöse Erziehung innerhalb und außerhalb der Schule.

Diese Konzeption wurde in den späten 50er Jahren hart kritisiert: Das Fach Religion dürfe nicht kirchlich, sondern müsse schultheoretisch begründet werden. Entsprechend dürfe es nicht der Verkündigung, sondern müsse der Information und religiösen Orientierung mit dem Ziel einer verantwortlichen Ausübung des Rechtes auf Religionsfreiheit nach Art. 4 GG dienen. Außerdem müsse die Lebenswelt der Schülerinnen und Schüler stärker berücksichtigt werden. – Trotz dieser berechtigten Kritik verstehen manche RL ihren Unterricht noch heute im Sinne der Evangelischen Unterweisung, weil sie überzeugt sind, dass es dem RU und den Schülerinnen und Schülern auch heute gut tut, »Stachel im Fleisch« der säkularen Schule zu sein.

5.2 Unterricht mit dem Ziel, die christliche Tradition existenziell zu verstehen. 1958 veröffentlichte *Martin Stallmann* sein grundlegendes Werk »Christentum und Schule«. Darin begründete er den RU schultheoretisch und bildungsdidaktisch: So wie jedes Schulfach das aus der Tradition Ererbte den Schülerinnen und Schüler weiterzugeben und zum Verstehen zu bringen versuche, so solle auch der RU die christliche Tradition zum Verstehen bringen. Religiöse Erziehung sei eine hermeneutische Aufgabe. Deshalb wurde sie auch *Hermeneutischer RU* genannt.

Ihre zentrale Methode bestand darin, biblische und christliche Texte durch Exegese den Schülern und Schülerinnen existenzial zu interpretieren, um sie existenziell so nahe zu bringen, dass sie sie auf sich selbst zu beziehen lernen. Die Angst von Petrus z.B., im Meer zu versinken, und sein Hilfeschrei zu Jesus (Mt 14,22–33), solle existenziell so ausgelegt werden, dass Schüler ihre eigene Angst, in den Stürmen des Lebens unterzugehen, hier wiederentdecken und bereit werden, Jesus Christus um Hilfe anzurufen. Dieses Ziel wurde in der Regel nicht erreicht. Solchen Bibelauslegungsunterricht machten die Schülerinnen und Schüler genauso wenig mit wie die Evangelische Unterweisung.

Mitte der 60er Jahre wurde auch diese Konzeption kritisiert. Man warf ihr vor, zu extensiv exegetische Textarbeit im RU zu betreiben und dabei wiederum die Lebenswirklichkeit der Schüler und Schülerinnen nicht zu Worte kommen zu lassen. Außerdem konnte man angesichts der aufkommenden Kirchen- und Religionskritik unter Jugendlichen nicht davon ausgehen, dass sie Sprache und Sache des NT in gewünschter Weise auf sich wirken lassen könnten. – Manche RL vertreten noch heute eine solche Existenztheologie, auf deren Basis sie hoffen, ihre Schüler und Schülerinnen unmittelbar und direkt mit biblischen Texten ansprechen und motivieren zu können.

5.3 Unterricht mit dem Ziel, gegenwärtige Probleme unter christlichem Aspekt wahrzunehmen und zu bearbeiten. An die Stelle der Hermeneutik der Tradition trat ab 1966 im sog. *Problem- und themenorientierten RU* eine Hermeneutik der Situation. *Hans-Bernhard Kaufmann, Karl Ernst Nipkow, Klaus Wegenast, Gert Otto, Siegfried Vierzig u.a.* forderten dazu auf, dass aktuelle Probleme der Schüler und der Gesellschaft im RU analysiert und im christlichen Geist mit biblischem »Problemlösungsmaterial« bearbeitet werden sollten. Dazu wurden Psychologie, Pädagogik und Soziologie als Hilfswissenschaften herangezogen. Die Bibel und aktuelle Probleme standen in wechselseitiger Verschränkung im Mittelpunkt des RU.

Diese Problemorientierung erhielt in den meisten Fällen eine gesellschafts- und sozialkritische Ausrichtung. Die kritisch-befreienden Impulse des jüdisch-christlichen Glaubens wie z.B. die Shalom-, die Exodus- und die Bergpredigt-Tradition wurden massiv gegen die kapitalistische Gesellschaft und die Verfechter des Kalten Krieges ins Feld geführt. Sie richteten sich aber auch gegen Kirche und Religion, die nach dem Urteil der problemorientierten Religionspädagogen damals eher stabilisierend als kritisch in der Gesellschaft wirkten. Deshalb sollte im RU auch Kirchen- und Religionskritik eingeübt werden. Außerdem wollte dieser RU die Selbstfindung und Emanzipation der Schülerinnen und Schüler fördern. RP wurde als Kritische Theorie angesehen, welche zur Kritik an Gesellschaft, Kirche, Religion und Ideologien ermächtige.

Mitte der 70er Jahre wurde an diesem RU kritisiert, dass sein Themenspektrum zu weit und unscharf gefasst sei, so dass das Wesen des christlichen Glaubens verschwimme. Wenn alle Sehnsüchte, Zukunftsorientierungen und Kritikgefühle als »Religion« verstanden würden, dann sei das Fach

Religion uferlos. Es verliere, so seine Kritiker, sein Proprium. Außerdem würden biblische Texte und christliche Aussagen im Sinne eines »Problemlösungspotenzials« instrumentalisiert. – Problemorientierter RU wird selbstverständlich noch heute überall erteilt. Seine Schülerorientierung und seine überzeugende schultheoretische Begründung sind und bleiben unabgegolten. Aber er steht in der Gefahr, einseitig allein von Problemen heute auszugehen. Er müsste sich öffnen auch für die Probleme biblischer und christentumsgeschichtlicher Autorinnen und Autoren und von ihnen her die Schlüsselprobleme unserer Gegenwart angehen.

5.4. Unterricht mit dem Ziel, die religiöse Sozialisation der Schülerinnen und Schüler aufzuarbeiten. Seit 1972 entwarf *Dieter Stoodt* das Konzept eines *Sozialisationsbegleitenden RU.*[9] Er behauptete, dass Information und Lehre im RU erfolglos seien, weil die meisten Kinder und Jugendlichen auf Grund unserer »neutralisierten Religion«, d.h. eines Kulturgut-Christentums, defizitär sozialisiert seien. Das mache sie unfähig, die wahre Botschaft des Christentums aufzunehmen und sich von ihr stärken zu lassen. Die Weihnachtsduselei z.B. verhindere eine Rezeption der Weihnachtsbotschaft.

Deshalb, so hatte er schon seit 1970 gefordert, sollten *Interaktionen* zur Aufarbeitung der eigenen defizitären Sozialisation vor Informationen im RU Vorrang haben. Erst müssten die Schüler ihre beschädigte Religiosität therapieren, bevor sie christliche Informationen erhielten. Dazu führte Stoodt gruppendynamische, gesprächs- und verhaltenstherapeutische Methoden in den RU ein. Gleichzeitig warb er dafür, die »Lebenspraxis Jesu« und vieler Christen den Schülern als Vorbild für wahre christliche Lebensführung vorzustellen. Es ging ihm um religiöse Selbstfindung der Schüler.

Dieses Konzept wurde stark kritisiert. Wie sollten RL, so die Kritiker, die Sozialisation von dreißig Schülern und Schülerinnen pro Klasse aufarbeiten und therapeutisch wirken? In der Regel scheitern solche Versuche. – Dennoch hat D. Stoodt noch heute seine Anhänger.

5.5 Unterricht mit dem Ziel, Überlieferung und Gegenwart ins Gespräch zu bringen. Seit den späten 70er Jahren verstärkten sich Versuche, Glaubensüberlieferung und Gegenwartsthemen nach dem Modell einer *Korrelationsdidaktik* ins Gespräch zu bringen. Da ich dieses Modell im Abschnitt »Arbeitsformen und -methoden« beschreiben werde, sollen hier kurze Hin-

9 Vgl. *D. Stoodt,* Religion und Emanzipation, in: *W. Offele (Hg.),* Emanzipation und Religionspädagogik, Zürich 1972, 49 ff.; *ders.*, Information und Interaktion im Religionsunterricht, in: *K. Wegenast (Hg.),* RU wohin?, Gütersloh 1971, 293 ff.; *ders.*, Religionsunterricht als Interaktion, Düsseldorf 1975.

weise genügen. *K.E. Nipkow* hatte schon 1968[10] zwei didaktische Grundtypen des RU, nämlich einen Bibelunterricht und einen Kontextunterricht über »Christ sein und Mensch sein in der Gegenwart«, unterschieden. Beide Grundtypen sollten gleichzeitig in der Schule praktiziert werden, damit die Lebensthematik der Schüler und Schülerinnen im biblischen Licht und die Bibel im Licht aktueller Lebensthematik unterrichtet werden kann. 1975 entwickelte Nipkow diese Konzeption weiter zu einem »Konvergenztheoretischen Orientierungsmodell«.[11] Er forderte RL dazu auf, Theologie und Pädagogik zu vermitteln und die Ergebnisse in den RU einzubringen. Er wollte damit die seines Erachtens schiefe Alternative »Problemorientierung *oder* Bibelorientierung« überwinden und bibelorientierte, problemorientierte und sozialisationsbegleitende Ansätze untereinander vermitteln.

Auf katholischer Seite entwickelte *G. Baudler*[12] sein *korrelationsdidaktisches Modell,* das in vielen Lehrplänen und Schulbüchern zugrunde gelegt wurde: Er schlägt für den RU vor, gleichberechtigt einerseits von der Lebenswelt der Schülerinnen und Schüler zur christlichen Überlieferung, andererseits von der analytisch erschlossenen christlichen Überlieferung zur aktuellen Lebenswelt voranzuschreiten. Die Überlieferung solle dabei sorgfältig analysiert, die gegenwärtige Lebenssituation existenziell assoziiert werden. Er selbst legte dafür eindrucksvolle Beispiele vor. Dabei müsse das antike Weltbild mit Göttern, Engeln, Unterwelt und Chaosmächten im RU gründlich thematisiert und mit neuzeitlichen Weltbildern korreliert werden, bevor die Lebenswelt der Schüler mit ihrem je eigenen Gottesbild, Engelglauben, Umgang mit Chaosmächten usw. existenziell assoziiert und sinnvoll mit der Glaubensüberlieferung ins Gespräch gebracht werde. Symbole und Sakramente erschienen ihm als ein besonders geeignetes Mittel, solche Brückenschläge zu erreichen.

Diese Korrelationsdidaktik mündete in den 80er Jahren in *symboldidaktische Konzeptionen* des RU, die ich unten beschreiben werde.

5.6 Religionsunterricht im Pluralismus. Gegenwärtig ist im RU Pluralismus zu beobachten. Das zeigt sich an den vielfältigen Formen: Im *multireligiösen* Unterricht (multi-faith approach in England und Wales) sitzen Christen, Juden, Muslime, Sikhs u.a. nebeneinander und lernen zusammen. Im *religionsspezifischen* Unterricht, wie z.B. im Islamischen, Jüdischen, Katholischen

10 Christlicher Glaubensunterricht in der Säkularität, in: *ders.*, Schule und RU im Wandel, 236 ff.

11 *K.E. Nipkow,* Grundfragen der Religionspädagogik, Bd. 1-3, Gütersloh 1975/82.

12 Religiöse Erziehung heute, Paderborn 1979 und *ders.*, Korrelationsdidaktik. Das Leben durch Glauben erschließen, 1984.

oder Evangelischen RU, bleiben sie dagegen getrennt und lernen vornehmlich ihre eigene Tradition kennen. Im *konfessionell-kooperativen* Unterricht lernen evangelische und katholische Schüler zeitweise getrennt und zeitweise vereint. Im *ökumenischen* Unterricht sind sie in *einem Fach* ständig vereint, im *konfessionellen* Unterricht dagegen ständig getrennt. Und am *RU für alle* (Hamburg) genauso wie am Unterricht *»Lebensgestaltung – Ethik – Religionskunde (LER)«* (Brandenburg) nehmen alle Schüler – religiös oder religionslos – teil. Daneben gibt es bekanntlich Ethik-, Werte und Normen-, Philosophie-, Politik-, Lebenskunde- u.a. Unterricht. Diese Vielfalt ist eine Folge des Pluralismus in der Religion und der Religion im Pluralismus.

Die Aufgabe religiöser Erziehung im Pluralismus ist es, den Schülern und Schülerinnen die religiösen und ethischen Lebensdeutungen verschiedener Weltanschauungen und Religionen nahe zu bringen und sie mit christlichem Glauben zu vergleichen. *Verständigung* mit anderen und *Identität* mit dem Eigenen nennen Religionspädagogen diesen Ansatz (Denkschrift der EKD 1994), der den Pluralismus als Chance versteht, die Unterschiede aber nicht nivellieren will.

Dabei bewährt sich – bei allem Vorbehalt gegenüber einseitigen Festlegungen – ein didaktischer Dreischritt des Wahrnehmens/Entdeckens, Deutens/Verstehens und Aneignens/Gestaltens: Religiöse Phänomene werden aufgespürt, zum Sprechen gebracht und in der Lebenswelt der Schülerinnen und Schüler bewertet. Sodann werden diese Entdeckungen mit Deutungen der eigenen Tradition und Religion konfrontiert – wobei freilich jene in der Regel als Fremdheiten eingeführt und erschlossen werden müssen. Schließlich liegt es an den einzelnen Schülerinnen und Schülern, aus dem Erarbeiteten und Erlebten Schlüsse zu ziehen, Gestaltungen zu erproben und Aneignungen zu vollziehen.[13]

6. *Religiöse Entwicklung von Kindern und Jugendlichen*

□ Tabelle/Grafik 9

Jeder Mensch hat eine religiöse Lebensgeschichte, die einerseits allgemeinen, andererseits individuellen Charakter trägt. Die allgemeine Seite könnte man als anthropologische, die individuelle als biografische Rahmenbedingung von Religion bezeichnen. Während die biografischen Bedingungen

13 Vgl. zu dieser Konzeption *P. Biehl*, Religion entdecken, verstehen, gestalten – Anmerkungen zur konzeptionellen Grundlegung des Lehrbuchs, in: Werkbuch Religion entdecken, verstehen, gestalten, Göttingen 2000.

jeweils einzigartig sind und sich nicht typisieren lassen, gibt es eine Anzahl von Theorien, die die anthropologischen Bedingungen ordnen und klassifizieren.

Hier sollen die beiden bekanntesten Theorien herausgegriffen werden: *Fritz Osers* Theorie der Entwicklung des religiösen Urteils (1984) und *James Fowlers* Theorie der Entwicklung des Glaubens und religiöser Vorstellungen (1981/1991) (→ I. 3.3).

Beide, Oser und Fowler, griffen auf *Jean Piagets* Theorien der Moral- und Intelligenzentwicklung (1932/1952) und auf *Lawrence Kohlbergs* Stufen kognitiv-moralischer Entwicklung (1969) zurück.

J. Piaget hatte 1932 empirisch festgestellt, dass es drei Phasen *kindlichen Moralbewusstseins* (i.S. von Normen- und Regelbewusstsein) gebe: 3–5-Jährige würden mit Normen und Regeln spielerisch, motorisch, ohne Verpflichtung und egozentrisch umgehen *(motorische Moral)*; 5-9-Jährige dagegen die bestehenden Normen und Regeln für absolut verpflichtend erachten *(moralischer Realismus)*; und erst 10–11-Jährige würden sich gegenüber Regeln und Normen autonom und ggf. verändernd und kodifizierend verhalten *(autonome Moral)*.

Zum Wandel von heteronomer zu autonomer Moral trage die *kognitive Entwicklung* bei, die Piaget 1952 ebenfalls in drei Phasen beschrieb: Im 3.–7. Lebensjahr denke das Kind *präoperational,* d.h. es ziehe erste, aber oft unlogische Schlüsse; im 8.–12. Lebensjahr denke es *konkret-operational,* d.h. es vollziehe logische Operationen an konkretem Material; und erst ab dem 12. Lebensjahr denke es *formal-operational,* d.h. es führe im Denken logische Operationen durch.

Piagets These lautete, dass die kognitive Entwicklung eine notwendige, wenn auch nicht hinreichende Voraussetzung für die moralische Entwicklung sei, dass also etwa ein Kind, das noch nicht formal-operational denken könne, auch nicht fähig sei, moralisch autonom zu entscheiden. Diese Behauptung wird allerdings kontrovers diskutiert.

L. Kohlberg nahm Piagets Theorie auf und stellte nach empirischen Untersuchungen rund um den Globus folgende sechs Phasen der *Entwicklung des moralischen Urteils* daneben: (1) Manche Kleinkinder halten für moralisch gut, was Lob einbringt, und für böse, was zur Bestrafung führt *(Straf- und Gehorsamsorientierung)*. (2) Das ältere Kind richtet sein Handeln nicht mehr an Befehl und Gehorsam, sondern an den Bedürfnissen anderer aus, allerdings nur so lange, wie es dabei selbst keine Nachteile erleidet *(Hedonistisch-egoistische Orientierung)*. (3) Der junge Jugendliche richtet sich – noch immer heteronom bestimmt – oft am moralischen Mehrheitsverhalten aus, weil er moralische Normenerwartungen erfüllen und eine gute Figur abgeben möchte *(Orientierung am netten Jungen und netten Mäd-*

chen). (4) Der ältere Jugendliche hält sich oft an Gesetze, Institutionen und moralische Standards, um die soziale Ordnung zu stützen *(Gesetzes- und moralische Standard-Orientierung).* (5) Nur wenige, in der Regel junge Erwachsene erkennen die Relativität solcher Gesetze und überwinden und verändern sie ggf., wenn die ethische Situation es fordert *(Sozialkontrakt-Orientierung).* (6) Und nur wenige Erwachsene orientieren sich in ihrem Gewissen autonom an Universalien, Prinzipien und Werten.

Kohlberg entdeckte also wie Piaget eine Entwicklung von heteronomer zu autonomer Moral und vertrat wie dieser die These, dass Kognitionsfähigkeit eine notwendige, wenn auch keine hinreichende Voraussetzung für moralische Entwicklung sei. Allerdings vermied er direkte Altersangaben.

F. Oser und *J. Fowler* widmeten sich der Frage, ob es bei der religiösen Entwicklung ähnliche Phasen und Voraussetzungen gäbe (→ Grafik/Tabelle 9). F. Oser war davon überzeugt, dass jeder Mensch eine Transzendenzbeziehung pflege, eine religiöse Entwicklung durchlaufe und deshalb ein Recht auf religiöse Erziehung habe. Auch er stellte, analog zu Kohlberg, fünf Phasen der *Entwicklung des religiösen Urteils* fest. In jeder Phase müsse der Gläubige auf je verschiedene Weise folgende sieben Polaritäten, die er in Anlehnung an *E. Eriksons* Theorie der psychischen Entwicklung konzipiert hatte, ins Gleichgewicht zu bringen versuchen: Freiheit und Abhängigkeit, Hoffnung (Sinn) und Absurdität, Vertrauen und Angst, Heiliges und Profanes, Transzendenz und Immanenz, Unendliches und Endliches und Unerklärliches und Erklärliches:

1. Phase: Kleinkinder (manchmal Kinder oder Jugendliche) übertragen elterliche Gehorsamsforderungen auf Gott und gehen davon aus, dass man Gott, der wie ein Deus ex machina handle, und seinen Geboten unbedingt gehorchen müsse *(Heteronomiephase). 2. Phase: Kinder* (oder Jugendliche oder Erwachsene) glauben, dass man Gott und das Schicksal mit Taten, Gebeten, Riten oder Denkweisen i.S. eines Handelspartners beeinflussen oder gar umstimmen könne *(Bipolaritätsphase). 3. Phase: Jugendliche* (oder Kinder oder Erwachsene) erkennen Gott zwar an, schätzen seinen Einfluss auf die Wirklichkeit aber gering, da ihrer Meinung nach jeder für sich selbst verantwortlich und von Gott unabhängig sei *(Deismusphase, analog zur agnostischen Deismus-Position der Aufklärung). 4. Phase:* Gläubige *Erwachsene* (oder Jugendliche) erkennen Gott als Basis von Mensch und Welt und als Ermöglichungsgrund für menschlich-autonomes Handeln; sie entdecken einen universellen Heilsplan zwischen Gott, Welt und Mensch, in dem der Mensch frei handle *(Heilsplanphase). 5. Phase:* Noch tiefer greift der Glaube bei *Erwachsenen* (oder Jugendlichen), die Gott als absolute, unbedingte Freiheit und Liebe und diese als Ermöglichungsgrund bedingter

Freiheit und Liebe interpretieren und somit Gott in der Mitmenschlichkeit erkennen *(Gott-Mitmenschphase).*

Die vielen Kritiken an dieser Theorie können hier nicht referiert werden. Sie beziehen sich auf die epigenetische Abfolge der Phasen, auf die implizite Entwicklung von heteronomer zu autonomer Religiosität, auf die Stimmigkeit der Phasenfolge, auf den Vorrang der Kognition vor der Emotion u.a. Sie wären m.E. nur gerechtfertigt, würde Oser die Phasenfolge normativ entfalten. Sie ist für ihn aber nur ein Interpretationsangebot, religiöse Äußerungen zu verstehen, und kein Maßstab zur Überprüfung religiöser Entwicklung. Sie ist ein Instrument, Entwicklungsverläufe zu erkennen und dementsprechend »pünktlich« zu erziehen bzw. zu unterrichten.

J. Fowler hatte schon 1981 und vollständig 1991 eine *Theorie der Glaubensentwicklung* aufgestellt. Glauben bedeutete für ihn sowohl Lebensvertrauen (faith) als auch Für-wahr-halten (belief). Entsprechend war Glaubensentwicklung für ihn ein Konglomerat aus Sozial-, Rollenübernahme-, Moral-, Persönlichkeits-, Symbolfähigkeits-, Kognitions- und Deutungsfähigkeitsentwicklung. Analog zu Kohlberg entdeckte auch er sechs Phasen, die er, wie Oser, für altersunabhängig hielt.

In der *1. Phase (intuitiv-projektiver Glaube)* nimmt i.d.R. das *Kleinkind* alle möglichen religiösen Äußerungen (z.B. Julia ist ein Engel) präoperational intuitiv auf und projiziert sie in die Transzendenz (also hat Julia Flügel). *In der 2. Phase (mythisch-wörtlicher Glaube)* versteht i.d.R. das *Kind* alle religiösen Erzählungen, insbes. Mythen (z.B. Schöpfungsgeschichten, Sintflut, Turmbau zu Babel) wortwörtlich und entdeckt keinen metaphorischen Sinn dahinter. In der *3. Phase (konventionell-synthetischer Glaube)* übernimmt i.d.R. der Jugendliche das konventionelle Gebäude der Religion, in der er aufgewachsen ist, und synthetisiert die verschiedene Aussagen und Vorstellungen nach eigenem Gutdünken. Erst in der *4. Phase (individuiert-reflektierender Glaube)* reflektiert der religiös Reifende (in der Regel im *Jugend- oder Erwachsenenalter)* seine Religion eigenständig und kritisch; dabei distanziert er sich oft von ihr und konstruiert eine Vorstellung von Gott als innerem Gesprächspartner (z.B. Gott ist mein Freund). Kommt es zur *5. Phase (paradox-verbindender Glaube)* – in der Regel im *späten Erwachsenenalter* –, so versucht der »reife Religiöse« seine eigene aufklärerische Religiosität (z.B. Gott ist mein Gewissen) mit den mythischen Aussagen überlieferter Religion (z.B. Gott ist Schöpfer) zu verbinden; dabei nimmt er paradoxe, d.h. widersprüchliche Aussagen in Kauf und vertritt nicht selten eine nachaufklärerische zweite Naivität (z.B. »Ja, ich glaube, dass Gott Schöpfer ist«). Der *universalisierende Glaube der 6. Phase* sei, so Fowler, nur selten vorzufinden; denn nur wenige könnten Gott in allem Sein entdecken und Ehrfurcht vor allem Sein entwickeln.

Kritisch ist auch Fowler zu befragen, welche Aspekte religiöser Entwicklung seine Theorie erhellen und welche nicht. Anders als Oser respektiert er die emotionale Seite des Glaubens, hält spätere Stufen nicht für höheren wertig als frühere und spricht nicht von religiöser Reifung. Es bleibt die Anfrage, ob es überhaupt angemessen ist, zu sagen, dass Glaube sich »entwickelt«.

7. Religion und Religiosität in der Lebenswelt von Kindern und Jugendlichen

Tabelle/Grafik 10

Neben der Kenntnis der religiösen Entwicklung von Kindern und Jugendlichen ist auch eine Einsicht in die religiöse *Lebenswelt* notwendig. Es geht um die Frage, welche Bedeutung Subjektivierung, Individualisierung, Privatisierung, Autonomisierung, Enttraditionalisierung, Entkirchlichung, Eudaimonisierung, Säkularisierung, Ethisierung und Pluralisierung für die Religion und Religiosität von Kindern und Jugendlichen heute haben.

(1) *Subjektiviert,* so belegen neuere Studien, würden Glaube und Religiosität, weil man der Religion keine objektive Wahrheit und keine allgemeingültigen Normen mehr zubillige, sondern religiöse Aussagen für relativ erachte. (2) *Individualisiert* würden sie, sofern sich Jugendliche ihre eigene, auf ihr Ich zugeschnittene patchwork-Religion basteln. (3) *Privatisiert* würden sie sowohl im Sinne eines Rückzugs in die private Innerlichkeit als auch eines privaten Verfügungsanspruchs über die Religion. (4) Und *autonomisiert* würden sie, weil jeder beanspruche, mit seinem religiösen Bewusstsein Theorie, Technik und Praxis seiner Religion zu beherrschen. (5) Voraussetzung dieses Religiositätswandels sei eine *Enttraditionalisierung, Entdogmatisierung* und *Entkirchlichung.* Denn traditionelle Glaubensinhalte, wie z.B. Hoffnung auf Auferstehung, Christi Sühnetod, Rechtfertigung aus Gnade, Sündenbewusstsein und Sakramente, hätten keine Bindekraft mehr, während nur noch wenige Themen, wie z.B. die Bewahrung der Schöpfung, die Frage nach Gott und einem Leben nach dem Tod allgemeines Interesse beanspruchen könnten. (6) Dabei sei ein Streben nach *Eudaimonisierung* (Glücksmaximierung) durch Religion zu beobachten: Man erwarte von ihr, dass sie nützlich sei und etwas bringe – nämlich Lebensfreude und Lebensglück. (7) Darunter sei *säkulares,* diesseitiges und nicht jenseitiges Glück zu verstehen. Aber das diesseitige Glück werde oft für heilig erachtet, so dass man paradoxerweise von einer *sakralen Säkularisierung* reden könne. (8) Religion werde durch solche Diesseitigkeit *ethisiert;* sie solle der moralischen Lebensführung dienen und stehe nicht mehr in einem größeren,

unverfügbaren Heilszusammenhang. (9) Insgesamt sei der Religions- und Religiositätswandel in der Postmoderne vom *Pluralismus* der religiösen Anschauungen und Verhaltensweisen geprägt. Religiöse Vielfalt in versöhnter oder konkurrierender (»clash of civilizations?«) Verschiedenheit umgebe unsere Schüler und Schülerinnen.

Die *subjektive Reaktion* auf diese objektiven Rahmenbedingungen sehen, so die neueren Jugendstudien, verschieden aus. Man unterscheidet verschiedene Religiositäts-Typen: Der »privatisiert Religiöse« berufe sich auf subjektive Gotteserfahrungen und erspüre Gott als innere Kraft, inneren Halt und subjektiven Grund von Trost, Liebe und Hoffnung. Er dialogisiere mit diesem inneren Gesprächspartner und entfalte auf diese Art eine Religiosität der Innerlichkeit, die nicht auf religiöse Gemeinschaft angewiesen sei. Gegenüber anderen religiösen Anschauungen zeigt er sich offen und tolerant.

Diesem privatisierten Typ widersetzt sich der »traditionell Religiöse«, der sich auf objektive Gotteserfahrungen und einen interpersonalen Gegenüber-Gott berufe. Er praktiziere Religion meistens in einer religiösen, oft kirchlichen Gemeinschaft und nicht für sich allein. Er übernehme in der Regel das gesamte inhaltliche System einer Religionsgemeinschaft und schotte sich gegenüber anderen Religionen oft ab.

Zwischen beiden Typen stehe der »säkularisiert Religiöse«, der Gott weder im Inneren noch im Gegenüber, sondern in der Tiefe des Seins entdecke und der weder subjektive noch objektive, sondern neutralisierte Gotteserfahrungen pflege. Er praktiziere Religion in der Regel nicht und halte auch nichts von religiösen Aussagen. Religiöse Erfahrungen seien ihm fremd und aus religiösen Gemeinschaften mache er sich nichts. Aber gleichwohl stehe er dazu, dass Religion zum Leben hinzugehöre.

Die gesellschaftlichen Rahmenbedingungen von Religion, Religiosität und Glaube sind natürlich zeitbedingt. Sie können schon morgen anders aussehen. Manche Jugendforscher sehen sie auch heute anders als hier beschrieben. Aber einig sind sich alle, *dass* es gesellschaftliche Bedingungen gibt, welche im RU berücksichtigt werden müssen. Deshalb: Man sollte die »privat«, die »traditionell« und die »säkular Religiösen« in ihrer Privatheit, Tradition oder Säkularität weder stärken noch schwächen, sondern ihnen helfen, ihre Religiosität bewusst wahrzunehmen und sich damit fragend auseinander zu setzen. Die Schülerinnen und Schüler sollen die gesellschaftlichen Bedingungen von heute kennen lernen. Das ist ab dem 8. Schuljahr in einer expliziten Unterrichtseinheit »Religion heute« möglich. Religion und Religiosität sind gewachsene Kulturgüter. Das ist eine wichtige Botschaft für Sie und ihre künftigen Schülerinnen und Schüler.

B Arbeitsformen und -methoden

1. Grundlegende Methoden der Religionspädagogik

Tabelle/Grafik 11

1.1 Forschungsmethoden. In der religionspädagogischen Forschung hat man für bestimmte Forschungsfelder bestimmte Methoden entwickelt: *Quantitative Befragungen* liefern mithilfe von Fragebögen statistische Daten, z.B. zur RU-Praxis, zur religiösen Lebenspraxis und zum Kirchenverhältnis von Schülern und Schülerinnen und RL. *Qualitative Befragungen* mit Einzel- oder Gruppeninterviews geben Einsichten in die Religiosität, Konfessionalität, Kirchlichkeit von Schülerinnen und Schüler und RL, in religiöse Lebensgeschichten, in das Verständnis von Bibeltexten, Symbolen, Ritualen oder in ethische und religiöse Positionen. Heutzutage werden beide Befragungsarten in der Regel gemischt.

Unterschiedlich sind die *Methoden zur Auswertung* der Befragungsergebnisse:

- sequenziell: Wort für Wort;
- phasentheoretisch: i.S. religiöser Entwicklungstheorien *(Oser, Fowler)*;
- religionssoziologisch: an Religiositätstypen orientiert;
- psychoanalytisch: i.S. der religionspsychologischen Entwicklungstheorie *Eriksons;*
- religionsethisch: gemäß den Moral- und Glaubenstheorien von *Kohlberg* und *Oser.*

Diese Methoden liegen nicht im Streit, sondern ergänzen sich.[14]

Neben Befragungen werden auch Beobachtungen zur religionspädagogischen Forschung eingesetzt: z.B. geben Hör- und Videomitschnitte im Unterricht und Unterrichtsprotokolle Aufschluss über Fragen des RU; Selbstprotokolle helfen, die Wirkungen von RU auf einzelne Schülerinnen und Schüler oder das Verhalten der RL zu erheben.

Neben Querschnittsforschungen (durch verschiedene Bevölkerungsschichten hindurch) gibt es auch *Längsschnittforschungsmethoden,* nach denen Einzelpersonen im Verlauf von z.B. zwei Jahren mehrmals befragt und beobachtet werden, um ihrer religiösen Entwicklung auf die Spur zu

14 Diese Methoden sind beschrieben in: *Comenius-Institut (Hg.):* Religion in der Lebensgeschichte. Interpretative Zugänge, Gütersloh 1993.

kommen. Dazu wird häufig die Methode des Live span development approach benutzt, nach der man Lebensabschnitte miteinander vergleichen kann. Oder man zieht die Repertory-Grid-Methode heran, nach der i.S. eines Erinnerungsnetzes (repertory grid) die Probanden nach für sie signifikant bedeutsamen Persönlichkeiten im Verlauf der Untersuchungsspanne befragt werden.

Natürlich sind auch historisch-kritische und hermeneutische Methoden in der religionspädagogischen Forschung gefragt. Bei der Interpretation eines Interviews z.B. muss man oft nach Lebensdaten und historischen Ereignissen zurückfragen oder besondere Verstehenskategorien ansetzen, um einen Text in seiner Eigenart zu verstehen.

Sie sollten diese Forschungsmethoden zur Kenntnis nehmen, können sie doch in mancher Examensarbeit nützliche Dienste leisten.

1.2 Methoden der Religionsdidaktik. Um Schüler und Stoff im RU zusammenzubringen, sind verschiedene Ansätze entwickelt worden, die sich mittlerweile in der Praxis bewähren.

1.2.1 Konvergieren und Korrelieren. Beide Methoden wurden seit 1974 auf evangelischer und katholischer Seite entwickelt.[15]

Wer *konvergiert,* möchte den *historischen* Graben zwischen Vergangenheit und Gegenwart, Tradition und Situation heute überbrücken. Das ist schwierig, weil z.B. das Weltbild der Antike gänzlich unvergleichbar mit unserem Weltbild erscheint. Dennoch kann man Annäherungen bzw. Konvergenzen finden. Die Angst der Menschen z. Zt. der Antike vor Dämonen und Chaos z.B. könnte und sollte konvergiert werden mit Globalängsten wie Holocaust-, Aids- und Umweltängsten heute. Die reichhaltigen Hilfsmittel zum Konvergieren sind Erzählen, Spielen, Bibliodrama, Rollenübernahme, kreatives Schreiben u.v.a.

Die Methode des *Korrelierens* möchte Glaubens- und Lebenserfahrungen in einen Dialog bringen. Sie möchte das Gespräch z.B. zwischen Evolutionstheorie und Schöpfungsglaube, zwischen Gott als Schöpfer und dem Menschen als Schöpfer, zwischen alltäglichen Gewalterfahrungen und christlichen Friedensverheißungen, zwischen weltlicher Gerechtigkeit und göttlicher Gerechtigkeit, zwischen weltlicher Sorge und Gottes Fürsorge usw. eröffnen. Korrelation möchte den *hermeneutischen* (d.h. Verstehens-)

15 Seit der Würzburger Synode 1974 vgl. bes. *G. Baudler,* aaO. (Anm.11); *G. Bitter,* Was ist Korrelation? Versuch einer Bestimmung, in: KatBl 106/1981, 343 ff.; *R. Englert,* Korrelation (s Didaktik): Bilanz und Perspektiven, in: RpB 38/1996, 3 ff.; auf ev. Seite bes. *K. E. Nipkow,* aaO. (Anm.10 und 11).

Graben zwischen Evangelium und Alltag, Glaube und Lebenswirklichkeit überbrücken helfen. Dazu muss die RL die Kinder und Jugendlichen befähigen, ihre säkulare Wirklichkeit religiös zu deuten. Sie kann dabei von der Lebenssituation ihrer Schüler ausgehen und zu christlichen Sichtweisen kommen (z.B. von der Evolution zur Schöpfung) oder auch umgekehrt von der Glaubensüberlieferung zur heutigen Lebenswelt fortschreiten (z.B. von der Schöpfung zur Evolution).

1.2.2 Symbolisieren. Diese Methode überbrückt den Graben zwischen Glaubensüberlieferung und Lebenserfahrung heute mithilfe religiöser Symbole (vgl. o. A.4); diese verbinden zugleich auch Alltag und Glauben, Profanität und Heiligkeit, Sinnlich- und Übersinnlichkeit, Wirklichkeit und Möglichkeit, Individuum und Tradition. Es gibt verschiedene Vorschläge zur Erschließung religiöser Symbole im RU:

H. Halbfas schlägt einen 4-Schritt vor: *Zunächst* solle im Unterricht die *Dimension des Faktischen* analysiert werden (z.B. das Kreuz als Marterpfahl, Machtsymbol, Schmuckstück usw.); *danach* müssten die Schülerinnen und Schüler für den *Doppel- und Mehrfachsinn* des Symbols sensibilisiert werden (z.B. für verschiedene Kreuzformen wie Henkel-, Haken-, Sonnenrad-, Schräg-, Kosmos-, Pax- u. ä. Kreuze und deren Bedeutungen); *ferner* sollten sie sich *existenziell* mit dem Symbol *auseinander setzen* (z.B. in Erinnerung an eigene Kreuzzeichen, an Erlebnisse mit Kreuzen u.ä.); und *schließlich* sollte die RL zur *transzendentalen* Bedeutung des Symbols »aufsteigen« (z.B. zur Heilsbedeutung des Kreuzes bzw. zum Wort vom Kreuz). Mit diesem 4-Schritt sollten Kinder und Jugendliche einen »Symbolsinn« bzw. ein »drittes Auge« und eine »Intuition für Symbole« entwickeln.

P. Biehl fordert, viel stärker als Halbfas, dazu auf, religiöse Symbole rational zu diskutieren und zu analysieren, d.h. die soziale Einbettung, kulturgeschichtliche Bedeutung und Ambivalenz religiöser Symbole im Unterricht zu erarbeiten. Er schlägt *sechs Schritte* vor: (1) Erschließung des vielfachen Hinweischarakters eines jeweiligen Symbols (beim Kreuz wie gehabt); (2) Erschließung der Repräsentation des Symbolisierten (z.B. kirchlicher Machtanspruch oder Gottes Macht in seiner Ohnmacht); (3) Einsicht in die soziale Einbettung des Symbols (z.B. das Kreuz in den Kreuzzügen, bei Karfreitagsprozessionen, beim Abendmahl, bei alltäglicher Bekreuzigung usw.); (4) Nachzeichnen der kulturgeschichtlichen Entwicklung eines Symbols (z.B. des Kreuzes durch die Epochen der Kirchengeschichte hindurch); (5) Erkenntnis der tieferen Dimensionen eines Symbols (z.B. Heilsbedeutung des Kreuzes); und (6) Aufdecken der ambivalenten Wirkung eines Symbols (z.B. der dämonischen Seiten des Kreuzes).

Ich selbst plädiere dafür, vor der Erarbeitung religiöser Symbole die Alltagssymbole und -mythen der Schüler und Schülerinnen (wie z.B. Kleidung, Frisuren, Stars, Poster, Sportkulte, Pop-Musik u.a.) zu thematisieren und von ihnen her zum Proprium religiöser Symbole vorzudringen. Außerdem muss die Entwicklung der Symbolfähigkeit im Lebenslauf von Kindern und Jugendlichen stärker berücksichtigt werden, als Halbfas und Biehl es tun. *J. Fowler* legt nahe, Schüler und Schülerinnen von einem magisch-numinosen Symbolverständnis (kein Unterschied zwischen Symbol und Realbild) über ein eindimensional-wörtliches (keine Unterscheidung zwischen dem Symbol und dem Symbolisierten) und ein symbolistisches Symbolverständnis (Hinweischarakter wird verstanden, aber das Symbol wird für unwichtig erachtet) hinzuführen zu einer tiefen Einsicht in den *Seins- und Verweischarakter* von Symbolen.

Sie sollten im Studium entscheiden, ob Sie eher einer religiösen Symbol-Sprachlehre oder einer kritisch-rationalen Symbolkunde zuneigen. Vielleicht können Sie schon während des Fachpraktikums mit Schülern und Schülerinnen Symbole erarbeiten und dabei Erfahrungen sammeln.

1.2.3 Elementarisieren. Dieser methodische Ansatz ist besonders von *H. Stock, K. E. Nipkow* und *F. Schweitzer* entwickelt worden.[16] Elementarisieren im RU bedeutet einerseits, das religiös Grundlegende herauszuarbeiten (»elementum« = Grundlage), andererseits die Anfänge religiöser Sprach- und Deutekompetenz zu legen und zu fördern (»elementum« = Anfang). Ferner sind die religiösen Erfahrungen der Lehrenden und Lernenden, der biblischen und christentumsgeschichtlichen Autoren zu berücksichtigen, und schließlich ist jeweils die Wahrheitsfrage zu stellen. Schließlich sollte Elementarisierung sich über überlieferte und gegenwärtige Wahrheitsansprüche Rechenschaft ablegen (Dimension der *elementaren Wahrheiten)*. Nach *K. E. Nipkow* erscheint das *Elementare also vierfach:*

»(1) hinsichtlich der *elementaren Strukturen* als ›das grundlegend Einfache‹: Elementarisierung als Aufgabe wissenschaftlicher Vereinfachung;
(2) hinsichtlich der *elementaren Erfahrungen* als ›das subjektiv Authentische‹: Elementarisierung als Relevanzproblem;
(3) hinsichtlich der *elementaren Zugänge* als das ›zeitlich Angemessene‹: Elementarisierung als Sequenzproblem; und

16 Vgl. bes. *H.Stock*, Elementarisierung theologischer Inhalte und Methoden, Münster 1975; *F. Schweitzer/K.-E. Nipkow/G. Faust-Siehl/B. Krupka*, Religionsunterricht und Entwicklungspsychologie. Elementarisierung in der Praxis, Gütersloh 1995, und *F. Schweitzer (Hg)*, Elementarisierung im RU. Erfahrungen, Perspektiven, Beispiele, Neunkirchen-Vluyn 2002.

(4) hinsichtlich *elementarer Wahrheiten* als ›das gewissmachende Wahre‹: Elementarisierung als Vergewisserungsproblem.[17]

Im RU kann man mit jeder Dimension einsetzen. Aber es empfiehlt sich, bei biblischen- und christentumsgeschichtlichen Texten besonders auf die elementaren Zugänge und die elementaren Wahrheiten zu achten. Bei Themen und Alltagsphänomenen wie z.B. Gewalt, Freiheit, Sekten, Kirche usw. könnte das Schwergewicht auf den elementaren Erfahrungen liegen, und bei religiösen Symbolen, Ritualen und spirituellen Praktiken sind elementare Strukturen vorrangig zu berücksichtigen. Sie sollten diese Methoden schon in Ihrem Fachpraktikum ausprobieren.

2. Medien und Methoden im Religionsunterricht

Tabelle/Grafik 12

Neben diesen grundlegenden Methoden des Konvergierens, Korrelierens, Symbolisierens und Elementarisierens gibt es eine Fülle bereichsspezifischer Arbeitsformen und -medien zum RU, wie z.B. *Texterschließung, Erzählen, zeichnerisches Gestalten, Bildbetrachtung, Umgang mit Lied und Musik, Einsatz audio-visueller Medien wie Hörspiele, Filme, Dias oder Folien, Spielen im Rollenspiel, Psychodrama, Soziodrama oder Bibliodrama, Gesprächsführung, Stilleübungen, Freiarbeit u.a.*. Diese Medien und Methoden sollten Sie im Studium kennen lernen.[18] Ich kann hier nur einzelne kurz vorstellen.

2.1 Medium Texte. RU ist zu einem großen (oft zu großen) Teil Sprachunterricht. Sie haben es mit Texten zu tun, mit biblischen, literarischen und Sachtexten. Die Schülerinnen und Schüler sollten sich daher von Anfang an ein methodisches Repertoire aneignen, mit dem sie Texte selbstständig erschließen können. Trainieren Sie einen »Standardablauf« (der dann im Einzelnen variiert werden kann):

17 *K. E. Nipkow,* Art. Elementarisierung, in: *G. Bitter* u.a. *(Hg.),* Neues Handbuch religionspädagogischer Grundbegriffe, München 2002, 452 f.

18 Dazu hilft Ihnen auch *G. Adam/R. Lachmann (Hg),* Methodisches Kompendium für den Religionsunterricht, Bd. 1 Basisband, 4. überarbeitete Aufl. Göttingen 2002; Bd. 2 Aufbaukurs, 1. Aufl. Göttingen, 2002.

(1) Präsentation des Textes: durch Erzählen, Vorlesen, Arbeitsblatt o.a.; (2) Erste Analyse des Textes: Intuitives Erfassen seiner Kernaussagen, Erklären seiner Begriffe, Strukturen und Stilmittel, Informationen zu seinem Autor und dessen Zeit, u.a. (3) Schöpferisches Arbeiten mit dem Text: Komme ich im Text vor? Provoziert, interessiert, langweilt er mich? Kann ich andere Subjekte einsetzen? u.a. (4) Zweite Analyse des Textes: Möglichkeiten seiner Deutung erarbeiten, seine Wahrheitsansprüche, Erfahrungen und Zusagen eruieren, seine Wirkungsgeschichte nachvollziehen u.a. (5) Diskussion des Textes: Auseinandersetzung mit seinen Aussagen, ggf. Aneignung seiner Ansprüche u.a.

Wenn es sich um einen biblischen Text handelt, kommen in den Schritten (2) und (4) die Erkenntnisse der historisch-kritischen Exegese ins Spiel. Es wird auf Sie ankommen, Impulse zu setzen, die die Schülerinnen und Schüler befähigen, der Gewachsenheit, der Erzählabsicht und dem Wahrheitsanspruch eines Textes gerecht zu werden und mit dem Graben der Fremdheit Gewinn bringend umzugehen.

2.2 Methode Erzählen. Erzählen wird oft als eigenständiges Seminar angeboten. Weil die Bibel voller Erzählungen ist und das Christentum oft als Erzählgemeinschaft bezeichnet wird, ist Erzählen einer der wichtigsten Methoden und Medien im RU. Beim Erzählen biblischer Geschichten sollten Sie entscheiden, ob Sie in enger Anlehnung historisch *nach*erzählen, in lockerer Anlehnung an den Bibeltext historisch *neu*erzählen oder ob Sie *aktualisierend* neuerzählen wollen. In jedem Fall darf die neue Erzählung kein Substitut für den Bibeltext sein. Dieser behält seinen normativen Charakter. Die Erzählung stellt lediglich eine didaktische Aufbereitung dar. Bei Nach- oder Neuerzählungen sollten Sie sich fragen: Vermag die Sprache meiner Erzählung eine Brücke zwischen der Sprache des Textes und der Sprache meiner Schüler und Schülerinnen zu schlagen? Sollte man im Präsens oder in der Vergangenheit, mit gleichen oder neuen Bildern, im gleichen oder neuen Stil erzählen? Motiviert meine Erzählung zur Identifikation mit Personen der Erzählung? Motiviert sie zur Imitation dieser Personen? Gewinnt der Verkündigungsgehalt des Textes durch meine Erzählung neue Aktualität? Sowohl Nach- als auch Neuerzählungen müssen sich an Regeln halten.

2.3 Medium Zeichenmaterial. Zeichnerische Gestaltungsprozesse im RU müssen gut vorbereitet werden. Es genügt nicht, Aufträge zu verteilen, wie z.B. »Bitte malt, wie ihr euch Gott vorstellt« oder »Malt, wie ihr euch Noahs Aufbruch mit der Arche vorstellt«, sondern die RL muss Hypothesen aufstellen, warum die Schüler und Schülerinnen was und wie zeichnerisch gestalten sollen. Auch zu dieser Methode gibt es ein breites Literaturangebot, das Sie studieren sollten.

2.4 Medien und Methoden: Bilder, Lieder, Musik. Formen des Umgangs mit *Bildern* (Fotos, Karikaturen etc.), *Liedern* (bes. religiöse Kinder- und Jugendlieder) und *Musik* (klassische u.a.) sind mediendidaktische Spezialgebiete, die selten schon im Studium eingeübt werden. Deshalb seien hier nur Stichworte genannt: Alle Bild- und Tonmedien sollten polyvalent, d.h. mehrdeutbar sein. Sie sollten nicht bereits Gesagtes nur illustrieren, sondern wenn möglich Unsagbares visualisieren bzw. auditieren. Trotzdem können und müssen sie analysiert werden: nach Bildzeichen, Bildelementen, Farben, Anordnung bzw. nach Musikzeichen, -stilelementen, -aufbau, -tonarten. Die RL sollte nachspüren, welche Eindrücke und Gefühle sie bei den Kindern hinterlassen.

2.5 Interaktionsmethoden und Spiele. Auch der Umgang mit Interaktionsformen wie *Rollenspiel, Anspiel, Psycho-, Sozio- oder Bibliodrama* wird in der Regel erst in der zweiten Ausbildungsphase studiert. Es gibt ein reichhaltiges Literatur- und Materialangebot.

2.6 Audiovisuelle Medien. Das breite Feld des Umgangs mit *Audiovisuellen Medien* wie Filmen, Hörspielen, Tonbildern (d.h. Dias oder Folien mit unterlegtem Ton) und aufgezeichnete Fernsehsendungen im RU ist ein weites Gebiet religiöser Mediendidaktik. Entscheidend ist, dass die RU-Stunde zu keiner Verlängerung des vorherigen Fernsehabends gerät. Auch hier gelten die Kriterien der Bild- und Musikdidaktik: Polyvalenz, Mehrdeutbarkeit, Visualisierung statt Illustration und Aufforderung zum Denken, ggf. zu Imitation und Identifikation.

Mediendidaktik, die sich oft mit Methodendidaktik verquickt, ist eine eigene Disziplin innerhalb der RD. Sie sollten mindestens *einen* mediendidaktischen Schwerpunkt im Studium erarbeiten.

C Beispiele für das Studium

Im Studium der RP und Didaktik des RU sollten Sie sowohl schulstufenspezifische als auch -übergreifende Lehrveranstaltungen besuchen. Es ist wichtig, dass Sie die religiöse Entwicklung der gesamten Kindheit und Jugend im Auge haben. Wenn im Folgenden altersspezifische Beispiele vorgelegt werden, so bedeutet das nicht, dass die jeweiligen Themen nicht auch für andere Altersgruppen wichtig sind. Es ist empfehlenswert, einen Grundkurs »Theorie des RU« für Lehramtsstudierende *aller* Schularten und -stufen zu besuchen.

1. Primarstufe: Mit Kindern über Tod und Auferstehung reden

Die Frage nach dem Tod bewegt Menschen. Sie ist ein vordringliches Thema jeder Religion. Sie wird selbst von Menschen, die sich als »nicht religiös« verstehen, religiös beantwortet. Deshalb gilt sie als ein Thema, das religionspädagogisch vorrangig erarbeitet werden muss. Besonders intensiv und unverblümt fragen Kinder nach Sterben und Tod und nach einem *Leben nach dem Tod.* Wie soll man mit ihnen darüber reden? – ein lohnendes Thema in einer Lehrveranstaltung für Studierende der Primarstufe.

1.1 Bestandsaufnahme Lebenswelt. Als (angehende) RL klären Sie zunächst: Wo machen Kinder Erfahrungen mit dem Tod – aus erster, zweiter, dritter Hand, d.h. Primär-, Sekundär-, Tertiärerfahrungen?

- Sehen sie Tote, erleben sie Sterben, welche Todesfälle betreffen sie (Großeltern, Haustier, toter Vogel im Wald ...)?
- Wo ist das Sterben Teil der weiteren Lebenswelt (Beerdigungen, Friedhöfe, ein vorbeifahrender Leichenwagen)?
- Wie konfrontieren Medien mit Tod (Nachrichten, Film, Gameboyspiele, »Ego-Shooter«!)?
- Was hat sich gegenüber »früher« (Lebenswelt des Erwachsenen, der letzten oder vorletzten Generation) verändert?
- Worauf muss ich also heute besonders gefasst sein und eingehen?

Sie werden vermutlich zu dem Urteil kommen, dass die Kinder heute weit mehr Tertiär- als Primärerfahrungen mit dem Tod machen. Sie sehen Tote in Unterhaltungs- und Nachrichtensendungen, töten bei Gameboy- und PC-Spielen. Aber realiter haben sie noch nie einen Toten gesehen. Das führt zu ernsten didaktischen Problemen:

- Kinder können sich die Endgültigkeit, Irreversibilität und Grausamkeit des Todes nicht mehr vorstellen.
- Von einigen wird der Tod deshalb verharmlost und als nicht endgültig missverstanden.
- RU muss diese Defizite aufarbeiten, - auch aus religiösem Interesse.

Sie fragen sich, welche Schlüsse Kinder aus dem in der Umwelt zu beobachtenden Umgang mit Tod und Sterben für sich ziehen und entdecken: Kinder bemerken die Widersprüchlichkeit,

- dass der Tod einerseits verdrängt und *tabuisiert*, andererseits in der Öffentlichkeit geradezu *zerredet* wird;
- dass man im Verborgenen trauert und den Tod *privatisiert*, ihn aber andererseits mit *Sensationsmeldungen* aufbauscht;
- dass man in der Sprache den Tod einerseits *sakralisiert* (Der Tote ist »heimgegangen«, »erlöst worden«), andererseits *säkularisiert* (Der Tote ist »abgetreten«, hat »aufgehört zu leben«).

Sie stellen schließlich, erfahrungsgeleitet, Prognosen darüber an, welche Fragen und Fantasien Kinder haben. Es sind sehr persönliche Fragen, z.B.: Warum musste Brigitte sterben? Wo ist sie jetzt? Müssen Mama und Papa auch sterben? Und ich ...? – Sie werden auf eine reiche Bilderwelt stoßen: Manche stellen sich tote Landschaften vor, wie *Astrid Lindgren* in »Die Brüder Löwenherz« beschrieben hat; andere glauben fest an den Aufstieg der Seele; und wiederum andere empfinden den Tod als ein schwarzes Loch und Feind des Lebens. Alle diese Vorstellungen sollten Sie nach den beschriebenen Verfahren des Korrelierens, Konvergierens, Symbolisierens und Elementarisierens aufnehmen, mit Phasen der religiösen Entwicklung nach Oser und Fowler vergleichen und mit biblischen Vorstellungen (s.u.) in Verbindung bringen.

1.2 Bestandsaufnahme Bibel/Christentum. Die biblischen und christlichen Vorstellungen von Tod und Auferstehung sind vielfältig:

Im AT wird der Tod einerseits als Folge der Erschaffung des Menschen aus vergänglicher Erde, also als natürlicher Vorgang (Gen 2,7: »Da machte Gott den Menschen aus Erde«), andererseits als Strafe für menschliche Sünden, also als unnatürlicher Vorgang (Gen 2,17: Wenn ihr vom Baum der Erkenntnis des Guten und Bösen esst, sollt ihr des Todes sterben) interpretiert. Entsprechend wird einerseits formuliert: »Abraham starb alt und lebenssatt und wurde versammelt zu seinen Vätern« (Gen 25,8); andererseits wird der Tod als grauenhaftes Schicksal beklagt: »Das macht dein Zorn, dass wir so elendig vergehen« (Ps 90,7). Und schließlich wird den Toten einerseits bescheinigt, dass sie von Gott geschieden seien und kein Verhältnis mehr zu ihm hätten (Jes 38,18f.; 2 Sam 14,14); andererseits wird gesagt, dass sie Gott besonders nahe stünden (Am 9,2; Ps 22,30).Und von Auferstehung wird überhaupt erst im 3. Jh. v. Chr. geredet (Jes 26,19; Dan 12,2).

Auch im NT widersprechen sich die Todesvorstellungen: Wieder wird der Tod einerseits als natürliche Folge der endlichen Erschaffung des Menschen gedeutet (Bild vom sterbenden und dadurch Frucht bringenden Weizenkorn, 1 Kor 15,36; Joh 12,24). Andererseits wird er für unnatürlich, nämlich als, wie schon gesagt, Strafe und der Sünde Sold angesehen (Röm 6,23). Ferner wird er einerseits als entmachtet erklärt, weil Christus bereits auferstanden sei (Röm 14,8f.; 8,38f.); andererseits wird betont, dass er weiterhin mächtig und ein Feind sei (1 Kor 15,26; Apk 20,14).

Von Auferstehung redet dann besonders Paulus, wenn er von dem auferstandenen Leib als »geistlichem, unverweslichem, herrlichem und kraftvollem Leib« (1 Kor 15, 42-44) redet. - Von Seelenwanderung, Reinkarnation, Unsterblichkeit der Seele und okkult-spiritistischen Geistern ist im NT keine Rede.

1.3 Bestandsaufnahme Entwicklungspsychologie. Gibt es altersgemäße »Phasen« des Todesverständnisses im Laufe von Kindheit und Erwachsenwerden? Ich versuche zu systematisieren, was an miteinander konkurrierenden Theorien zu nennen ist:

- 3–5-Jährige haben oft ein archaisches Todesverständnis, wenn sie sich Tod als Schlaf, Reise und kurze Trennung vorstellen. Sie selbst leben in ungebrochener Unsterblichkeitsgewissheit.
- 6–8-Jährige haben oft ein animistisches Todesverständnis, wenn sie zwar ein Gespür für die Endgültigkeit des Todes entwickeln, aber gleichzeitig Vorstellungen von der Unsterblichkeit der Seele entfalten. Ihren eigenen Tod verleugnen sie weiterhin beharrlich.
- 9–11-Jährige haben oft ein hybridisches, d.h. vermischtes Todesverständnis, wenn sie sich Totsein einerseits naturwissenschaftlich-realistisch, andererseits mythisch-magisch erklären. Oft bringen sie den Tod sogar mit Seelenwanderung und Geisterglauben in Zusammenhang.
- 11–14-Jährige entfalten im Pubertätsalter oft ein individualistisches Todesverständnis, wenn sie sich den Tod entweder völlig unreligiös als biologisches Ende oder andere sehr religiös als Eintritt in ein neues Leben vorstellen.
- 15–18-Jährige kreieren manchmal ein ideologisches Todesverständnis, wenn sie sich Gedanken wie Wiedergeburt, Reanimierung, okkultistische oder spiritistische Erklärungen oder Deutungen aus anderen Religionen aneignen. Andere entfalten auch Vorstellungen vom Tod mitten im Leben.

Sie werden solche religionspädagogischen Theorien hilfreich finden, um *pünktlich* unterrichten zu können, d.h. weder zu über- noch zu unterfordern. Sie sollten aber zugleich Vorsicht walten lassen: Die Kinder werden stets Vorrang vor der Lehre haben.

1.4 Bestandsaufnahme »Ich«. Im Seminar sollten Sie auch Ihr eigenes Verständnis vom Tod klären. Verstehen Sie ihn als Endpunkt, Doppelpunkt, Freund oder Feind des Lebens, als der »Sünde Sold« (Röm 6,23), als »Fluch« (Ps 90,7) o.a.? Und wie halten Sie es mit der Auferstehung? Paulus redet von einem »geistlichen Leib« (1 Kor 15,44). Können Sie damit etwas anfangen? Oder präferieren Sie die Vorstellung von einer unsterblichen Seele, die es nur im Hellenismus, nicht aber in der Bibel gibt?

1.5 Planung Praxis. Vor dem in 1.1 bis 1.4 skizzierten fachlichen Hintergrund überlegen Sie nun, was der religionspädagogische Auftrag und Beitrag zum Fragen der Kinder nach Sterben und Tod sein kann und soll.

Wie wollen Sie biblische (und eigene) Vorstellungen mit den Vorstellungen der Kinder und unserer Gesellschaft korrelieren und konvergieren? Welche? Wie fangen Sie das Verständnis-Defizit auf, das sich aus der Dominanz der Tertiärerfahrungen ergibt? (Erarbeiten Sie in jedem Fall sechs Kriterien des Todes: Nonfunktionalität, d. h. das Aufhören aller Funktionen des Menschen; Irreversibilität, d. h. dass der Gestorbene niemals ins Leben zurückkehren wird; Universalität, d. h. dass alle Menschen sterben müssen; Kausalität, d. h. dass der Tod verschiedene Ursachen hat; Finalität, d. h. dass der Tod einen Zweck hat; und Transzendentalität, d. h. dass alles, was nach dem Tod kommt, sich unserer Einsicht entzieht.) Es empfiehlt sich in der Lehrveranstaltung Regeln und Kriterien aufzustellen, wie man mit Kindern im RU über den Tod reden sollte. Dazu gehören m. E. folgende Grundsätze: (1) Auferstehung sollte grundsätzlich nur als Sprachsymbol und nicht als reale Vorstellung thematisiert werden. Dann ist der Auferstehungsglaube auch eine Kraft gegen spiritistische Geister- und materialistische Wiedergeburtsvorstellungen. (2) Gleichzeitig sollte Auferstehung als Bestätigung und Vollendung eines Lebens, als Neuschöpfung durch Gott und damit als Trost verstanden werden. Dazu sollte man den Kindern Bilder vom Weizenkorn, das sterben muss, um neues Leben hervorzubringen, von der Raupe, die nicht weiß, dass sie ein Schmetterling wird, u.Ä. präsentieren. (3) Der Tod sollte den Kindern als etwas Natürliches nahe gebracht werden. Vorstellungen vom Tod als selbstverschuldete Folge oder gar Strafe sollten im RU der Grundschule vermieden werden. (4) Die archaischen, animistischen und hybridischen Todesvorstellungen der Kinder sollte man nicht prinzipiell negieren, sondern besprechen. (5) Die Jenseitsneugier von Kindern sollte man im RU nicht unnötig fördern, aber natürlich auch nicht verdrängen. Man sollte Kindern zum Verstehen bringen, dass alle Jenseitsaussagen symbolischen Charakter haben. (6) Man sollte als RL bereit sein, ggf. auch von Kindern zu lernen.

2. *Sekundarstufe I: Gottesbilder*

In einer religionspädagogischen Lehrveranstaltung über Gottesbilder sollten – entsprechend dem oben Gesagten – eine *Bestandsaufnahme Gottesbilder* von Kindern, Jugendlichen und Erwachsenen, eine *Bestandsaufnahme Biblische Gottesbilder* (Erfahrungen, Erwartungen, Beziehungen, Vorstellungen), eine *Bestandsaufnahme Mein Gottesbild* sowie eine *Planung Praxis* – speziell für die Sekundarstufe I – durchgeführt werden.

2.1 Wie sehen heute Gottesbilder von Kindern, Jugendlichen und Erwachsenen aus? Eine verbindliche Lehre der Entwicklung von Gottesbildern im Lebenslauf kann es nicht geben. Zu unterschiedlich sind die Einflüsse, die Erziehung, Umfeld und Persönlichkeit beizutragen haben. Dennoch lässt sich vorsichtig eine Abfolge beschreiben, immer mit dem Vorbehalt, dass hier stark verallgemeinert wird.[19]

Manche (religiös erzogene) *Kleinkinder* erfahren Gott nicht als Person, sondern als Geschehen. Ihre Erfahrungen von Gemeinschaft, Geborgenheit und Liebe empfinden sie als Gotteserfahrung, ja sie identifizieren Gott damit. Ihre Gefühle von Vertrautheit und Gewissheit setzen sie mit Gottes Liebe gleich. Gott ist für sie ein universales Geschehen entsprechend der dritten Person der Trinität. – Nur auf dem Weg über sprachliche Entdeckungen (Wie heißt Gott? Wo wohnt er? etc.) schieben sich personale Gottesbilder in die kindliche Psyche. Sie lösen die universalen aber nicht ab, sondern stehen gleichberechtigt neben ihnen. Gott ist für viele Kleinkinder zugleich eine Person und ein Geschehen.

Im *Grundschulalter* gerät diese Doppelheit bei manchen (religiösen) Kindern in die Krise. Gott wird zu einer »gedanklichen Herausforderung« *(Nipkow)*. Ist er eine Person oder ein Geschehen? Ist er überall oder nur an

19 Vgl. bes. *K.E. Nipkow,* Erwachsenwerden ohne Gott? Gotteserfahrung im Lebenslauf, München [19]2003; *H. Hanisch,* Die zeichnerische Entwicklung des Gottesbildes bei Kindern und Jugendlichen, Stuttgart/Leipzig 1996; *F. Oser,* Die Entstehung Gottes im Kinde, Zürich 1992; *F. Schweitzer,* Lebensgeschichte und Religion: Religiöse Entwicklung und Erziehung im Kindes- und Jugendalter, München 1987; *U. Arnold/H. Hanisch/ G. Orth,* Was Kinder glauben, 2 Bd. Stuttgart 1997/1998.

bestimmten Orten? Hat er die Welt und mich erschaffen oder nicht? Zur Stärkung der eigenen Gewissheit übernehmen viele in solcher Krise die konventionellen Gottesbilder ihrer (christlichen, islamischen, jüdischen o.a.) Religionsgemeinschaft und internalisieren Gott z.B. als Schöpfer, Erlöser, Beschützer, aber auch als Richter, strengen Herrn o.a. Sie nehmen mythische Bilder wörtlich. Daneben bestehen weiterhin spirituell-existenziale Bilder wie Gott als Geist, Liebe und Gerechtigkeit oder als schützende Hand, wärmende Sonne, farbiger Regenbogen und ausgebreitete Arme; sie fühlen sich von Gott persönlich beschützt und begleitet. – Religionslos aufgewachsene Kinder dagegen haben oft anthropomorphe Bilder von Gott, z.B. als Wolkenkönig mit Fernrohr, Heiligem auf einem Thron, Vater vieler Engel, Zauberer und Superman, der zwar schützt und hilft, aber keinen Bezug zu ihnen hat.

Bei manchen religiös geprägten *11- bis 14-Jährigen* gerät das mythisch-wörtliche Gottesbild – und bei den religionslos geprägten erst recht das konkretistische Gottesbild – in eine Krise. Die Religiösen legen die Schöpfer-, Erlöser- oder Richtervorstellung ab und beginnen, sich ein eigenes Bild zu konstruieren. In vielen Fällen bleibt Gott für sie aber »Helfer und Garant des Guten« und »Schlüssel und Erklärung für Welt, Leben und Tod« *(Nipkow)*; bei religionslos Aufgewachsenen bahnt sich ggf. ein Kinder- und Schüler-Atheismus, Agnostizismus oder Indifferentismus an.

Manche *13- bis 17-Jährige* bestehen auf der Bildlosigkeit Gottes, verstehen ihn als philosophisch-theologische Herausforderung und machen sich persönliche Vorstellungen. Dabei verlassen sie häufig die erste Person der Trinität und konzentrieren sich allein auf die dritte, auf Gott als Geist. Sie entdecken Gottes Geist der Liebe, Hoffnung und Gerechtigkeit im Alltag. Andere lehnen dagegen die Gottesidee als Einbildungs- und Projektionsprodukt ab. Sie interessieren sich für Religions- und Glaubenskritik, nicht aber für Theologie.

2.2 Bestandsaufnahme: Biblische Gottesbilder. Welche alttestamentlichen Gottesbilder sind für Jugendliche wichtig?

- Im 14. bis 12. vorchristlichen Jahrhundert übernahm Israel kanaanäische Lokalgottheiten, im 12./13.Jh. entwickelten sich ortsungebundene Stammesgottheiten (der Gott Abrahams, Isaaks und Jakobs).
- Seit dem 11.Jh. wird Jahwe als Befreiergott (Ex 3,14f.) und als Schöpfergott (Gen 2,4bff.; 1,1ff.) geglaubt.
- Seit dem 5. Jh. entstanden vermehrt Symbole wie Gott als Hirte (Ps 23), Vater (Ps 89,27; Jer 3,4), König (Ps 95,3), Richter (Ps 7,9), Mutter (Jes 42,14), Weisheit (Spr 1,20 ff.).

Welche neutestamentlichen Gottesbilder sind für Jugendliche wichtig?

- Die Vater- bzw. Papa-Anrede in Jesu Gebeten (Vaterunser, Mt 6,9; Gethsemane, Mk 14,36) ist Ausdruck der neuen engen Gottesbeziehung, die Jesus Christus eröffnet hat. Dieser nahe Gott mit seinem angebrochenen Reich kommt besonders in Jesu Gleichnissen vom verlorenen Sohn, verlorenen Schaf und der verlorenen Drachme (Lk 15) zum Ausdruck.
- Paulus bezeugt Gott, der Jesus von den Toten auferweckt und sich mit der Menschheit versöhnt hat.

Diese biblischen Gottesbilder sollten mit denjenigen von Jugendlichen, aber auch von Kindern und Erwachsenen verglichen werden.

2.3 Bestandsaufnahme: Mein Gottesbild. Welches Gottesbild haben Sie selbst? Neigen Sie zu »natürlichen« Bildern von Gott als »allmächtigem Herrscher« oder zu alttestamentlichen von Gott als Schöpfer, Befreier und Begleiter, oder zu paulinischen vom Mensch gewordenen und mit Christus mitgestorbenen Gott? Sie sollten Ihr Gottesbild im Studium sorgfältig klären.

2.4 Planung Praxis. Was den *Lokal-* und den *Vätergott* des AT angeht, so kann man beide Vorstellungen den Schülern zwar erklären, sollte aber nicht deren Rezeption nahe legen; Kinder und Jugendliche sollen Gott als Gott für alle kennen lernen.

Besonders geeignet sind die Bilder des *Befreier-Gottes* des Exodus und des *Schöpfers;* das Gebot der Bildlosigkeit Jahwes (Ex 20,2–4a; Dtn 5,6–9a) sollte besonders berücksichtigt werden.

Für jüngere Schülerinnen und Schüler gut geeignet sind die Metaphern *Hirte, Vater, Mutter,* für ältere auch die von der Weisheit und vom König.

Entscheidend für jeden RU ist der nahe, der jedem Einzelnen nachgehende, weil Mensch gewordene Gott, der Vater Jesu Christi. In Sek I sollte aber auch bereits das paulinische Gottesbild zur Geltung gebracht werden: Gottes Macht besteht in seiner augenscheinlichen Ohnmacht.

Es empfiehlt sich, im Seminar Regeln und Kriterien aufzustellen, wie man mit 12- bis 16-Jährigen im RU über Gott und Gottesbilder reden sollte. Ich schlage folgende Grundsätze vor: (1) »Natürliche« Gottesbilder Jugendlicher, sei es mythischer, anthropomorpher oder spiritueller Art, müssen ernst genommen und analysiert werden. (2) Skeptisch-atheistisch oder agnostizistisch denkende Jugendliche müssen mit ihren Zweifeln ernst genommen werden. Man sollte überprüfen, ob sie sich einen Ersatzgott (entsprechend den oben beschriebenen religiösen Lebensstilen) geschaffen haben. (3) Steht hinter solchen Gottes(ersatz)bildern eine »natürliche« Theologie und Religion?

Diese müsste erforscht und befragt werden. (4) Die natürlichen Gottes(ersatz)bilder, Theologien und Religionen sollten mit dem offenbarten christlichen Gott als Vater, Schöpfer, Begleiter, vergebender, liebender und sich selbst opfernder Gott konvergiert und korreliert werden. (5) Es müssen Wege gefunden werden, ob und wie man an die Vorstellungen Jugendlicher anknüpfen kann, um ihnen den christlichen, Mensch gewordenen Gott nahe zu bringen. (6) Ebenso sollten RL an die bewusste oder unbewusste religiöse bzw. ersatzreligiöse Erziehung in Familien anknüpfen. Dort werden Gottesbilder weitergegeben und produziert. (7) Gebetserziehung ist eine besonders wichtige Brücke auf dem Weg zum Gottvertrauen und zu christlichen Gottesbildern. Jugendliche sollten lernen, durch eigene Gebete zu Gott in Beziehung zu treten. (8) Die Frage nach der Herkunft des Bösen ist für viele Jugendliche eine implizite Frage nach Gott. Deshalb gehören Antwortversuche auf diese Frage und auch die nach dem Leid zur Beantwortung der Gottesfrage im RU hinzu.

3. Sekundarstufe II: Gewissen und Gewissensbildung

3.1 Bestandsaufnahmen. Angesichts dieser Themenstellung gehören zur *Bestandsaufnahme Lebenswelt* folgende Fragen:

(1) Sind Kinder, Jugendliche und/oder Erwachsene in ihrem Gewissen heute stärker autonom oder heteronom, innen- oder außengeleitet? (2) Entdecken Sie eine Entwicklung der Gewissensfähigkeit im Lebenslauf von Kindern, Jugendlichen und /oder Erwachsenen? Und wenn ja, wie sieht diese Entwicklung aus? Handelt es sich um eine Entwicklung vom heteronomen zum autonomen oder etwa umgekehrt vom autonomen zum heteronomen Gewissen? (3) Beobachten Sie, dass die meisten nur ein personal-individuelles oder auch ein gesellschaftlich-kollektives Gewissen haben? (4) Was mag der Grund sein, dass manche ein sehr sensibles, andere dagegen ein geradezu stumpfes Gewissen haben? (5) Was sollte Ihrer Meinung nach Ziel einer Gewissenserziehung im RU sein? Gibt es eine spezifisch christliche Gewissenserziehung? Und worin besteht diese? In einer erhöhten Sensibilisierung für Schöpfung, Dekalog und Bergpredigt oder nur in einer christlichen Begründung jeweiliger Gewissensentscheidungen? (6) Schärft Gewissenserziehung eine vorhandene Anlageinstanz oder pflanzt sie ein neues Entscheidungs- und Kontrollorgan?

Zur Bestandsaufnahme Christliche Ethik gehört dann in jedem Fall eine Sichtung der fünf klassischen Gewissens(erziehungs)konzeptionen, die in christlichen Kreisen heute noch relevant sind:

- Das *paulinische Gewissensverständnis* spricht jedem Menschen das Bedürfnis zu, Gutes tun zu wollen (Röm 2,14f.), allerdings ohne konkret zu sagen, was in jeweiliger Situation das Gute sei. Nächstenliebe aus Gottvertrauen sei, so Paulus, für Christen das entscheidende Kriterium für diesen Drang. Dabei solle sich der Christ vor allem am schwachen Nächsten orientieren (1Kor 8,7–12; 10,23–29).
- Das *katholische Gewissensverständnis* basiert noch immer auf *Thomas von Aquin* (1225–1274). Auch Thomas sprach jedem Menschen ein Urgewissen bzw. Hang zum Guten (synteresis) zu, den jeder mit Hilfe von Vernunft, Verstand und Wille in eine klare Gewissensentscheidung (conscientia) überführen könne. Für diesen Weg vom Ur- zum Situationsgewissen sei Erziehung notwendig.
- Das *protestantische Gewissensverständnis* basiert bis heute auf *M. Luther* (1483–1546), der bestritt, dass Menschen ein Urgewissen bzw. einen Hang zum Gutem in sich tragen. Er stellte fest, dass Menschen zwar manchmal Gutes wollen, aber Böses tun. Deshalb müsse das unfreie und zum Guten unfähige Gewissen erst von Gott befreit werden, bevor es Gutes tun könne. Solche Befreiung vollziehe sich in Glaube und Rechtfertigung.
- Das *bürgerliche Gewissensverständnis* beruft sich auf *I. Kant* (1724–1804), der das Gewissen als inneren Gerichtshof im Menschen, vor welchem sich Gedanken einander verklagen und entschuldigen, beschrieben hatte. Jeder, so Kant, könne unabhängig von Umwelt und Erziehung auf seinen inneren Richter hören, wenn er nur wolle. Gewissenserziehung solle nur die Fähigkeit stärken, auf den inneren Richter hören zu wollen.
- Das *tiefenpsychologische Gewissensverständnis* von *S. Freud* (1856 – 1939) spielt ebenfalls bis heute eine große Rolle. Nach Freud ist jedes Gewissen ein Sozialisationsprodukt im Über-Ich, das während der ödipalen Phase vom 3. bis 6. Lebensjahr entstanden sei. Bei manchen sei es zu lax, bei anderen zu hypertroph und aggressiv ausgebildet. Aufgabe der Gewissenserziehung sei es, ein Gleichgewicht herzustellen.

3.2 Planung Praxis. Im Hinblick auf eine spätere Unterrichtsplanung stellt sich die Frage: Lässt sich das Gewissen überhaupt bilden und erziehen?

Wenn man es als angeborene Anlage (Paulus), Hang zum Guten *(Thomas)*, Gottes Stimme (Pietismus) oder inneren Gerichtshof *(Kant)* versteht, dann nicht. Wenn das Gewissen aber als Genese, Erziehungs- und Sozialisationsprodukt, z.B. als Über-Ich *(Freud)*, Systemregulativ *(Luhmann)* oder moralisches Bewusstsein *(Kohlberg)* verstanden wird, dann ist direkte Gewissenserziehung möglich. Dann entscheidet Erziehung darüber, ob ein Mensch ein autonomes, heteronomes oder theonomes, ein laxes oder hypertrophes, ein bürgerliches oder antibürgerliches, ein selbst- oder ein fremdbestimmtes Gewissen hat.

Nach protestantischem Verständnis können RL nur Bedingungen schaffen, damit Schüler und Schülerinnen bereit werden, sich von Gott im Gewissen befreien zu lassen. Nach katholischem Verständnis kommt der RL eine entscheidende Bedeutung auf dem Weg vom Urgewissen, über Vernunft, Verstand und Wille bis zum konkreten Gewissensspruch zu.

Methoden der Gewissensbildung sind sowohl Traum- und Symboldeutungen als auch die Lösung konkreter Dilemmata, Wert- und Normenkonflikte, Fallbeispiele und ethische Alltagsfragen. Sie sollten an den Forderungen des Dekalogs und der Bergpredigt gemessen werden. Im Seminar könnten die drei Schlüsselprobleme, die (→ VII) skizziert werden, nämlich verbrauchende Embryonenforschung, Sterbehilfe und militärische Einsätze, aufgearbeitet werden.

D Hilfen für das Studium

(1) An welchen *Lehrveranstaltungen* soll ich teilnehmen? Im Fach RP werden in der Regel folgende Grundlehrveranstaltungen angeboten: *Religiöse Entwicklung, religiöse Sozialisation* und *religiöse Erziehung.* Diese drei Gebiete werden manchmal getrennt, manchmal vereint behandelt. Ferner wird angeboten: *Geschichte der RP und des RU; Moral- und Gewissenserziehung; Religiosität von Kindern und Jugendlichen; RP in unterschiedlichen Religionen; Konzeptionen interreligiösen und ökumenischen Lernens* u.a. – Im Bereich spezieller RP werden oft angeboten: *RP des Kindes, des Jugendlichen* und *des Erwachsenen.* Auch diese drei Gebiete werden oft als Überblicksvorlesung zusammengefasst.

Im Fach *Didaktik des RU* werden oft schulstufenspezifische Didaktiken angeboten wie z.B.: *Didaktik des RU* an Grund-, Haupt- und Realschulen, an Gymnasien, Sonderschulen und Berufsschulen. Ferner finden z.B. fachdidaktische Lehrveranstaltungen zu *Bibeldidaktik des NT, Bibeldidaktik des AT* oder noch spezifischer zu Gleichnissen im RU, Wundergeschichten, Urgeschichten, Psalmen, Propheten, Schöpfung, Erzväter, Hiob, Exodus, Apostelgeschichte, Paulus, Johannes-Evangelium usw. im RU statt. Ferner: *Didaktik des Kirchengeschichtsunterrichts, des Ethik-Unterrichts, systematischer Themen, der Konfessionen* oder auch *der Religionen.* – Es gibt auch Angebote aus folgenden Bereichsdidaktiken: *Symboldidaktik, Bilddidaktik, Mediendidaktik* u.ä. oder es werden Themen christlicher Erziehung benannt wie z.B. *christliche Friedenserziehung, Sexualerziehung, Gerechtigkeitserziehung, Freiheitserziehung, Schöpfungsbewahrungserziehung* u.Ä.

Sie sollten möglichst vier Lehrveranstaltungen besuchen:

- eine grundlegende, schulstufenübergreifende Veranstaltung zur allgemeinen RP und
- eine schulstufenspezifische zu einem spezifischen religionspädagogischen Thema;
- eine schulstufenübergreifende allgemeine Veranstaltung zur allgemeinen Didaktik des RU und
- eine schulstufenspezifische zur Fach- oder Bereichsdidaktik des RU.

Insgesamt sollten Sie im Studium religionsdidaktische Kompetenz (Fähigkeit zur Entscheidung, wann, warum und was an religiösem Gedankengut für Schüler zu lernen wichtig ist) und religionspädagogische Kompetenz (Fähigkeit, Schüler- und Glaubenswelt zu korrelieren) zu erwerben versuchen.

(2) Welche Bedeutung hat *das Fachpraktikum* für das Studium der Religionspädagogik? Während des Fachpraktikums im Fach Religion können Sie Ihre religionsdidaktischen Fähigkeiten überprüfen und ausprobieren. Sie sollten während des Praktikums genau beobachten, wie Kinder und Jugendliche religiös lernen und wie und warum Ihre Unterrichtseinheiten »ankommen« oder »nicht ankommen«. Sie sollten von den Kindern und Jugendlichen her denken und deren innere religiöse Entwicklung beobachten. Diese Beobachtungen und Erfahrungen sollten Sie dann mit den im Studium erlernten Theorien zur religiösen Entwicklung, Sozialisation, Erziehung und Urteilsfähigkeit im Lebenslauf kritisch vergleichen.

Ebenso sollten Sie kritisch überprüfen, wie Ihre fachdidaktischen und bereichsdidaktischen Umsetzungen im Unterricht gelingen. Haben Sie Ihren Schülern und Schülerinnen Gleichnisse, Wundergeschichten, Urgeschichten, Psalmen, Propheten, Schöpfung usw. wirklich so nahe gebracht, dass diese auch persönlichen Nutzen davon haben? Haben Ihnen dabei die Konzepte des Korrelierens, Konvergierens, Symbolisierens und Elementarisierens geholfen? Sie sollten Ihre Fachpraktikums-Erfahrungen in das Studium einbringen und zu den von Ihren Dozenten und Professoren vorgelegten Theorien entsprechend Stellung nehmen. Das Fachpraktikum könnte Ihnen helfen, den Stellenwert religionspädagogischer und religionsdidaktischer Theorien für Ihre Unterrichtspraxis einzuordnen. Und es könnte Sie motivieren, noch einiges im Studium nachzuholen, was Sie bisher möglicherweise vernachlässigt haben.

Literatur

K.E. Nipkow, Grundfragen der Religionspädagogik, Bd. 1 und 2, Gütersloh 1975, Bd. 3, Gütersloh 1982

H. Schmidt, Religionsdidaktik: Ziele, Inhalte und Methoden religiöser Erziehung in Schule und Unterricht, Bd. 1: Grundlagen, Stuttgart 1982, Bd. 2: Unterricht in Klasse 1-13, Stuttgart 1984

H. Schmidt, Leitfaden Religionspädagogik, Stuttgart 1991

G.R. Schmidt, Religionspädagogik. Ethos, Religiosität, Glaube in Sozialisation und Erziehung, Göttingen 1993

R. Mokrosch/R. Sauer (Hg.), Ökumene im RU. Glauben lernen im evangelisch-katholischen Dialog, Gütersloh 1994

G. Lämmermann, Grundriss der Religionsdidaktik, Stuttgart ^{2}1998

K.E. Nipkow, Bildung in einer pluralen Welt, Bd. 1: Moralpädagogik im Pluralismus, Bd. 2: Religionspädagogik im Pluralismus, Gütersloh 1998

Chr. Grethlein, Religionspädagogik, Berlin 1999

G. Hilger/St. Leimgruber/H.G. Ziebertz, Religionsdidaktik Leitfaden für Studium, Ausbildung und Beruf (kath.), München, 2001

N. Mette/F. Rickers (Hg.), Lexikon der Religionspädagogik (LexRP) 2 Bd., Neukirchen-Vluyn 2001

G. Adam/R. Lachmann (Hg), Methodisches Kompendium für den RU, Bd. 1: Basisband, Göttingen ^{4}2002, Bd. 2: Aufbaukurs, Göttingen 2002

G . Bitter, u.a. *(Hg.),* Neues Handbuch religionspädagogischer Grundbegriffe, München 2002

G. Adam/R. Lachmann (Hg.), Religionspädagogisches Kompendium, Göttingen ^{6}2003

G. Lämmermann, Arbeitsbuch Religionspädagogik, Neukirchen-Vluyn 2004

Ders., Christentumsdidaktik. Grundlagen des konfessionellen Religionsunterrichts in der Schule, Leipzig 2004

III. Biblische Theologie – Altes Testament

Friedrich Johannsen

Elementares Wissen über das Alte Testament (AT) einschließlich der Kenntnis grundlegender wissenschaftlicher Zugangsweisen ist für diejenigen, die professionell mit religiöser Bildung zu tun haben, aus zweifachem Grund unabdingbar:

- Die Bibel und mit ihr das AT haben unsere Geschichte und Kultur entscheidend bestimmt;
- das AT ist Teil der »Heiligen Schrift« des Christentums und damit wesentliche Basis der christlichen Religion.

Aus diesen beiden Gründen lassen sich zwei Motive ableiten, sich im Bildungsbereich mit dem AT zu beschäftigen. Das erste Motiv zielt auf kulturelle Kohärenz, das zweite auf die Beschäftigung und Auseinandersetzung mit zukunftsrelevanten Erinnerungen des Glaubens und auf die Fähigkeit, über diese zu kommunizieren.

Im Kontext zunehmender fundamentalistischer Strömungen in allen großen Religionen sind die Fragen, ob und wie auf religiöse Überlieferungen bzw. Texte zurückgegriffen wird bzw. werden soll, auch ein Thema der öffentlichen und politischen Auseinandersetzung.

Nicht Fachkenntnisse allein machen einen guten Lehrer oder eine gute Lehrerin aus, aber ohne Fachkenntnisse ist ein guter Lehrer bzw. eine gute Lehrerin nicht vorstellbar.

A Sach- und Überblickswissen

1. Das Alte Testament als Schriftensammlung

Tabelle/Grafik 13

Das AT ist eine Sammlung religiöser Schriften, die das frühe Christentum bereits gebündelt vom Judentum übernommen hat. So ist das AT zugleich die Heilige Schrift des Judentums und Teil der heiligen Schriften des Christentums.

Die Bezeichnung Altes Testament ist nicht unproblematisch. Es gibt gut begründete Vorschläge, sie durch Hebräische Bibel, Jüdische Bibel oder Erstes Testament zu ersetzen. In diesem Zusammenhang wird die traditionelle Bezeichnung AT beibehalten.

Das AT umfasst *39 Schriften* in hebräischer Ursprungssprache. Im Judentum fand die Auseinandersetzung um die Auswahl dieser grundlegenden religiösen Schriften und ihre Zusammenstellung zu einem Kanon (= Richtschnur) etwa um 100 n. Chr. ihren Abschluss.

Vom Werden des Kanon. Bis zur Kanonbildung haben die Texte und Bücher des AT einen langen Entstehungsprozess hinter sich. Als ganz alte Überlieferungen gelten das Miriamlied in Exodus 15,21 und die älteren Teile von Richter 5 (Debora-Schlacht).
Den ersten Teil und zugleich den Kern des Kanons bilden die fünf Bücher Mose (Pentateuch). Sie werden in der wissenschaftlichen Literatur in der Regel mit lateinischen Bezeichnungen wiedergegeben:

1. Buch Mose	Genesis (Gen)
2. Buch Mose	Exodus (Ex)
3. Buch Mose	Leviticus (Lev)
4. Buch Mose	Numeri (Num)
5. Buch Mose	Deuteronomium (Dtn)

Für die Entstehung des Pentateuchs wird vereinfacht folgende Abfolge von Schritten vermutet:

1. Mündliche Überlieferungen von Liedern, Geschichten und Sippenregeln,
2. Zusammenfassungen von Einzelüberlieferungen zu »Erzählkränzen«,
3. Komposition des Jerusalemer Geschichtswerkes (JG) zwischen 720 und 600 v. Chr. als erste Quellenschrift,
4. Gesetzessammlungen aus der Zeit Hiskias und Josias (700–600 v. Chr.), die in und nach der Exilszeit zum Deuteronomistischen Geschichtswerk (DtrG) erweitert wurden,
5. Komposition priesterlicher Texte zur Priesterschrift (P) zur Zeit des babylonischen Exils,
6. Zusammenfassung im Pentateuch.

Wie der Pentateuch haben auch die anderen Bücher, der Psalter und die Weisheitsliteratur, einen literarischen Wachstumsprozess hinter sich, bis sie ihre kanonische Endgestalt erreichten.

Mit dem Phänomen *Kanonisierung* kommt ein Traditionsstrom zum Stillstand. In einigen Schriften finden sich noch Spuren der Kanonbildung:

2 Kön 22; Nehemia 8,1; Esra 7. Ein kanonischer Text ist dadurch gekennzeichnet, dass eine Vielfalt von Texten zu einer Einheit zusammengestellt ist. Die Texte werden wortgetreu überliefert, sind aber auf einen deutenden Umgang hin angelegt: Indem wir das AT als Teil einer kanonischen Schrift verstehen, folgt daraus die Notwendigkeit von hermeneutischer Reflexion (Hermeneutik = Verstehenslehre).

Der Text selbst bleibt unveränderlich, seine Auslegung kann und muss sich ändern, wenn sich die Verstehensbedingungen verändern.

Es ist ein Grundproblem fundamentalistischer Bibelauslegung, dass sie diese für den Kanon konstitutive Vielfalt wegen ihres spezifischen Vorverständnisses vom Wesen der Schrift nicht wahrnehmen will, kann oder darf. Hier sind die Texte nicht Spiegelungen und Hinweise auf transzendentale Erfahrungen und Weisungen, sondern deren unmittelbarer Ausdruck.

Deutende Auslegung ist darauf aus, in einem Text das zu entdecken, woran er gegen den Strom von Vergessen und Gleichgültigkeit erinnern und worauf er im Blick auf unsere Situation aufmerksam machen will.

Mit der Aufnahme des jüdischen Kanons in den Kanon der für das Christentum relevanten Schriften ist eine Veränderung des Grundverständnisses verbunden, das sich auch in einer unterschiedlichen Reihung und Bündelung der Teile spiegelt:

In jüdischer Tradition wird die Schrift nach inhaltlichen Kriterien in drei Schichten gegliedert:

Tora (Weisung) – *Nebiim* (Propheten) – *Cetubim* (Schriften) und nach den Anfangsbuchstaben dieser Teile als TaNaCh (Tanach) bezeichnet.

In der christlichen Tradition hat sich eine davon zu unterscheidende andere Dreiteilung herausgebildet: *Geschichtsbücher – Prophetische Bücher – Poetische Bücher.*

In der christlichen Gliederung schließt der AT-Kanon mit dem prophetischen Buch Maleachi. Dort findet sich am Ende (3,23) der Hinweis auf die Wiederkehr des Propheten Elia. Die frühe Christenheit hat Johannes den Täufer mit dem wiedergekommenen Elia identifiziert. So bildet nach christlicher Lesart das letzte Buch des AT das Scharnier zum Neuen. Das NT wiederum beginnt mit dem Matthäusevangelium als der neutestamentlichen Schrift mit den meisten Bezügen auf die alten Schriften.

Vermutlich zwischen dem 3. und 1. vorchristlichen Jahrhundert wurde in Alexandria der Tanach ins *Griechische* übersetzt. Diese Übersetzung wird *Septuaginta* (abgekürzt: LXX) genannt, weil der Legende nach daran 70 Übersetzer beteiligt waren. Der Septuagintakanon, an dem sich die katholische Tradition orientiert, umfasst zusätzlich eine Reihe von Schriften (u.a. Tobit, Judit, Weisheit Salomos, Jesus Sirach), die in evangelischer Tradition Apokryphen genannt werden.

2. Brennpunkte der Geschichte Israels

Tabelle/Grafik 14

Das AT schlägt einen Bogen von den Ursprüngen von Welt und Mensch über die Epoche der Erzeltern Israels zur Befreiung aus Ägypten; von der Einwanderung bzw. dem Vordringen der Stämme in Kanaan über die vorstaatliche Richterzeit und die wechselvolle Königszeit bis zur Zerstörung Jerusalems, zur Zeit des Exils in Babylon und bis zur nachexilischen Zeit des Zweiten Tempels.

Die Geschichte bildet den Hintergrund für die Geschichten; Geschichte wird durch Geschichten gedeutet. Grundkenntnisse des historischen Rahmens sind für das Verständnis des AT unabdingbar.[1]

Wichtig ist die Erkenntnis, dass sich erst ab etwa 900 v. Chr. in den Königschroniken eine halbwegs zuverlässige Chronologie findet und das AT keine historische Quelle nach modernen Maßstäben ist. Für die Zeit vor dem Ende der Herrschaft Salomos sind Jahresangaben nur spekulativ zu gewinnen.

Die ältere Geschichte Israels wird traditionell gegliedert in die Zeit der *Erzeltern,* die Zeit des *Exodus* und der *Wüstenwanderung,* die Zeit der *Landnahme* und der *Richter,* die frühe *Königsherrschaft* (Saul, David, Salomo) und die Zeit der beiden Reiche *Juda und Israel.*

In den Erzeltern-Erzählungen der Genesis werden verschiedene Einzelüberlieferungen als Erfahrungen der »Vorfahren« Israels thematisiert. Ob es eine Zeit der Erzeltern gegeben hat und wann sie ggf. zu verorten ist, muss spekulativ bleiben.

Nach priesterlicher Chronologie aus der Exilszeit ist die Zeit vom Exodus aus Ägypten bis zur Landnahme etwa zwischen 1300–1100 v. Chr. anzusetzen. Da weder Exodus noch Schilfmeerwunder außerbiblisch bezeugt sind, gibt es keine Möglichkeit, diese Zeitangabe zu bestätigen oder zu widerlegen. Auch zur Gestalt des Mose fehlen Quellen von historischer Plausibilität.

Die sog. Landnahme und die Richterzeit sind etwa auf den Zeitraum zwischen 1200 und 1000 v. Chr. anzusetzen. Aus der Retrospektive wird in der Exilszeit der *Verlust des Landes* als Folge des Abfalls von JHWH verstanden. Umgekehrt wird die Inbesitznahme des verheißenen Landes durch Hilfe JHWH, nicht durch eigene Leistung erklärt.

Auf der Grundlage *archäologischer Forschung* und durch Vergleiche mit ähnlichen Vorgängen wurden unterschiedliche Theorien zur »Landnahme« entwickelt. Im *Übergang von der Spätbronzezeit zur frühen Eisenzeit (um*

1 Ein knapper Überblick findet sich im vom Verfasser hg. »Alttestamentliches Arbeitsbuch für Religionspädagogen«, Stuttgart ^{2}1998, Kap. 12.

1200 v. Chr.) entstanden in vorher wenig oder gar nicht besiedelten Hochebenen und Steppen zwischen den kanaanäischen Stadtstaaten viele kleine Siedlungen, die möglicherweise mit der »Landnahme« israelitischer Sippen in Verbindung stehen. Der Name Israel wird erstmals auf einer Siegesstele aus dem 5. Regierungsjahr des Pharao Mernpta (ca. 1207 v. Chr.) erwähnt.

Die *Stämme Israels,* deren Idealzahl »12« später konstruiert wurde, bildeten sich erst nach der Landnahme. Sie verstanden sich als Nachfahren eines gemeinsamen Ahnen Jakob, dem der Ehrenname Israel zuerkannt war (Gen 32). Aus diesem Selbstverständnis sollten allerdings keine historischen Rückschlüsse gezogen werden. Die so genannten *großen Richter* erinnern an »heldenhafte« Kämpfer, während sich hinter den so genannten *kleinen Richtern* wohl eher Personen verbergen, die mit der Rechtssprechung betraut waren.

Die Stämme setzten sich jeweils aus Sippen und Großfamilien zusammen. In der Königszeit bildete sich vermutlich nach und nach ein stammesübergreifendes Gemeinschaftsgefühl heraus, das sich bei den Nordstämmen am Namen *Israel* (Haus Josefs), bei den Südstämmen am Namen *Juda* festmachte.

Nach Darstellung des AT ist die Zeit des Übergangs zum Königtum etwa um 1000 v. Chr. anzusetzen. Die ersten Könige Saul, David und Salomo sind in keiner außerbiblischen Quelle erwähnt, so dass sich die Erinnerung an sie und ihre Zeit nur auf die biblische Überlieferung stützen kann.

Die Entstehung des Königtums in Israel ist verbunden mit der immer stärker werdenden Bedrohung durch die *Philister.* Die so bezeichnete Gruppe war ein möglicherweise aus dem Raum der Ägäis ausgewanderter Volksstamm, der an der Südküste Palästinas siedelte und den Israeliten auch wegen seiner Schmiedekunst im Übergang von der Bronze- zur Eisenzeit in der Waffentechnik überlegen war. Von den »Philistern« ist der Landesname »Palästina« abgeleitet, den die Römer (135 n. Chr.) als offizielle Landesbezeichnung einführten.

Der Bedrohung durch die Philister war das lockere Stammessystem nicht gewachsen. Es entstand das *Heerkönigtum Sauls* (um 1000 v. Chr.), das nur von kurzer Dauer war. Wahrscheinlich ist Saul als siegreicher Heerführer zur Macht gelangt und tötete sich, als das Kriegsglück ihn verlassen hatte.

Die Grundbedingung dafür, dass sich im syrisch-palästinensischen Raum mit dem davidisch-salomonischen Reich eine eigenständige Macht entfalten konnte, liegt darin, dass die *traditionellen Hegemonialmächte* dieses Raumes, die Herrscher in *Ägypten* und im *Zweistromland,* wegen innerer Auseinandersetzungen für einen begrenzten Zeitraum ihre Rolle nicht wahrnehmen konnten.

Die *Erinnerung an diese kurze Zeit politischer Größe* wurde später immer stärker idealisiert und zur Grundlage der messianischen Erwartung eines wiedererstehenden Davids.

Der in Bethlehem geborene Judäer David trat zunächst in den Dienst Sauls und sammelte dann eine eigene »Truppe« um sich. Damit stellte er sich in den Dienst der Philister und ließ sich – vermutlich mit ihrer Zustimmung – zunächst die *Königsherrschaft über Juda* übertragen (2 Sam 5,6ff.). Anschließend nahm er auch die ihm von den *Nordstämmen* angetragene Königswürde über Israel an, so dass er in Personalunion über Juda und Israel herrschte.

Es gelang ihm, sich aus der Abhängigkeit von den Philistern zu lösen, ohne dass die Beziehungen zu den Philistern in ein negatives Verhältnis umschlugen. Sein strategisch wichtigster Erfolg lag darin, dass es ihm gelang, die Jebusiter-Stadt (bzw. Kanaanäer-Stadt) *Jerusalem* unter seine Oberhoheit zu bringen. Jerusalem lag günstig zwischen den Bereichen Israel und Juda, so dass die »Stadt Davids« der ideale Residenzort war. Indem David die Bundeslade, das Heiligtum der israelitischen Stämme, nach Jerusalem bringen ließ, setzte er auch ein Signal für eine Wende im Kult, ohne die kanaanäische Religion Jerusalems zu unterdrücken. Damit war die Bedingung geschaffen, dass altkanaanäische und altisraelitische religiöse Traditionen auf dem Boden Jerusalems zusammenwachsen konnten.

Auch über die salomonische Epoche schweigen die außerbiblischen Quellen, und der archäologische Befund ist spärlich. Salomo wird als weiser Staatsmann gezeichnet, der die Erbauung des *ersten Tempels* veranlasst hat. Nach dem Tode Salomos gelang es dem Nachfolger nicht, die Herrschaft über Juda und Israel in Personalunion zu erhalten. Der üblicherweise verwendete Begriff »Reichsteilung« ist ungenau, weil es gar kein einheitliches Reich gab, sondern nur einen gemeinsamen Herrscher über zwei Territorien.

Die Zeit der Reiche Juda und Israel reicht von etwa 930 bis 722 v. Chr. Als Grundlage der geschichtlichen Darstellung dienen im Wesentlichen die Texte der Königsbücher mit den Angaben der Regierungszeiten der einzelnen Könige. Dieses den Königsbüchern zugrunde liegende chronologische System ermöglicht die Errechnung *relativ* sicherer historischer Daten. In assyrischen Annalen finden einige wenige Ereignisse oder Personen der biblischen Überlieferung ihre Bestätigung und können so zur Rekonstruktion der Geschichte der Reiche Juda und Israel mit herangezogen werden.

Die Ereignisse nach dem Tod Salomos lassen sich nur sehr bruchstückhaft wirklich klären.

In *Jerusalem und Juda (Südreich)* ist der vermutlich älteste Salomosohn *Rehabeam* offensichtlich problemlos als Herrscher akzeptiert worden. Ihm gelang es aber nicht, in Personalunion die Herrschaft über Juda und Israel zu erneuern (1 Kön 12,16).

Der erste Herrscher des *Nordreiches (Israel) Jerobeam I.* war ein hoher Beamter unter Salomo. Jerobeam wird von der späteren deuteronomistischen Geschichtsschreibung vorgeworfen, dass er den Kult des syrischen Gottes *Baal-Hadat* neben der JHWH-Verehrung zugelassen hat. Es wird in Bezug auf ihn und seine Nachfolger in diesem Zusammenhang von der »Sünde Jerobeams« gesprochen.

Wie sein Vater Omri kommt der in Samaria residierende König Ahab, obgleich er vermutlich ein bedeutender Politiker war, in der biblischen Überlieferung nur als der große Widersacher der Propheten *Elia und Elischa* in den Blick.

Jerobeam II. (ca. 786–746 v. Chr.) gelang es, die traditionell israelitisch besiedelten Gebiete Ostjordaniens zurückzuerobern und einen wirtschaftlichen Aufschwung herbeizuführen. Da der Wohlstand unter den sozialen Schichten jedoch sehr ungleich verteilt war, zog er den scharfen Protest des Propheten *Amos* auf sich.

Die Zeit vom Ende des 9. bis zum Anfang des 7. vorchristlichen Jahrhunderts ist durch die Expansion der Assyrer in den syrisch-palästinischen Raum bestimmt. Unter *Tiglat Pileser III.* (745–727 v. Chr.) entstand ein Großreich von bis dahin nicht bekannter Größe. Die Assyrer begnügten sich nicht damit, die Kleinstaaten in Abhängigkeit zu bringen, sondern gliederten sie in das neuassyrische Provinzialsystem ein. Dabei wurden die Oberschichten ausgetauscht, so dass die Voraussetzungen für einen politischen Widerstand entfielen. Auch Samaria ereilte unter dem Nachfolger Tiglat Pilesers III. im Jahre 725 v. Chr. dieses Geschick.

Das *Südreich Juda* konnte bis zum Ende der assyrischen Herrschaft Mitte des 7. Jahrhunderts als Vasallenstaat überleben.

Eine neue Situation trat mit dem *Niedergang des neuassyrischen Reiches* (730 v. Chr.) ein. In die Zwischenepoche bis zur Ausdehnung der neubabylonischen Herrschaft über Juda fällt die *Kultreform des König Joschija* (638–609 v. Chr.), die nach der Darstellung von 2 Kön 22f. durch einen Fund alter Tempelrollen ausgelöst wurde. Außenpolitisch versuchte Joschija durch Expansion nach Norden an die Tradition des davidischen Reiches anzuknüpfen.

Mit seiner Politik geriet er in Konkurrenz zu der ebenfalls auf die Konkursmasse des assyrischen Reiches ausgerichteten Politik des *Pharaos Necho II.* und fiel 609 v. Chr. bei Megiddo im Kampf gegen das Heer dieses Pharaos. Necho setzte anstelle des Joschijasohnes Joahas dessen Halbbruder *Eljakim/Jojakim* als Vasallenfürsten über Jerusalem und Juda ein (2 Kön 23, 34ff.).

Als Pharao Necho vom neubabylonischen Kronprinzen *Nebukadnezar II.* (605-562 v. Chr.) im Jahr 605 vernichtend geschlagen wurde, war der Weg frei für die Vormachtrolle der Neubabylonier in Syrien-Palästina. Gegen den

Rat Jeremias versuchte Jojakim, sich ab etwa 601 v. Chr. auf die Seite Ägyptens zu schlagen.

Nebukadnezar belagerte Jerusalem zwei Jahre. Während dieser Zeit starb Jojakim und sein Sohn *Jojakin* wurde mit einem Teil der Oberschicht, zu der auch der spätere *Exilsprophet Hesekiel* gehörte, ins *Exil nach Babylon* deportiert. An seine Stelle wurde ein anderer Sohn Josias, Mattanja, von den Babyloniern in Zedekia umbenannt, zum letzten König Judas eingesetzt.

Zedekia (597–586 v. Chr.) war der Situation nicht gewachsen, in der verschiedene politische und religiöse Strömungen gegeneinander standen. Nachdem er ebenfalls versuchte, mit Hilfe Ägyptens gegen die Neubabylonier zu konspirieren, nahm Nebukadnezar Jerusalem nach 18-monatiger Belagerung zum zweiten Mal ein, ließ die Stadt plündern, den Tempel zerstören und verbannte Zedekia mit weiteren Teilen der Oberschicht nach Babylon.

Jerusalem und Juda wurden in das babylonische Provinzialsystem eingegliedert.

Der *Verlust Jerusalems und des Tempels als Kultzentrum* war ein tiefer Einschnitt in die Geschichte Judas. Die Katastrophe gab aber zugleich für die nach Babylon Exilierten den Anstoß zu einer wesentlichen *Neuorientierung in Anknüpfung an die alten Überlieferungen*. Durch die Ansiedlung im Südosten Babyloniens konnte die jüdische Elite im Exil ihren Zusammenhang bewahren.

Die Zeit nach der Babylonischen Herrschaft (587/6–538 v. Chr.) lässt sich in die folgenden Epochen einteilen:

Persische Herrschaft	538–332 v. Chr.
Griechische Herrschaft	332–301 v. Chr.
Ptolemäische Herrschaft	301–198 v. Chr.
Seleukidische Herrschaft	198–129 v. Chr.
Herrschaft der Hasmonäer	129–63 v. Chr.
Römische Herrschaft	63 v. Chr.-324 n. Chr.

Die nachexilische Zeit wurde zur eigentlich prägenden Epoche des Judentums. Der Abschluss der Tora, die letzten Redaktionen der prophetischen Bücher und die Entstehung, Sammlung und Bearbeitung wichtiger Schriften haben hier ihren historischen Ort.

Über die so genannte Zeit des zweiten Tempels bis zur Zerstörung durch die Römer im Jahre 70 n. Chr. geben verschiedene biblische Bücher einschließlich der Apokryphen des AT Auskunft. Die wichtigsten sind die Bücher Esra und Nehemia, Teile des chronistischen Geschichtswerkes sowie die Propheten Haggai, Sacharja, Maleachi, Tritojesaja (Jes 56–66).

Dazu kommen die (apokryphen) Makkabäerbücher, Notizen griechischer Autoren, rabbinische Notizen, die Schriften von Qumran, einzelne archäologische Materialien und vor allem die Werke des jüdisch-römischen Schriftstellers *Flavius Josephus* (geb. 37/38 n. Chr. in Jerusalem).

3. Theologische Schwerpunktthemen alttestamentlicher Schriften

Tabelle/Grafik 15

Das AT bewahrt Überlieferungen wichtiger menschlicher Erfahrungen. Diese wollen in jeder Zeit neu erinnert werden, weil sie darauf verweisen, was gut für den Menschen ist und was ihm schadet. Im Folgenden wird anhand von sieben Schwerpunktthemen auf wesentliche Überlieferungsaspekte und die in ihnen enthaltenen Erinnerungen hingewiesen.

3.1 Die Frage nach Gott als Mitte des Alten Testaments. Die Frage nach Gott wird im Kontext des AT nicht abstrakt behandelt, sondern so, dass die Geschichte Gottes erzählt wird. Dabei werden Gotteserfahrungen thematisiert, die gleichermaßen

- zu einer vertrauensvollen Beziehung herausfordern (Schöpfung),
- in die Pflicht nehmen (Gebote),
- zur kritischen Unterscheidung anleiten (Unterscheidung von Gott und Göttern) und
- zukünftige Möglichkeiten des Lebens eröffnen.

Die unabschließbaren Gotteserfahrungen spiegeln sich u.a. in einer Vielzahl von *Metaphern* und *Bildern.* So wird Gott u.a. als Fels, König, Vater, Mutter, Quelle, Licht, Richter und Amme bezeichnet.

Ein für das alttestamentliche Gottesverständnis zentraler Text ist die *Theophanieerzählung* von der *Berufung des Mose am brennenden Dornbusch* (Ex 3). Die Besonderheit dieser (und anderer Offenbarungsgeschichten) liegt darin, dass Gott sich (in Ex 3 dem Mose) offenbart, aber dennoch verborgen und für neue Erfahrungen offen bleibt. Es wird an frühere Geschichten mit Gott erinnert, zugleich aber auf etwas Neues verwiesen. Für das Gottesverständnis von grundlegender Bedeutung ist, dass Gott sich hier nicht abstrakt vorstellt, sondern als jemand, der das Leiden (seines Volkes) wahrnimmt (sieht) und Erlösung bzw. Befreiung intendiert. Dieser Zusammenhang wird in den Überlieferungen des AT in vielfältigen Variationen entfaltet. Die Geschichte Gottes ist unlösbar mit der Geschichte der Befreiung verknüpft.

Zugleich erinnert die Überlieferung daran, dass die Zukunft offen bleibt, wenn sich der Mensch auf diesen Gott und nicht auf sich selbst verlässt.

Gott stellt sich mit dem Namen »JHWH« vor, doch die in Ex 3,14 anklingende Namenserklärung bringt zum Ausdruck, dass damit keine Charakterisierung gegeben ist, wie sie in der Antike üblicherweise mit der Namensnennung verbunden war. Die paradoxe Deutung des Gottesnamens und das paradoxe Bild vom brennenden und sich nicht verzehrenden Dornbusch erschließen sich wechselseitig. Dieser Gott ist wahrnehmbar und ansprechbar, aber nicht feststellbar bzw. definierbar. JHWH kann gleichermaßen gelesen werden als: »ich bin«, »ich werde sein« oder auch als »ich werde da sein, als der ich da sein werde«.[2] Der dynamische Charakter des hebräischen Wortlautes wird durch die letztgenannte Formulierung besser getroffen als die in den meisten Übersetzungen zu findenden Formulierungen »Ich bin, der ich bin«. Die Erzählung Ex 3 ist ein Beispiel für das Bemühen um eine sachgemäße (theologische) Wahrnehmung Gottes. Das Tetragramm (= vier Buchstaben) »JHWH« wird in der Hebräischen Bibel fast 7000 mal verwendet.

In der jüdischen Tradition wird JHWH seit der *Exilszeit* (586–538 v. Chr.) nicht mehr ausgesprochen, sondern beim Lesen durch die nur für den Gottesnamen verwendete besondere Bezeichnung »adonaj« (Herr) ersetzt. *Buber/Rosenzweig* ersetzten das Tetragramm in ihrer Verdeutschung der Schrift durch »ER« bzw. einen anderen Kasus des Personalpronomens. Andere Übersetzungen (z.B. Lutherbibel, Elberfelder Bibel) geben den Gottesnamen mit »HERR« wieder. Während der Name hier für Kenner noch identifizierbar bleibt, verschwindet dieser Bezug bei einer Wiedergabe mit »Herr« (so z.B. in der Einheitsübersetzung).

Bei Kirchentagsübersetzungen hat sich die Gepflogenheit herausgebildet, in Anlehnung an die jüdische Tradition »Adonaj« zu verwenden. Damit wird die Erinnerung an einen Eigennamen wachgehalten und zugleich das mit »HERR« männlich akzentuierte Gottesbild etwas relativiert.

Der »Name« steht in Israel synonym für Gott selbst. Der »Name« lässt sich nicht definieren, aber er hinterlässt in der Geschichte Spuren, denen man nach dem Bild von Ex 33,23 »hinterherschauen« kann. Es geht dabei nicht um die Erinnerung an ein Ereignis aus der Vergangenheit, sondern um das Hineinholen in die Gegenwart und die Eröffnung neuer Erfahrungen, die Verwicklung in noch ausstehende Möglichkeiten des Menschseins.

Mit der Entwicklung des Monotheismus in der Exilszeit und dem Bekenntnis, dass der eine von Israel verehrte Gott JHWH auch der *Einzige* ist (vgl. Dtn 6,4), wurden alle Phänomene des Lebens, auch die negativen

2 *Chr. Link,* Die Spur des Namens. Wege zur Erkenntnis Gottes und zur Erfahrung der Schöpfung. Neukirchen-Vluyn 1997, 48.

Erfahrungen, auf diesen Gott bezogen. In diesem Zusammenhang entsteht dann das Problem einer Deutung des Leides und des Bösen vor dem Hintergrund der Allmacht Gottes.

Eine spezifische und bisher nicht überbotene Zuspitzung erhielt die Gestaltung der so genannten *Theodizeefrage* im Buch Hiob. Die Pointe liegt darin, dass die Frage nach dem Leid zwar einen Adressaten hat, aber keine Erklärung. Sie bleibt offen wie die Gottesfrage selbst. Schließlich bleibt mit der Frage nach Gott auch die Frage nach der Bestimmung des Menschen offen.

3.2 Geschichte im Zusammenhang biblischen Redens von Gott. Die Offenheit der Bestimmung des Menschen gilt analog auch für den Verlauf der Geschichte. Geschichtsschreibungen und Geschichtserzählungen des AT unterscheiden sich in dem Punkt diametral von dem in der Antike verbreiteten Schicksalsglauben. Wie das Geschick des Menschen ist auch die Geschichte nicht determiniert, nicht von irgendwelchen überirdischen Mächten vorherbestimmt. Wohl aber kann der Mensch selbst seine Zukunftsoffenheit und Zukunftsfähigkeit aufs Spiel setzen. So wurde die für die Geschichte Israels große Katastrophe von 587 v. Chr. (Zerstörung des Tempels und Exil in Babylon) nicht als Verhängnis interpretiert, sondern auf schuldhaftes Verhalten zurückgeführt.

In den biblischen Überlieferungen werden dazu zwei Grunderfahrungen thematisiert und in Erzählungen entfaltet: Die Geschichte des Menschen, der sein will wie Gott und damit gottlos lebt, führt zu Mord und zu einer Spirale der Gewalteskalation. Aber der biblische Gott überlässt den Menschen nicht seinem selbstverschuldeten »Schicksal«. Er tritt für den Mörder (Kain) ein und verhindert, dass dieser der von ihm in Gang gesetzten Gewaltspirale erliegt. Dass Gott die bösen Taten von Menschen ins Gute wendet, ist auch eine Quintessenz der Josefgeschichte: In Kap. 50 spricht Josef zu seinen Brüdern: »Ihr gedachtet es böse mit mir zu machen, aber Gott gedachte es gut zu machen ...« (Gen 50,20a). Paradigmatisch erzählt das kleine Buch Jona, dass der Lauf der Geschichte selbst da nicht festgelegt ist, wo der Ablauf durch menschliche Schuld determiniert erscheint. Ein zukunftsoffener Verlauf der Geschichte hängt nach biblischer Einsicht wesentlich von der richtigen Gottesbeziehung und einer ihr entsprechenden Praxis ab. Diese anzumahnen ist die Aufgabe der kritischen Prophetie (→ s.u. 3.7).

Ein besonderes Geschichtsverständnis liegt (den priesterlichen Teilen) der Genesis zugrunde: Hier werden die Epochen durch die so genannten Toledot Formeln (= Stammbäume) strukturiert und miteinander verknüpft. Geschichte wird wahrgenommen als eine Art Familiengeschichte, in der Geschlechter jeweils ihre Zeit haben und dann abgelöst werden. Aufzählungen von Geschlechterfolgen beginnen in Gen 2,4 mit dem Hinweis auf die Toledot von Himmel und Erde und schlagen den Bogen über Adam (5,1), Noah (6,9), Noahs Söhne (10,1), zu den Toledot Sems (11,10), Terachs (11,27), Ismaels (25,12), Isaaks (25,19), Esaus (36,1 u. 9) und zu den Toledot Jakobs (37,2).

3.3 Schöpfungstexte und Urgeschichte. In den Schöpfungstexten in Genesis 1 und 2 findet sich ein auf den Kontext der sonstigen Schöpfungsüberlieferungen der Antike bezogener reflektierter Umgang mit dem Schöpfungsthema. Dass die Welt sich dem Wirken eines Gottes bzw. von Göttern verdankt, ist im Denkhorizont des Alten Orients unstrittig. Differenzen bestehen aber sehr wohl hinsichtlich der Konsequenzen der Schöpfungsvorstellung z.B. im Blick auf das daraus folgende Verständnis des Menschen, seines Verhältnisses zur übrigen Kreatur u.a.

Dem reflektierten Umgang geht der Schöpfungshymnus *(Schöpfungslob)* als unmittelbare Antwort auf die Wahrnehmung der Welt als Schöpfung voraus. Beispiele dafür sind Schöpfungspsalmen wie Ps 8 und 104.

Es wird angenommen, dass religionsgeschichtlich die theologische Entfaltung des Schöpfungsgedankens den zunächst (nur) auf die Geschichte bezogenen JHWH-Glauben in Israel ergänzt hat.

Claus Westermann hat darauf aufmerksam gemacht, dass die ersten elf Kapitel der Genesis zusammenhängen und insgesamt nicht als geschichtliche Texte, sondern als *Urgeschehen* zu interpretieren sind. Ihre Intention ist nicht primär, ein früheres Geschehen zu erzählen, sondern die jede Menschheitsepoche konstituierenden Grundbedingungen der Existenz aufzuzeigen. In den ersten elf Kapiteln der Bibel werden Erfahrungen der Menschheitsgeschichte thematisiert, die nicht abgeschlossen sind, sondern jede Generation neu betreffen. Die Schöpfungstexte dürfen daher bei einer sachgemäßen Hermeneutik nicht isoliert werden. Sie sind in Spannung zu den folgenden Überlieferungen von Gewalterfahrungen und vom Segenshandeln Gottes zu erschließen. Die isolierte Betrachtung der Kapitel 1–3 hat in der dogmatischen Tradition dazu geführt, Schöpfung fast ausschließlich als ein Anfangsgeschehen auszulegen. Zwangsläufig ergab sich dann später ein Konflikt zu naturwissenschaftlichen Weltentstehungstheorien.

Die ältere erzählerische Ausformung des Schöpfungsgedankens in Gen 2,4b-3 hat eine einseitige Auslegung als »Sündenfallgeschichte« hinter sich. Eine Besonderheit dieses Textes liegt in der Verknüpfung verschiedener (überlieferungsgeschichtlich) eigenständiger Bildmotive wie der »Schaffung des Menschen«, dem »Bild vom Paradies«, dem »Baum des Lebens« u.a. Verschiedene der Wirklichkeitserfahrung des Erzählers entsprechende Phänomene werden hier *ätiologisch* mit einem Urgeschehen erklärt: Etwa, warum der Mensch (nicht nur der Mann) auf die Erde (bzw. den Ackerboden) bezogen ist und von ihr lebt, worin die geschlechtliche Anziehung zwischen Mann und Frau ihren Ursprung hat und warum der Mensch jenseits denkbarer paradiesischer Bedingungen leben muss. Zugleich wird aber erzählt, dass Gott den Menschen nicht seinen selbstverschuldeten geminderten Lebensbedingungen überlässt, sondern sich ihm mit seinem Segenshandeln zuwendet und die Gewaltgeschichte des autonomen Menschen aufbricht.

Die reflektierteste Gestalt *biblischer Schöpfungstheologie* findet sich in Gen 1 (–2,4a), einem Text, der der sog. Priesterschrift zugeordnet wird. Es handelt sich dabei um eine im Kontext des babylonischen Exils konzipierte lehrhafte Erzählung, die in Anknüpfung und Widerspruch zum Welt- und Menschenbild der babylonischen Tradition (Enuma elish) gestaltet ist. Vor diesem Hintergrund liest sich der Text wie eine Proklamation menschlicher Freiheit. Die Intention, mit der der Mensch geschaffen wird, liegt nicht wie im babylonischen Epos in der Bestimmung, die Arbeit der Götter zu erledigen, sondern wie ein Hirte im Auftrage Gottes verantwortlich zu herrschen.[3]

Der Gedanke der *Gottebenbildlichkeit* (Gen 1,26ff.) des Menschen wird im Unterschied zu bekannten altorientalischen Vorstellungen so entfaltet, dass nicht nur der König, sondern der Mensch als Gattungswesen, als Mann und Frau, diese Würde hat.

Durch Gottes schöpferisches Wort wird nach Gen 1–2,4a dem Chaos eine Grenze gesetzt und ein zeitlich und räumlich strukturierter Lebensraum für alle Geschöpfe geschaffen. Den Höhepunkt der Erzählung bildet der siebte Tag, der Sabbat. Die Feier des Sabbat ist der Ort, an dem die Welt als gute Schöpfung Gottes erfahrbar wird. Die Unterbrechung der Arbeit dient der Erinnerung daran, dass das Leben einen unverfügbaren Grund hat und dass wir von Voraussetzungen leben, die wir nicht selbst schaffen können.

3.4 Väter- und Mütterüberlieferungen. In den auf das Urgeschehen folgenden Teilen der Genesis sind z.T. ursprünglich selbstständige Einzelüberlieferungen so miteinander kombiniert, dass sie das Schema einer durchlaufenden Familiengeschichte ergeben. Erkennbar ist dieses Phänomen beispielsweise an den wechselnden Kultorten oder an der Tatsache, dass die Erzählung von der Gefährdung der Ahnfrau an drei Stellen von zwei Erzvätern erzählt wird (Gen 12; 20; 26).

Das Motiv, mit dem die Erzählungen zusammengebunden sind, ist die Segenszusage. Wie ein »cantus firmus« durchzieht die Verheißung von Land und zahlreichen Nachkommen mit kleinen Variationen das ganze Erzählgefüge, z.B. in Gen 12,1–3 an Abra(ha)m, in 26,24 an Isaak und in 28,13 an

3 Vgl. *E. Zenger,* Gottes Bogen in den Wolken. Untersuchungen zur Komposition und Theologie der priesterlichen Urgeschichte, Stuttgart ^{2}1987, 91.

Jakob. Die Verheißung des Landes gilt allerdings erst den Nachkommen der Erzväter, dem Volk Israel, das aus Ägypten ausziehen wird. Das Hauptmotiv wird erzählerisch dadurch ausgestaltet, dass in vielen Einzelgeschichten erzählt wird, was alles die Erfüllung dieser Segenszusage gefährdet bzw. gefährden kann und dass die Geschichte des Segens sich allen Widerständen und Hindernissen zum Trotz durchsetzt. So werden Sara und Rebekka durch ausländische Könige bedroht. Drei Erzmütter (Sara, Rebekka, Rahel) sind zunächst unfruchtbar und damit ist bereits die Möglichkeit der Geburt des späteren Verheißungsträgers gefährdet. Jakob und Esau streiten um den Segen (Kap. 25+27), Josef wird durch seine Brüder in seiner Existenz bedroht (Kap. 37).

Neben dem Hauptmotiv sind eine Fülle weiterer Motive gestaltet, so dass diese Erzählungen eine breite Palette von Themen behandeln. Erzählt wird von der Rivalität unter Brüdern, von Betrug, von Rivalität von Frauen, von Begehrlichkeiten und ihren Folgen, Grenzstreitigkeiten, Neid und Missgunst und in, mit und unter alledem von offener oder verdeckter göttlicher Führung. Eine Besonderheit liegt darin, dass in den Erzählungen nicht vordergründig moralisch gewertet wird, aber dennoch indirekt, gewissermaßen in Gestalt narrativer Ethik, deutlich wird, was für das Zusammenleben von Menschen und Konfliktbearbeitung förderlich ist und was nicht.

3.5 Befreiungsgeschichte. Die im Buch Exodus erzählte Befreiungsgeschichte beginnt mit der Feststellung, dass der Ruhm der Vergangenheit schnell verblasst: Man erinnerte sich in Ägypten nicht mehr an das, was der Hebräer Josef für Ägypten getan hat, und unterdrückt seine und seiner Familie Nachkommen.

In Mose wächst ein Retter heran, der durch wunderbare Führung von Geburt an bewahrt und für seine Aufgabe vorbereitet wird.

Der ursprüngliche Kern der Erzählung liegt in der Notiz, dass israelitische Frauen unter Anleitung von Miriam (Ex 15,21) in einer Prozession an die wunderbare Errettung erinnern. Auch die Endgestalt des Textes stellt deutlich die Feier der Befreiungserfahrung in den Mittelpunkt der Erzählung. So ist die Erzählung vom Aufbruch in Ex 12 als eine Agende zur Feier des Passafestes gestaltet.

Die Erzählung ist aus der Perspektive derer gestaltet, die einer sie versklavenden und bedrohenden Militärmacht entronnnen sind. Der Sachverhalt, dass dabei ägyptische Söldner umkamen, wird in einer jüdischen Legende wie folgt aufgenommen: Als die Kinder Israels erschöpft, aber gerettet das andere Ufer erreicht hatten, wollten die Engel im Himmel einen Jubelgesang anstimmen. Doch der HERR verwehrte es ihnen mit den Worten: »Wie könnt ihr Freudenlieder anstimmen, wo meine ägyptischen Kinder umgekommen sind?«

Es ist für das alttestamentliche Gottesverständnis konstitutiv, dass Gott sich als der zu erkennen gibt, der den Unterdrückten den Weg in die Freiheit bahnt und hilft, die verdankte Freiheit zu bewahren.

Die in Lateinamerika wurzelnde »Theologie der Befreiung« hat die Erinnerung an die Befreiung ins Zentrum von Theologie und der gelebten Frömmigkeit gerückt.[4]

3.6 Tora, Bund und Gebote. In der Komposition des Pentateuch fällt auf, dass den aus Ägypten Befreiten am Berg Horeb/Sinai vermittelt durch Mose zunächst der Dekalog und dann eine Fülle weiterer Rechtsbestimmungen übermittelt werden. In einem Bundesschluss am Sinai (Ex 24) werden diese Gebote Grundlage des Gemeinschaftsverhältnisses (des Bundes) zwischen Gott und dem (befreiten) Volk. Literarische Untersuchungen des Pentateuch lassen erkennen, dass hier Rechtssammlungen aus verschiedenen Zeiten zu einer vielfältigen Einheit zusammengefasst sind. Die Gesamtheit der vielfältigen Gebote, Weisungen und Regeln, die *Tora,* gewinnt durch diese Verortung – im Anschluss an die Befreiung und vor dem Sesshaftwerden – ihre besondere Bedeutung.

Diese Besonderheit wird auch deutlich an der Struktur des Dekalogs. In der einleitenden Formulierung stellt sich Gott (JHWH) vor als derjenige, der die Gebotsempfänger befreit hat. Dieser Prolog will in der Auslegung der Gebote bedacht sein: Die Gebote gelten Befreiten und intendieren die Bewahrung dieser geschenkten Freiheit. Dass die Weisungen der Konstitution eines Gemeinwesens vorausliegen, entzieht sie der Willkür von Herrschenden. Vergleichbar mit unveränderlichen Grundrechten heutiger demokratischer Verfassungen ist dieses Recht den Machthabern vorgegeben. Dieses Rechtsverständnis wird in verschiedenen erzählenden Texten des AT (z.B. 1 Kön 21) entfaltet. Nicht nur das Volk, auch das Königtum muss sich an der Tora bewähren.

3.7 Prophetische Kritik und Verheißung. In den geschichtlichen Büchern des AT und den Prophetenbüchern zieht sich die Spannung zwischen den Mächtigen und den von JHWH berufenen Propheten wie ein roter Faden hindurch. Das kritische *Prophetentum* tritt als Kontrollinstanz in Erscheinung, die die jeweils Mächtigen an die Tora und die damit verbundenen konkreten Weisungen erinnert. In den Spannungen zwischen Propheten und Königen steht meist der Missbrauch königlicher Macht im Mittelpunkt. Diese kritische Prophetie hat eine wichtige Funktion zur Korrektur verhängnisvoller Wege.

4 Vgl. *G. Guetiérrez,* Theologie der Befreiung, Mainz/ München 1973.

Propheten wie Amos, Jesaja und Jeremia erinnern an Rechtsbestimmungen und Gerechtigkeitsforderungen und warnen Herrscher und Volk vor verhängnisvollen Entscheidungen. Bei Amos verbindet sich die Kritik ungerechter gesellschaftlicher Verhältnisse, die Bereicherung auf Kosten der Armen mit Kultkritik (vgl. Amos 5,21–24).

In der prophetischen Kritik geht es darum, die jeweilige Gegenwart mit den freiheits- und lebensfördernden Erinnerungen Israels zu konfrontieren, um der Gefahr einer Umkehrung der Befreiungsgeschichte in eine neue Unterdrückung entgegenzutreten und die Zukunft für die unabgegoltenen Verheißungen Gottes offen zu halten. In Entsprechung zu dieser Tradition der prophetischen Kritik nehmen die Kirchen ein »prophetisches Amt« in Anspruch, wenn sie öffentlich politische Missstände kritisieren.

Der kritischen Rolle der Prophetie entspricht eine konstruktiv-visionäre. Die Prophetie macht auf die Zukunftsperspektive aufmerksam, die mit der Herrschaft Gottes bzw. seines messianischen Königs verbunden ist und erinnert an positive Verheißungen einer Zukunft unter der Herrschaft Gottes.

Die wirkmächtigsten Verheißungen beziehen sich auf die

- Ankündigung eines gerechten Friedens unter Einschluss des Friedens mit der Natur (vgl. u.a. Jes 32,1–8; Jes 11),
- Ankündigung eines neuen Bundes (vgl. Jer 31,31–34) und
- die Herrschaft eines messianischen Königs.

Die christliche Interpretation der Prophetie hat deren Bedeutung sehr stark auf die Ankündigung des Messias reduziert bzw. konzentriert und die einschlägigen prophetischen Texte als frühe Zeugen der Messianität Jesu in Anspruch genommen. Der Messiastitel wurde in Verbindung mit anderen als Deutung für die Gestalt Jesu aufgenommen (gr. *christós* entspricht aram. *Messias*). In der jüdisch-christlichen Religionsgeschichte ist die messianische Hoffnung in vielerlei Gestalt bedeutsam geworden. Der wichtigste Bezugstext für die messianische Hoffnung ist die so genannte Nathanweissagung in 2 Sam 7, in der der Dynastie Davids ewiger Bestand angekündigt wird (vgl. auch: Jer 33,14–26; Ez 34,23f.; 37,22ff.; u.a.).

In den alttestamentlichen Überlieferungen tritt neben eine restaurative, auf die Wiederherstellung des davidischen Königtums bezogene messianische Erwartung eine mehr utopische Hoffnung. Texte wie Micha 4,14–5,5; Jes 9,2–7; 11,1–5 lassen erkennen, dass die Erwartung eines zukünftigen Friedensherrschers zwar an die Davidtradition anknüpft, zugleich aber eine massive Kritik an der erfahrenen Königsherrschaft in Israel enthält und dazu ein Gegenbild entwirft: Im Gegensatz zu der erfahrenen Königsherrschaft wird die zukünftige geprägt sein von einem Frieden auf der Basis von Recht und Gerechtigkeit. Eine besondere Zuspitzung findet der utopische Messianismus in den Visionen vom universellen Friedensreich (Jes 2,2–5; Micha 4,1–4).[5] Micha 4,5 weist darauf hin, dass in der Gemeinde JHWHs bereits die gegenwärtige Praxis von dieser Vision bestimmt sein will.

B Arbeitsformen und -methoden

☐ Tabelle/Grafik 16

In der Bibel begegnet uns eine fremde Welt. Weil sie jedoch in unserem Kulturraum eine zweitausendjährige Wirkungsgeschichte hat, ist sie uns in Teilen auch vertraut. Unterschiedliche Methoden können dazu dienen, den Blick in die fremde Welt zu öffnen oder – bei zu großer Vertrautheit – die Aufmerksamkeit auf solche Aspekte eines Textes zu lenken, die sonst nicht wahrgenommen werden.

Methoden bieten die Chance, verschiedene Fragerichtungen gewissermaßen experimentell an den Text heranzutragen und zu prüfen, ob dadurch neue Aspekte zu entdecken sind. Grundsätzlich kann zwischen synchronen und diachronen Ansätzen unterschieden werden:

- *Diachrone Methoden* dienen dazu, den Text in seiner zeitlichen Differenz zur Gegenwart als Produkt vergangener Zeiten und einer anderen Welt wahrzunehmen. Hier sind die unterschiedlichen *Arbeitsweisen der historisch-kritischen Auslegungstradition* bis hin zur *sozialgeschichtlichen Auslegung* zuzuordnen.
- *Synchrone Methoden* lassen die zeitliche Differenz außer Acht und versuchen, eine unmittelbare Beziehung zwischen Text und Leserinnen und Lesern herzustellen. Beispiele sind *tiefenpsychologische Auslegung, einzelne befreiungstheologische Ansätze* und *interaktive Methoden* wie das *Bibliodrama.*

In der Regel werden in Auslegungsprozessen diachrone und synchrone Herangehensweisen kombiniert.

5 Vgl. zum Abschnitt: *F. Johannsen,* Alttestamentliches Arbeitsbuch für Religionspädagogen, Stuttgart u.a. ³1998.

1. Methodische Schritte historisch-kritischer, diachronischer Auslegung

Die im Folgenden am *Beispiel von Gen 4,1-16* skizzierten *methodischen Schritte* eignen sich zumindest z.T. auch als *Arbeitsformen* in Lernprozessen.

1.1 Folgt man der traditionellen Abfolge der methodischen Schritte, so ist als Erstes zu klären, welche *Textfassung* der Auslegung zugrunde gelegt werden soll. Die meisten Lehramtsstudierenden sind auf Übersetzungen angewiesen. Es lässt sich schon bei oberflächlichem Vergleich verschiedener Übersetzungen feststellen, dass diese mehr oder weniger voneinander abweichen. Solche Abweichungen können verschiedene Ursachen haben. In der Regel ist die Differenz darauf zurückzuführen, dass Übersetzen immer auch bereits ein Stück Auslegung ist, weil Grammatik und Wortbedeutungen sich aus einer anderen Sprache nicht ohne »Verlust« übertragen lassen. Durch Vergleich verschiedener Übersetzungen lassen sich die verschiedenen Übertragungsmöglichkeiten ein Stück weit ausloten.

Beim *Vergleich verschiedener Übersetzungen* zu Gen 4,1–16 fallen u.a. folgende Differenzen auf:

- V. 7: »wenn du recht tust« (Einheitsübersetzung/Elberfelder); »meinst du Gutes« (Buber/Rosenzweig); »wenn du fromm bist« (*Luther* 1912/1984).
- V. 13: Übersetzungsvariationen: Verfehlung, Schuld, Sünde, Strafe (hebr.: *avon*).

Nun können verschiedene Übersetzungen aber auch darin ihre Ursache haben, dass die Übersetzer unterschiedliche Fassungen des hebräischen Textes zugrunde gelegt haben. Von keiner alttestamentlichen Schrift ist eine Urschrift überliefert, und die überlieferten Abschriften weichen gelegentlich voneinander ab. In der Literaturwissenschaft wurden Verfahren entwickelt, mit deren Hilfe die verschiedenen überlieferten Abweichungen analysiert werden, um die wahrscheinliche ursprüngliche Textform zu rekonstruieren. Diesen Entscheidungsvorgang nennt man *Textkritik*. Über textkritische Probleme und Entscheidungen informieren wissenschaftliche Kommentare.

Beobachtung zu Gen 4,1–16: In den meisten (hebr.) Handschriften lässt sich nach V. 8a ein Bruch feststellen. Dieser wird von einigen Textfassungen durch ein Redestück ausgeglichen: »Lass uns aufs Feld gehen!«. In V. 15 sind beim ersten Wort Varianten überliefert: »Darum« bzw. »Nicht so/ Nein«.

1.2 Ein weiterer methodischer Schritt wird *Literarkritik* bzw. Quellenscheidung genannt. Ihr liegt die Beobachtung zugrunde, dass die kanonische Textgestalt bereits literarische Vorformen hatte, die z.T. rekonstruierbar sind. Ein Schulbeispiel literarkritischer Arbeit ist die Quellenscheidung von Ex

14,21–30. Ergebnisse literarkritischer Forschung haben ihren Niederschlag in unterschiedlichen »Einleitungen in das Alte Testament« gefunden.[6] Bezüglich unserer Perikope ist Folgendes festzustellen:

Gen 4,1–16 ist Teil der biblischen Urgeschichte, die vermutlich in früher nachexilischer Zeit aus zwei zunächst selbstständigen Quellenschriften [Priesterschrift (P) und Jerusalemer Geschichtswerk (JG), ältere Werke sprechen von Jahwistischer Quelle (J)] komponiert wurde. Innerhalb dieser Komposition ist der Text dem JG zuzuordnen, das in Gen 2,4b beginnt. Die Besonderheit des JG liegt darin, dass in Form von theologisch interpretierter Erzählung grundlegende Menschheitsthemen zur Sprache kommen. An den Urmenschen werden in der Menschheitsgeschichte immer wiederkehrende Grundprobleme menschlicher Existenz durchgespielt. Das *Menschenbild* des JG ist von einer engen Verbindung des ackerbauenden Menschen zum bebauten Ackerboden geprägt. Adam (der *Mensch*, nicht der *Mann!*) wird aus der *adama* (dem Ackerboden) geformt und durch JHWH belebt (2,7). Die Wortverbindung *adam – adama* verweist darauf, dass der Mensch in enger Wechselbeziehung zu seinem natürlichen Umfeld gesehen wird: zur Erde, die ihn trägt und nährt. JHWH pflanzt für den Menschen einen Garten, den er in seiner ursprünglichen Bestimmung als von JHWH beauftragter Gärtner *bebauen und bewahren* soll (2,8; 2,15).

Der Text Gen 4,1–16 steht zwar im Zusammenhang mit Gen 2,4b–3, ist aber durch den genealogischen Anfangssatz deutlich als Beginn eines neuen Abschnitts gekennzeichnet.

1.3 Die *Überlieferungskritik* fragt danach, ob und welche *mündlichen* Vorstufen ein Text gehabt hat, und versucht hypothetisch die Überlieferungsgeschichte eines Textes zu rekonstruieren.

Im Blick auf Gen 4,1–16 lassen sich mehrere Möglichkeiten mündlicher Vorstufen vermuten. Der Text enthält eine Erklärung zum Ursprung des Keniterzeichens. Diese so genannte Ätiologie ist jetzt mehr eine Seitenlinie des Textes, könnte aber in der mündlichen Vorgeschichte des Textes ein Hauptthema gewesen sein.

1.4 Die *Motiv- und Traditionskritik* beobachtet und analysiert, auf welche vorgeprägten Traditionen und Motive (geprägte Sprachbilder, Themen, Vorstellungszusammenhänge etc.) ein Text zurückgreift und welche er ggf. verändert.

6 In den letzten Jahrzehnten ist die Bedeutung der Literarkritik zurückgegangen. Während die traditionelle historisch-kritische Exegese sich vor allem auf Vorstufen der kanonischen Textgestalt und die Exegese von kleinen Einheiten konzentrierte, nimmt die neuere Forschung vor allem die Endgestalt der kanonisierten Schriften als literarisches Gesamtwerk in den Blick. Bei dieser sogenannten *kanonischen Schriftauslegung* werden insbesondere Bezüge zwischen den einzelnen Schriften herausgearbeitet, die sich wechselseitig erhellen.

In Gen 4,1-16 wird wie in den Sagen von »Set und Osiris« oder »Romulus und Remus« der Konflikt zwischen zwei Brüdern, aber auch der Konflikt zwischen zwei Berufsgruppen (Nomaden/Sesshafte; Ackerbauer/Viehzüchter) thematisiert.

Zentrales Thema der kanonischen Fassung ist der Umgang mit Schuld und Schuldfolgen.

1.5 Die Methode der *Form- und Gattungskritik* bzw. Gattungsforschung und Formgeschichte geht von der Wahrnehmung aus, dass ein Zusammenhang zwischen sprachlicher Form und Inhalt besteht und dass einzelne Sprachformen in einer typischen Verwendungssituation zuhause sind *(Sitz im Leben)*. Die biblischen Autoren haben bei ihrer Textgestaltung auf vorgeformte Sprachmuster zurückgegriffen und diese auf neue Zusammenhänge übertragen. In diesem Fall spricht man davon, dass eine Gattung einen *neuen* Sitz im Leben bekommt. So hatte die in prophetischen Texten häufig zu findende Botenformel »So spricht JHWH« vermutlich ihren *ursprünglichen* Sitz im Leben in der diplomatischen Sprache, in der z.B. ein Herrscher seinen Untergebenen seinen Willen kundtat.

Die Identifizierung unterschiedlicher Redegattungen hat Konsequenzen für die Deutung eines Textes. Eine Sage will anders verstanden werden als ein Prophetenspruch oder ein Gebet oder eine Königschronik. Ein erster Schritt zur Klärung der Gattungsfrage kann der Versuch einer Gliederung sein. Dabei können sowohl Sinnabschnitte als auch kleine Textgattungen identifiziert werden:

Gliederung von Gen 4,1-16:

1-2	Erzählung - 2 Schwangerschaften und Geburten, Berufe
3-5	Erzählnotiz: Erstlingsopfer - Beachtung/Nichtbeachtung: Reaktion Kains
6-7	*Gottesrede*/Mahnung
8	Kainrede - Mordnotiz
9	Dialog JHWH - Kain
10-12	*Gottesrede* (Fluchspruch)
13-14	Rede Kains (Erkenntnis der Situation)
15	*Gottesrede*/Keniterzeichen als Rettungszeichen
16	Schlussnotiz

Beobachtungen zu Gen 4,1-16: Der Text geht offensichtlich auf eine alte Stammessage (Keniter) zurück, die - formgeschichtlich betrachtet - zu einer Menschheitssage umgestaltet wurde. Damit ist der Text insgesamt der Gattung »Sage« zuzuordnen.

Es lässt sich beobachten, dass die Erzählung eine Erklärung für die Situation und Lebensweise der *Keniter* gibt. Die Keniter lebten als Jahwe verehrender Nomadenstamm während der frühen Königszeit im Süden Palästinas.

Das *Kainsmal* (V. 15b) verweist möglicherweise auf Tätowierungen dieses Stammes. Die Lebenssituation der Keniter wird ätiologisch gedeutet: Die Tatsache, dass dieser

Stamm bis in die erzählte Gegenwart nicht sesshaft ist, hat urgeschichtliche Gründe und hängt mit dem Verhalten des Stammvaters zusammen. Diese so genannte kollektiv-stammesgeschichtliche Deutung wurde in der protestantischen Forschungsgeschichte zeitweise so betont, dass sie alle anderen Deutungsaspekte überlagerte. Die Gliederung lässt erkennen, dass die erzählenden Teile durch Dialog- bzw. Redeteile unterbrochen sind, in denen das Geschehen theologisch gedeutet und reflektiert wird.

In der kanonischen Gestalt des Textes steht nicht (mehr) das Geschick der Keniter, sondern das Geschick eines/des schuldig gewordenen Menschen im Mittelpunkt.

1.6 Folgerungen aus der Analyse. Gen 4,1–16 ist eine urgeschichtliche Erzählung, in die drei kurze Gottesreden eingeflochten sind. Durch diese Reden erhält der Text seine theologischen Akzente. Protagonist der Erzählung ist Kain, in dessen Namen die Assoziation an den Stamm der Keniter mitschwingt. Kain hat als Bebauer der Erde *(obed adama)* den Beruf, zu dem nach Gen 2,5 der Mensch bestimmt ist. Aus dem Kontext geht hervor, dass sich damit »Jenseits von Eden« nur mit Mühsal Nahrung erwerben lässt. Der Name des zweitgeborenen Bruders »Abel« (= Hauch, Nichtigkeit) weist auf seine Statistenrolle in der Erzählung hin. Hauptmotiv der Erzählung ist ein Konflikt zwischen den Brüdern, der durch ein so genanntes Erstlingsopfer eingeleitet wird, das Menschen darbrachten, um den Erfolg ihrer Arbeit sicherzustellen. Wenn es heißt, dass das Opfer des Hirten Abel »angesehen« wird und das Opfer Kains nicht, ist das in der Sicht der Antike ein Hinweis auf den Erfolg der Arbeit: Abels Herden haben gut geworfen, während Kain eine Missernte verkraften muss. Im Gegensatz zur Auslegungstradition (vgl. z.B. Hebr 11,4) bleibt die Ursache des Erfolgs bzw. Misserfolgs unbegründet. Hier ist der Rückgriff auf eine angemessene Übersetzung entscheidend. Die Lutherbibel leistet mit ihrem Bezug auf »Frömmigkeit« einem falschen Verstehen Vorschub. Die Ursache von Erfolg bzw. Misserfolg bleibt offen, und es geht im Folgenden um die Frage, wie Kain mit seinem unerklärlichen Misserfolg umgeht. Trotz Warnung nimmt die Dynamik der Frustration ihren Lauf. Gleichwohl bleibt festzuhalten, dass die Erzählung auf die Möglichkeit verweist, innezuhalten und die verhängnisvolle Dynamik zu unterbrechen. Nachdem Kain zum Mörder geworden ist, stellt er fest, dass er die Konsequenzen seiner Tat nicht zu tragen vermag: Die oben (1.1) aufgezählten Übersetzungsmöglichkeiten des hebr. Wortes *avon* machen darauf aufmerksam, dass es nicht um Schuld *oder* Strafe geht, sondern um den Zusammenhang von Tat und Tatfolge. Der in der Gottesrede (V. 10–12) genannte Fluch ist der Fluch der Tat selbst, keine von Gott verhängte Strafe: Der blutgetränkte Acker verliert seine Fruchtbarkeit und wer seinen Bruder tötet, muss ohne ihn, d.h. ohne oder außerhalb menschlicher Gemeinschaft leben.

Diese Tatfolge würde für Kain gnadenlos gelten, wenn JHWH nicht für ihn einträte: Die Unterbrechung des Vergeltungszirkels eröffnet Kain und damit der Menschheit eine Lebenschance trotz eskalierender Gewalt. Auch der Mörder bleibt Mensch und gerade für ihn gilt der Schutz des Rechtes.

2. Mögliche Schritte synchroner Auslegung

Im Unterschied zu den methodischen Schritten der historisch-kritischen Auslegung geht es bei der *synchronen Auslegung* um eine mehr experimentelle Annäherung, die darauf abzielt, die im Text thematisierten Erfahrungen für die Auseinandersetzung mit den eigenen Erfahrungen fruchtbar zu machen. Da die Texte der biblischen Urgeschichte insgesamt von menschheitsbewegenden und übergreifenden Themen wie Gefährdungen des Menschen, Schulderfahrung und Gewalteskalation handeln, legt sich hier ein zeitübergreifender Zugang besonders nahe. Dennoch empfiehlt es sich auch bei Versuchen synchroner Auslegung, die historische Differenz zu erinnern und sich bewusst zu machen, dass es sich bei dem Text um ein Zeugnis aus einer früheren und fremden Welt handelt.

2.1 Als ein erster Schritt der Annäherung empfiehlt es sich, den *Text zu gliedern* und die Abschnitte formal (wie oben 1.5) oder inhaltlich zu beschreiben und evtl. mit verteilten Rollen zu lesen.

2.2 In einem zweiten Schritt ist zu fragen, wo der Text auf *Motive und Vorstellungen* zurückgreift, *die unserer Welt- und Wirklichkeitsvorstellung fremd sind.*

Dazu gehört in Gen 4,1–16 u.a. die Opferpraxis. Dabei ist zu beachten, dass die Beachtung bzw. Nichtbeachtung des Opfers durch die Gottheit als unergründliche Gegebenheit erzählt wird. Die Neigung nach Ursachen zu suchen (z.B. falsches Opfer, falsche Frömmigkeit, fehlender Glaube) sollte aufgrund der historisch-kritischen Analyse relativiert werden zugunsten der von der Erzählung vorgegebenen Auseinandersetzung mit den Folgen einer frustrierenden Erfahrung.

2.3 In einem weiteren Schritt ist zu klären, *worauf der Text einen heutigen Leser möglicherweise aufmerksam machen will.* Eine Annäherung ist möglich über die Frage, welche übergreifende *Konfliktsituation* thematisiert wird und in welcher Weise der Konflikt bearbeitet wird. Konkretisiert werden kann dieser Arbeitsschritt ferner durch die Wahrnehmung und Auseinandersetzung mit Vorstellungen und Elementen, die irritieren (Verständnis von

Verfehlung, Schuld, Strafe; »Blut, das zum Himmel schreit«; Kainszeichen). Besondere Chancen bietet dazu ein Gruppengespräch, in dem verschiedene Vorschläge gesammelt und diskutiert werden können (Konflikt zwischen Berufen und damit verbundenen Interessen; Rivalität um Anerkennung; Auswirkung der Erfahrung von Zurücksetzung; u.a.).

2.4 Eine vertiefende Möglichkeit synchroner Auslegung liegt in der *Erarbeitung mit Hilfe tiefenpsychologischer Kategorien.* In dieser Deutung in den Spuren *C.G. Jungs* werden die agierenden Personen (Abel, Kain, JHWH) konsequent als innerpsychische Kräfte gedeutet, die zu einer gelingenden bzw. misslingenden Individuation beitragen. In der Terminologie von C.G. Jung handelt es sich bei dieser Erzählung um eine Auseinandersetzung mit der »Schattenproblematik«. Dabei geht es darum, im Prozess der Individuation die destruktiven, negativen Persönlichkeitsanteile so in die Persönlichkeit zu integrieren, dass sie vom Bewusstsein kontrolliert werden können. Die Gottheit ist in diesem Konzept diejenige innerpsychische Kraft, die den Prozess der Selbstwerdung (Individuation) fördert (Archetyp des Selbst).

Ausgangspunkt ist das Gefühl der Nichtanerkennung, des Zurückgesetztseins, Nicht-geliebt-Werdens o.Ä., das im Bild des nicht beachteten Opfers zur Sprache kommt. In dieser Persönlichkeitskrise wird die warnende Stimme des Bewusstseins ignoriert, das bewusste Ich ausgeschaltet (»ermordet«), so dass die Schattenseite dominiert (Bild von der Erde, die Abels Blut trinkt). Der misslingende Individuationsprozess hat Konsequenzen, die in den Fluchsprüchen artikuliert werden. In der Konfrontation mit den Folgen der Tat findet die Stimme des Bewusstseins Gehör. Mit der Schuldwahrnehmung und Schuldanerkennung wird zugleich eine Wende eingeleitet: Kain übernimmt Verantwortung und bekommt trotz seiner mörderischen Tat eine neue Chance zur Individuation, die im Kainszeichen ihren symbolischen Ausdruck findet.

C Beispiele für das Studium

Auch wenn das unter A skizzierte Sachwissen bereits von der Frage her aufbereitet wurde, über welches fachliche Grundwissen RL verfügen sollten, eignet sich dieses Wissen nicht direkt für eine »Umsetzung« im Unterricht. Gutes Fachwissen ist eine notwendige, aber keineswegs hinreichende Voraussetzung für guten Fachunterricht (→ I.).

Die biblischen Überlieferungen sind wie die Lebenspraxis des Glaubens, der Dialog der Religionen und die Geschichte des Christentums Fundgruben für die Gegenstandsbereiche, an denen sich Planung von RU bzw. Inszenierung der Rahmenbedingungen von religiöser Bildung ereignen kann. Die Auswahl und Präsentation erfordern einen eigenständigen didaktischen Reflexionsprozess. Dies soll an zwei Beispielen vorgeführt werden.

1. Arbeit mit Psalmen im Lehramtsstudium

1.1 Psalm 23 – Reflexionen im Blick auf die Grundschule. Zu den Phänomenen von Religion gehört die Besonderheit der religiösen Sprache mit ihrer Nähe zur Sprache der Poesie. Religion wahrzunehmen heißt darum auch immer ihre Sprache wahrzunehmen.

Eine unerschöpfliche Grundlage bietet hierfür das Buch der Psalmen. *Ingo Baldermann* hat seine biblische Didaktik ganz von der Erfahrung her entwickelt, dass Kindern über die Sprache der Psalmen ein eigener Zugang zur Bibel erschlossen werden kann.[7] Auch in den viel rezipierten Praxisbüchern von *Rainer Oberthür* spielt die Arbeit mit Psalmen eine wichtige Rolle. Grundthese ist, dass in der Bildsprache der Psalmen menschliche Grunderfahrungen verdichtet sind und sich diese deshalb besonders dafür eignen, Befindlichkeiten Sprache zu geben, für die man sonst keine Ausdrucksmöglichkeiten hat.

Dennoch ist vor schnellen Entscheidungen zu warnen: Die Arbeit mit Psalmen in der Grundschule setzt eine Reihe von didaktischen Überlegungen voraus. Mit Recht wendet sich *Christina Kalloch* gegen ein Unterrichtskonzept, das ganz auf Mitvollzug religiöser Praxis angelegt ist, ohne die Möglichkeit der Distanzierung oder des reflexiven Umgangs offen zu halten. Zugleich macht sie deutlich, dass die Verstehensmöglichkeiten von Grundschulkindern im Blick auf die Sprache der Psalmen begrenzt sind.[8] Nun sollte die Feststellung, dass selbst Viertklässler bei der Behandlung eines ganzen Psalms kognitiv überfordert sind, m.E. aber nicht zu der Konsequenz führen, einen Text auf mutmaßlich verstehbare Teile zu reduzieren. Es kann mit einiger Wahrscheinlichkeit angenommen werden, dass längst nicht alle, für die dieser Psalm in der Frömmigkeitsgeschichte ein trostreicher Text war, ihn kognitiv verstanden haben. Diese Feststellung ist keineswegs ein Argu-

7 *I. Baldermann,* Einführung in die Biblische Didaktik, Darmstadt 1996, 30; vgl. auch *ders.,* VIII. Psalmen, in: *R. Lachmann/G. Adam/Chr. Reents (Hg.),* Elementare Bibeltexte. Exegetisch-systematisch-didaktisch (TLL 2), Göttingen 2001, 135-156; *E. Zenger,* Psalmen. Auslegungen 1. Mit meinem Gott überspringe ich Mauern, Freiburg i.B. 2003.

8 *C. Kalloch,* Das Alte Testament im Religionsunterricht der Grundschule. Chancen und Grenzen alttestamentlicher Fachdidaktik im Primarbereich, Münster 2001, 288ff.

ment für einen unreflektierten Unterricht, wohl aber ein Hinweis darauf, die Auswahl von Unterrichtsstoffen nicht ausschließlich vom jeweiligen Stand der Kenntnisse über die Verstehensvoraussetzungen von Lernenden abhängig zu machen.

Es geht um das Anbieten und Erlernen bzw. Aneignen einer fremden Sprache, die starken Emotionen Ausdruck verleihen kann.

(1) Fachwissenschaftliche Orientierungen und Entscheidungshilfen: In der Gattungsforschung wurde Ps 23 zunächst als Vertrauenspsalm (eines Einzelnen) verortet, der seinen ursprünglichen »Sitz im Leben« im Anschluss an die im Heiligtum vorgetragene Klage hat. Diese Zuordnung blieb nicht unumstritten, kann in diesem Zusammenhang aber vernachlässigt werden.

Gelobt wird JHWH, der Gott, der sich mit diesem seinem Namen geoffenbart hat, der sein Volk aus der Knechtschaft geführt hat, der sich immer neu zuwendet. Die Lutherbibel gibt den Gottesnamen mit HERR wieder. Mit der Verwendung des Gottesnamens kommt gleich am Anfang Vertrautheit zum Ausdruck. In vielen Psalmen wird diese Vertrautheit erst nach einer ganzen Strecke der Klage erreicht: z.B. Ps 22 »Mein Gott (nicht JHWH/HERR!!), warum hast du mich verlassen.« Falls die Verwendung des Gottesnamens nicht bereits geklärt wurde, kann es für die Präsentation des Psalms in der Grundschule angezeigt sein, diese Formulierung »mein Gott« als Übertragung des Gottesnamens zu verwenden. Wegen der durch das »mein« artikulierten Vertrautheit ist diese Umschreibung durchaus sachgemäß und zugleich unproblematischer als das übliche HERR.

Ein *Gliederungsversuch* sollte immer einer der ersten Schritte der Annäherung an einen Text sein (→ s.o. II. 1.5).

Nach der Überschrift in 1a besteht die Möglichkeit, den Abschnitt 1b–3c abzugrenzen, weil dort von JHWH in der dritten Person geredet wird. Ab V. 4 (–6) wird er mit »Du« angeredet. Die Begründung für das Vertrauen gibt V. 3c: Der Name (vgl. die Namenserklärung in Ex 3!) verweist auf das »Dasein«, die Zuwendung, das Mitgehen.

Auch in Ps 23 lässt sich das für altorientalische Dichtung typische Stilmittel des »Parallelismus membrorum« beobachten, das mehrfache Wiederholen eines Sachverhaltes mit anderen Worten.

Eine ganz wesentliche Entscheidung auch im Blick auf die Auslegung und Aneignung betrifft den Vergleich und die *Auswahl aus den Übersetzungen:*

In der Lutherbibel sind die Sprachbilder eindrucksvoller entfaltet als in anderen Übersetzungen; die Breite der Übertragungsmöglichkeit erschließt sich aber erst, wenn andere Übersetzungen mit herangezogen werden.

In deutschsprachigen Bibelübersetzungen und Kommentarübersetzungen finden sich u.a. folgende Varianten:

V. 1: HERR/JHWH/Jahwe/Herr/Adonai.
V. 2a: Grüne Aue/grüne Auen/grüne Weiden.
V. 2b: zur Ruhe an Wassern/frischem Wasser/stillen Wassern.
V. 3: Er erquicket meine Seele/Er stillt mein Verlangen/
Er erneuert meine Lebenskraft/Meine Lebenskraft lässt er zurückkehren.
V. 4: finsteres Tal/Tal der Finsternis/finsterer Talgrund/finstere Schlucht/
Tal des Todesschattens.
V. 6a: Gutes und Barmherzigkeit/Glück und Güte/Güte und Huld/
Güte und Gnade/Gutes und Liebes/Güte und Liebe
V. 6d: wohnen für lange Zeit/bleiben ... immerdar/lebenslang/
solange ich lebe/solange mir Tage geschenkt werden.

Luthers Übertragung mit »immerdar« gehört zur christlichen Rezeptionsgeschichte des Psalms: Das im Leben auch in Todesnähe tragende Gottesverhältnis wird über die Todesgrenze extrapoliert (vgl. auch EG 274).

(2) Hinweise für fachdidaktische Entscheidungen: *Synchrone Aspekte.* »Alle Bücher, die ich gelesen habe, haben mir diesen Trost nicht gegeben, den mir dies Wort der Bibel gab« (*Immanuel Kant*). Dieses Kantzitat macht darauf aufmerksam, dass der 23. Psalm nicht nur ein Text des AT, sondern zugleich ein ganz zentraler Text der Frömmigkeitsgeschichte und auch gegenwärtiger christlicher Religionspraxis ist. Es ist der wohl bekannteste und meist rezitierte Psalm und vermutlich auch meist zitierte Teil des AT überhaupt. In der frühen Christenheit wurde er von den Neugetauften als Vorbereitung auf das Abendmahl gebetet.

Die besondere »Würde« dieses Psalms verbietet es m.E., den Text aus didaktischen Gründen zu reduzieren und nur Teile (z.B. das Hirtenbild) im Unterricht zu thematisieren. M.E. sollte den Schülerinnen und Schülern die Chance gegeben werden, sich den Psalm als »Gesamtwerk« anzueignen. Mit dieser Entscheidung muss man dann allerdings entgegen den Ansprüchen zielorientierter Lerntheoretiker billigend in Kauf nehmen, dass Verstehensmöglichkeiten bei Grundschülerinnen und Grundschülern (aber nicht nur dort!) begrenzt sind.

Eng mit dieser Entscheidung hängt die Überlegung zusammen, wie weit überhaupt eine rationale Erklärung der Bildsprache angestrebt werden soll. Religiöse Sprache ist immer symbolische bzw. metaphorische Sprache. Metaphern aber verschließen sich einer abschließenden Klärung. Sinnvoller ist die Anregung zur Verknüpfung mit bekannten Metaphern und Sprachbildern und die Anregung zur Bildung neuer Metaphern oder Bilder. Da die Wirkung des Psalms damit zusammenhängt, dass die archaischen Bilder von der grünen Wiese, dem frischen Bach, der bedrohlichen Schlucht, dem behüteten Weg und dem gedeckten Tisch bzw. bereiteten Mahl elementare Ängste und

Sehnsüchte ansprechen, liegt im Spiel mit den Bildern eine didaktische Chance. Ebenso kann der für diesen Psalm charakteristische Spannungsbogen von Unterwegssein und Beheimatung Grundlage der Erarbeitung sein.

Diachrone Aspekte. Im Gegensatz zu den vertrauten Bildern ist der Sachverhalt zu bedenken, dass die verwendeten Sprachbilder und Begriffe aus anderen Zeiten und Lebenswelten stammen.

Bei der Berücksichtigung dieses Aspektes geht es nicht nur darum, einen alten Text schlicht gegenwärtigen Verstehensgewohnheiten zu unterwerfen. Es geht auch nicht primär darum, Wissen der historischen Bibelforschung zu verbreiten. Die Wahrnehmung einer (relativen) Fremdheit ist die Voraussetzung dafür, dass ein Lernprozess angeregt wird, der die vertraute Welt zu transzendieren hilft. Da die Faszination fremder Welten immer mehr Neugier zu wecken vermag als Vertrautes, liegt gerade in der Akzentuierung dieser Elemente zugleich ein wichtiger Reiz, der Interesse fördern kann.

Bilder des Psalms unter dia- und synchronem Aspekt:

Das Bild des Hirten. Wenn beim Hirtenbild nur die Idylle eines Schäfers in der Lüneburger Heide assoziiert wird, bleibt die Einsicht außen vor, dass Hirten im alten Palästina Klugheit im Blick auf die Wahl von Plätzen besitzen mussten, die die Chance zum Überleben boten und sie selbst kräftig sein mussten um (mit Stecken und Stab) wilde Tiere und Räuber abzuwehren. Außerdem assoziierte der Beter im alten Israel hier zugleich das Bild der schützenden Herrschaft eines Königs. Während das Hirtenbild im Alten Orient eine übliche Metapher für den königlichen Herrscher war, hat das AT diese Prädikation seinem Gott (bzw. einem künftigen messianischen Herrscher) vorbehalten.

Das Bild des Gastgebers. Zum Bild des altorientalischen Gastgebers gehört die Festtafel, der gefüllte Becher und die Salbung mit parfümiertem Öl. Dass ein Gastgeber zu Essen und zu Trinken anbietet, ist auch heute nicht ungewöhnlich: Welcher heutige Gastgeber begrüßt seine Gäste damit, dass er ihnen Öl auf den Kopf gießt? Was im Alten Orient zum Alltag gehörte, ist heute nur noch als religiöse Praxis bekannt (z.B. im kath. Sakrament der Krankensalbung). Gastfreundschaft bedeutet aber auch, den Gästen Schutz vor Verfolgung zu gewähren (vgl. Gen 19).

In Psalm 23 wird der vertraute Gott (JHWH) als Hirte, Wegbegleiter, Gastgeber bezeichnet bzw. angesprochen. Den Bezeichnungen sind jeweils entsprechende positive Bilder zugeordnet: frische Weide, frisches Wasser – Wegweisung, Schutz – gedeckter Tisch, voller Becher. Der Psalm mündet ein in die Feststellung, wie diese Fürsorge dem Beter zugute kommt.

Die sprachliche Bewegung lässt sich etwa wie folgt nachzeichnen: Ich – der Beter – habe keinen Mangel, weil mich mein vertrauter Gott JHWH wie ein Hirte auf einer Weide mit saftigem Grün weiden lässt und mich an eine Wasserstelle führt, damit sich meine Kehle/Seele erholt. Er führt mich auf dem Weg der Gerechtigkeit, weil sein Name [JHWH] dafür [für Gerechtigkeit] steht. Auch wenn mich mein Lebensweg in Todesnähe gebracht hat bzw. bringt, fürchte ich nicht, dass diese Erfahrung aufhört, weil die Zeichen seiner Macht mich immer neu ermutigen. Ich finde Beheimatung (komme zur Ruhe) als sein Gast. Seine Gastfreundschaft ermöglicht mir die Fülle des Lebens auch angesichts feindlich gesinnter Menschen.

Nicht unwesentlich ist vielleicht auch die Beobachtung, dass nicht das Leben ohne Feinde oder ohne Böses gepriesen wird, sondern das Leben mit und trotz Bedrohung und Feindschaft.

(3) Anstöße für eine religionspädagogische Arbeit mit dem Psalm: In diesem Vertrauenspsalm werden Angstsituationen durch die sprachliche Entfaltung von Vertrauensbildern überholt. Wird der Psalm als Gebet gesprochen, gibt der Beter in dem performativen (vollziehenden) Sprechakt (seinem) Vertrauen Ausdruck.

Eine unterrichtliche Inszenierung kann dieser Bewegung von Angst zu Vertrauen entsprechen und damit zugleich experimentell Erfahrungen mit religiöser Sprache ermöglichen.

Die Erarbeitung des Psalms kann sich auf die Beobachtung stützen, dass die Sprachbilder jeweils in ganz konkreten Situationen beheimatet sind und möglicherweise auch der ganze Psalm einen konkreten historischen »Sitz im Leben« hat, aber die metaphorische Kraft der Bilder diesen zu transzendieren vermag. Einfacher gesagt: Die Bilder sind so allgemein, dass sich Beter in ganz unterschiedlichen Not- und Vertrauenssituationen darin wiederfinden können. Sie eignen sich deshalb dazu, eigene konkrete Ängste zu artikulieren bzw. zu beklagen. Wenn durch geeignete (den konkreten Kindern und der konkreten Lerngruppe entsprechende) Methoden die Bilder *Finsteres Tal, Todesschlucht, Tal der Finsternis, dunkles Tal* bzw. *der unsichere, unbekannte Weg* bzw. *die Erfahrungen von Hunger, Durst, Todesangst* erschlossen sind, können vor diesem Hintergrund die »Gegenbilder« mit ihren positiven Verweisen entfaltet und in ihrer Wirkung erprobt werden: *Grüne Aue, frische Quelle, ruhiger Teich, sicherer Weg, gedeckter Tisch.*

Nach diesen Vorbereitungen kann versucht werden, den Psalm abschnittsweise zu erschließen. Dabei können Arbeiten an der schriftlichen Form und mündliche Rezitation sich ergänzen.

Je nach Voraussetzung wird dabei auch das Gottesverständnis des Beters thematisiert.

Es sei nochmals betont, dass es nicht darauf ankommt, dass die Schülerinnen und Schüler die Einzelheiten der Sprache und Sprachbilder »verstehen«, sondern dass sie in einen Erschließungsprozess verwickelt werden, der ihnen eine den je unterschiedlichen kognitiven und emotionalen Voraussetzungen entsprechende Aneignung ermöglicht.

1.2 Psalm 90 – Reflexionen im Blick auf die Sekundarstufe II. Wie der 23. Psalm spielt (oder spielte?) der 90. Psalm eine besondere Rolle in der abendländischen Frömmigkeitsgeschichte.

Der 90. Psalm bietet eine Fülle von Anknüpfungsmöglichkeiten zur Auseinandersetzung über religiöse Weltorientierung und über zentrale Lebensprobleme.

Zunächst ist gerade bei diesem Psalm die Auseinandersetzung mit der Rezeptionsgeschichte interessant. Dann kann die Wahrnehmung der Lebenshaltung und Bitte des Beters anregen, sich mit eigenen Einstellungen und »Wünschen ans Leben« auseinander zu setzen.

Die knappen Hinweise hier sollten als Impuls für eigene Erkundigungen verstanden werden.

Hinsichtlich der Rezeptionsgeschichte ist bedeutsam, dass Psalm 90 in christlicher Tradition eine herausragende Rolle als *Beerdigungspsalm* hat. Allerdings wurde die Rezitation bei Beerdigungen in der Regel nach V. 12 abgebrochen, wodurch das Gebet einen deutlich anderen Akzent erhält als bei einer Rezitation des gesamten Textes.

Dann hat dieser Text durch Luthers (dem hebräischen Text nicht entsprechende) Übersetzung des 10. V. »und wenn's köstlich gewesen ist, so ist es Mühe und Arbeit gewesen« wesentlich die Tradition des protestantischen Arbeitsethos geprägt.[9]

Im Unterschied zu Psalm 23 verwendet das Gebet zunächst eine allgemeine Gottesanrede und erst im letzten Teil den vertrauter klingenden Gottesnamen.

Zur Grundeinsicht alttestamentlicher Frömmigkeit gehört die Einsicht, dass, wer lebt, lobt und nur wer lobt, wirklich lebt. Freude über das verdankte Leben äußert sich als Lob JHWH als Ursprung und Liebhaber des Lebens. Der 90. Psalm spricht nun aus einer Situation oder Lebenserfahrung, in der das Loben schwer fällt. Er nimmt den Beter auf einen Weg mit, an dem am Ende die Bitte um neues Vertrauen ins Leben steht. Der Bogen führt von der

9 Näheres dazu in: *P. Biehl/F. Johannsen,* Einführung in die Ethik, Neukirchen-Vluyn 2003, 177ff.

Erinnerung, dass Gott Fluchtpunkt vieler Generationen war, zur Bitte für das eigene Leben. Zunächst wird die unbegreifbare Differenz zwischen dem zeitenübergreifenden Gott und der Lebensspanne des einzelnen Menschen beklagt, dessen Geschick mit Bildern aus der Natur illustriert wird.

Indem der Beter seine Klage an diesen irgendwie vertrauten, aber doch weit entfernten Gott richtet, macht er deutlich, dass er das negative Geschick des Menschen nicht als abstraktes Schicksal oder als ein Naturgesetz versteht, sondern als Folge des Zornes Gottes bzw. Folge der fehlenden Zuwendung Gottes. Und weil das so ist, ist es nicht unabänderbar. In dieser spezifischen Deutung und Wahrnehmung der Wirklichkeit liegt eine entscheidende Differenz zu anderen »Weltanschauungen«, die didaktisch fruchtbar gemacht werden kann.

Das, was seine (des Beters) Lebenserfahrung bestimmt, ist die Mühsal vergeblicher Arbeit. Diese Einsicht mündet in den 12. V., mit dem der als Beerdigungstext verwandte Psalm endet:

> »Lehre uns bedenken, dass wir sterben müssen, auf dass wir klug werden.« (Luther 1986)
>
> »Uns're Tage zu zählen, lehre uns! Dann gewinnen wir ein weises Herz.« (Einheitsübersetzung)

Das Bedenken der Begrenztheit des Lebens dient dazu, eine realistische Einstellung zum geschöpflichen Leben zu gewinnen. Aber die Bitte um Einsicht in die Grenze des Lebens behält in diesem Psalm nicht das letzte Wort. Die Klage über die Vergeblichkeit menschlicher Mühe mündet nun ein in eine persönliche Anrede an JHWH. Zunächst fällt dabei auf, um was nicht gebeten wird: Es findet sich nicht die Bitte um Unsterblichkeit angesichts des vergänglichen Lebens, sondern die Bitte um positive Erfahrung mit dem begrenzten geschöpflichen Leben. Es ist die Bitte um Erfahrungen der Gnade, der Freude, der gelingenden Arbeit, damit das Leben mit seinen Mühen nicht mehr vergeblich erscheint. Das Gebet verbindet am Ende Realismus und Hoffnung. Es führt zu der Einsicht, dass Vergänglichkeit nicht zwangsläufig mit Vergeblichkeit korrespondieren muss.[10]

10 Vgl. zu diesem Abschnitt: *J. Ebach*, »Unsere Lebenszeit währt siebenzig Jahr«. Bibelarbeit über Psalm 90, in: *ders.*, Biblische Erinnerungen. Theologische Reden zur Zeit, Bochum 1993, 113-129.

2. *Die Zehn Gebote – Reflexionen im Blick auf die Sekundarstufe I und Berufliche Schulen*[11]

Die Zehn Gebote gehören zweifellos zu den Grundlagen abendländischer Wertorientierung, denen auch außerhalb christlicher Gemeinschaften immer noch ein hoher Stellenwert zugeschrieben wird. Wenn es um Maßstäbe des Handelns geht, wird oft schnell auf die Gebote verwiesen. Bei genauerem Hinsehen fällt aber auf, dass ihre Kenntnisse auch bei Zeitgenossinnen und Zeitgenossen, die auf ihre Beachtung verweisen, eher rudimentär sind.

Auch bei Studierenden der RP zeigt sich der Trend, dass besonders diejenigen Gebote im Gedächtnis haften, die der allgemeinen bürgerlichen Moral entsprechen. Spitzenreiter sind in aller Regel die Verbote von Töten, Ehebruch und Diebstahl (in dieser Reihenfolge). Es folgt meist das Verbot von Fremdgöttern, während Bilderverbot, Verbot des Namensmissbrauchs und Feiertagsgebot die letzten Plätze belegen. Auffällig ist, dass das Verbot des falschen Zeugnisses in der Regel als generelles Lügenverbot erinnert wird und beim Elterngebot die Verheißung nur äußerst selten präsent ist.

Der Befund zeigt, dass gerade die *spezifischen Besonderheiten* der biblischen Gebote in der Erinnerung ausfallen. Gerade hier liegt nun die besondere Chance der Arbeit mit dem Dekalog: die vergessenen Besonderheiten der Gebote bewusst zu machen und neu ins Spiel der Wertedebatte zu bringen.

Wenn die Gebote hier schwerpunktmäßig unter dem Aspekt der Traditionserschließung thematisiert werden, muss betont werden, dass es nicht in erster Linie darum geht, die Gebote in ihrer historischen Bedeutung zu erschließen. Die historisch-kritische Perspektive dient vor allem dazu, die im Laufe der Rezeptionsgeschichte unbeachteten oder verdrängten Aspekte neu sichtbar zu machen. Die *Leitfrage* lautet daher, woran diese Tradition uns

11 »Handeln aus religiösen Motiven« ist ein Arbeitsschwerpunkt des RU in der Sek I und des RU an berufsbildenden Schulen. Daher wird die Reflexion für beide Schultypen hier zusammengefasst. Die Arbeit mit Geboten als Maßstab zur Handlungsorientierung und kritischen Auseinandersetzung mit Alltagsmoral und Berufsethos wird in den verschiedenen Bereichen des differenzierten Berufsschulsystems jeweils anders akzentuiert werden müssen. Indem dem folgenden Vorschlag gefolgt wird, die Teile des Dekalogs besonders zu thematisieren, die im Alltagswissen nicht mehr präsent sind, behält der RU sein eigenes Profil im Kontext anderer werteerziehender Fächer. Im Blick auf die geforderte Berufsorientierung kann auf dieser Basis ein ausschließlich an ökonomischen Kriterien ausgerichtetes Denken kritisch hinterfragt werden. Vgl. *Schalom Ben-Chorin,* Die Tafeln des Bundes, Tübingen 1979; *F. Crüsemann,* Bewahrung der Freiheit. Das Thema des Dekalogs in sozialgeschichtlicher Perspektive, Gütersloh 1993; *W. H. Schmidt,* Die Zehn Gebote im Rahmen alttestamentlicher Ethik (in Zusammenarbeit mit *H. Delkurt* und *A. Graupner*), Darmstadt 1993.

heute erinnert, worauf sie möglicherweise gegen herrschende Trends aufmerksam macht und wie sie heute produktiv fortgeschrieben werden kann.

(1) Fachwissenschaftliche Orientierungen und Entscheidungshilfen: Das AT überliefert die Zehn Gebote Ex 20, 2–17 und Dtn 5, 6–21 in zwei Fassungen. Die auffälligsten Differenzen liegen in der unterschiedlichen Begründung und Ausführung des Sabbatgebotes und in der veränderten Rolle der Frau im letzten Gebot.

Nach biblischem Verständnis gehen alle in den 5 Büchern Mose gesammelten sozialen und kultischen Gesetze auf die Offenbarung JHWH am Sinai zurück. Dieses Konstrukt impliziert die Deutung, dass die Grundlagen des Rechtes, im Blick auf die Beziehung zwischen Gott und Volk und für das Leben der Gemeinschaft des Gottesvolkes *vor* der Etablierung eines Gemeinwesens gelegt wurden und, wie heutige Grundwerte einer Verfassung, zwar interpretiert, aber nicht abgeschafft oder verändert werden dürfen. Die Verortung der Gesetzgebung am Sinai gibt noch einen weiteren wichtigen Hinweis für die Auslegung. Die Gebote werden erlassen, nachdem Israel aus der Sklaverei befreit wurde. Der Prolog erinnert dies ausdrücklich. Die Gebote erhalten somit den Charakter von Weisungen, die Befreiten gelten, mit dem Ziel, diese Freiheit zu bewahren. Der Schlüssel zum sachgemäßen Verständnis ist daher eine Deutung als »Lebensregeln für das Leben in Freiheit«. Ihre Intention ist, die geschenkte Freiheit für alle zu bewahren bzw. nicht zu verspielen.

Während das Judentum diese Satzungen und Gebote in ihrer ganzen Fülle als lebensermöglichende Weisung Gottes (Tora) versteht, hat sich die christliche Tradition weitgehend auf die Zehn Gebote (Dekalog = Zehnwort) beschränkt. Diese Beschränkung hatte u.a. zur Folge, dass bestimmte Themen in der christlichen Ethik vernachlässigt wurden, z.B. der Rechtsschutz für Fremde (vgl. Ex 22,20; Lev 19,33f.; Dtn 10,18f.).

Sozialgeschichtlicher Hintergrund der biblischen Fassungen des Dekalogs (Ex 5/Dtn 20) ist eine vorwiegend Landwirtschaft betreibende Gesellschaft von sesshaften Menschen. Als zeitgeschichtlicher Hintergrund wird die Spanne zwischen dem Ende des Nordreiches (722 v. Chr.) bis zur Herrschaftszeit Josias (638–608 v. Chr.) vermutet, eine Zeit massiver sozialer Spannungen.

Der Adressat der Gebote ist der freie israelitische Bauer, der seinen Landbesitz als den seiner Sippe verliehenen Anteil am von Gott dem Volk zugewiesenen Land versteht. Dieser freie Bauer wird im Prolog auf seine reale Freiheit angesprochen, die u.a. mit den zum Landbesitz gehörenden Grundrechten verbunden war. Er wird erinnert, dass er seine Freiheit und die Grundlagen seiner Existenz JHWH verdankt. Diese Erinnerung weist zugleich darauf hin, dass die Einhaltung der folgenden Einzelgebote kein anderes Ziel hat, als ihm und den mit ihm Lebenden die geschenkte Freiheit zu bewahren.

Betrachten wir vor diesem Hintergrund die Einzelweisungen, würdigen sie in ihrem ursprünglichen Kontext und fragen zugleich, welche Akzente im Blick auf eine gegenwartsbezogene Deutung wichtig sein können.

1. Du sollst keine anderen Götter haben vor meinem Angesicht (Sinngemäß übertragen: auf meine Kosten, zu meinem Nachteil). Im historischen Kontext ist die Existenz anderer Götter und ihre kultische Verehrung vorausgesetzt. Gefordert wird »Monolatrie« (Verehrung eines einzigen Gottes).

Unter der Voraussetzung, dass der Monotheismus selbstverständlich geworden war, hat *Luther* die Bedeutung des Fremdgötterverbotes positiv interpretiert: »Du sollst Gott über alle Dinge fürchten, lieben und vertrauen« (Kleiner Katechismus). Als mögliche Gottheiten verstand er alles, an was man »sein Herz hängen« kann (Großer Katechismus).

2. Bilderverbot. Historisch geht es vermutlich um das Verbot geschnitzter oder gegossener Bilder von JHWH. Ein Gottesbild ist in der Vorstellung des Alten Orients nicht die Gottheit selbst, sondern ihr Offenbarungsmedium. Das Bilderverbot gehört neben dem Sabbatgebot zu den Besonderheiten, die in der Religionsgeschichte des Alten Orients keine Parallele haben. Das Gebot richtet sich nicht gegen eine anthropomorphe Beschreibung Gottes, für die es viele Beispiele gibt, sondern macht darauf aufmerksam, dass kein Teil der sichtbaren Welt den biblischen Gott zur Darstellung bringen kann. Schließlich erinnert es daran, dass eine Person immer einseitig fixiert wird, wenn man sich »ein Bild« von ihr macht.

Im Judentum und Islam gilt ein radikales Bilderverbot. Das Christentum hat diese Tradition (mit Ausnahmen) relativiert.

3. Verbot des Namensmissbrauchs. Voraussetzung zum Verständnis der historischen Deutung des Gebotes ist, dass sich Gott mit Namen (JHWH) bekannt gemacht hat.

Zum antiken Namensverständnis gehört, dass der Name ein wesentliches Stück der Identität seines Trägers ausmacht und mit der Bekanntgabe des Namens auch Wesen und Eigenart (z.B. Verletzlichkeit) des Namensträgers zum Ausdruck gebracht werden. Der Name kann daher als Instrument der Macht bzw. Bemächtigung missbraucht werden. Vermutlich sollte das Gebot jede Benutzung des offenbarten Gottesnamens (JHWH) im Zusammenhang mit Zauberei, Fluch, Gotteslästerung, falscher Prophetie, falschen Gelübden, Schwören etc. untersagen. Die christliche Tradition hat über das Vaterunser auch die positive Wendung des Gebotes (»Dein Name werde geheiligt«) aufgenommen.

4. *Das Feiertagsgebot.* Nach drei Verboten im Zusammenhang mit der Gottesverehrung folgen nun zwei echte *Gebote.* Das Sabbatgebot, das Gebot der Arbeitsunterbrechung wird in den beiden biblischen Gebotsfassungen unterschiedlich begründet: In Ex 20 mit der Ruhe des Schöpfers am 7. Tag und in Dtn 5,12–15 mit dem Hinweis auf die eigene Knechtschaft in Ägypten. In der Tradition des Judentums gilt der Sabbat als das höchste Fest. Er wurde immer mehr zum Bindeglied und zum Konfessionskennzeichen, vor allem der jüdischen Diasporagemeinde. In der Feier des Sabbat wird das geschenkte Leben gefeiert und zugleich die erwartete messianische Friedenszeit vorweg genommen. In der Feier des Sabbats bekommen auch diejenigen Anteil an der Freiheit, die sonst (noch) davon ausgeschlossen sind. Schließlich kommt der Sabbat auch der Erde zugute, die an diesem Tage nicht ausgebeutet werden darf.

Die christliche Tradition hat den Ruhetag auf den Auferstehungstag (Sonntag) verlegt und die gottesdienstliche Feier in sein Zentrum gerückt. So konzentriert auch *Luther* die Heiligung des Feiertages ganz auf die Predigt und das Wort. Mit dieser Verschiebung sind sowohl die soziale Funktion als auch die Funktion als »Schöpfungsgedenktag« aus dem Blick geraten.

5. *Das Elterngebot.* Wie beim Sabbatgebot geht es auch hier um eine positive Regel, nämlich den alten Eltern den Platz in der Gemeinschaft zu sichern, den sie verdienen. Der ursprüngliche Sinn des Gebotes liegt mit hoher Wahrscheinlichkeit in der Aufforderung an die erwachsenen Söhne, ihren nicht mehr erwerbstätigen Eltern die Versorgung zu sichern. Auch wenn der Hauptakzent zunächst auf der materiellen Versorgung lag, waren respektvoller Umgang und würdige Behandlung vermutlich mitgemeint. Der wahrscheinlich erst später hinzugefügte Finalsatz macht den praktischen Nutzen dieser Alterssicherung deutlich. Die eigene Lebensperspektive auf dem von JHWH verliehenen Land hängt von dem Verhalten gegenüber den Eltern ab. Dem Angeredeten wird vor Augen geführt, dass die Wirksamkeit dieser Regel auch für ihn Bedeutung haben wird. Nur die Söhne können den alten Eltern der ihnen von JHWH gewährten Freiheit noch Realität geben.

Bereits im frühen Christentum wurde das Gebot auch als Instrument der Gehorsamserziehung von Kindern verwendet. *Luther* hat es im Blick auf die Stabilisierung von (vermeintlich gottgewollten) Machtverhältnissen ausgelegt: Er ordnet dem Elterngebot alle weltlichen Herren zu und spricht von Vätern des Blutes im Hause und im Lande (Großer Katechismus), denen der schuldige Gehorsam entgegenzubringen sei.

6. Tötungsverbot. Bei diesem und den folgenden kurzen Verbotssätzen sind weder die Reichweite der Gültigkeit angesprochen noch werden mögliche Folgen der Übertretung angedeutet.

Das hier verwendete hebräische Wort (rsh) bedeutet »Töten eines Menschen mit Gewaltanwendung« und wird nicht für das Töten von Tieren verwendet. Man muss davon ausgehen, dass Todesstrafe und Töten im Krieg nicht im Blick sind. Wohl umfasst das Wort aber auch Gewalttaten an wehrlosen Opfern, die den Tod nach sich ziehen oder ihnen die Lebensmöglichkeiten rauben (vgl. Ri 20,4 und Kön 21,19). An diese erweiterte Bedeutung knüpft Luther an, wenn er in seiner Auslegung fordert: Dem Nächsten keinen Schaden zufügen und ihm förderlich sein.

7. Verbot des Ehebruchs. Auch dieses Gebot bezieht sich im historischen Kontext zunächst auf die Männer aus der Schicht der freien Grundbesitzer. Ihnen wird untersagt, in eine andere Ehe einzubrechen, d.h. eine Beziehung zu einer verheirateten bzw. rechtlich verlobten Frau aufzunehmen. In dieser Konstruktion konnte der Mann nur die fremde und die Frau die eigene Ehe brechen.

Die patriarchalisch strukturierte Großfamilie war als ökonomisch selbstständige Einheit zur Erhaltung der Lebensgrundlage für viele Mitglieder notwendig. Ehebruch wurde in diesem Kontext als massiver Eingriff in die Eigentumsrechte des anderen verstanden, der zudem die Legitimität der Nachkommen und die Erhaltung der Lebensgrundlage der Familie in Frage stellte. Nur von diesen Voraussetzungen her verstehen sich die harten Strafandrohungen in Gesetzestexten des AT.

Wie beim Tötungsverbot legt *Luther* den Schwerpunkt seiner Auslegung auf eine positive Ausgestaltung des (ehelichen) Geschlechterverhältnisses.

8. Verbot des Diebstahls. Das hier verwendete hebräische Wort (gnb) umfasst alle Arten des Diebstahls – einschließlich des Menschenraubes. Es zielt darauf ab, dem Nächsten nicht seine Lebensgrundlage oder wichtige Teile seiner Lebensgrundlage zu entziehen.

Überlegungen zur Fortschreibung der Bedeutung dieses Gebotes in die Gegenwart müssen die völlig veränderten sozialen Rahmenbedingungen ebenso beachten wie die unterschiedliche gesellschaftliche Bedeutung verschiedener Eigentumsformen.

9. Verbot des falschen Zeugnisses. Hintergrund zum historischen Verständnis des Gebotes ist die Regel, dass aufgrund der Aussagen von zwei Zeugen die Todesstrafe verhängt werden konnte und somit zwei Lügenzeugen jemanden vor Gericht zu Tode bringen konnten.

Es gibt zahlreiche Hinweise dafür, dass solche Vergehen in Rechtsprozessen, um die es in diesem Gebot geht, nicht gerade selten vorkamen (vgl. u.a. 1 Kön 21, besonders V. 10 und 13). Das Gebot verbietet, einen anderen israelischen Vollbürger durch Rechtsbeugung um sein Leben oder seine Freiheit zu bringen.

10. Verbot des Begehrens. Das hebräische Wort (hmd), das im Deutschen mit »begehren« wiedergegeben wird, bezieht sich nicht nur auf die Gedanken. Es umfasst auch alle Versuche, den Wunsch in die Tat umzusetzen. In beiden Fassungen wird die Gesamtheit des Besitzes des Nächsten umschrieben. Das Verbot meint alle Absichten – auch legitime Möglichkeiten, dem Anderen Teile oder die Gesamtheit seiner Lebensgrundlage zu nehmen.

(2) Hinweise für fachdidaktische Entscheidungen: In der christlichen Tradition stehen die Gebote gleichsam exemplarisch für das Gesetz Gottes, das nach evangelischem Verständnis eine dreifache Funktion hat, die in der Merkformel »Riegel, Spiegel, Siegel« erinnert werden kann:

- Das Gesetz dient der Eindämmung des Bösen (Riegel),
- das Gesetz dient der Erkenntnis der Sünde (Spiegel),
- das Gesetz dient dem Glaubenden (gerechtfertigten Sünder) als Orientierungsgrundlage für seinen Lebensweg (Siegel).

Aus systematisch-theologischer Perspektive sind die Gebote in erster Linie als Instrument zur Bewahrung der von Gott geschenkten Freiheit zu verstehen, die der Orientierung der Gläubigen, der Förderung des menschlichen Zusammenlebens und der Fülle des Lebens dienen. Es entspricht der Dialektik des Glaubens, dass erst die Erfahrung der bedingungslosen Annahme durch Gott (Rechtfertigung des Sünders) die Sicht auf ein positives, lebensdienliches Verständnis der Gebote öffnet.

Die Katechismustradition hat die Auslegung im Unterschied zur Ursprungstradition besonders auf Heranwachsende konzentriert. Mit diesem Adressatenwechsel sind einige problematische Auslegungstendenzen verbunden, die besonders beim Elterngebot deutlich werden. Die ursprüngliche Funktion, der Schutz alter Eltern, veränderte sich zur Gehorsamserziehung von Kindern.

In der im Kleinen Katechismus *Luthers* tradierten Fassung des Dekalogs fehlt der Befreiungsbezug. Da damit zugleich die für die Auslegung wichtige Rückkopplung auf die Funktion zur Bewahrung geschenkter Freiheit fehlt, liegt in der Erneuerung dieses Zusammenhangs die wohl wichtigste Aufgabe im Blick auf eine der biblischen Tradition entsprechende Erschließung des Dekalogs. Die im Deutschen übliche Verwendung des Wortes »Gebote« kann anregen, den *Gebots*- anstelle des *Verbots*charakters zu betonen.

Wie bereits betont wurde, sollte in didaktischen Zusammenhängen die Aufmerksamkeit vor allem auf Aspekte gelenkt werden, die in der gegenwärtigen Alltagswelt nicht oder weniger präsent sind, z.B. darauf, was die Gefährdung der Feiertage für Implikationen haben kann. Dies kann durch einen Vergleich von Luthers Katechismusfassung mit einem der biblischen Texte (Ex 20 bzw. Dtn 5) eingeleitet werden.

Die Hinweise zu den Einzelgeboten geben jeweils Anregungen für die Auseinandersetzung mit der mutmaßlichen historischen Deutung und für eine produktive Fortschreibung bzw. aktuelle Auslegung.

Die Arbeit mit Geboten eignet sich besonders für experimentelle und kreative Unterrichtsverfahren. Diese sollten allerdings so arrangiert werden, dass über die Erschließung der Tradition neue Einsichten für heutige Auseinandersetzungen und Entscheidungen möglich werden. Leitfrage ist, woran die Gebote bzw. ein einzelnes Gebot uns in unserer Lage heute erinnern wollen bzw. können.

D Hilfen für das Studium

Das Studium Evangelische Religion für das Lehramt erfordert nicht nur das Erlernen von Fachwissen, sondern auch die didaktische und methodische Auseinandersetzung mit eben diesem Wissen.

(1) An welchen Lehrveranstaltungen soll ich teilnehmen? Es sollten zunächst ein bis zwei einführende und überblicksartige Lehrveranstaltungen zum AT (einschließlich Bibelkunde) besucht werden, um im Anschluss daran in themenspezifischen Seminaren und Übungen das Überblickswissen exemplarisch zu vertiefen. Darunter sollten auch Veranstaltungen sein, die ausdrücklich die didaktische Reflexion einbeziehen. Die Mindestanforderungen, die die Prüfungsordnungen voraussetzen, reichen in der Regel zum Erwerb des für die Praxis notwendigen Wissens nicht aus. Die fortlaufende eigenständige Lektüre von fachwissenschaftlicher und fachdidaktischer Literatur ist unerlässlich. Der Besuch von Lehrveranstaltungen sollte durch das Eigenstudium sinnvoll ergänzt werden.

(2) Welche Bedeutung hat das Fachpraktikum? Ein Fachpraktikum bietet die Möglichkeit der Verschränkung exegetischer und didaktischer Überlegungen und fordert dazu heraus, alttestamentliche Themen/Texte im Kontext der Lebenswirklichkeit heutiger Schüler zu erschließen und in Unterrichtssituationen zu gestalten. Es eröffnet Erfahrungsmöglichkeiten im Blick auf

die Wirkung von Gedanken- und Lebenswelt des AT bei konkreten Schülern und fordert zur Reflexion religionspädagogischer Praxis heraus. Solche fachpraktischen Veranstaltungen und Übungen können zu vertiefenden fachlichen und fachdidaktischen Fragestellungen anregen und helfen, das weitere Studium zu strukturieren.

Literatur

Bibelausgaben und Arbeitsmittel:

Deutsche Bibelausgaben: Rev. Lutherbibel 1984; Einheitsübersetzung 1980 (1999); Zürcher Bibel 1936 (Revision in Arbeit)

Bibel von A–Z. Wortkonkordanz zur Lutherübersetzung, Stuttgart 1984

Kleines Stuttgarter Bibel-Lexikon, Stuttgart [5]1993

Calwer Bibellexikon, Stuttgart [6]2003

Kommentarreihen:

Biblischer Kommentar Altes Testament. (BK), *hg. v. S. Herrmann* u.a., Neukirchen-Vluyn

Das Alte Testament Deutsch (ATD), *hg. v. O. Kaiser* und *L. Perlitt,* 25 Teilbände, Göttingen

Zürcher Bibelkommentare. Altes Testament (ZBK), Zürich u.a. 1960ff.

Kleine biblische Bibliothek, Neukirchen 1988ff., 4 Bde.

Neuer Stuttgarter Kommentar. Altes Testament (NSK-AT), *hg.v. C. Dohmen*

I. Baldermann, Einführung in die Bibel, Göttingen [4]1993

H. Donner, Geschichte des Volkes Israel und seiner Nachbarn in Grundzügen. Bd. 1 u. 2, Göttingen [2]1995

W. H. Schmidt, Einführung in das Alte Testament, Berlin [5]1995

H. K. Berg, Ein Wort wie Feuer. Wege lebendiger Bibelauslegung, München [3]1996

R. Albertz, Religionsgeschichte Israels in alttestamentlicher Zeit. Teile 1 u. 2, Göttingen [2]1996/1997

F. Johannsen unter Mitarbeit von *Simone Ferme,* Alttestamentliches Arbeitsbuch für Religionspädagogen, Stuttgart [2]1998

E. Zenger u.a., Einleitung in das Alte Testament, Stuttgart u.a. [3]1998

M. Augustin/J. Kegler, Bibelkunde des Alten Testaments. Ein Arbeitsbuch, Gütersloh 1987 (2. völlig überarbeitete Aufl. 1999)

D. Baltzer, Alttestamentliche Fachdidaktik. Gesammelte Studien, Münster [3]2000

R. Lachmann u.a. (Hg.), Elementare Bibeltexte (TLL 2). Göttingen 2001

R. Rendtorff, Theologie des Alten Testaments. Bd. 1: Kanonische Grundlegung, Neukirchen 1998; Bd. 2: Thematische Entfaltung, Neukirchen 2001

D. Baltzer, Lehren und Lernen mit dem Alten Testament. Unterrichtsentwürfe für Primarstufe und Sekundarstufe I, Münster [2]2003

IV. Biblische Theologie – Neues Testament

PETER MÜLLER

Das Neue Testament (NT) ist das Grunddokument des christlichen Glaubens. Seine 27 formal und inhaltlich z.T. sehr unterschiedlichen Schriften haben ihren gemeinsamen Bezugspunkt in Jesus von Nazareth. Dass in ihm Gott sich offenbart habe, ist die Überzeugung aller dieser Schriften. Auf welche Weise sie sich auf Jesus beziehen, ist allerdings verschieden: Paulus orientiert sich an Tod und Auferstehung Jesu und findet hier den Ausgangspunkt für seine Theologie; die Evangelien greifen dahinter zurück und erzählen vom Leben und Wirken des irdischen Jesus; die Offenbarung stellt ein endzeitliches Drama dar, in dem der auferstandene und wiederkommende Christus eine zentrale Rolle spielt. So spiegeln sich in den Schriften des NT unterschiedliche Auffassungen von Jesus und verschiedene theologische Vorstellungen wider, deren gemeinsamer Nenner aber die Überzeugung ist, dass Jesus Gott authentisch zu Sprache gebracht hat.

A Sach- und Überblickswissen

1. Zur Geschichte des frühen Christentums

Als Quellen für die Geschichte des frühen Christentums stehen im Wesentlichen nur die nt.lichen Schriften zur Verfügung. Sie geben einen relativ guten Einblick in die Zeit bis ca. 70 n. Chr. und lassen für die Folgezeit theologische Entwicklungslinien erkennen. Die Verkündigung Jesu gehört im eigentlichen Sinn noch nicht zur Geschichte des frühen Christentums. Da sich alle Schriften aus dieser Zeit aber auf Verkündigung und Wirksamkeit Jesu als Anfang und Norm ihres Christseins beziehen, ist der Rückgriff auf Jesus zum Verständnis des frühen Christentums sachlich immer wieder notwendig.

Zum Verständnis des frühen Christentums sind politische, gesellschaftlich-kulturelle und religiöse Aspekte zu berücksichtigen. Wichtige politische Aspekte sind die römische Herrschaft im Mittelmeerraum, ihre Instrumente und Struktur sowie deren Akzeptanz in einzelnen Teilen des römischen

Reiches. Zu den kulturellen Aspekten zählen das von den ersten Christen übernommene kulturelle und religiöse Erbe des Judentums sowie der baldige Übergang in die griechisch sprechende und hellenistisch denkende Umwelt. Jüdisches Erbe und hellenistisches Denken haben sich auf die jeweilige Formulierung der spezifisch christlichen Aussage von dem an die Person Jesu gebundenen Heilszuspruch ausgewirkt.

Die ersten christlichen Bewegungen setzten sich aus Menschen zusammen, die im Rahmen ihrer jüdischen Herkunft das Wirken und die Verkündigung Jesu als zentral wichtig für ihren Glauben ansahen. Frühe Wanderprediger (Mk 6,6–13) trugen vor allem die Botschaft von der bevorstehenden Gottesherrschaft weiter (und verbanden sie mit der Erwartung der Wiederkunft Jesu). In den bald entstehenden (Haus-) Gemeinden (Lk 10,4–11) wurden Jesusworte zunehmend auf die Fragen der Lebensgestaltung angewandt (Mk 10). Die Jerusalemer Gemeinde setzte die Verkündigung Jesu im Besonderen mit den Fragen des Gesetzes und dessen Auslegung in Beziehung.

Ein wichtiger Übergang ist bei den sog. Hellenisten (Apg 6) erkennbar, d.h. bei Judenchristen griechischer Sprache. Sie bildeten in Jerusalem eine unterscheidbare Gruppe, in deren Mitte neben der Sprache auch andere Denktraditionen hervortraten.[1] Die Hellenisten wurden nach Apg 8,1 schon bald aus Jerusalem vertrieben. Sie missionierten, und nach Apg 11,19ff. geht vor allem das syrische Antiochia als zweites herausragendes Zentrum der frühen Zeit auf ihre Missionstätigkeit zurück. In ihren Kreisen ist der Übergang zur Heidenmission zu verorten, deren herausragende Gestalt Paulus wurde. In seinen Briefen steht an zentraler Stelle die Botschaft von dem auferstandenen, gegenwärtigen und kommenden Jesus, die nun aber in die Tradition, die Kultur und das Denken der griechisch-römischen Welt übertragen wird. Dass es dabei zu Missverständnissen und Konflikten kam (etwa im Blick auf die Beschneidung), liegt auf der Hand. Deutlich tritt der Konflikt in dem so genannten Apostelkonzil hervor (vgl. die unterschiedliche Darstellung in Apg 15 und Gal 2); er wird aber auch in der Auseinandersetzung deutlich, die Paulus in seinen Gemeinden mit judenchristlich orientierten Gegnern zu führen hat. Umgekehrt wird in 1 Kor etwa anhand der Fragen des Opferfleisches (8,4–6) oder der Sexualethik (6,12–20) die Übersetzungsproblematik der christlichen Botschaft in die hellenistisch geprägte Tradition, Kultur und Ethik erkennbar.

1 So wurde mit der Bezeichnung Jesu als Kyrios weniger der kommende als der gegenwärtig erhöhte Christus betont; damit stellten sich weitergehende Fragen nach dem Verhältnis Jesu zu Gott.

Mit dem Tod des Petrus und des Jakobus (den Stützen judenchristlicher Mission von Jerusalem aus) zwischen 60 und 70 n. Chr. und mit der Zerstörung Jerusalems durch die Römer im Jahr 70 ist ein wichtiger Einschnitt in der Geschichte des frühen Christentums erreicht. Allerdings sind viele Schriften, die uns als Quellen für das frühe Christentum dienen, erst nach dieser Zeit entstanden, und es empfiehlt sich nicht, sie und die hinter ihnen stehenden Gemeinden aus der Betrachtung auszuschließen. Der zunehmende Abstand zu den Anfängen führt zu bewussterer Traditionsbildung. Jesu Worte und Taten, die verschiedentlich mündlich weitergegeben worden waren, werden jetzt bewusst gesammelt, in Evangelienschriften zusammengestellt und für die eigene Gegenwart ausgelegt. Neben judenchristlichen Überlieferungen (Mt, Jak, aber auch Einflüsse des hellenistischen Judentums) verstärkt sich aber vor allem der heidenchristliche Einfluss. Die Beschreibung der eigenen christlichen Identität (im Gegenüber zu Juden und Heiden) wird zu einer wesentlichen Aufgabe. Die Auseinandersetzung mit Gegnern außerhalb und innerhalb der Gemeinden führt dazu, dass die Tradition zunehmend abgesichert werden muss und als „heilsame Lehre" (1 Tim 6,3) an die Apostel gebunden wird. Eine Abgrenzung ist wieder möglich, wo auf die Schriften der Apostel als leitender Autorität zurückgeblickt wird. Dies ist in Ansätzen bereits im NT selbst (vgl. 2 Petr 3,16; 1 Tim 6,3) zu erkennen, dann aber vor allem bei den sog. Apostolischen Vätern. Die Übergänge sind fließend, aber im Wesentlichen fällt das älteste Christentum zeitlich zusammen mit der Entstehung der ntl. Schriften (also bis ca. 100–120 n. Chr.).

Wichtig ist, diese frühe Phase des Christentums nicht im Sinne einer Wertung als das eigentliche Christentum zu verstehen und dementsprechend die weiter gehende Geschichte als Abkehr von diesem Ursprung. Dabei wäre die eigenständige Leistung der folgenden christlichen Generationen nicht hinreichend gewürdigt. Auch ist zu beachten, dass es bereits in der Frühzeit Unterschiede, Spannungen und Übergänge gegeben hat. Es empfiehlt sich deshalb, vom frühen Christentum bzw. vom „Urchristentum" in diesem Sinne zu sprechen.

2. Das Neue Testament als Schriftensammlung

❑ **Tabelle/Grafik 17**

Wenn man das NT aufschlägt, hat man den Eindruck, dass die Anordnung der verschiedenen Schriften an der historischen Entwicklung des frühen Christentums orientiert sei. Am Anfang berichten die Evangelien von der

Verkündigung und dem Wirken Jesu. Danach beschreibt die Apostelgeschichte die Entstehung der ersten Gemeinden und die Ausbreitung der christlichen Botschaft bis nach Rom. In den Briefen des Paulus und anderer Autoren geht es um Fragen und Probleme, die in den Gemeinden entstehen. Die Johannesoffenbarung gibt schließlich einen Ausblick auf das, was Christen von der Zukunft Gottes mit den Menschen erhoffen. So folgerichtig diese Anordnung erscheint, entspricht sie doch nicht der tatsächlichen Entwicklung. Alle Schriften des NT, auch die Evangelien, die vom irdischen Jesus erzählen, sind erst nach Tod und Auferstehung Jesu geschrieben und sehen in diesen Ereignissen ihre sachliche Voraussetzung. Die ältesten uns erhaltenen christlichen Texte sind die Paulusbriefe (zwischen 50 und 56 n. Chr.). Das Markusevangelium als das älteste der Evangelien ist ins Jahr 70 zu datieren, die anderen Evangelien entstehen ca. 20 Jahre (Joh ca. 30 Jahre) später. Die übrigen Briefe gehören in einen Zeitraum von ca. 60–110 n. Chr., die Johannesoffenbarung ist um 100 anzusetzen. Die jetzige Anordnung folgt also nicht der Entstehungszeit der Schriften, sondern hat sachliche Gründe. Jesus als zentrale Gestalt des Christentums steht am Anfang, die christliche Mission und die entstehenden Gemeinden schließen sich an, der endzeitliche Ausblick bildet den Abschluss.

Bereits vor den Paulusbriefen hat es aber eine mündliche Überlieferung gegeben. Paulus beruft sich auf Bekenntnisse, die er selbst schon übernimmt (Röm 1,3–5; 1 Kor 15). Und an den Evangelien kann man zeigen, dass viele Jesuserzählungen vor ihrer Niederschrift über einen längeren Zeitraum hinweg mündlich weitergegeben worden sind. Dabei wurden inhaltlich zusammengehörende Erzählungen (z.B. Geschichten zur Passion, Gleichnisse oder Wundergeschichten) nach und nach in kleineren Sammlungen zusammengestellt und schließlich in die Evangelien integriert.

Für den Übergang von der mündlichen Tradition zur Verschriftlichung der Christusbotschaft hat es verschiedene Anstöße gegeben. Paulus bediente sich von Anfang an der Form des Briefes, um die von ihm gegründeten Gemeinden während seiner Abwesenheit zu begleiten. Dementsprechend finden sich in diesen Briefen bereits Hinweise auf die Sammlung von Paulusbriefen (1 Thess 5,27; Kol 4,16). Die Zusammenstellung der Überlieferungen von Jesus und die Abfassung der Evangelien verdankt sich dagegen anderen Umständen. Nachdem in den sechziger Jahren des ersten Jahrhunderts die Augenzeugen des irdischen Jesus starben und dadurch der Abstand zu den Anfängen größer wurde, entstanden schriftliche Sammlungen der Jesuserzählungen aus dem wachsenden Bedürfnis heraus, die Worte und Taten Jesu aufzubewahren, für die Gegenwart zu deuten und sie an die nächste christliche Generation weiterzugeben. In der Mitte des 2. Jahrhunderts stand im Wesentlichen fest, welche Schriften in der frühen

Kirche Akzeptanz fanden. Bis zum Ende des 4. Jahrhunderts war der Kanonisierungsprozess weitgehend abgeschlossen.

Dass in der alten Kirche nicht ein Evangelium, sondern vier Evangelien kanonisiert wurden, obwohl die Unterschiede zwischen den Evangelien durchaus bekannt waren, hat – neben der faktischen Verbreitung und Geltung der einzelnen Evangelien – vor allem einen theologischen Grund. Man war sich darüber im Klaren, dass Jesus als die zentrale Gestalt des christlichen Glaubens aus einer einzigen Perspektive nicht hinreichend in den Blick kommen konnte.

3. Die Evangelien und die Apostelgeschichte

Tabelle/Grafik 17

Jesus ist in den Evangelien die zentrale Gestalt. Seine Taten und Worte werden in einen Rahmen zwischen Geburt (Mt, Lk), Taufe (Mk) oder seiner Präexistenz bei Gott (Joh) und Tod und Auferstehung (bzw. Himmelfahrt) eingeordnet. Insofern haben die Evangelien ein gewisses biographisches Interesse. Allerdings geht es ihnen weder um die persönliche Entwicklung noch um eine detaillierte Darstellung der Ereignisse im Leben Jesu. Sie beschreiben diese Ereignisse vielmehr in einer Weise, die ihre Bedeutung für die eigene Gegenwart erkennen lässt. Jesus ist für sie nicht lediglich eine Gestalt der Vergangenheit, sondern der gegenwärtige Herr. Was er während seiner irdischen Existenz sagte und tat, hat für die Gemeinde der »heute« Glaubenden grundlegende Bedeutung.[2] Diese Verknüpfung der Zeiten und die damit verbundene Aktualisierung ist charakteristisch für die Erzählweise der Evangelien. Insofern sind sie Evangelium, d.h. *gute Botschaft* für die Gegenwart. Dieses erste Wort bei Mk hat den Evangelien als neue Literaturgattung ihren Namen gegeben.

3.1 Die Synoptiker. Die drei ersten Evangelien bezeichnet man als synoptische Evangelien. Der Begriff beruht auf der Beobachtung, dass Matthäus, Markus und Lukas im Blick auf Inhalt und Anordnung große Ähnlichkeiten aufweisen. Sie vertreten eine »gemeinsame Sicht« (gr. *syn-opsis*) der Ereignisse um Jesus. In Aufbau und Inhalt weisen sie große Übereinstimmungen auf.[3] Allerdings setzen sie auch je eigene Akzente, Mt etwa mit den großen Reden Jesu oder Lk mit seinen Gleichnissen vom Verlorenen. Jeder der drei

2 Vgl. zu diesem aktualisierenden »heute« z.B. Lk 2,11; 4,21; 5,26.

3 Vgl. zur Zweiquellentheorie u. 156f.

Synoptiker erweist sich so als eigenständiger Autor. Allerdings muss man berücksichtigen, dass die Evangelien ursprünglich anonym überliefert sind. Nirgendwo in den Texten finden sich die Namen ihrer Verfasser. Erst ab dem 2. Jahrhundert sind sie als Evangelium nach (nicht des …) Mt, Mk, Lk bezeichnet worden. Als Verkündiger und als Verkündigter ist Jesus die zentrale Größe.

(1) *Das Markus-Evangelium.* Im Mk als dem ältesten Evangelium wird zum ersten Mal die Wirksamkeit Jesu in einem großen Rahmen von der Taufe bis zur Auferstehung erzählt und für die Gegenwart gedeutet. Diese deutende Erzählung wird in 1,1 als Evangelium bezeichnet. Eine Erzählung ist keine bloße Wiedergabe eines bestimmten Geschehensablaufes, sondern verknüpft Bericht und Deutung miteinander. Die Deutung ist nicht sekundärer Zusatz, sondern im Bericht schon enthalten. Aus der unübersehbaren Vielfalt des tatsächlich Geschehenen werden bestimmte Aspekte ausgewählt und in eine erzählerische Ordnung gebracht. Dadurch bekommt die Wirklichkeit eine überschaubare Struktur und Bedeutung. Im Mk zeigt sich dies schon an der Fülle dessen, was unerwähnt bleibt. Ganze Lebensphasen, die Kindheit und die Jugend Jesu, lässt der Evangelist beiseite, während die Kapitel 11–15, ein Drittel des Gesamtwerkes, die Ereignisse einer einzigen Woche zusammenfassen. Offensichtlich findet sich in dieser Woche auf besondere Weise das verdichtet, was dem Evangelisten an Jesus wichtig ist. Auch in den ersten Kapiteln heben einzelne Geschichten Bedeutsames hervor, Jesu Verkündigung und Wirken in Schlaglichtern gewissermaßen, aber ohne eine wirklich stringente zeitliche Anordnung; dazwischen finden sich zusammenfassende Äußerungen (z.B. 1,32–34.39 oder 6,12), in denen die Einzelerzählungen verbreitert werden. Im Sinne einer Biographie wäre das Evangelium also sehr unvollständig. Einer Erzählung aber kommt es nicht auf Vollständigkeit an, sondern darauf, Bedeutungsvolles hervorzuheben und in einzelnen Episoden zu verdichten. Nicht jede Episode ist dabei für sich betrachtet Erzählung. Es finden sich auch Beschreibungen, Argumente, Dialoge, Aufzählungen etc. Alle diese Textsorten sind aber in einen narrativen Gesamttext eingeordnet.

Der Erzählcharakter des Werkes schließt einen Zeitaspekt mit ein. Was nämlich aus der Unübersichtlichkeit herausgehoben zu werden verdient, zeigt sich erst im Rückblick. Vergangenheit, Gegenwart und Zukunft (vgl. 13,24–27) werden miteinander verschränkt. Diese Verschränkung zeigt sich im Markusevangelium auf verschiedene Weise. Das Werk setzt ein mit der Erinnerung an den »Anfang des Evangeliums von Jesus Christus« (1,1) und schließt mit einer Aufforderung an die Frauen und die Jünger, zu erzählen, was sie gesehen haben, und sich auf den Weg zu machen (16,7). Was Jesus zu seinen Lebzeiten vier Jüngern auf dem Ölberg eröffnete (13,3), ist von solcher Bedeutung, dass es diesen ersten Adressatenkreis übersteigt und am Ende der Rede »allen« gilt (13,37). In 7,1–23 geht es um eine Auseinandersetzung zwischen Pharisäern und Schriftgelehrten mit Jesus um die Frage von Reinheit und Unreinheit. Bis V.13 bleibt die Szene ganz im Rahmen eines (vergangenen) Streitgespräches. V.14 aber geht darüber hinaus: »Hört mir alle zu und begreift's!« Was Jesus in der Vergangenheit sagte, wird mit dieser umfassenden Anrede der Gegenwart als bleibend wichtig vermittelt. In gleicher Weise zeigt die Analyse der »Kindergeschichten« 9,33–37 und 10,13–16, dass die Erinnerung an vergangene Begebenheiten eine Handlungsanweisung darstellt für die Gegenwart des Erzählers und diejenigen, die seine Erzählung hören und lesen. Damit wird ein Kommunikationsprozess in Gang gesetzt zwischen dem erzählenden Werk und seinen Leserinnen und Lesern. Was erzählt wird, beginnt zu sprechen; und wer das Mk liest oder hört, soll selbst eine Beziehung zum Erzählten aufnehmen. Insofern bezeichnet man Markus mit Recht als den Erzähler unter den Evangelisten.

Das Evangelium ist im Jahr 70, vermutlich kurz vor der Zerstörung Jerusalems durch die Römer, entstanden. Es ist ursprünglich anonym überliefert, aber schon früh mit dem Namen Markus verbunden worden. Die spätere kirchliche Tradition hat aus dem Interesse heraus, die Evangelien möglichst mit den apostolischen Anfängen zu verbinden, in diesem Markus den Begleiter des Petrus aus Apg 12,12 gefunden.

(2) *Das Matthäus-Evangelium.* Schon beim ersten Lesen des Mt fallen die fünf großen Reden auf, in denen das Mt die Spruchüberlieferung von Jesus zusammenstellt: Bergpredigt (5–7), Aussendungsrede (10), Gleichnisrede (13), Gemeinderede (18), Rede gegen die Pharisäer und von den letzten Dingen (23–25). Sie ergeben ein Grundgerüst für die Gliederung des Evangeliums. Zugleich werden sie mit den Taten Jesu verknüpft. Besonders deutlich ist dies in Kapitel 5–7 und 8f., die durch 4,23 und 9,35 zusammengehalten sind. Inklusionen vergleichbarer Art finden sich bei Matthäus häufig, die eindrücklichste in 1,23.25 (Immanuel – Gott mit uns) und 28,20 (... ich bin bei euch alle Tage). Unterabschnitte sind wiederholt in Form einer Ringkomposition gestaltet (vgl. die Bergpredigt mit dem »Unser Vater« als Zentrum 6,9ff.). So zeigt sich im gesamten Evangelium eine ausgeprägte kompositorische Absicht.

Matthäus fügt die Geschichte Jesu von seiner Geburt bis zu Tod und Auferstehung in einen Zusammenhang ein, der sich vom Alten Testament her als Geschichte Gottes mit den Menschen darstellt. Die at.lichen Bezüge formuliert der Evangelist in sog. Erfüllungs-/Reflexionszitaten (1,22f.;

2,15.17f.23; 4,14–16; 8,17; 12,18–21; 13,35; 21,4f.; 27,9) auf charakteristische Weise (... damit erfüllt würde, was gesagt ist durch den Propheten ...). Sie fassen exemplarisch zusammen, was auch für die anderen Zitate gilt: In der Geschichte Jesu erfüllen sich die Weissagungen des AT. »Erfüllen« ist deshalb ihr zentrales Wort, das auf ein hermeneutisches Prinzip bei Matthäus aufmerksam macht: Von der Jesusgeschichte her lässt sich das AT erschließen. Insofern kann man Mt als christlichen Schriftgelehrten bezeichnen (vgl. 13,52).

Auch die theologischen Grundlinien des Mt können vom AT her entschlüsselt werden. Das gilt besonders für seine Stellung zum Gesetz. Die Antithesen der Bergpredigt mit ihrem »ich aber sage euch ...« (5,18–48) sind nicht als Abkehr vom Gesetz zu verstehen, sondern fragen nach dessen Intention: Versöhnung und Liebe sind es, auf die das Gesetz zielt. Deshalb geht es nach 5,17f. nicht um die Auflösung des Gesetzes, sondern um dessen Erfüllung. Wie in den Erfüllungszitaten Anspruch auf die Weissagungen des AT erhoben wird, so wird hier von Jesus her das Gesetz beansprucht. Es leitet an zu einem Handeln, das sich an der Intention der göttlichen Weisungen orientiert. In der Christologie des Evangeliums sind deshalb auch beide Aspekte miteinander verbunden: Jesus ist der gegenwärtige, erhöhte Herr, der die Gemeinde auf ihrem Weg leitet (28,18–20); aber dieser Herr ist identisch mit dem irdischen Jesus, so dass sich der Weg der Gemeinde in der Orientierung am Irdischen vorzeichnet.

Die Verbindung von Zuspruch und Anspruch ist auch bei der Reich-Gottes-Verkündigung zu erkennen. Bereits die Seligpreisungen verknüpfen mit ihren Hinweisen auf das Himmelreich (5,3.10) Zusage und Mahnung, und auch bei den Gleichnissen zielt das verstehende Hören (13,9.43) auf das verständige Handeln. Die V. 25,31ff. machen deutlich, dass sich das Gerichtshandeln an den Werken orientieren wird. Für die Ekklesiologie gilt dies in ähnlicher Weise. Die christliche Gemeinde ist nach Matthäus nicht Abbild oder Beginn des Himmelreiches. Auch die Christen gehen noch auf das Gericht Gottes zu (13,24–30; 25,44–46). Gewiss können sie Salz und Licht für die Welt sein (5,13–16), aber als solche sollen sie sich auch erweisen.

Die judenchristliche Verwurzelung des Mt ist nicht zu übersehen. Allerdings ist bereits ein Bruch zwischen dem jüdischen Synagogenverband und der mt. Gemeinde eingetreten (4,23; 9,35; 12,9; 13,54; 23,34). Die bereits eine längere Auseinandersetzung widerspiegelnde Kritik an jüdischen Positionen (23,1ff.) zeigt, dass dieser Bruch als schmerzhaft empfunden wird. Letztlich geht es um die Frage, wie das (überwiegende) Nein Israels zu Jesus erklärt werden kann. Auf der anderen Seite ergibt sich durch die Öffnung von Heiden für das Evangelium ein ganz neuer Aspekt. Der Auferstandene sendet seine Jünger programmatisch zu allen Völkern, damit sie getauft werden (28,19f.).

Das Mt orientiert sich in starkem Maß an seinen Traditionen, vor allem am Markusevangelium und der Spruchquelle. Es nimmt den Entwurf des Markus auf und erzählt die Jesusgeschichte so, dass sie bedeutsam für die eigene Gegenwart wird. Stärker als Markus hebt Mt aber die ethische Verkündigung Jesu hervor. Hier ist Matthäus von der Logienquelle geprägt, von der er einen großen Teil der Jesusworte und besonders den Gerichtsgedanken aufnimmt. Einige Abschnitte übernimmt Mt aus seinem »Sondergut« (z.B. die Geburtsgeschichten 1,18–2,23 und einige Gleichnisse 13,24–30.36–50; 20,1–16; 21,28–32).

Das Mt setzt die Zerstörung Jerusalems im Jahr 70 voraus (22,7) und kennt das Mk. Umgekehrt wird das Mt ab dem frühen 2. Jahrhundert in anderen frühchristlichen Schriften verwendet. Diese Daten stecken den Rahmen für die Entstehungszeit ab. Die Heftigkeit der Auseinandersetzung mit jüdischen Positionen lässt darauf schließen, dass der Bruch mit Israel noch nicht allzu lange zurückliegt. Man wird deshalb die Entstehungszeit am ehesten zwischen 80 und 90 annehmen. Als Abfassungsort ist der syrische Raum wahrscheinlich.

(3) *Das Lukas-Evangelium.* In 1,1–4 stellt der Verfasser des Lk (und der Apg) in einem Vorwort die Absicht seines Werkes vor. Er verweist auf diejenigen, die bereits vor ihm von den Dingen, »die unter uns geschehen sind«, berichteten, auf seine eigene Erkundung dieser Ereignisse und die angemessene Ordnung, in der er sie darstellt. Auf diese Weise stellt er sich als Geschichtsschreiber vor (vgl. 1,5; 2,1f.; 3,1f.23), dem die stilistischen Mittel antiker Historiker bekannt sind. Gleichwohl hat er an der Geschichte Jesu nicht lediglich historisches Interesse. Mit seiner Darstellung will er den sicheren Grund des christlichen Glaubens vorstellen und so der weiter gehenden Verkündigung dienen. Auch Lukas geht es nicht um eine lückenlose Darstellung der Ereignisse, sondern um ihre Verdichtung in Episoden. So haben z.B. die »Antrittspredigt Jesu« (4,16–30) und die Erzählung von den Emmausjüngern (24,13–32) grundlegende Bedeutung für das gesamte Doppelwerk.

Wichtig sind verschiedene Hinweise auf Raum und Zeit. Eine erste Phase der Wirksamkeit Jesu beginnt nach der Versuchung in Galiläa (4,14). Ein deutlicher Einschnitt liegt dann in 9,51 vor. Jesus wendet sich, »als die Zeit erfüllt war«, nach Jerusalem. Ab hier ist das Evangelium ganz auf Jerusalem und damit auf Kreuzigung, Auferstehung und Himmelfahrt hin orientiert. Im Reisebericht selbst (9,51–19,27) unterweist Jesus seine Jünger und ermöglicht ihnen dadurch, nach der Himmelfahrt seine Botschaft von Jerusalem aus bis an die Enden der Welt zu tragen (Apg 1,8). Die besondere Stellung von Jerusalem wird in dieser räumlichen Konzentration gut sichtbar.

In zeitlicher Hinsicht ist 16,16 bedeutsam. Die Zeit Jesu wird als »Mitte der Zeit« angesehen, in und ab der das Evangelium vom Reich Gottes gepredigt wird. Bis zu Jesus reichen das Gesetz und die Propheten, danach nimmt die Verkündigung vom Gottesreich ihren Lauf. Diese unterschiedlichen Zeiten verweisen aber aufeinander: Was im Gesetz, den Propheten und den Psalmen geschrieben steht, findet in der Zeit Jesu seine Erfüllung (24,44-46), und in der Abschiedsrede werden die Jünger beauftragt, von Jerusalem aus Jesu Zeugen zu sein (47f.). Dazu brauchen sie den ständigen Rückbezug zur Jesuszeit. Der Himmelfahrtserzählung kommt eine Verbindungsfunktion zwischen der Zeit Jesu und der weiter gehenden Verkündigung der Kirche zu. Auch das Wirken des Heiligen Geistes verbindet die Zeiten: Jesus selbst ist vom Geist geleitet (1,35; 3,22; 4,18), und die Geisttaufe, die der Täufer in 3,16 ankündigt, wird in Apg 1,8 aufgenommen und bewahrheitet sich im Pfingstereignis. Kontinuität kennzeichnet auch das Verhältnis zwischen Israel und der Kirche. Zu allen Zeiten haben Menschen auf die erlösende Zuwendung Gottes zu seinem Volk gewartet (1,5ff.68ff.; 2,25-38). Die werdende Kirche erscheint unter dieser Perspektive als Gemeinschaft der Glaubenden aus Juden und Heiden. Diese heilsgeschichtliche Konzeption ist grundlegend geprägt durch die kontinuierliche Zuwendung Gottes zu den Menschen. Dabei legt Lk besonderes Gewicht auf die Zuwendung zu den Benachteiligten (15,11ff.; 18,9ff.; 8,3; 10,38-42 u.ö.). Eine ankündigende Zusammenfassung der Zuwendung Gottes zu den Armen findet sich schon im Loblied der Maria (1,52f.).

Die heilsgeschichtliche Orientierung des Lk hängt auch mit der Verzögerung der Wiederkunft Jesu zusammen. Dass sich die Zeit bis dahin dehnte, musste erklärt und verarbeitet werden. Indem Lk die Existenz der Gemeinde im Lauf der Zeiten und im Kontext gegenwärtiger Welt beschreibt, leistet er dazu einen wichtigen Beitrag. Die Verkündigung des Reiches Gottes spielt dabei eine wichtige Rolle. Nach 8,1 zieht Jesus durch Galiläa und verkündet das Reich Gottes, nach 9,2 ist eben dies auch die Aufgabe der Zwölf und ebenso der christlichen Verkündiger (Apg 8,12; 20,25). In der vom Geist geleiteten Verkündigung bleibt Jesus in der Kirche gegenwärtig bis zu seiner Wiederkunft.

Das Lk folgt im Wesentlichen dem Aufriss des Mk. Die Wortüberlieferung aus der Spruchquelle wird (anders als bei Mt) in kleineren Abschnitten zwischen einzelnen Erzählungen eingefügt. Außerdem nimmt das Lk in umfangreichem Maß Sondergut auf, vor allem in den Erzählungen über Jesu Herkunft, Geburt und Kindheit Jesu (Kap. 1f.) und einer Reihe von Gleichnissen (10,30-37; 15,11-32).

Lk und Apg sind ein Werk der dritten christlichen Generation. Es blickt auf die Zerstörung Jerusalems zurück (21,24). Das Heidenchristentum ist zur Normalgestalt des Christentums geworden. Als Adressaten sind deshalb auch ganz überwiegend heidenchristliche Gemeinden anzunehmen, die sich aber ihrer Wurzeln im Judenchristentum bewusst sind. Von den verschiedenen Hypothesen zum Entstehungsort (u.a. Rom) konnte sich bisher keine eindeutig durchsetzen.

3.2 Das Johannes-Evangelium. Im Vergleich mit den Synoptikern weist das Johannesevangelium inhaltlich und im Blick auf Stil und Aufbau Eigentümlichkeiten auf. Der Aufbau unterscheidet sich unter anderem dadurch, dass Jesus hier mehrfach zu den Wallfahrtsfesten nach Jerusalem hinauf zieht. Etliche synoptische Episoden fehlen, andere Erzählungen sind nur bei Johannes zu finden, wieder andere kommen zwar gemeinsam, jedoch an verschiedenen Stellen vor. Die Abschiedsreden in Joh 13–17 stellen eine Besonderheit dar. Auffällig sind auch die vielen Gegensatzpaare (z.B. Licht – Finsternis, Wahrheit – Lüge, bleiben – nicht bleiben). Im Zentrum des Johannesevangeliums steht Jesus als der Sohn, der vom Vater gesandt ist und ihn offenbart.

Das Evangelium setzt ein mit einem Prolog (1,1–18), in dem das Wesen und das Kommen Jesu in die Welt in hymnischer Sprache beschrieben wird. Damit ist zugleich der erste Hauptteil des Werkes vorgezeichnet: Jesus offenbart den Vater in der Welt. Er tut dies in Werken (z.B. 2,1–11), in Gesprächen (3.4) und Reden, in denen teilweise die Werke gedeutet werden (6,26ff.). Dass die Wundertaten Jesu »Zeichen« genannt werden, bringt einen wesentlichen Aspekt der theologischen Konzeption des Joh zur Sprache: Wenn man die Wunder nur als aus dem Üblichen herausragende Ereignisse sieht (z.B. das Brotwunder in Joh 6), versteht man Jesus letztlich nicht. Zwar wollen ihn die Menschen zum König machen (6,15); sie erkennen aber nicht, dass das Wunder auf seine Herkunft von Gott verweist (6,26). In verschiedenen Bildworten (z.B. 6,35ff.; 8,12; 14,6) wird von diesem Offenbarungsgeschehen metaphorisch gesprochen. Im Glauben an Jesus entscheidet sich deshalb auch das Schicksal der Menschen (3,16–18; 12,44–50) – und zwar (anders als bei den Synoptikern) schon in der Gegenwart: Wer an den Sohn glaubt, der hat das ewige Leben (3,36), wer aber nicht glaubt, der ist schon gerichtet (3,18).

Mit 13,1 beginnt Jesu Weg zurück zum Vater. Adressaten des Handelns (13,1–20) und Redens Jesu (13,21–17,26) sind die Jünger. Ihnen wird, nach Jesu Weggang zum Vater, ein Tröster verheißen, der sie in alle Wahrheit führen wird (15,26; 16,13). In der eigentlichen Passionserzählung (18–19) wird Jesus als der dargestellt, der das Geschehen selbst hoheitsvoll bestimmt

(18,4; 19,28).[4] Auferstehung und Erhöhung versteht Joh als ein und denselben Vorgang (19,30; 20,17).

Im ersten Hauptteil des Evangeliums finden sich viele Auseinandersetzungen mit der jüdischen Position. Die Gegner werden als »die Juden« beschrieben, wobei die unterschiedlichen Positionen im Judentum zur Zeit Jesu keine Rolle mehr spielen.[5] Dieser Sprachgebrauch weist auf eine relativ späte Abfassungszeit zwischen 90 und 100 n. Chr. hin. Das Evangelium schloss ursprünglich mit 20,30f. ab. Die Leser werden direkt angesprochen und der Zweck des Evangeliums wird genannt: »Damit ihr glaubt, dass Jesus der Christus ist ... und ihr das Leben habt in seinem Namen.« Joh 21 wurde als »Nachtragskapitel« später angefügt. Der Verfasser beansprucht nach 21,24 die Autorität eines Augenzeugen. Tatsächlich handelt es sich bei dem Verfasser um einen guten Erzähler und profilierten Theologen. Auf Grund der historischen Distanz zum Judentum vor der Zerstörung des Tempels ist eine Abfassung durch den Apostel Johannes auszuschließen.

4. Die Paulusbriefe

Tabelle/Grafik 17

An Paulus haben sich seit jeher die Geister geschieden. Schon zu Lebzeiten stand er in Auseinandersetzungen mit verschiedenen Gegnern, wie z.B. der Galaterbrief zeigt. Paulus schreibt nicht konziliant und abgewogen, sondern engagiert (vgl. Gal 3,1–5), einladend, manchmal auch polemisch. Weil er die Christusbotschaft im Verstehenskontext der griechisch sprechenden Welt formuliert und ihr dadurch den Eingang in die hellenistische Welt ermöglicht hat, wurde er als »zweiter Gründer« des Christentums bezeichnet. Er selbst sieht das anders: »Niemand kann einen anderen Grund legen als den, der gelegt ist: Christus (1 Kor 3,11).

4 Die joh Passionsdatierung unterscheidet sich von der synoptischen. Nach 19,14 stirbt Jesus am »Rüsttag«, am Tag vor dem Passafest (der 14. Nisan), als die Passalämmer geschlachtet wurden. Mit den Jüngern feiert er deshalb kein Passamahl, sondern ein Abschiedsmahl im Rahmen einer gewöhnlichen Abendmahlzeit (13,1). Nach Mk 14,12.14 feierte Jesus mit seinen Jüngern am 14. Nisan das Passamahl und wurde am 15. Nisan, einem Freitag, gekreuzigt. Der joh Darstellung liegt die Absicht zugrunde, Jesus als das wahre Passalamm darzustellen (vgl. schon 1,29).

5 Auch darin unterscheidet sich Joh von den Synoptikern. Während bei jenen verschiedene, zur Zeit Jesu relevante Religionsgruppierungen vorkommen (z.B. Pharisäer, Sadduzäer), ist bei Joh überwiegend nur pauschal von »den Juden« die Rede. Dies erklärt sich aus der Abfassungszeit des Evangeliums vermutlich um 100 n. Chr., da zu dieser Zeit diese Gruppierungen nicht mehr existierten.

(1) Paulus schreibt *Briefe* an Gemeinden, die er gegründet hat (Ausnahme: Röm), und geht darin auf Probleme in den Gemeinden ein. Seine Briefe sind deshalb Schreiben an konkrete Absender in konkreten Situationen. Auch wenn uns heute die Paulusbriefe nur als Teil des christlichen Kanons zugänglich sind, ist gegenüber vorschnellen Dogmatisierungen der Situationscharakter der Briefe festzuhalten.

Am ältesten Brief, dem *1 Thess,* lässt sich zeigen, wie Paulus auf Fragen der Gemeinde eingeht. Die Situation in Thessalonich lässt sich aus dem Schreiben des Paulus rekonstruieren. 4,13–18 ist durch mündliche Nachrichten des Timotheus aus der Gemeinde veranlasst. Der Tod von Gemeindegliedern hat Trauer, Fragen und Ungewissheit ausgelöst: Was ist mit den Verstorbenen, da Christus doch noch nicht wiedergekommen ist? Eng damit verbunden ist die Frage nach dem Zeitpunkt der Wiederkunft Christi (5,1ff.). Werden auch noch andere Gemeindeglieder vor der Parusie sterben? Und wenn sie sich verzögert, was wird dann aus dem Glauben an die Auferstehung? Die Thessalonicher leben in der Anfechtung des Glaubens. Paulus erfährt durch Timotheus von ihren Fragen und Zweifeln. Seine Antwort ist getragen von der Absicht seelsorgerlichen Zuspruchs.

Den *Römerbrief* hat man verschiedentlich als »Testament des Paulus« bezeichnet.[6] Außer der Tatsache, dass der Röm der zeitlich letzte uns erhaltene Paulusbrief ist, setzt diese Bezeichnung einen Akzent auf die Bedeutung des Briefes als »letztem Willen« des Paulus und gültiger Zusammenfassung seiner Botschaft. In der protestantischen Bibelauslegung ist diese Auffassung seit *Luther* und *Melanchthon* weit verbreitet. Bei aller Zustimmung, dass Paulus mit Röm einen sehr reflektierten Brief schreibt, darf aber nicht übersehen werden, dass auch dieser Brief seine Adressaten in einer konkreten Situation anspricht. Nach 1,8–15 und 15,14ff. hält Paulus seine Missionstätigkeit im Osten des Römischen Reiches für abgeschlossen, will sich nun dem Westen zuwenden und bittet die Christen in Rom um Unterstützung. Dass er zuvor nach Jerusalem reisen will, um eine gesammelte Geldspende zu übergeben, widerspricht dem nicht. Das Kollektenprojekt hat für Paulus nicht nur den Aspekt finanzieller Unterstützung Not leidender Gemeinden, sondern bringt die Einheit der christlichen Verkündigung unter Juden und Heiden zum Ausdruck. Eben dies, das Verhältnis von Juden und Heiden im Blick auf das Heil, ist aber auch das große Thema des Röm. Die Themen, die in Röm behandelt werden, sind offensichtlich von der Situation der römischen Christen her motiviert.

6 *G. Bornkamm,* Der Römerbrief als Testament des Paulus, in: *ders.*, Gesammelte Aufsätze IV (BevTh 53), München 1971, 120-139.

Die paulinische Theologie hat deshalb einen kommunikativen Grundzug. In Tod und Auferstehung Jesu liegt ihr fester Bezugspunkt. Davon ausgehend entwickelt sie sich aber im Gespräch mit den Gemeinden. Diese Erkenntnis bewahrt davor, Paulus einseitig und vorschnell mit bestimmten Etiketten zu belegen.[7]

(2) Der Ansatz für das *theologische Denken des Paulus* liegt in seiner Begegnung mit dem auferstandenen Christus. Er selbst deutet diese Begegnung nur an (Gal 1,16; 1 Kor 9,1); erst später erzählt der Verfasser der Apostelgeschichte von diesem Ereignis eine Geschichte (Apg 9,1–22; 22,6–21; 26,12–23). Zu Lebzeiten des Paulus lag hier aber ein wichtiger Angriffspunkt seiner Gegner, die die Rechtmäßigkeit seines apostolischen Anspruchs in Frage stellten (1 Kor 9,1f.; 2 Kor 3,1): Ein Jünger Jesu ist er nicht gewesen und hat Jesus wahrscheinlich selbst nie kennen gelernt. Außerdem hat er die christlichen Gemeinden verfolgt und sich erst auf Grund einer nicht überprüfbaren Begegnung mit dem auferstandenen Jesus bekehrt. Gerade wegen der daraus resultierenden Kritik an seiner Person hat Paulus umgekehrt sein Apostelamt verteidigt, das ihm zwar »wie bei einer Spätgeburt« zuteil geworden (1 Kor 15,8), aber gleichwohl auf Gottes Offenbarung zurückzuführen sei (Gal 1,1.15f.).

Obwohl Paulus von seiner Berufung[8] zurückhaltend spricht, ist sie doch grundlegend: Gott hat ihm seinen Sohn offenbart. Paulus begegnet also nicht dem irdischen Jesus, sondern dem auferstandenen Christus – und eben dies ist für sein theologisches Denken charakteristisch. Anders als die Evangelien, die das Handeln und die Verkündigung des irdischen Jesus bis zu seiner Auferstehung beschreiben, denkt Paulus ganz konsequent von Kreuz und Auferstehung aus. Der irdische Jesus spielt kaum eine Rolle. »Auch wenn wir früher Christus ‘dem Fleisch nach‘ gekannt haben, kennen wir ihn jetzt so nicht mehr« (2 Kor 5,16) ist dafür eine bezeichnende Aussage. Dabei geht es in erster Linie um eine bestimmte Weise der Erkenntnis. Wer Christus nur »dem Fleisch nach«, nur nach Herkunft und irdischem Leben zur Kenntnis nimmt, hat ihn nach Paulus noch nicht hinreichend erkannt. Denn dann steht am Ende ein schmachvoller Tod. Für Paulus dagegen ist der Auferstandene und jetzt gegenwärtige Herr ständiger Bezugspunkt. Wenn Christus

7 Dies gilt z.B. auch für den heute höchst umstrittenen Satz, dass die Frauen in der Gemeinde schweigen sollten (1Kor 14,33f.). Er ist in eine ganz bestimmte Situation und nicht als generelle Aussage geschrieben. In anderen Briefen nennt Paulus Hausgemeinden, in denen Frauen eine herausragende Rolle spielen (Röm 16).

8 Nach Gal 1,15f. stellen die Bekehrung des Paulus und seine Berufung zum Heidenapostel ein und denselben Vorgang dar.

nicht im Tod geblieben ist, sondern von Gott auferweckt und erhöht wurde, dann muss auch der schmähliche Tod am Kreuz eine besondere Bedeutung haben. Gewissermaßen »von hinten«, vom lebendigen Herrn her, stellt sich die Frage nach dem Tod Jesu auf ganz neue Weise. Aus eben diesem Grund tritt das Leben des irdischen Jesus in den Hintergrund. In Tod und Auferstehung Jesu konzentriert sich für Paulus das Heilsgeschehen. Die Aussagen über den irdischen Jesus sind bei Paulus dagegen eher zusammenfassend und formelhaft gestaltet (vgl. Röm 1,3; 9,4f.; 2 Kor 8,9; Gal 4,4; Phil 2,6f.).

(3) *Tod und Auferstehung Jesu* sind nach Paulus »für uns« geschehen, genauer für uns in unserer sündigen Existenz. Die Sünde ist für Paulus nicht in erster Linie die konkrete Tat, sondern eine Macht, die sich auf das ganze Leben auswirkt (Röm 5,12.21; 6,6.12.17ff.) – bis dahin, dass man das Gute, das man kennt und will, nicht vollbringt, das Böse dagegen, das man nicht will, dennoch tut (Röm 7,1ff.). Konsequenz dieser sündigen Existenz ist der Tod in einem umfassenden Sinn der Gottferne (Röm 6,23). Deshalb spielt die Frage, ob und wie der sündige Mensch vor Gott treten und von ihm gerecht gesprochen werden kann, eine zentrale Rolle. Von seiner jüdischen Herkunft her ist Paulus das Befolgen der Gebote Gottes als Heilsweg vorgegeben. Er radikalisiert diesen Heilsweg aber: Wenn das Halten der Gebote – in paulinischer Sprache: die Werke des Gesetzes – zum Heil führen soll, dann doch nur, wenn sie auch tatsächlich und vollständig vollzogen werden (Röm 10,15). Bleibt man dagegen im Blick auf das Gesetz etwas schuldig (und wer bliebe nichts schuldig?), dann kann das Gesetz nicht mehr als Heilsweg dienen; es spricht vielmehr denjenigen schuldig, der es bricht (Röm 7,7f.). Die Klage »Ich elender Mensch! Wer wird mich erlösen von diesem todverfallenen Leibe?« (Röm 7,24) bringt die Ausweglosigkeit der Situation zum Ausdruck. Dass trotz dieser Klage Hoffnung besteht, findet in Röm 3,21 seinen Ausdruck: »Nun aber ist ohne Zutun des Gesetzes die Gerechtigkeit, die vor Gott gilt, offenbart.« Dabei verbindet Paulus die Offenbarung der Gerechtigkeit Gottes ausdrücklich mit dem Kreuz, denn Gott hat im Kreuz Christi die Vergebung der Sünden »für uns« bewirkt (Röm 3,25f.), die Menschen dadurch gerecht gesprochen und diese Heilstat durch die Auferweckung Jesu von den Toten bestätigt. Zugang zu dieser Gerechtigkeit gewinnt man nicht, indem man weiterhin den Weg des Gesetzes und damit der eigenen Werke geht, sondern dadurch, dass man auf Gottes Tat vertraut und ihm glaubt. In Röm 4 wird die glaubende Existenz am Beispiel Abrahams ausgeführt. Dabei wird Abraham nicht mehr als Vater der Juden gesehen, sondern als Vater all derer, die glauben, denn: »offenbart wird die Gerechtigkeit Gottes durch Glauben an Jesus Christus für alle, die glauben« (Röm 3,22.30).

(4) Von hier aus entfaltet Paulus seine Theologie, von hier aus entwickelt er auch seine Vorstellungen für das *Leben in den Gemeinden*. Für diejenigen, die glauben und getauft sind, hat eine neue Existenz begonnen, ein Sein in Christus (2 Kor 5,17). Sie unterstehen nun seiner Herrschaft und nicht mehr der Sünde. Aber die Christen leben noch in dieser Welt, in der die Sünde wirkt. Deshalb mahnt Paulus seine Gemeinden, der Zuwendung Gottes in Christus nun auch durch das eigene Handeln zu entsprechen. Aus diesem Grund ist in den Paulusbriefen der Indikativ des Heils mit dem Imperativ des damit verbundenen Anspruchs verknüpft. Verbunden wird dies mit einem eschatologischen Ausblick. Denn auch wenn die Christen jetzt schon in Christus leben, so steht die Vollendung dieses Lebens doch noch aus. Die christliche Hoffnung richtet sich nach Paulus darauf, dass Christus wieder kommen wird und die Glaubenden mit ihm leben werden. Bis dies eintritt, sollen sich die Christen untereinander stützen und fördern und so die Gemeinde, den »Leib Christi«, aufbauen.

5. *Spätere Briefe*

Tabelle/Grafik 17

(1) Nicht alle Briefe, die den Namen des Paulus als Absender tragen, sind tatsächlich von ihm verfasst. Zweifellos paulinisch sind Röm, 1 Kor, 2 Kor, Gal, Phil, 1 Thess und Phlm. Die so genannten *Pastoralbriefe* (1 Tim, 2 Tim, Tit; der Begriff Pastoral- = Hirtenbriefe wurde auf Grund von Inhalt und Intention dieser Briefe gewählt) und Eph sind sicher, Kol und 2 Thess mit sehr großer Wahrscheinlichkeit nicht von Paulus verfasst. Sie weisen deutliche stilistische, sachliche und theologische Unterschiede zu den authentischen Paulusbriefen auf.

Während Paulus ausgehend von der Taufe in Röm 6,3–11 ein zukünftig-endzeitliches Verständnis des neuen Lebens mit Christus entwirft, ist die Erlösung in *Kol 2,12f.;* 3,1–4 sehr viel stärker präsentisch gedacht. *Eph* stellt eine auf grundsätzliche Fragen bezogene Überarbeitung des Kol mit einer Weiterentwicklung der dort angelegten Tendenzen dar, vor allem im Blick auf eine alle einschließende Kirche unter dem Haupt Jesus Christus (vgl. 1,23; 2,17; 4,16). Diese umfassende Ekklesiologie ist bei Paulus noch nicht im Blick. In den Pastoralbriefen spielen Begriffe und theologische Vorstellungen eine Rolle, die in den authentischen Paulusbriefen fehlen, z.B. die »gesunde Lehre«, das »gute Gewissen«; außerdem ist hier eine bereits feste Ordnung kirchlicher Ämter zu erkennen, die Paulus noch nicht kennt. Alle Briefe zeichnen sich außerdem durch Stilmerkmale aus, die von dem Stil der authentischen Briefe teilweise erheblich abweichen.

Dass sie gleichwohl den Namen des Paulus tragen, deutet darauf hin, dass sie selbst sich in die paulinische Tradition einordnen. Deshalb werden sie als *deuteropaulinisch* bezeichnet. Schriften in einer bestimmten Tradition und unter einem bestimmten Verfassernamen zu veröffentlichen ist in der Antike ein mehrfach, vor allem im Rahmen von Schulbildungen zu beobachtendes Phänomen. Damit wird zum einen die Erinnerung an eine bedeutende Persönlichkeit wach gehalten und zum anderen die Bindung an den maßgeblichen Ursprung gewahrt. Die theologische Beurteilung dieser Schriften darf deshalb nicht von heutigen moralischen Kategorien (Fälschung, Betrug) ausgehen, sondern muss das Anliegen der jeweiligen Schriften aus ihrer eigenen Zeit und Situation heraus darlegen. Sachgemäß kann man von »entliehenen Verfasserangaben« sprechen, »bei denen die apostolische Autorität als Bürge für die Gültigkeit des Gesagten auftritt«.[9]

(2) Der *Hebräerbrief* wurde in der späteren Überlieferung oft den Paulusbriefen zugerechnet, gibt selbst aber keinen Hinweis in diese Richtung. Tatsächlich unterscheidet er sich erheblich vom theologischen Denken des Apostels, vor allem in der Christologie, der Eschatologie und der Ekklesiologie. Auf der Grundlage des atl. Opferkultes mit dem Priester Melchisedek als Vorbild versteht er Jesus Christus als vollkommenen endzeitlichen Hohenpriester (4,14–10,31)[10] und die christliche Gemeinde als neues Gottesvolk. Das Gottesvolk ist auf der Wanderschaft, und das Bild des wandernden Gottesvolkes wird in den mahnenden Abschnitten des Hebr in verschiedene Richtungen ausgeführt. Gegen die Ermüdung beim langen Wandern hilft, sich das Ziel, die Ruhe in der himmlischen Stadt, vor Augen zu halten. Der Blick in die Vergangenheit, die bereits zurückgelegte Wegstrecke und den alten Bund Gottes mit seinem Volk unterstreicht die Zuverlässigkeit der Verheißungen und zugleich die unvergleichliche Größe des Kommenden (8,6). Zentrale Begriffe wie Sünde, Glaube und Hoffnung erschließen sich in diesem Zusammenhang: Sünde ist Zurückbleiben und Ermüden auf dem Weg, Glaube das Bleiben in der Gemeinschaft des wandernden Gottesvolkes, Hoffnung der Ausblick auf das zu erreichende Ziel.

Diese theologischen Grundgedanken zeigen, dass Hebr bereits auf die apostolische Zeit zurückblickt (5,12–6,2; 10,22.32–34; 13,7f.). Hinweise auf die Entstehungszeit liegen auch in der Erwähnung von Verfolgungen (6,10f.; 10,32ff.) und in der Tatsache, dass der frühchristliche 1. Clemensbrief, der

9 *U. Schnelle*, Einleitung in das Neue Testament, Göttingen 1994, 328.

10 Die zentrale Rolle Christi als Hoherpriester wird durch verschiedene Rückgriffe auf Auslegungen des AT unterstrichen.

zur Zeit Domitians um 90 n. Chr. entstanden ist, den Hebr bereits kennt (vgl. 1 Clem 17,1; 36,2–5). Im Übrigen ist Hebr kein Brief im eigentlichen Sinn, sondern eine theologische Abhandlung, die aber vorgelesen und dadurch aktualisiert werden soll (vgl. 2,5; 5,11 u.ö.). Die Überschrift »An die Hebräer« ist ein späterer Zusatz, der aus dem Inhalt des Schreibens und den verschiedenen Auslegungen at.licher Texte erschlossen wurde.

(3) Dass man Jak 1–2, Petr 1–3, Joh und Jud als *»katholische Briefe«* zusammenfasst, hat keine inhaltlichen Gründe, sondern hängt mit ihrer allgemeinen, umfassenden (so die wörtliche Bedeutung von »katholisch«) Adresse zusammen. Es geht in diesen Briefen um ähnliche Probleme wie in den Paulusbriefen: um die Darstellung des christlichen Glaubens, die Abwehr falscher Vorstellungen und die Gestaltung christlichen Lebens in Familie, Gemeinde und Gesellschaft. Gegenüber den Paulusbriefen lassen sie aber z.T. deutliche Weiterentwicklungen erkennen, die sich aus der späteren Entstehungszeit erklären lassen (teilweise um die Wende vom 1. zum 2. Jahrhundert oder später). In theologischer Hinsicht weisen die Schreiben z.T. erhebliche Unterschiede auf. Die drei Johannesbriefe gehören mit dem Joh in eine gemeinsame Schultradition. Jak ist ein Mahnschreiben und weist eine gewisse Nähe zur Tradition des Mt auf. 2 Petr versucht gegenüber Irrlehrern die Erwartung der baldigen Wiederkunft Christi zu verteidigen. Jud wendet sich gegen eine hellenistische Umdeutung des christlichen Glaubens. Die Gemeinde hinter dem 1 Petr erfährt Anfeindungen und Ausgrenzung und beschreibt ihre christliche Existenz in at.lich-jüdischer Tradition mit dem Begriff des Fremdseins. Von den Menschen verworfen und von Gott erwählt zu sein sind Kennzeichen der Nachfolge Christi.

6. *Offenbarung*

Tabelle/Grafik 17

Die Offenbarung des Johannes ist die einzige ganz apokalyptische Schrift im NT.[11] Mit ihrem ersten Wort (*apokálypsis* = Offenbarung) hat sie der Gattung der (jüdischen und christlichen)[12] apokalyptischen Schriften den Namen gegeben. Grundgedanke der Apokalyptik ist, dass die gegenwärtige, durch

11 Kleinere apokalyptisch geprägte Abschnitte finden sich auch sonst, z.B. in Mk 13.
12 Vorläufer gibt es bereits im AT: Jes 24,1-27,13; Dan 7-12; jüdische Apokalypsen sind z.B. die Apokalypse des Abraham, des Baruch, 4. Esra etc.; christliche Apokalypsen gibt es auch außerhalb des NT, z.B. die Petrus- oder die Paulusapokylpse.

und durch böse Welt gerichtet wird und vergehen muss und dass Gott dann eine neue Zeit und Welt schafft, in die diejenigen Eingang finden, die jetzt schon ihr Vertrauen auf Gott setzen. Hinter dem Vergehen des jetzigen und dem Kommen des künftigen Äons steht Gottes Plan, der die Geschicke der Welt lenkt. Das Vergehen der jetzigen Welt ist mit verschiedenen Katastrophen, den sog. apokalyptischen Wehen, verbunden. Üblicherweise werden apokalyptische Schriften großen Gestalten der Frühzeit in den Mund gelegt (z.B. Henoch oder Abraham). Für die Johannesoffenbarung gilt dies nicht. Als Verfasser wird ein Prophet namens Johannes genannt (1,4.7.10; 22,6).[13] Er schreibt aus der Verbannung an sieben Gemeinden in Kleinasien (2,1–3,22) in einer Zeit, in der sich die christlichen Gemeinden bereits Verfolgungen ausgesetzt sehen. Üblicherweise denkt man an die Verfolgungen unter Kaiser Domitian, womit eine Entstehungszeit um 100 wahrscheinlich ist.

Obwohl die Offb an keiner Stelle das AT ausdrücklich zitiert, ist sie durch und durch von der Bilderwelt des AT geprägt. Weder das Gesamtwerk noch viele seiner Aussagen, Bilder und Metaphern sind ohne diesen Hintergrund verständlich. Die visionär geschauten Bilder werden aber nicht einfach aus der Tradition übernommen, sondern neu akzentuiert und kombiniert. Dabei versteht sich Offb aber nicht als autonomes Werk eines eigenständigen Autors. Vielmehr wird auf die göttliche Herkunft der Offenbarung hingewiesen und ihre christologische Konzentration (19,9f.) hervorgehoben.

Apokalyptischer Einsicht entsprechend beschreibt die Offb die Ereignisse der Endzeit in teilweise drastischer Form (vgl. z.B. die »apokalyptischen Reiter« Offb 6). Gleichwohl geht die Intention des Werkes nicht dahin, Angst zu verbreiten. In einer Verfolgungs- und Notzeit will die Offb den Christen Mut machen und sie durch die Aussicht auf Gottes Vollendung (Offb 21) zu einem treuen Festhalten am Glauben bewegen. Der endzeitliche Sieg – davon ist die Offb überzeugt – wird nicht bei den Feinden Gottes liegen, sondern bei Gott und seinem Sohn. Christus wird dabei vor allem mit dem Bild vom endzeitlichen Lamm und dem mit Vollmacht ausgestatteten Weltenrichter beschrieben.

Es liegt in der Natur apokalyptischer Bilder, dass sie mehrdeutig sind. Sie haben deshalb Menschen auf vielfältige Weise angesprochen und sind teilweise höchst unterschiedlich interpretiert worden (vgl. beispielsweise die Vorstellung vom Antichrist oder die Zahl 666). Zu beachten ist bei diesen Deutungen aber, dass die Offenbarung weniger den Verlauf der Zukunft festlegen als vielmehr die Christen in der Gegenwart ermahnen will. Jede Festschreibung der Interpretation geht deshalb an der Wirkabsicht der Offb letztlich vorbei.

13 Er ist nicht mit dem Verfasser des Joh oder der Johannesbriefe identisch.

B Arbeitsformen und -methoden

1. Allgemeines

Das NT wird es auf vielerlei Weise in Anspruch genommen. Man kann die nt.lichen Schriften z.B. mit der Intention lesen, den eigenen Glauben zu stärken, die Geschichte des frühen Christentums zu rekonstruieren oder eine kirchliche Lehre zu untermauern. Dementsprechend gibt es unterschiedliche Zugangsweisen und Methoden zu den Texten, die teilweise in deutlicher Konkurrenz zueinander stehen.[14]

Bei der Bewertung von Textzugängen ist zunächst zu bedenken, dass im NT unterschiedliche Textsorten zusammengefasst sind: Geschichtsbeschreibungen, Mahnungen, Erzählungen, Briefe etc. Auf Grund dieser Vielgestaltigkeit der Bibel kann es »die eine Auslegungsmethode« gar nicht geben. Methoden, die sich – wörtlich verstanden – mit den Texten »auf den Weg« machen, müssen den Texten angemessen sein. Hinzu kommt, dass die Methoden ihrerseits unterschiedliche Akzente setzen und in verschiedene Interpretationsgemeinschaften hinein gehören. Es ist nicht unerheblich, ob ein Text in einer Predigt, im neutestamentlichen Seminar oder in einer Schulklasse ausgelegt wird. Für alle, die sich im Kontext von Lehre und Unterricht mit nt.lichen Texten beschäftigen, ist allerdings die Redlichkeit wichtig, sich nicht nur auf den persönlichen Eindruck zu verlassen, sondern sich einen Überblick über die Stärken und Schwächen der verschiedenen Auslegungsmethoden zu verschaffen.

Ein Blick auf die Wortbedeutung ist auch bei der »historisch-kritischen Methode« hilfreich. Im griechischen Wort, das der »Kritik« zu Grunde liegt, geht es um das genaue Unterscheiden. Die historisch-kritische Methode zielt also nicht auf das Kritisieren der Texte im Sinne einer Wertung, sondern auf ein analysierendes Unterscheiden in historischer Perspektive. Deshalb geht es hier zunächst nicht um die gegenwärtige Bedeutung eines Textes, sondern um die Bedeutung, die er zwischen dem Autor und den ersten Lesern und Leserinnen gewonnen hat. Auf diese Weise rückt der historische

14 Vgl. zu dieser Unterscheidung *C. Dohmen,* Die Bibel und ihre Auslegung, München 1998, 84. Methoden zeichnen sich dadurch aus, dass sie ein überprüfbares Instrumentarium verwenden und auf verschiedene Texte anwendbar sind, Zugangsweisen betrachten die Texte unter verschiedenen Perspektiven, sind allgemeiner und nicht in gleicher Weise abgesichert wie Methoden.

Blick die Texte in eine Distanz der Zeit. Biblische Texte stammen aus der Antike, deren Umfeld, Lebensverhältnisse und Denkweisen sich von den heutigen Rahmenbedingungen erheblich unterscheiden. Wer einen Text historisch-kritisch untersucht, tritt deshalb zunächst in eine fremde Welt ein.

Genau diesen Vorwurf hat man der historisch-kritischen Methode (genauer: diesem Methodenbündel) immer wieder gemacht: Dass sie Distanz schaffe und die Texte nicht für die Gegenwart zum Sprechen bringe. Berechtigt ist dieser Vorwurf, wenn die Texte *ausschließlich* als Dokumente der Vergangenheit betrachtet werden, ohne ihren auf Aktualisierung drängenden Anspruch zu beachten. Viel wichtiger ist aber der Gewinn, den die genaue historische Rückfrage bringt: Sie kann Verstehenshindernisse beiseite räumen. Phänomene wie beispielsweise das »Götzenopferfleisch« (1 Kor 8 und 10) oder Gruppierungen wie Pharisäer oder Sadduzäer werden nur vor dem Hintergrund ihrer eigenen Zeit verständlich. Die historisch-kritische Methode hat durch ihr Bemühen, den ursprünglichen Kommunikationszusammenhang von Texten zu erhellen, außerordentlich viel zum Verständnis der biblischen Texte beigetragen. Klar ist allerdings auch, dass die historische Rückfrage *allein* der Bedeutungsvielfalt dieser Texte nicht gerecht wird. Sie bedarf der Ergänzung durch andere Fragestellungen, die stärker die gegenwärtige Bedeutung der Texte im Blick haben. Solche Zugangsweisen, z.B. das Bibliodrama oder andere interaktionale Annäherungswege, betrachten die Texte stärker aus der Perspektive der Rezipienten. Dies gilt auch für die feministische und die tiefenpsychologische Auslegung. Sie verwenden in der Regel die methodischen Schritte der historischen Kritik, ordnen sie aber ein in das Anliegen, befreiende Impulse der Texte in der Gegenwart zu aktualisieren. Hierher gehören aber auch systematisch-theologische Fragestellungen, die die Texte in bestimmte gegenwärtige Problemfelder einordnen. Dabei muss man auf jeden Fall im Auge behalten, dass aktualisierende Textzugänge die historische Distanz zu den Texten möglicherweise nicht genügend wahrnehmen. Denn es gibt auch eine unangemessene Nähe zum biblischen Text, die ihn unbedacht im Sinne eigener Vorstellungen interpretiert. Bei der Auslegung kommt es deshalb darauf an, die verschiedenen Methoden so miteinander zu kombinieren, dass ihre jeweiligen Stärken zum Tragen kommen. Sie sind nicht als Konkurrenz anzusehen, sondern als wechselseitige Unterstützung und Anregung.

Wichtig ist auch, den Schriften des NT ihr jeweils eigenes Recht zu lassen. Vielfach werden sehr verschiedene Stellen bedenkenlos nebeneinander gestellt. Johannesstellen werden mit den Synoptikern, Paulus mit Matthäus oder der Offenbarung parallelisiert. Dies ist insofern möglich, als alle diese Schriften gemeinsam den Kanon des NT und als Kanon den Bezugspunkt christlichen Glaubens bilden. Die z.T. erheblichen Unterschiede zwischen den einzelnen Schriften hebt dies allerdings nicht auf. Das Neue Testament ist ein »Viel-Stimmen-Buch« *(Kurt Marti)*. Es auf eine Durchschnittsstimme zu reduzieren, würde seiner Vielfalt nicht gerecht und den markanten Einzelstimmen (z.B. Jesu oder des Paulus) ihre Überzeugungskraft nehmen.

2. Annäherungen an die Texte

Tabelle/Grafik 18

Um sich einen nt.lichen Text zu erarbeiten, ist es zunächst wichtig, dessen Aufbau und Struktur möglichst genau zu klären und eigene Fragen zum Text zu sammeln. Hilfreich dazu ist eine elementare Methode, die einzig ein möglichst genaues Lesen erfordert, die so genannte Västerås-Methode.[15] Sie teilt einen Text in kleine Sinneinheiten auf und stellt folgende Fragen: Was kann ich beobachten und erklären? Welche Textstruktur lässt sich erkennen? Was verstehe ich nicht? Was finde ich wichtig? (Ausrufezeichen, Raute, Fragezeichen und Pfeil symbolisieren diese verschiedenen Fragen). Beantworten Sie diese Fragen am Beispiel der Bartimäus-Episode zunächst selbst:

Markus 10,46-52		!	#	?	>
46	Und sie kamen nach Jericho.				
	Und als er aus Jericho wegging,				
	er und seine Jünger und eine große Menge,				
	da saß ein blinder Bettler am Wege,				
	Bartimäus, der Sohn des Timäus				
47	Und als er hörte, dass es Jesus von Nazareth war,				
	fing er an, zu schreien und zu sagen:				
	Jesus, du Sohn Davids, erbarme dich meiner!				
48	Und viele fuhren ihn an, er solle stillschweigen.				
	Er aber schrie noch viel mehr:				
	Du Sohn Davids, erbarme dich meiner!				
49	Und Jesus blieb stehen und sprach:				
	Ruft ihn her!				
	Und sie riefen den Blinden und sprachen zu ihm:				
	Sei getrost, steh auf! Er ruft dich!				

15 Die Västerås-Methode ist nach der gleichnamigen schwedischen Stadt genannt, in der sie entwickelt wurde. Ich habe sie durch Beobachtungen zur Struktur (Raute) erweitert.

Markus 10,46-52	!	#	?	>
50 Da warf er seinen Mantel von sich,				
sprang auf und kam zu Jesus.				
51 Und Jesus antwortete und sprach zu ihm:				
Was willst du, dass ich für dich tun soll?				
Der Blinde sprach zu ihm: Rabbuni, dass ich sehend werde.				
52 Jesus aber sprach zu ihm:				
Geh hin, dein Glaube hat dir geholfen.				
Und sogleich wurde er sehend				
und folgte ihm nach auf dem Wege.				

Im Folgenden stelle ich einige Beobachtungen zum Text zusammen. Mögliche Fragen und Unklarheiten notiere ich der Einfachheit halber gleich mit.

V. 46: Die Erzählung spielt in Jericho, genauer am Ortsausgang. Jesus, seine Jünger und eine »große Menge« sind auf dem Weg aus der Stadt heraus. Wohin gehen sie? Warum wird aus Jericho selbst nichts berichtet? Ein namentlich genannter Bettler sitzt am Weg. Ist »Sohn des Timäus« eine Erklärung des Namens? Mussten Blinde in der Antike betteln? Wie wurde Blindheit behandelt und wie wurde sie in der Gesellschaft eingeschätzt?

V. 47: Als der Blinde hört, dass Jesus unterwegs ist, macht er durch Schreien auf sich aufmerksam. Er spricht Jesus als Davidssohn an und bittet um seine Hilfe. Woher weiß der Blinde von Jesus? Wieso spricht er Jesus als »Sohn Davids« an? Was bedeutet diese Anrede? Ist die Aufforderung »Erbarme dich meiner!« dasselbe wie »Hilf mir!«?

V. 48: Man fordert ihn zum Schweigen auf, erreicht bei dem Blinden aber das Gegenteil: Mit denselben Worten ruft er um so lauter. Wer sind diejenigen, die ihn anfahren? Warum soll er schweigen?

V. 49: Offenbar hört Jesus den Blinden und lässt ihn herrufen. Nicht näher genannte Begleiter rufen und ermutigen ihn. Wer sind die »sie«, die den Blinden rufen. Sind sie mit den »vielen« in V. 48 identisch? Wenn ja, wie kommt es dann, dass sie den Blinden zunächst anfahren und unmittelbar danach ermutigen.

V. 50: Der Blinde wirft seinen Mantel von sich, springt auf und kommt zu Jesus. Warum lässt er den Mantel zurück? Wie kommt er – er ist ja blind – zu Jesus?

V. 51: Ein kurzes Zwiegespräch zwischen Jesus und dem Blinden schließt sich an. Auf die Frage Jesu, was er für ihn tun soll, spricht der Blinde ihn mit »Rabbuni« an und bittet darum, sehen zu können. Was bedeutet Rabbuni? Warum fragt Jesus ausdrücklich nach dem Wunsch des Blinden?

V. 52: Jesus konstatiert, dass der Glaube dem Blinden geholfen habe. Bartimäus kann tatsächlich sehen und folgt Jesus »auf dem Weg«. Was genau ist mit dem Glauben des Bartimäus gemeint? Hilft der Glaube oder hilft Jesus? Auf welchem Weg folgt Bartimäus Jesus?

Mit diesen Fragen hat man eine Ausgangsposition für das Studium der wissenschaftlichen Sekundärliteratur gewonnen. Sich vor deren Lektüre eigene Fragestellungen zu erarbeiten ist wichtig, um sich a) nicht vorschnell von der Literatur abhängig zu machen und um b) das gründliche Lesen zu üben und auf diese Weise nach und nach ein Gespür für die nt.lichen Texte zu entwickeln. Die Frage »Was finde ich wichtig?« bezieht sich demgegenüber auf mich selbst und die Bedeutung, die ich dem Text zuschreibe. Sie lässt sich nicht allgemein beantworten,[16] weil die Frage nach der Bedeutung immer die jeweiligen Rezipienten mit berücksichtigen muss. Sie zu stellen ist gleichwohl wichtig, weil auf der Ebene der Bedeutungszuschreibung in der Regel wertende Aspekte mit in die Textanalyse einfließen.

3. Synchrone und diachrone Analyse

Tabelle/Grafik 18

Die Sekundärliteratur (Kommentare, Monographien, Aufsätze zur Stelle) ist in aller Regel methodengeleitet, d.h. der Text wird mit Hilfe verschiedener methodischer Schritte im Detail analysiert. Man unterscheidet dabei synchrone und diachrone Methoden (→ III. B 1. u. 2.). Beide Methodenfelder gehören zusammen und können nur in Verbindung miteinander ihre jeweiligen Stärken zur Geltung bringen.

3.1 Synchrone Analyseschritte. Synchrone Analyseschritte beziehen sich auf einen in sich abgeschlossenen Text und den Kontext, in den er hinein gehört (hier Mk 10,46–52 und das gesamte Markusevangelium). Zentral wichtig sind dabei die *syntaktische, semantische und pragmatische Analyse* sowie die *Kontextanalyse.*[17]

(1) Die *syntaktische Analyse* untersucht die Syntax, d.h. die Anordnung des Textes, das Gefüge seiner einzelnen Elemente, seine Struktur. Gefragt wird nach bestimmten Wortarten (z.B. Verben, Substantive) und deren Ausgestaltung (in manchen Texten überwiegen z.B. Imperative), nach Wieder-

16 Für mich ist die Dynamik vom »Sitzen« hin zum »Folgen« besonders wichtig. Von hier aus interpretiere ich die Erzählung als eine »Nachfolgegeschichte« (vgl. *P. Müller,* Mit Markus erzählen, 169-178).

17 Vgl. *P. v. Gemünden,* Linguistik und Textauslegung, in: *M. Meiser/U. Kühneweg,* Proseminar II. Neues Testament - Kirchengeschichte, 260-275.

holungen, Oppositionen, Rahmungen etc. Ziel dieses Analyseschrittes ist es, die Struktur eines Textes möglichst detailliert nachzuvollziehen. Im Blick auf Mk 10,46ff. fallen folgende Strukturmerkmale besonders ins Auge: a) Als handelnde Personen stehen Bartimäus und Jesus im Zentrum (V. 47f. 51f.), die übrigen Personen (die Jünger und eine Menge aus nicht näher definierten Begleitern) haben eine teils abwehrende, teils ermutigende Funktion. b) Am Anfang sitzt der Blinde »am Weg«, am Ende folgt er Jesus »auf dem Weg«. Diese beiden Bestimmungen bilden eine Art Rahmen um die Erzählung. c) Der Schrei des Blinden nach Erbarmen und die Anrede »Sohn Davids« in V. 47f. stellen eine steigernde (»er aber schrie noch viel mehr«) Wiederholung dar.

(2) Die *semantische Analyse* fragt nach der Bedeutung sprachlicher Zeichen und Zeichenfolgen. Sie kann sich stärker auf Worte, auf Sätze oder auf einen ganzen Text beziehen. Folgende semantische Aspekte will ich hervorheben: a) Bei den Verben lässt sich eine »Sinnlinie« erkennen, die sich von »sitzen« über »den Mantel von sich werfen«, »aufspringen«, »zu Jesus kommen« bis zu »auf dem Weg folgen« erstreckt. b) Diese Sinnlinie ist mit einer anderen verknüpft, die Verben des Sprechens und Rufens beinhaltet (schreien, rufen, sprechen). c) Diese ist wiederum in V. 48 mit einer Opposition verbunden (anfahren, still schweigen). d) Jesus wird auf verschiedene Weise bezeichnet bzw. angeredet: Er ist der »Nazarener« (V. 47), »Sohn Davids« (V. 47f.) und Rabbuni (V. 51). Wenn man die Bedeutung der Anrede »Sohn Davids« herausarbeiten will, muss man allerdings fragen, auf welche Weise sie in der Umwelt des NT und in voraus liegenden Texten verstanden wurde. Hier wird deutlich, wie eng synchrone und diachrone Analyse aufeinander bezogen sind.

(3) Die *pragmatische Analyse* versucht die kommunikative Situation zu erhellen, in die der Text hinein gehörte. Was wollte er erreichen und wie wurde er verstanden? Hierzu lässt sich Folgendes sagen: a) Offenbar liegt auf dem Verhalten des Bartimäus ein Akzent; am Anfang sitzt er am Weg, am Ende folgt er Jesus auf dem Weg; seine Bitte um Erbarmen weckt zunächst Widerspruch, von dem er sich nicht beeindrucken lässt; Jesus ruft und die anderen ermutigen ihn; schließlich äußert er seine Bitte in direkter Anrede Jesu. Bartimäus – ein blinder Bettler – wird hier nicht nur positiv, sondern in identifikatorischer Absicht geschildert. b) Dass der Geheilte Jesus nachfolgt, unterstreicht dies noch. c) Weder »die Menge« (V. 46) noch die »Vielen« (V. 48) noch die »sie« (V. 49) sind näher gekennzeichnet. Auch dies eröffnet Identifikationsmöglichkeiten. Klar ist, dass das ermutigende Verhalten in V. 49 gegenüber dem Versuch der Abwehr in V. 48 positiv gewertet wird. Auch hierin könnte eine pragmatische Absicht stecken.

(4) Die pragmatische Analyse lässt sich durch die Hinzunahme der *Kontextanalyse* noch zuspitzen. Im Mittelteil des Mk, von 8,27–10,52[18] spielt »der Weg« an verschiedenen Stellen eine Rolle (8,27; 9,33f.; 10,17.46.52). Besonders aufschlussreich ist ein Vergleich mit 9,33f. Dort streiten sich die Jünger »auf dem Weg«, wer von ihnen der Größte sei, während Jesus unmittelbar davor seinen Leidensweg nach Jerusalem ankündigt. Wenn man noch berücksichtigt, dass der Weg Jesu unmittelbar nach der Bartimäus-Episode nach Jerusalem führt, wird deutlich, dass die ganze Erzählung gewissermaßen in Opposition steht zu der Haltung der Jünger in 9,33f. (vgl. auch 8,27ff.; 10,32ff.). Darüber hinaus kann die Kontextanalyse darauf aufmerksam machen, dass die Bezeichnung »Sohn Davids« auch in 12,35ff. vorkommt, dass in 8,22–26 eine andere Blindenheilung erzählt wird etc. Die Kontextanalyse verortet die einzelne Episode also in dem Gesamtwerk und nutzt das Gesamtwerk zur Interpretation der Einzelerzählung – und umgekehrt.[19] In diesen Zusammenhang kann man auch die Erzählanalyse erwähnen. Sie unterscheidet die erzählte Handlung (story) von der Art und Weise, wie die Handlung erzählt wird (discourse). Zu den diskursiven Elementen gehört zum Beispiel die Frage, auf welche Weise ein Textabschnitt in den umfassenderen Kontext eines Gesamtwerkes eingefügt ist.

3.2 Diachrone Analyseschritte. Bei der Frage nach der Bedeutung von »Sohn Davids« hat sich schon gezeigt, dass hier eine diachrone Fragestellung unabdingbar ist. Denn vom »Sohn Davids« hat nicht erst das Markusevangelium erzählt. In diachroner Hinsicht haben sich vor allem folgende Analyseschritte herausgebildet.

(1) Die *Literarkritik* befasst sich mit möglichen Parallelen oder Vorstufen des Textes auf der literarischen Ebene. Bei den synoptischen Evangelien ist dieses Verfahren besonders nahe liegend, weil hier zu vielen Texten tatsächlich Paralleltexte vorhanden sind. Bei der Evangelienexegese spielt deshalb die Frage nach den Übereinstimmungen mit und den Differenzen gegenüber den Paralleltexten immer eine wichtige Rolle. Zum Verständnis der gegenseitigen Abhängigkeiten wurden im Laufe der Zeit verschiedene Theorien entwickelt, von denen die so genannte Zwei-Quellen-Theorie die größte Plausibilität hat. Sie erklärt das System von Übereinstimmungen und Differenzen mit zwei literarischen Quellen, nämlich dem Markusevangelium und einer Sammlung von Jesusworten, der so genannten Spruch- oder Logien-

18 Vgl. zu dieser Gliederung *P. Müller*, »Wer ist dieser?« (BThSt 27), Neukirchen-Vluyn 1995, 156ff.

19 Diese wechselseitige Interpretation bezeichnet man als hermeneutischen Zirkel.

quelle (Q). Sowohl das Matthäus- als auch das Lukasevangelium greifen beide Quellen auf, fügen aber noch eigene Traditionsstücke, das jeweilige Sondergut, hinzu.

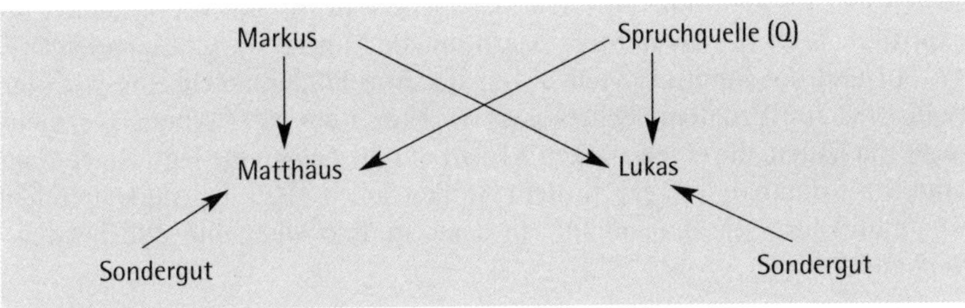

Es gibt auch einige Phänomene, die mit Hilfe dieser Theorie nicht völlig befriedigend geklärt werden können.[20] Deshalb hat die Zweiquellentheorie verschiedene Differenzierungen erfahren und man geht davon aus, dass Matthäus und Markus eine andere Fassung als das uns heute bekannte Markusevangelium benutzt haben. In ihrer Grundform entspricht die Theorie aber dem obigen Schema. Literarkritische Analysen sind aber nicht auf die Synoptiker beschränkt, sondern können überall da angewendet werden, wo literarisch fixierte Prätexte oder Parallelen vorhanden sind (z.B. im Vergleich zwischen Kol und Eph) oder wo in einem bestehenden Text unterschiedliche Kommunikationssituationen erkennbar werden (z.B. in den Korintherbriefen).

(2) Gleichsam die Kehrseite der Literarkritik ist die *Redaktions- oder Kompositionsanalyse*. Sie fragt danach, warum ein Autor – gerade im Vergleich mit Paralleltexten – den Text so abfasst, wie er es tut, welche Akzente und theologischen Schwerpunkte er dabei setzt und mit welcher Erzählabsicht er die ihm überlieferte Tradition weitergibt. Auch diese Methode geht vom Textvergleich aus, erhebt daraus die Besonderheiten jeweils einer bestimmten Fassung und fügt dies in eine Analyse des Gesamtwerkes ein.

(3) Die *Formanalyse* fragt demgegenüber nach der vorliterarischen Form eines Textes. Vorausgesetzt ist dabei zum einen, dass der Text eine mündliche Vorgeschichte hat, zum anderen, dass es bestimmte Formen mündlicher

20 Hierzu gehören die minor agreements (Übereinstimmungen zwischen Mt und Lk gegen Mk), die lk Auslassung (zu Mk 6,45–8,26 gibt es keine Parallele; sie wäre zwischen 9,17 und 18 zu erwarten) sowie Doppelüberlieferungen bei Mk und Q.

Weitergabe von Tradition gibt. Die Bartimäus-Episode gehört in formanalytischer Hinsicht zur Gattung der Wundergeschichten,[21] allerdings mit besonderen Akzenten. Weder die Darstellung des Wunders noch des Wundertäters stehen hier im Zentrum.[22] Die Wundermacht Jesu ist eher vorausgesetzt als expliziert. Statt dessen werden expositionelle Motive stark ausgebreitet (V. 47–50) und die Sinnlinie vom Sitzen bis zum Folgen spielt eine wichtige Rolle. Dies führt zu dem Schluss, dass wir es hier mit einer Wundergeschichte zu tun haben, die einen starken Akzent auf die Nachfolge legt. Heute fragt man in formanalytischer Hinsicht stärker nach dem (wiederkehrenden) Kommunikationszusammenhang, in dem ein Text steht und üblicherweise verwendet wird.

(4) Die *sozialgeschichtliche Analyse* fragt nach den sozialen Gegebenheiten, die ein Text erkennen lässt und die ihn beeinflussen (hier z.B. die Frage nach der Einschätzung von Blindheit und Bettelei im antiken Judentum). Viele Texte lassen sich ohne Kenntnis der sozialen Welt und der konkreten Lebensbedingungen von Autoren und Adressaten nicht hinreichend verstehen.

(5) Die *Religionsgeschichte* versteht das frühe Christentum im Rahmen der religiösen Strömungen seiner Zeit. Dazu gehört zunächst der jüdische Kontext, dann aber auch die vielfältigen religiösen Erscheinungsformen in der griechisch-römischen Antike (z.B. Mysterienreligionen oder Heilkulte wie beispielsweise der von Asklepios). Dabei geht es nicht in erster Linie um Abhängigkeiten, sondern um eine genaue Klärung von Übereinstimmungen und Differenzen mit dem Ziel, die frühchristlichen Aussagen genauer zu erfassen.

(6) Im Zusammenhang der *Rezeptions- und Wirkungsgeschichte* wird danach gefragt, wie ein Text im Laufe seiner Auslegung in verschiedenen Bereichen rezipiert und verarbeitet wird, zum Beispiel im Bekenntnis, in Liturgie, Predigt, Unterricht, aber auch in Musik, Malerei oder Literatur.

21 Unter einer Gattung versteht man eine wiederkehrende Textstruktur, die aus dem Vergleich von ähnlichen, aber voneinander unabhängigen Texten erschlossen werden kann. Neuerdings hebt man vor allem den kommunikativen Aspekt der Gattungen hervor. In diesen Zusammenhang gehört auch die Frage nach dem »Sitz im Leben« eines Textes bzw. einer Gattung. Der ‚Sitz im Leben' bezeichnet die wiederkehrende Situation, in der eine bestimmte Form geprägt und verwendet wurde.

22 Zum Motivinventar neutestamentlicher Wundergeschichten ist *G. Theißen*, Urchristliche Wundergeschichten (StNT 8), Gütersloh 1974, 57ff. zu vergleichen.

(7) Die *Textkritik* geht von dem Sachverhalt aus, dass wir von keinem der nt.lichen Texte eine Urfassung haben, sondern lediglich mehr oder weniger frühe Abschriften, die sich in vielen Details voneinander unterscheiden. Aufgabe der Textkritik ist deshalb, mit Hilfe verschiedener Methoden möglichst nahe an den Ursprungstext heranzukommen. Eine dieser Methoden ist die Frage nach der schwierigeren Lesart (»lectio difficilior«). Sie geht von der Erwartung aus, dass eher ein (grammatikalisch oder inhaltlich) schwer verständlicher Text bei der Abschrift verbessert oder erleichtert wird als dass der umgekehrte Fall eintritt. Die schwierigere Lesart wird deshalb in der Regel als die ursprünglichere angesehen. Mit Hilfe dieser und anderer Fragestellungen ist es gelungen, einen so zuverlässigen Text des NT zu rekonstruieren, dass man in der Regel vom griechischen Text der Ausgabe von *Nestle/Aland* ausgehen kann. Im Einzelfall kann es aber durchaus angebracht sein, eigene textkritische Überlegungen anzustellen. Sie können aber nur am griechischen Text vorgenommen werden. Wer das nt.liche Griechisch nicht beherrscht, muss – und kann – durch den Vergleich von Übersetzungen bereits wichtige Interpretationshilfen bekommen.

C Beispiele für das Studium

Als Bezugspunkt aller neutestamentlichen Schriften sind Jesus und die Jesustradition für alle Schulstufen ein grundlegendes Thema. Kaum ein anderes theologisches Thema wurde in den letzten Jahren öffentlich so breit diskutiert wie die Frage nach dem historischen Jesus. Die Fülle der Jesusbücher ist unübersehbar. Diese öffentliche Aufmerksamkeit hebt die Frage nach Jesus aus anderen Fragestellungen heraus. Deshalb empfehle ich zunächst einen Grundkurs zum Verhältnis von historischem Jesus und geglaubtem Christus für Studierende aller Lehrämter.

1. Grundkurs: Historischer Jesus und geglaubter Christus

(1) Die *Deutungen* der Gestalt und Wirksamkeit Jesu sind sehr unterschiedlich. Schon *Albert Schweitzer* hat vor 100 Jahren festgestellt, dass in vielen Jesusbüchern und -bildern eher die persönliche Vorstellung des jeweiligen Autors als der historische Jesus selbst beschrieben werde. Das ist heute nicht anders. Dass seine Botschaft bis heute nicht veraltet ist, liegt aber nicht zuletzt daran, dass sie sich mit ihrer Perspektive der Gottesherrschaft bisher noch jeder Vereinnahmung entzogen hat.

Diese Erkenntnis ist eine wichtige Grundlage für die Behandlung des Jesu im RU. Es ist weder nötig noch sinnvoll, jeden neuen Trend in der Jesusforschung oder auf dem Büchermarkt unterrichtlich umzusetzen. Wo es im Unterricht um Information zu Jesus von Nazareth geht, soll diese möglichst plausibel und zuverlässig sein. Auf der anderen Seite sollen Jesusvorstellungen und -bilder im Unterricht ihren Platz haben. Die christliche Kunst bietet Anschauungsmaterial quer durch die Jahrhunderte. Wichtiger noch sind die Bilder der Kinder und der Jugendlichen selbst, ihre Vorstellungen zu Jesus und die Bedeutung, die sie ihm beimessen. Darüber in ein Gespräch einzutreten und zugleich die Erinnerung an den historischen Jesus wach zu halten, wie er uns in den Texten entgegentritt, dies beides kann zu einem Unterricht führen, der in der Spur der Evangelien Gegenwart und Vergangenheit verbindet und Zukunft eröffnet.

(2) Jesus kommt in den Evangelien als *Verkündiger und als Verkündigter* zugleich vor (vgl. A.2). Deshalb kann man diesen Erzählungen grundsätzlich mit zwei verschiedenen Fragestellungen begegnen, der historischen Rückfrage nach Jesus und der Frage nach dem geglaubten Christus.

Beide Fragen haben Stärken und Grenzen. Die Stärke der *historischen Frage* liegt in ihrer Objektivität und Kommunizierbarkeit. Sie zielt auf möglichst objektive Aussagen über Jesus, über die man sich mit anderen verständigen kann. Dass sie damit die Frage nach der Bedeutung Jesu für die eigene Existenz tendenziell ausklammert, ist ihre Grenze.

So lässt sich z.B. die Aussage »Jesus war Gottes Sohn« mit historischen Mitteln weder verifizieren noch falsifizieren. Historisch feststellbar ist der Sachverhalt, dass es Menschen gab, die davon überzeugt waren, dass Jesus Gottes Sohn sei und die diese Überzeugung aufgeschrieben haben. Man kann sogar nachweisen, dass es unterschiedliche Möglichkeiten gab, sich Jesus als Sohn Gottes vorzustellen. Ob die Überzeugung dieser Menschen richtig war, entzieht sich aber der historischen Überprüfung. Auch die Frage, wie ich persönlich diese Aussage bewerte, ist nicht im historischen Blickfeld.

Die *Frage nach dem geglaubten Christus* weist demgegenüber einen Gegenwartsbezug auf: Was bedeutet die Aussage von Jesus als Sohn Gottes oder als Christus für die Glaubenden damals und heute? Hier geht es um Beziehung und um mögliche Relevanz. Darin liegt die Stärke dieser Fragestellung. Ihre Grenze liegt vor allem in der Subjektivität derer, die hier eine Aussage machen. Aufgrund unterschiedlicher Überzeugungen ist denkbar und sogar zu erwarten, dass man zu ganz verschiedenen Aussagen über Jesus kommen kann. Möglicherweise lassen sie sich mitteilen, möglicherweise nicht oder nur in einem Kreis von Gleichgesinnten.

Problematisch ist es, die historische Rückfrage und die Glaubensfrage zu vermischen.[23] Denn weder lassen sich Glaubensaussagen (Jesus ist der Gesalbte, der Sohn Gottes etc.) durch historische Argumente entscheiden, noch kann eine historische Aussage durch eine Glaubensüberzeugung gestützt werden. Es handelt sich um zwei verschiedene Fragen, die auf unterschiedliche Antworten zielen. Deshalb lautet eine grundlegende Forderung im Rahmen der Beschäftigung mit Jesus: Klären Sie zunächst, welche Fragen gestellt werden! Zielt die Frage auf den historischen oder den geglaubten Jesus? Die eine Frage ist weder besser noch schlechter als die andere. Sie ist anders.

(3) Nun sprechen die nt.lichen Texte aber eindeutig von *Jesus als Sohn Gottes, als Christus oder Retter.* In der Exegese spricht man hierbei von (christologischen) »Titeln«. Deshalb verweist man in der Frage nach der historischen und der geglaubten Bedeutung Jesu gerne auf diese Texte und argumentiert: Aber in der Bibel steht doch ... (dass Jesus Gottes Sohn ist etc.). Damit stellt sich die Frage, wie diese Texte gelesen werden wollen.

Analysiert man z.B. Mk 8,27–30 in pragmatischer Hinsicht, ist zunächst das Schweigegebot auffällig. Es setzt voraus, dass die Christusbezeichnung zutreffend, aber noch nicht ausreichend ist (unmittelbar darauf wird sie durch die Vorstellung vom leidenden Menschensohn ergänzt). Jesus ist für Markus zweifellos der Christus, aber andere Bezeichnungen treten hinzu, und erst gemeinsam umschreiben sie, wer Jesus ist. Dies wird nun aber nicht im Sinne einer objektiven Mitteilung vorgestellt, sondern so, dass der Text als Einladung zur Einstimmung gelesen werden kann. Er leitet dazu an, Jesus mit Petrus und den Jüngern als Christus anzusehen. Der Text verfolgt also nicht die Absicht einer Mitteilung, sondern einer Einladung. In theologischer Hinsicht wird dieser Sachverhalt häufig mit dem Wort »kerygmatisch« bezeichnet (*kérygma* = Verkündigung). Bei der kerygmatischen Absicht eines Textes geht es darum, dass ein solcher Text nicht lediglich einen Sachverhalt beschreiben, sondern über die Beschreibung hinaus Menschen ansprechen möchte. Das Ziel der Verkündigung ist, die angesprochenen Menschen zur Einstimmung in das Gesagte zu veranlassen.

(4) Dies hat Konsequenzen für das Verständnis der Texte. Sie enthalten historische Informationen zu Jesus und seiner Umwelt. Aber diese Informationen sind gleichsam »eingewickelt« in die *Verkündigungsabsicht.* Im Rahmen der

23 Dies geschieht z.B., wenn man die Frage »Wer war Jesus von Nazareth?« mit dem Hinweis auf Gottes Sohn oder die Frage, wer Jesus für mich ist, damit beantwortet, dass er ein bedeutender Wanderprediger im ersten Jahrhundert war.

Verkündigung informieren sie auch über Jesus – aber in dieser Rangfolge. Aus diesem Grund ist es verfehlt, wenn man *zuerst* nach der Historizität der Texte fragt. Ebenso verfehlt ist es, alle Aussagen der Evangelien ungeprüft als historische Aussagen zu verstehen; denn sie selbst wollen dies gar nicht sein. Zuerst muss man vielmehr nach der Wirkungsabsicht der Texte fragen, nach dem Bild, das sie von Jesus vermitteln wollen.

Ob dieses Bild von Jesus der historischen Wirklichkeit entspricht, ist demgegenüber die zweite, aber ebenfalls wichtige Frage. Zweifellos gibt es sehr unterschiedliche Bilder von Jesus. Man kann ihn als guten Menschen ansehen, als Gottessohn, Sozialrevolutionär, als barmherzigen Heiland etc. Schon im NT finden wir verschiedene Bilder von Jesus und im Laufe der Geschichte des Christentums sind weitere hinzugekommen. Da sie sich teilweise widersprechen, ist die Frage unvermeidlich, wie wir diese Bilder beurteilen können. Bei dieser Beurteilung ist die historische Rückfrage ein wichtiger Maßstab. Indem sie danach fragt, was wir mit der nötigen historischen Wahrscheinlichkeit von Jesus sagen können, ist sie ein kritisches Korrektiv gegenüber den verschiedenen, oft sehr subjektiven Jesusbildern. Sie fordert dazu auf, unsere Vorstellungen von Jesus immer wieder daran zu überprüfen, was wir von Jesus wissen. Deshalb: So wie in den Evangelien Berichtetes und Deutung ineinander übergehen, so haben die theologische Deutung Jesu und die historische Rückfrage jeweils ihr eigenes Recht. Sie brauchen sich und können sich gegenseitig unterstützen.

Einsetzen muss die Rückfrage nach Jesus bei der Überlieferung seiner Worte. Denn die Worte sind von Anfang an als Worte *von* Jesus überliefert, während die Erzähltradition Geschichten *über ihn* enthält. Die Erzählungen können deshalb nicht unmittelbar auf Jesus zurückgehen, die Worte durchaus. Auf der anderen Seite können in den Erzählungen durchaus historisch zutreffende Erinnerungen aufbewahrt sein. Außerdem sind die Worte Jesu häufig in einen bestimmten Erzählkontext eingebettet. Man wird also bei der Wortüberlieferung einsetzen und fragen müssen, ob und wie die Worte Jesu mit bestimmten Elementen der Erzähltradition (zum Beispiel dem gemeinsamen Essen mit Randsiedlern der damaligen Gesellschaft) übereinstimmen.

Als zentrales Kriterium für die historische Beurteilung von Jesusworten galt lange Zeit das Differenz- oder Unableitbarkeitskriterium: Worte, die weder aus dem umgebenden Judentum, noch von den frühen christlichen Gemeinden her erklärt werden konnten, wurden Jesus zugeschrieben. Dieses Kriterium wird heute kritischer gesehen; denn es setzt erstens voraus, dass alle Jesusworte unableitbar gewesen seien (insofern handelt es sich um »verkappte Dogmatik«), und es trägt zweitens einen antijüdischen Akzent, der nicht gerechtfertigt ist. Das Differenzkriterium ist deshalb umzuformulieren: »Was im jüdischen Kontext plausibel ist und die Entstehung des Urchristentums verständlich macht, dürfte historisch sein«.[24] Andere Kriterien kön-

24 G. *Theißen/A. Merz*, Der historische Jesus. Ein Lehrbuch, Göttingen 1996, 29.

nen ergänzend hinzutreten: Die Kohärenz von Wortüberlieferung und Erzähltradition, sachliche Eigenständigkeit im Rahmen der frühchristlichen Überlieferung, Mehrfachbezeugung.

(5) Besonders wichtig ist die historische Rückfrage für alle, die in Schule oder Hochschule eine Lehraufgabe wahrnehmen. Denn im Lehrzusammenhang geht es – über die auch hier durchaus angebrachte persönliche Aussage (der Lernenden und Lehrenden) hinaus – um das, was man mit der gebotenen *Redlichkeit und Überprüfbarkeit* von Jesus sagen kann. Die historische Rückfrage ist notwendig, weil sie Vor- und Fehlurteile aufzudecken hilft und unsere eigenen Vorstellungen von Jesus zurückbindet an die Quellen, ohne die wir nichts von Jesus wüssten. Theologisch verantwortete Jesusbilder müssen deshalb gegenwärtige Fragestellungen mit der historischen Rückfrage in Beziehung setzen. Da wir historische Aussagen über Jesus nur aus Texten gewinnen können, die als solche eine Verkündigungsabsicht haben, brauchen wir eine Hermeneutik, die diese Beschaffenheit der Texte wahrnimmt und die, ohne die historische Frage auszuklammern, auch ihren theologischen Gehalt zur Sprache bringt.

2. Primarstufe: Synoptische Gleichnisse

Übereinstimmend stellen die Synoptiker den Begriff der Gottesherrschaft[25] in das Zentrum der Verkündigung Jesu. In Mk 1,14f. wird die Gottesherrschaft geradezu als Überschrift und Zusammenfassung der Botschaft Jesu eingeführt. Nirgends findet sich allerdings eine genaue Erklärung der Gottesherrschaft. Häufig dagegen spricht Jesus von ihr in Bildern und Gleichnissen. In der Exegese herrscht ein breiter Konsens darüber, dass die Gleichnisse in formaler und inhaltlicher Hinsicht zentraler Bestandteil der Verkündigung Jesu sind. Sie gehören zur »ipsissima vox Jesu«, zu seiner eigenen und ursprünglichen Botschaft. Formal betrachtet handelt es sich um kleine Erzählstücke, die bei alltäglichen Beobachtungen und Erfahrungen ihren Ausgangspunkt nehmen und sie auf theologische Aussagen hin zuspitzen.[26] Jesus erzählt beispielsweise von Saat und Ernte, aber er erzählt davon in einer Weise, die dieses alltägliche Geschehen transparent macht für das Wirken Gottes. Man sieht den Alltag und sieht zugleich im Alltag tiefer.

25 Andere Begriffe sind Reich Gottes oder Himmelreich. Die Übersetzung des gr. *basileia tou theou* mit Gottesherrschaft ist angemessen, weil sie das in dem Begriff angedeutete Wirken Gottes am besten zur Geltung bringt.

26 Vgl. hierzu ausführlich *P. Müller u.a.*, Die Gleichnisse Jesu. Ein Studien- und Arbeitsbuch für den Unterricht, Stuttgart 2002.

In formaler Hinsicht unterscheidet man zwischen Bildworten (z.B. Mt 5,14; 7,17), Gleichnissen im eigentlichen Sinn[27] (in denen ein Regelfall oder eine wiederkehrende, alltägliche Begebenheit Ausgangspunkt ist, z.B. Mk 4,30–32), Parabeln (in denen ein außergewöhnlicher Einzelfall beschrieben wird, z.B. Mt 20,1–16; Lk 15,11–32) und Beispielerzählungen (die einen ebenfalls außergewöhnlichen Vorgang beschreiben, diesen aber im Sinne eines Beispiels anwenden; z.B. Lukas 10,29–37).

Dass Jesus von der Gottesherrschaft in Gleichnissen spricht, deutet eine theologische Einsicht und eine religionspädagogische Konsequenz an. Über Gott und seine verheißene Welt zu sprechen ist offenbar nur in andeutender Weise möglich. Insofern ist das Gleichnis nicht nur faktisch eine bevorzugte Redeform Jesu, sondern zugleich eine jedem Reden von Gott angemessene Redeform. So kann Jesus beispielsweise das damals überall bekannte außerordentliche Wachstum des Senfs als Bild für Gottes Wirken nehmen (Mk 4,30–32). Das Gleichnis umfasst in einem Bild das kleine Korn, die erstaunliche Kraft, die diesem Samen innewohnt und sich überall durchsetzt, das große Gewächs, das daraus entsteht, und die Zuflucht und Nahrung, die für die Vögel damit verbunden ist. Es geht um einen Gesamtzusammenhang. Bei der Gleichnisdeutung werden deshalb nicht einzelne Aspekte herausgegriffen.[28] Dies wäre schon dem Weltwissen der ersten Adressaten nicht angemessen, die alle diese Züge kannten, und erst recht nicht der Gottesherrschaft, auf die gerade die Vielfältigkeit des Gleichnisses hinweist.

Die religionspädagogische Konsequenz zielt darauf, die metaphorische Qualität religiöser Sprache einzuüben.[29] »Gott ist für mich wie ... eine Insel, auf die Schiffbrüchige sich retten; ... ein Arzt, der einem hilft; ... ein warmes Bett; ... ein Fallschirm: für die, die einen Fehler gemacht haben, ist er immer noch da.« Das antworteten Schülerinnen und Schüler einer 5. Klasse im Anschluss an eine Unterrichtseinheit zu den Gleichnissen.[30]

Niemand hat Gott je gesehen (Joh 1,18). Deshalb ist alles Reden über Gott immer ahnendes, andeutendes und bildhaftes Reden. Das Bilderverbot des AT (Ex 20,4f.) verbietet ja nicht die Bilder, sondern ihre Verehrung und Anbetung. In einer Klasse eigene Vorstellungen von Gott und seiner Herr-

27 Vielfach setzen sie mit den Worten ein »Mit dem Reich Gottes verhält es sich wie mit ...«. Sie weisen eine einfache Erzählstruktur mit nur wenigen handelnden Personen auf, die Pointe steht vielfach am Schluss. Verschiedene Gleichnisse können thematisch zusammengestellt werden, z.B. die Wachstumsgleichnisse in Mk 4.

28 Die lange verbreitete Vorstellung in der Gleichnisauslegung, dass eine Sach- und eine Bildhälfte in einem einzigen Vergleichspunkt zusammen fielen, wird heute zunehmend zugunsten einer Wahrnehmung des Gesamtzusammenhangs aufgegeben.

29 Vgl. *P. Müller,* Mit Markus erzählen, S. 130ff.

30 *U. Schott,* Ihre Gottesbilder – Unser RU, in: Entwurf 1/1995, 39.

schaft auszutauschen und sie mit Gleichnissen Jesu zu verknüpfen, kann dazu beitragen, sowohl die Vorläufigkeit aller Gottesbilder als auch die schöpferische Kraft zu erkennen, die in den Bildern steckt. Bereits Kinder im Grundschulalter können die Bildkraft der Gleichnisse erkennen; zwar haben sie noch nicht immer die sprachlichen Fähigkeiten zur Verfügung, dies sachgemäß auszudrücken. Aber gerade im Bereich des Bildnerischen können sie Gleichnisse bereits sehr angemessen wahrnehmen und deuten. Insbesondere erfahrungsnahe Gleichnisse wie die vom Suchen und Finden (Lk 15,3ff.) oder vom Senf (Mk 4,30–32) können bereits in der Grundschule behandelt werden und ein Verständnis metaphorischer Sprache anbahnen.[31]

3. Sekundarstufe I: Synoptische Wundergeschichten

Dass Jesus ein ganz bestimmtes Wunder getan hat, lässt sich mit historischen Mitteln weder beweisen noch widerlegen. In diesem Sinn entzieht sich die Wundertätigkeit Jesu der historischen Rückfrage. Klar ist weiterhin: Die Wundererzählungen des NT müssen zunächst im Rahmen ihrer eigenen Zeit gelesen werden. Menschen der Antike haben nicht in gleicher Weise wie wir Heutigen zwischen Natürlichem und Übernatürlichem unterschieden. Dass ein Gott Menschen mit außerordentlicher Kraft begaben konnte, war denkbar und wurde in den verschiedenen Kulturbereichen auch gedacht. Im griechischen und römischen Bereich werden von bestimmten Menschen Wundertaten erzählt, und im AT finden wir Wunder beispielsweise bei den Propheten. Götter konnten auch unmittelbar eingreifen, oder sie bewirkten, wie beispielsweise Asklepios, an einem ihm geweihten Heiligtum verschiedene wunderbare Heilungen. Auch die die Menschen umgebende Natur war nicht einfach »natürlich« im heutigen Sinn, sondern Einflussbereich verschiedener Mächte, die sich auch der Menschen bemächtigen konnten. Das galt auch für die Naturgewalten, für Sturm und Wind, für Erdbeben oder Überschwemmung. In all diesen Ereignissen traten den Menschen der Antike Mächte und Gewalten gegenüber, die größer waren als sie selbst.

Auch wenn das einzelne Wunder weder zu beweisen noch zu widerlegen ist, hat die Wundertätigkeit Jesu insgesamt doch große Wahrscheinlichkeit für sich. Das gilt besonders für die Heilungen. Wie viele Menschen Jesus geheilt hat, wissen wir nicht. Aber dass er Menschen heilte, ist wahrschein-

31 Zur Elementarisierung in der Gleichnisdidaktik *P. Müller u.a.*, Gleichnisse, 78ff.

lich. Heilungsgeschichten werden in großer Vielfalt erzählt[32] und stehen im Zentrum der Evangelien. Die Heilungen waren aber nach allem, was wir den Texten entnehmen können, nicht lediglich medizinischer, sondern charismatischer Natur. Offenbar hat Jesus Menschen auf eindrückliche Weise ansprechen können. Wer sich ihm anvertraute, konnte diese besondere Gabe Jesu erfahren – und darin Heilung und Heil. Die Frage nach der Historizität der Heilungen allein als medizinische Frage zu stellen, wäre eine Verkürzung.

Hinzu kommt, dass in den Evangelien die Heilungen Jesu nicht nur von seinen Anhängern, sondern selbst von Gegnern anerkannt werden (Mk 3,22). Sie bestreiten keineswegs, dass Jesus böse Geister austreibt. Für sie stellt sich allerdings die Frage, in welcher Vollmacht er dies tut. Ihrer Meinung nach handelt er in der Vollmacht von Dämonen. Die Heilungen selbst halten sie aber durchaus für real. Daneben gibt es einen Hinweis darauf, dass man sich auch im Volk Gedanken darüber machte, wie die Taten Jesu zu erklären seien (Mk 6,14f.; 8,27f.). Ein weiteres Kriterium für die historische Wahrscheinlichkeit der Heilungstätigkeit Jesu ist das der Kohärenz mit seiner Verkündigung (z.B. Mk 2,17).

Auffällig und für das nt.liche Wunderverständnis charakteristisch ist, dass es für das deutsche Wort Wunder im griechischen NT kein wirkliches Pendant gibt. Das Joh bezeichnet die Wunder vornehmlich als »Zeichen« (z.B. 2,11), die darauf hinweisen, dass Jesus von Gott gesandt wurde. Sie sind kein Beweis für Jesu Herkunft von Gott, sondern ein Hinweis, dem man sich allerdings auch entziehen kann. Bei den Synoptikern stehen die Begriffe »Machttat« *(dýnamis)* und »Vollmacht« *(exousía)* im Vordergrund. Auch hierbei geht es um die Frage, von wem Jesus beispielsweise die Macht hat, Wunder zu vollbringen. Der Begriff Vollmacht ist dabei nicht nur auf Jesu Handeln beschränkt, sondern bezieht sich auch auf seine Verkündigung. Wenn nämlich wiederholt in den drei ersten Evangelien davon die Rede ist, dass Jesus »mit Vollmacht lehrt« (und nicht wie die Schriftgelehrten), dann ist damit gesagt, dass beides, sein Handeln und sein Reden, von Gott herkommt. Wer Zeuge eines Wunders wurde, stand demnach vor der Frage, die in Mk 6,2 formuliert ist: »Woher hat er das? Und was ist das für eine Weis-

32 Dies ist allerdings noch kein Nachweis der Historizität. So ist z.B. die Geschichte von der wunderbaren Speisung in den Evangelien insgesamt fünfmal erzählt. Natürlich hat dieses Wunder nicht fünfmal stattgefunden. Vielmehr war diese Geschichte den frühen Christen offenbar so wichtig, dass sie sie mehrfach und in verschiedenen Zusammenhängen erzählt haben. Bereits im NT werden Wundergeschichten ausgeschmückt (vgl. z.B. Mk 10,46ff. mit Mt 20, 29ff.).

heit, die ihm gegeben ist? Und solche mächtigen Taten, die durch seine Hände geschehen?« Dies bedeutet: Wenn wir die Wunder Jesu im Sinne eines Beweises lesen oder nach ihrer Tatsächlichkeit fragen, treffen wir ihre eigene Aussageabsicht noch nicht.

Deshalb geht es im NT auch nicht in erster Linie darum, dass die Menschen an die Wunder Jesu glauben. Für die synoptischen Wundergeschichten charakteristisch ist der Satz in Mk 5,34: »Dein Glaube hat dich gesund gemacht.« Also nicht die außergewöhnlichen Fähigkeiten Jesu, auch nicht der Eingriff Gottes in die Welt, sondern der Glaube macht gesund. In vielen Wundergeschichten ist es denn auch keineswegs so, dass der Glaube auf das Wunder folgt. In der Regel geht im NT der Glaube dem Wunder voraus. In Mk 2,5 z.B. werden noch vor der Heilung das Verhalten der Freunde des Gelähmten, ihre Beharrlichkeit, ihr Einfallsreichtum und ihr Zutrauen, dass Jesus helfen kann, als Glaube bezeichnet. Am Ende der Geschichte ist vom Glauben dagegen nicht die Rede. Die Menschen bringen Jesus Vertrauen und Glauben entgegen und erfahren in der Begegnung mit ihm Heilung und Heil.

Religionspädagogisch sind Wundergeschichten insofern von besonderer Bedeutung, als sie Fragen hervorrufen. Unser neuzeitliches Verständnis der Natur und ihrer Gesetzmäßigkeiten lässt Wunder nicht zu. Deshalb ist zu erwarten, dass Schülerinnen und Schüler, meist gegen Ende der Grundschulzeit, zu fragen beginnen: Konnte Jesus tatsächlich Kranke heilen, einen Sturm stillen, über Wasser gehen, Tote auferwecken? Auch wenn diese Fragen Lehrerinnen und Lehrer manchmal in Bedrängnis bringen (»Glauben Sie das wirklich?«), sind sie wichtig und sinnvoll. Mit ihrem Insistieren auf dem »tatsächlich Geschehenen« geben sie Gelegenheit, genau dieses Verständnis von Realität zu hinterfragen. Der Glaube sieht die Welt mit anderen Augen. Menschen haben Jesus zugetraut, die Welt zu verändern – und sie wurde anders. Die Wundergeschichten sind Geschichten zum Wundern. Es sind Geschichten, die zum Vertrauen auf Jesus einladen – so wie Bartimäus seine ganze Hoffnung auf Jesus setzt, Heilung erfährt und ihm folgt. Die Frage, die diese Episode (Mk 10,46ff.) dem Leser unausgesprochen stellt, ist nicht: »Glaubst du, dass das so passiert ist?«, sondern vielmehr: »Wem bist du bereit zu folgen?« Am Schluss der Heilung des Taubstummen in Mk 7,37 wundern sich die Menschen: »Er hat alles wohl gemacht; die Tauben macht er hörend und die Sprachlosen redend.« Das ist ein Zitat aus Jes 35,5 und dort auf Gott bezogen. In Jesu Handeln, das lässt sich daraus folgern, haben Menschen Gott und den Anspruch seiner Herrschaft gespürt. Darin liegt die Lernchance der Wundergeschichten: Sie regen dazu an, über die Welt der Tatsachen hinaus zu sehen und zu denken. Gerade weil sie den Alltag und die Erfahrung übersteigen, regen sie ein Verständnis der Welt an, das Gott in das Denken mit einbezieht.

Wichtig ist dabei, genau auf die Texte zu achten, nicht nur bei Bartimäus. Die gerade erwähnte Erzählung von der Heilung des Taubstummen (Mk 7,31–37) setzt mit folgender Bemerkung ein: Und als Jesus »wieder fortging aus dem Gebiet von Tyrus, kam er durch Sidon an das Galiläische Meer, mitten in das Gebiet der Zehn Städte.« Ein Blick auf die Karte Palästinas zur Zeit des NT zeigt, dass dies keine sinnvolle Reiseroute ist. Wer von Tyrus an den See Genezareth will (das Galiläische Meer), wird kaum den Umweg über Sidon wählen; und der See Genezareth liegt nicht »mitten im Gebiet der Zehn Städte.« Es handelt sich bei dieser Wegbeschreibung gewissermaßen um eine theologische Reiseroute. Sie berührt in einem großen Halbkreis heidnisches und halbheidnisches Gebiet. Und am Ende sind es Menschen gerade aus diesem Gebiet, die Gott loben: »Er hat alles wohl gemacht.« Was man leicht überliest, wird zu einem Schlüssel für das Verständnis der Erzählung, die von Grenzüberschreitungen und davon spricht, dass Jesus sich Fremden zuwendet. Dass die frühen Christen sich mit ihrer Verkündigung schon sehr bald an Heiden gewandt und damit herkömmliche Grenzen überschritten haben, ist nicht zuletzt dieser Wundergeschichte zu verdanken.

4. Sekundarstufe II: Die Bergpredigt

Vor allem nach Matthäus fasst Jesus seine Lehre in großen Redekomplexen zusammen. Bei der so genannten Bergpredigt handelt es sich um viele Einzelworte, die in sich abgerundet sind (z.B. 5,13.14–16 oder 7,12). Zwar gibt es auch klar strukturierte Abschnitte (z.B. 5,3–11.21–48); insgesamt aber sind viele Einzelsprüche ohne unmittelbare Verknüpfung aneinander gereiht. Vergleicht man dies mit der lk Parallele in 6,17–49 (»Feldrede«), kann man diese Beobachtung noch weiter präzisieren. Lukas bietet in 6,17–49 einen Teil der mt Bergpredigt, bringt weitere Abschnitte aber an ganz anderen Stellen seines Evangeliums unter (vgl. (Mt 5,13–16/Lk 14,34f.; 8,16). Außerdem fallen Unterschiede zwischen der mt und der lk Fassung der Rede auf. Wie Mt 5,3–11 setzt auch Lk 6,20–23 mit Seligpreisungen ein. Bei Lk finden sich aber nur vier Seligpreisungen, die durch vier Weherufe (6,24–26) ergänzt werden, die wiederum bei Mt fehlen. Diese und andere Beobachtungen führen zu folgendem Schluss: Beide Evangelisten kennen aus ihrer Tradition eine Reihe von Jesusworten, die zum Teil bereits in der Spruchquelle zusammengestellt waren. Darüber hinaus hatte Matthäus das theologische Interesse, Jesus als den darzustellen, der seine Lehre in großen Reden zusammenfasst. Er hat deshalb die Zusammenstellung von Jesusworten aus der Spruchquelle mit anderen Jesusworten ergänzt und auf diese

Weise die Bergpredigt geschaffen. Wir haben es also durchaus mit Jesus zu tun, wenn wir Mt 5–7 lesen; als Redekomposition ist die Bergpredigt aber ein Werk des Evangelisten.

Die Behandlung der Bergpredigt im RU setzt eine Auswahl voraus. Ich wähle die Seligpreisungen aus, nicht zuletzt deshalb, weil das Wort »selig« trotz seines altertümlichen Klangs Lernchancen eröffnet. Ein Vergleich dieses Wortes in verschiedenen Übersetzungen (z.B. »wohl denen«, »glücklich«, »freuen dürfen sich«) zeigt, dass in »selig« noch Konnotationen mitschwingen, die über Freude und Glück hinausgehen und auf die religiöse Dimension dieser Sätze aufmerksam machen. Mit anderen Worten aus den Seligpreisungen lässt sich dies fortführen (barmherzig, sanftmütig etc.). Konfrontiert werden können die Seligpreisungen mit der so genannten Realität. Sind tatsächlich die Barmherzigen oder die Friedensstifter selig oder diejenigen, die ihre eigenen Interessen durchsetzen? Besitzen die Sanftmütigen tatsächlich das Erdreich? Hier werden die Erfahrungen der Jugendlichen wichtig. Von hier aus kann übergeleitet werden zur Struktur der Seligpreisungen. Sie sind in einen Vorder- und einen Nachsatz aufgeteilt; der Nachsatz bezieht sich in 5,3.10 im Präsens auf das Himmelreich (»ihrer ist das Himmelreich«); die Nachsätze in V. 4–9 machen Verheißungen im Futur. Diese zeitliche Variation zeigt, dass sich die Seligpreisungen nicht in der Gegenwart verrechnen lassen, aber auch nicht lediglich auf Zukunft vertrösten. Das Himmelreich umgreift Gegenwart und Zukunft und bezieht beide aufeinander. Mit diesem Begriff wird eine neue Welt, entworfen und die Seligpreisungen füllen sie mit Leben. Dies trifft nicht zuletzt auf die Unbedingtheit des Zuspruchs in den Vordersätzen zu. Die ersten vier Seligpreisungen sprechen den Armen, den Trauernden und den Hungernden das Himmelreich zu. Sie knüpfen dies nicht an Bedingungen. Ihr Zuspruch gilt unbedingt, Voraussetzungen werden nicht gemacht – und sie stellen damit die Realität in Frage.

In höheren Klassen können verschiedene Interpretationstypen der Seligpreisungen behandelt werden: Sie können vor allem als Zusage von Gottes Gnade gelesen werden (dabei beruft man sich vor allem auf die ersten vier Seligpreisungen). Wenn die Seligpreisungen als ethische Mahnungen gelesen werden (im Sinne von »Einlassbedingungen zum Himmelreich«), stützt man sich vor allem auf die letzten vier Sätze. Der dritte Interpretationstyp verbindet die beiden ersten; demnach sind die Seligpreisungen die Lebensordnung der Gemeinde Christi, die von der Gnade herkommt (Seligpreisung 1–4) und auf das konkrete Tun zielt (Seligpreisung 5–8). In der Tat lassen sich bei Matthäus beide Tendenzen erkennen: In den ersten Seligpreisungen ist eher vom Zuspruch, in den letzten eher vom konkretem Handeln die Rede. Zuspruch und Handeln gehören zusammen wie die beiden Seiten einer Münze.

D Hilfen für das Studium

Eine Besonderheit der Lehramtsstudiengänge ist, dass von vornherein fachinhaltliche und fachdidaktische Fragestellungen aufeinander bezogen werden.[33] Zwar hat jede dieser Fragestellungen ihr eigenes Recht und es muss (aus nt.licher Sicht) möglich sein, exegetische Probleme auch ohne den sofortigen Blick auf die Praxis des RU zu behandeln. Das hebt aber nicht auf, dass beide Bereiche aufeinander bezogen sind und sich gegenseitig fördern. Eine didaktische Analyse setzt die Auseinandersetzung mit den Texten notwendig voraus; umgekehrt zielt die exegetische Arbeit, nachdem die Details geklärt sind, darauf, die elementaren Strukturen eines Textes benennen zu können.

(1) Zum Beginn des nt.lichen Studiums sind eine oder zwei überblicksartige Lehrveranstaltungen empfehlenswert, in denen Bibelkunde und methodische Grundlagen der Textauslegung vermittelt werden. Die hier erworbenen grundlegenden Kenntnisse können dann in verschiedenen Bereichen des NT in Seminaren und Übungen angereichert werden. Dabei sollten auf jeden Fall die Jesustradition und die paulinische Theologie angemessen berücksichtigt werden. Ratsam ist auch ein Seminar zu bibeldidaktischen Fragen, sofern diese nicht schon in anderen Veranstaltungen berücksichtigt worden sind. Das Anfertigen einer schriftlichen Hausarbeit hilft sehr dazu, den Umgang mit den Methoden und Texten einzuüben. Nicht genug angeregt werden kann zur eigenständigen Lektüre von Überblicksliteratur und Kommentaren. Sie tragen in hohem Maß dazu bei, den Reichtum der nt.lichen Texte zu erschließen.

Studierende, die ein nur geringes Stundenkontingent für das NT zur Verfügung haben, sollten eine Einführung ins NT und eine Veranstaltung besuchen, in der das Verhältnis des irdischen Jesus zum geglaubten Christus thematisiert wird.

(2) Die neuen Bildungspläne sind weniger an Inhalten als an Kompetenzen orientiert. Dabei ist klar, dass Kompetenzen ohne Inhalte nicht erworben werden können. Über Orientierungs- oder Detailwissen hinaus zielt der Kompetenzerwerb im Umgang mit nt.lichen Texte aber darauf, diese eigenständig befragen, interpretieren und zur eigenen Wirklichkeit in Beziehung

33 Die Unterscheidung zwischen Fachwissenschaft und Fachdidaktik ist nicht wirklich sachgemäß, da sie suggeriert, Fachdidaktik habe mit Wissenschaft nichts zu tun!

setzen zu können. Methodische Kenntnisse und die Einübung sachgemäßen Umgangs mit Hilfsmitteln (verschiedene Übersetzungen, Konkordanz, Lexika, Kommentare, Texte aus der Umwelt etc.)[34] sind unerlässlich, um nt.liche Texte in ihrer Ursprungsintention verstehen zu lernen. In bibeldidaktischer Perspektive fordert die Textarbeit aber auch die Frage nach der Aktualisierung. Lassen sich Verbindungen zur eigenen oder zur Lebenswelt der Kinder und Jugendlichen erkennen und welcher Art sind sie? Warum ist es überhaupt sinnvoll, sich mit dem NT insgesamt oder bestimmten Texten daraus zu beschäftigen? Solche Fragen lassen sich sowohl von den Texten her als auch aus der Perspektive der Schülerinnen und Schüler stellen, wobei bibeldidaktisch beide Fragerichtungen immer aufeinander zu beziehen sind.

(3) Im Fachpraktikum sollten mindestens in einer Unterrichtseinheit neutestamentliche Texte behandelt werden. Grundlegend wichtig ist dabei die Frage, ob und auf welche Weise der Erfahrungshorizont der Texte mit den Erfahrungen der Schülerinnen und Schüler in Verbindung gebracht werden kann. Diese Frage zielt auf einen Elementarisierungsprozess, bei dem sowohl die elementaren Strukturen und Erfahrungen in den Texten als auch die elementaren Erfahrungen und Verstehensmöglichkeiten bei den Kindern und Jugendlichen in den Blick kommen und aufeinander bezogen werden. Dieses Herstellen von Beziehungen zwischen den Texten und denen, die sie lesen, ist für die religionspädagogische Praxis von zentraler Bedeutung.

34 Die Recherche im Internet ist inzwischen weit verbreitet und ein hilfreiches Instrument. Aber Vorsicht: Im Internet gibt es viel unzureichendes oder sogar unzutreffendes Material. Deshalb kann die Internetrecherche die Lektüre von wissenschaftlichen Kommentaren auf keinen Fall ersetzen.

Literatur

Bibelausgaben:
Deutsche Bibelausgaben: Rev. Lutherbibel 1984; Einheitsübersetzung 1980 (1999); Zürcher Bibel 1936 (Revision in Arbeit)

Arbeitsmittel:
Bibel von A–Z. Wortkonkordanz zur Lutherübersetzung, Stuttgart 1984
Kleines Stuttgarter Bibel-Lexikon, Stuttgart [5]1993
Calwer Bibellexikon, Stuttgart [6]2003

Kommentarreihen:
Evangelisch-Katholischer Kommentar zum Neuen Testament (EKK)
Das Neue Testament Deutsch (NTD)
Zürcher Bibelkommentare. Neues Testament (ZBK.NT)
Kleiner Stuttgarter Kommentar. Neues Testament (SKK.NT)

Weitere Literatur:
U. Becker/F. Johannsen/H. Noormann, Neutestamentliches Arbeitsbuch für Religionspädagogen, Stuttgart/Berlin/Köln [2]1997
K.-M. Bull, Bibelkunde des Neuen Testaments, Neukirchen-Vluyn 1997
H.-J. Klauck, Die religiöse Umwelt des Urchristentums I. u. II. (Studienbücher Theologie 9.1,2), Stuttgart/Berlin/Köln 1995, 1996
B. Kollmann, Neutestamentliche Wundergeschichten, Stuttgart/Berlin/Köln 2002
R. Lachmann/G. Adam/C. Reents (Hg.), Elementare Bibeltexte (TLL 2), Göttingen 2001
M. Meiser/U. Kühneweg u.a., Proseminar II. Neues Testament – Kirchengeschichte. Ein Arbeitsbuch, Stuttgart/Berlin/Köln 2000
R. Mokrosch, Die Bergpredigt im Alltag. Anregungen und Materialien für die Sek I/ Sek II, Gütersloh 1991
P. Müller, Mit Markus erzählen. Das Markusevangelium im Religionsunterricht, Stuttgart 1999
P. Müller/G. Büttner/R. Heiligenthal/J. Thierfelder, Die Gleichnisse Jesu. Ein Studien- und Arbeitsbuch für den Unterricht, Stuttgart 2002
P. Müller/H. Dierk/A. Müller-Friese, Verstehen lernen. Ein Arbeitsbuch zur Hermeneutik, Stuttgart 2005
K.-W. Niebuhr, (Hg.), Grundinformation Neues Testament, Göttingen 2000
U. Schnelle, Einleitung in das Neue Testament, Göttingen [4]2005

V. Historische Theologie

Ute Gause

Wir bewegen uns im Umkreis der Gretchenfrage. Ich zitiere aus Goethes Faust:

Margarete: Nun sag, wie hast du's mit der Religion. Du bist ein herzlich guter Mann, Allein ich glaub, du hältst nicht viel davon.
Faust: Laß das, mein Kind! Du fühlst, ich bin dir gut; Für meine Lieben ließ ich Leib und Blut, will niemand sein Gefühl und seine Kirche rauben.
Margarete: Das ist nicht recht, man muß dran glauben!
Faust: Muß man?
Margarete: Ach! wenn ich etwas auf dich könnte! Du ehrst auch nicht die heil'gen Sakramente.
Faust: Ich ehre sie.
Margarete: Doch ohne Verlangen. Zur Messe, zur Beichte bist du lange nicht gegangen. Glaubst du an Gott?

Die Gretchenfrage ist bekannt. Goethes Faust zumeist auch noch. Er ist Lektüre in den Deutsch-Leistungskursen der Oberstufe und gehört (noch) zur Allgemeinbildung. Jedoch bin ich mir nicht sicher, ob heutige Studierende dem Text entnehmen könnten, welcher Konfession Gretchen angehört? Sie war katholisch. Das erkennt man an der Erwähnung der Messe – Protestanten und Protestantinnen sprechen stets von Gottesdienst, und sie kennen das Sakrament der Beichte nicht (mehr).

An diesem Beispiel wird deutlich, wie das Christentum mit seinen Konfessionen das Abendland geprägt hat. Diese faktische Situation wird sich in den nächsten Jahrzehnten wahrscheinlich verändern, aber ein Großteil unserer Kultur bleibt geprägt vom Christentum: die Literatur, die Kunst, die Musik vergangener Jahrhunderte. Auch Werbung oder Comics oder die zeitgenössische Kunst verarbeiten biblische und kirchenhistorische Motive. Wenn der Kirchengeschichtsunterricht dafür sensibilisiert, trägt er zum heutigen Welt-Verstehen bei. Mit anderen Worten: »Die Notwendigkeit des Umgangs mit der Kirchengeschichte und damit ihr Gegenwartsbezug ergibt sich aus der Wirkung, die Menschen und Institutionen, Ereignisse und Erkenntnisse aus dem Bereich des Christentums für Kirche und Welt bis in die Gegenwart hinein ausüben.«[1]

1 *G. Ruhbach*, Kirchengeschichte, Gütersloh 1974, 13.

Im optimalen Falle setzt Kirchengeschichtsunterricht einen tief greifenden Verstehensprozess in Gang: Ich werde mir meiner häufig gar nicht mehr bekannten kirchlichen Tradition bewusst, verstehe das Gewordensein der Institution und die Gründe andersartiger Entwicklungen. Ich gewinne einen anderen Blick auf andere Religionen, wenn ich die Veränderungen verstehe, die beispielsweise die theologische Aufklärung für Glaube und Theologie erbracht hat. Ich entdecke die seelsorgerische Dimension der Theologie in den frömmigkeitlichen Texten der Tradition, in den Predigten, den Sterbetrostschriften oder den Kirchenliedern, die zeigen, wie der Protestantismus in den Extremsituationen des Glaubens Trost und Hoffnung gespendet hat.

Zwar führen die erworbenen Kenntnisse aus dem Studium nicht immer direkt in die Unterrichtspraxis hinein, gerade Primarstufenstudierende können meist wenig aus dem Studium in den Unterricht integrieren, aber zunächst einmal gilt es, die existenzielle Dimension zu entdecken, die die Historische Theologie bereit hält: Sie ist eine »Schatzkiste« verschiedenster Verhaltensweisen, des kreativen oder auch »ketzerischen« Umgangs mit den Traditionen. Sie öffnet die Augen; sie regt an und auf; sie bietet Vorbildliches und Schreckliches, und die Auseinandersetzung mit ihr führt häufig auch zum Überdenken meines eigenen religiösen und theologischen Standpunktes. Die Beschäftigung mit der Historischen Theologie zeigt, wie unterschiedlich die jeweiligen Epochen ihr Gottesbild und ihr Frömmigkeitsleben bestimmt haben. Im Folgenden wird der für das Lehramtsstudium gebräuchliche Begriff »Historische Theologie« gelegentlich synonym mit »Kirchengeschichte« gebraucht. In diesen Bezeichnungen spiegeln sich jeweils unterschiedliche Perspektiven: Es geht nicht nur um die Geschichte der Kirche, sondern um die Darstellung der Theologie einer Epoche. Noch präziser wäre die Bezeichnung »Christentumsgeschichte«.

A Sach- und Überblickswissen

1. Der Gegenstandsbereich der Kirchengeschichte/Historischen Theologie

Ihre vielleicht schwerste Erschütterung erlitt die Kirchengeschichte als theologische Disziplin durch den Ersten und Zweiten Weltkrieg. Hatten bis dahin eine fortschrittsgläubige Aufklärung und ein optimistischer Historismus die wissenschaftliche Forschung bestimmt, so wurde diese Haltung durch die Weltkriege erschüttert. Zunächst war es der reformierte Theologe *Karl Barth* (1886–1968), der eine stete Rückbeziehung der Theologie auf die Dogmatik forderte und die Kirchengeschichte im Kanon der theologischen Disziplinen nur noch als »Hilfswissenschaft«[2] verstanden wissen wollte. Nach dem Zweiten Weltkrieg wurde die 1946 von *Gerhard Ebeling* (1912–2001) gebotene Definition der Kirchengeschichte als »Geschichte der Auslegung der Heiligen Schrift«[3] für die folgenden Generationen kirchenhistorischer Forscher wegweisend.

Mit beiden Bestimmungen des Begriffs wird ein Proprium (oder eine Identität) der Kirchengeschichte formuliert, das folgenschwere Konsequenzen für die Forschung hatte: Barth wollte mit seiner Definition klarmachen, dass die Theologie eine Glaubenswissenschaft ist, die ihren Gegenstand im Nach-Denken der biblischen und dogmatischen Wahrheiten empfängt; ihr könne die Kirchengeschichte allenfalls zuarbeiten. Ebeling dagegen nahm eine Konzentration vor: Als Kriterium dafür, was die Kirchengeschichte ausmacht, wird das Evangelium, seine Verkündigung in der sich wandelnden Geschichte, bestimmt. Auch diese Definition bedeutet eine Engführung: Selbst wenn man den Begriff der »Auslegung« sehr weit fasst, beinhaltet er doch nicht die Analyse der so genannten nicht-theologischen Faktoren, wie wirtschaftliche und soziale Verhältnisse, politische Strukturen, sondern konzentriert sich auf die Ereignisse, die durch den Bezug zur Heiligen Schrift qualifiziert werden.[4] Diese Engführung hat faktisch in der Kirchengeschichtsschreibung zu einer Konzentration auf die Biographie und Theologie von Pfarrern bzw. Personen in kirchenleitenden Funktionen geführt.

Um sie zu überwinden erscheint es angemessener von einer »Christentumsgeschichte« zu sprechen, die die vielfältigen Erscheinungen nicht nur des kirchlichen Lebens, sondern auch die verschiedenen Konfessionen und die Einbindung der Institution Kirche in das gesellschaftliche Leben unter Berücksichtigung der Sozialgeschichte untersucht.

Der Begriff der »Historischen Theologie« erfüllt eine ähnliche Funktion, wenn dabei die Einbettung der Theologie in die geschichtlichen Kontexte gewährleistet bleibt.

Eine Erweiterung der kirchengeschichtlichen Perspektive in diese Richtung schafft auch neue Berührungspunkte zur schulischen Kirchengeschichtsdidaktik: Alltagsquellen, die beispielsweise zeigen, wie im 16. Jahrhundert

2 *K. Barth*, Kirchliche Dogmatik I, 1, Zürich 1932, 3. Vgl. als ausführlichen Überblick *K.-V. Selge*, Einführung in das Studium der Kirchengeschichte, Darmstadt 1982, 1-25.

3 *G. Ebeling*, Wort Gottes und Tradition, Göttingen 1964, 9-27, bes. 9.

4 Vgl. dazu *P. Biehl*, Kirchengeschichte und themenorientierter Religionsunterricht, in: *ders. (Hg.)* Kirchengeschichte im Religionsunterricht. Konzeptionen und Entwürfe, Stuttgart/München 1973, 7-23, bes. 10f.

eine Geburt religiös begleitet wurde,[5] oder Selbstzeugnisse bzw. Berichte von »einfachen« Christinnen lassen die Alltagstauglichkeit der christlichen Religion für den Horizont der Schülerinnen und Schüler nachvollziehbarer werden als rein theologisch orientierte Texte.

2. Epochen der Kirchengeschichte und ihre Brennpunkte

Tabelle/Grafik 19, 20, 21

Die gängige Periodisierung teilt grob in fünf Perioden auf.

- *Alte Kirche* (1. bis 5. Jahrhundert): Von der Urgemeinde über die Konstantinische Wende (313) bis zum Kirchenvater *Augustin* (†430) – Die Etablierung des Christentums als Staatsreligion.
- *Mittelalter* (ca. 500 bis 1500): Von der Germanenmission zur Institutionalisierung der Papstkirche bis zu Mystik und Scholastik – Aufstieg und Fall der römischen Kirche.
- *Reformation und Gegenreformation* (16. Jh.): Die Entdeckung des gerechten gnädigen Gottes durch *Martin Luther* (1483–1546).
- *Neuzeit* (16. Jh.–19. Jh.): Individualisierung des Glaubens, Etablierung des Protestantismus und neuzeitliche Säkularisierung.
- *Kirchliche Zeitgeschichte* (20./21. Jh.): Geschichte der Ökumenischen Bewegung, Dialektische Theologie, Kirchen im Nationalsozialismus, Kirchen in der DDR und der Bundesrepublik nach 1945.

2.1 Die Entwicklung der Alten Kirche. Die Kirchengeschichte begann mit der Anhängerschaft Jesu, die sich nach dessen Kreuzigung und Auferstehung im Glauben an diesen Christus Jesus geeint sieht und seine Heilsbedeutung verkündet. Anfangs noch als eine jüdische Reformbewegung unter anderen, breitete sich das Christentum auch schnell in die hellenistischen Städte Palästinas und Syriens aus. Dies wurde nicht zuletzt veranlasst durch den gescheiterten jüdischen Aufstand gegen die römische Vorherrschaft im Jahre 70. Von da an verlor die judenchristliche Gemeinde in Jerusalem an Bedeutung, wanderten viele Christen ins Ostjordanland ab, so dass die heidenchristlichen Gemeinden an Bedeutung gewannen. In urchristlicher Zeit verbreitete sich das Christentum durch Wanderapostel. Die Überlieferung

5 Vgl. *U. Gause*, Das Frauenbild im Spiegel einer Hebammenordnung des 16. Jahrhunderts, in: *U. Häusler (Hg.)*, Materialienhandbuch Geschichte, Bd.2: Das Entstehen der modernen Welt (15.–17. Jahrhundert), Köln 2000, 353-360.

geschah weitgehend mündlich. Schon früh galten jedoch einige Schriften als besonders authentisch und bedeutsam für den Glauben: so die Briefe des Paulus und einzeln überlieferte «Herrenworte«.

Gegen Ende des 1. Jahrhunderts entstanden Schriften, denen eine besondere Nähe zu den Aposteln nachgesagt wurde und die deshalb ebenfalls hohe Autorität besaßen. Zu diesen Schriften der sog. Apostolischen Väter gehören Kirchenordnungen und Briefe, die das Gemeindeleben regeln wollen. Geeint waren die Gemeinden durch einen gemeinsamen Glauben und gemeinsame Grundsätze, die jedoch schriftlich fixiert werden mussten. »Trotz aller Unterschiede von Rasse, sozialer Stellung oder Bildung fühlten sie sich im entscheidenden Punkt verbunden: in der Treue zu Jesu Person und Lehre.«[6] Insgesamt sind die Gemeinden noch nicht hierarchisch gegliedert und zeigen Durchlässigkeiten gegenüber sozialen Schranken, indem sie z.B. Sklaven und Frauen unter sich zulassen. Mit der Taufe, die unabhängig von sozialem Rang, Ethnizität und Geschlecht in die Gemeinschaft aufnimmt, erweist sich dieses frühe Christentum zunächst als auffällig demokratisch und egalitär.[7] Hierin und in der praktischen Liebestätigkeit lag ein Grund für die schnelle Ausbreitung.

Während im 1. Jahrhundert noch eine Vielfalt in Lehre und Leben der einzelnen Gemeinden vorherrschte, bildete sich bereits im 2. Jahrhundert die Institution Kirche, die organisatorische Einrichtungen schuf und eine größere Einheitlichkeit in den Gemeinden hervorbrachte. Es wurden Strukturen ausgebildet, die bis heute das kirchlich verfasste Christentum bestimmen. Elemente, durch die die Kirche zur einheitlichen Größe wurde, sind folgende:

- die Kanonisierung des NT ab dem 2. Jahrhundert (→ s.o. IV.A.2); der Ausbau der Ämterstruktur – hier entsteht beispielsweise das Bischofsamt;
- die Festlegung fundamentaler Bekenntnisinhalte;
- die Institutionalisierung und Ritualisierung von Taufe und Abendmahl;
- der liturgische Ausbau des Gottesdienstes und die Entstehung eines christlichen Festkalenders.

Diese Entwicklung geschah in einem Abgrenzungsprozess zu anderen christlichen Strömungen. In der Zeit der römischen Verfolgungen waren es die Apologeten, die eine erste christliche Theologie entwickeln, die einerseits

6 *H.Chadwick,* Die Kirche in der antiken Welt, Berlin u.a. 1972, 30.

7 Vgl. dazu *L. Schottroff,* Lydias ungeduldige Schwestern. Feministische Sozialgeschichte des frühen Christentums, Gütersloh 1994. *A. Jensen,* Gottes selbstbewußte Töchter. Frauenemanzipation im frühen Christentum? (Freiburg u.a. 1992), Neudruck Münster 2003.

gegenüber dem Kaiser, andererseits gegenüber der heidnischen Bildungswelt die christliche Botschaft verteidigen. »Die apologetische Literatur arbeitet insgesamt drei Argumentationslinien heraus:

- den Traditionsbeweis (der alttestamentliche Glaube ist der älteste und ursprüngliche, der hellenistischen Philosophie vorgeordnet);
- den moralischen Beweis (die heidnischen Götter sind Dämonen und sittliches Abbild menschlicher Schwächen, das Christentum ist loyal und zuchtvoll);
- den Vernunftbeweis (Christus ist identisch mit dem Logos, das heißt mit der der Weltwirklichkeit zugrunde liegenden Weltvernunft).

Diese Argumentationslinien gehen als wichtige Motive in den Frühkatholizismus ein und bestimmen sein theologisches Bauprinzip.«[8]

Mit der Duldung des Christentums durch den römischen Kaiser *Konstantin* (†337) wurde eine Zeit Jahrhunderte langer Verfolgungen der Christen im Römischen Reich beendet. Die Privilegierung förderte die weitere Ausbreitung. Im 4. Jahrhundert wird vor allem das Bischofsamt in der Kirche weiter aufgewertet. Als Entscheidungsgremien, die über dogmatisch strittige Themen beraten, bildeten sich die Synoden, zu denen sich die Bischöfe regelmäßig versammelten und über Probleme in den Gemeinden oder auch strittige theologische Positionen berieten. Ein christliches Wohlfahrtswesen – Spitäler, Waisenhäuser, Herbergen und Hospize – entstand.

Mit dem Kirchenvater *Aurelius Augustin(us)* (354–430) erreichte die christliche Theologie einen ersten Höhepunkt. In seinen Confessiones (Bekenntnissen) begegnet eine lebendige Verknüpfung von Biographie und Glaube, die in einen Lobpreis der Gnade Gottes mündet (»Denn du hast uns auf dich hin geschaffen, und unser Herz ist unruhig, bis es Ruhe findet in dir.« Confessiones I,1,1).

2.2 Entwicklung der Kirche im Mittelalter. Mit dem Mittelalter verbinden sich unterschiedlichste Vorstellungen: Die einen verbinden damit das dunkle Zeitalter der Ketzerverfolgungen und Kreuzzüge, der Unterdrückung der Menschen durch ein autoritäres Papsttum und die Feudalherrschaft. Die anderen sehen im Mittelalter die Zeit der edlen Ritter, der hehren Minne, der intakten bäuerlichen Großfamilie und der noch nicht kapitalistischen Produktion von Gütern, in der ganzheitlich gelebt und geheilt wurde, eine Zeit, in der der Glaube unmittelbar durch die mystische Einung mit Gott gefunden werden konnte. Indem das Christentum in einen anderen Kulturraum

8 *M. Jacobs*, Das Christentum in der antiken Welt, Göttingen 1987, 76.

übertritt, verändern sich sowohl seine Inhalte als auch die Gestaltung des Glaubens und die Organisation der Kirche. Charakteristisch dafür ist die Taufe des Frankenkönigs *Chlodwig* (†511), der selbst zwar Taufunterricht erhielt, bevor er getauft wurde. Mit ihm ließen sich jedoch 3000 Angehörige seines Heeres taufen, die vorher keinen Unterricht hatten. Das zeigt, dass sich von jetzt ab das Verhältnis von Taufe und Unterricht umkehrte. War den Römern und Griechen das Christentum als kleine Sekte begegnet, so trat es den Germanen als eine macht- und glanzvolle Institution gegenüber. Für die Laien war der lateinische Messgottesdienst ein geheimnisvoller Kult, und das Abendmahl erschien als ein geradezu mirakulöses Geschehen. Die Kluft zwischen Klerus und Laien verschärfte sich.

Durch Chlodwigs Taufe erhielt das fränkische Großreich ein einheitliches Selbstverständnis und Kultursystem, das die politische Herrschaft des Königs festigte. Der eine christliche Glaube mit seiner einen lateinischen Kultur- und Amtssprache trat seinen Siegeszug in ganz Europa an. Es kam zu einer zunehmenden Verbindung zwischen Königtum und Kirche: Weltliche und geistliche Herrschaft sollten dem ewigen Heil und dem irdischen Wohl dienen. Mit dem englischen Missionar *Bonifatius* († 754) findet auch der Primatsanspruch des Papstes gläubige Anerkennung. *Karl der Große* (†814) fühlte sich als Regent von Kirche und Staat zugleich; ein Höhepunkt seiner Herrschaft war sicherlich die Kaiserkrönung durch Papst *Leo III.* Durch Karl wurde ein blühendes Bildungswesen an Kloster- und Kathedralschulen gefördert.

Im *Hochmittelalter* entfaltet das Papsttum seine höchste Macht; gleichzeitig bedeutet diese Zeit eine Blütezeit der Theologie. Neben dem Zuwachs an Bedeutung und Würde, den das Papsttum erlangte, stand ähnlich prunkvoll und mit Bedeutung aufgeladen das Königtum: Der Papst krönte den Kaiser, dessen Krönungsliturgie und Amtsführung dadurch sakralen Charakter bekam. Der Aufstieg des König-/Kaisertums wurde durch den Investiturstreit dann wirksam gebrochen. Noch behielt der Papst die Oberhand über die Kirche: Die weltliche Gewalt (regnum) wurde dem päpstlichen Priesteramt (sacerdotium) untergeordnet.

Die mittelalterliche Theologie, die in den den Klöstern angegliederten Stifts- und Kathedralschulen entstand und gelehrt wurde, wurde als Scholastik (Schullehre) bezeichnet. Sie argumentierte vorwiegend mit Autoritäten, u.a. der Bibel und den Kirchenvätern. Aus diesen Schulen entwickelten sich im 12. Jahrhundert die ersten Universitäten u.a. in Bologna, Oxford und Paris. Es entwickelte sich eine neue Form der Methodik: die *scholastische Methode.* Sie stellte verschiedene Lehren und Begrifflichkeiten nebeneinander und verglich Unterschiede und Gemeinsamkeiten. Widerspüche wurden argumentativ ausgeglichen oder harmonisiert. »Der methodische Zweifel wurde zur Haupttätigkeit – eine für die ganze künftige Geistesgeschichte Europas richtungweisende Wahl.«[9] Am Anfang dieser Entwicklung stand *Anselm von Canterbury* († 1109), der die Dialektik als die angemessene Methode ansah, um die Vernünftigkeit der kirchlichen Lehre zu beweisen. Ende und Höhepunkt war *Thomas von Aquin* († 1274), der mit seiner Summa Theologica den Gegensatz von Glaube und Wissen, Geistlichem und Weltlichem überbrückte und zu einer harmonischen Einheit gestaltete.

Das *Mönchtum,* das sich schon seit dem 3. Jahrhundert im Christentum etabliert hatte, erlebte im Mittelalter ebenfalls einen Aufschwung. Meist verwirklichten die Mönche und Nonnen eine strengere Ethik als die »Laien«, in ihrer Entweltlichung und Askese wirkten sie innerhalb der Kirche häufig auch als kritische und kontrollierende Instanz gegen die Macht- und Prunkentfaltung der Kirche. Im Mittelalter waren die Klöster und Schulen mit ihren Bibliotheken Stätten der Bildung und Wissenschaft. Die die Klöster prägende und normierende Benediktregel – eine Art umfassende »Hausordnung« für das Klosterleben – verstand das Kloster als geistliche Familie mit dem Abt als Vorstand. Der Gehorsam war Lebensprinzip und äußerte sich in der lebenslangen Bindung an ein Kloster (stabilitas loci), Gehorsam (oboedientia) und vorbildlichem sittlichen Wandel (conversatio morum). Zentrum des Mönchslebens nach der Benediktregel war der Gottesdienst. Im 12. Jahrhundert kam es zu bedeutenden neuen Bewegungen: die Kartäuser, Zisterzienser und Prämonstratenser verstanden sich als asketische und eremitische Gegenbewegungen zum bereits etablierten und z.T. reichen und verweltlichten Mönchtum. Im 13. Jahrhundert entstand neben dem Dominikanerorden der Franziskanerorden, der eine Jesusnachfolge im Sinne des Armutsideals praktizierte, verkörpert in seinem Gründer *Franziskus von Assisi* (†1226).

Das *Spätmittelalter* zeigt sich als eine krisengeschüttelte Zeit, in der der Garant für das Einheitsleben des Mittelalters, das Papsttum, in Misskredit geriet. Das lag nicht nur an der zunehmenden Macht- und Prachtentfaltung Roms, sondern an einer unerbittlichen Herrschaftsausübung, der auch durch Reformkonzilien keine wirkliche Eingrenzung mehr entgegengesetzt werden konnte. Erste Proteste und Neuansätze kirchlicher Lehre, wie sie von *John Wyclif* in England und *Jan Hus* in Böhmen versucht wurden, indem sie sich auf die Bibel als normierende Instanz beriefen, soziale Ungerechtigkeit anprangerten und Reformforderungen stellten, wurden schnell und wirksam unterdrückt.

9 *B. Moeller,* Geschichte des Christentums in Grundzügen, Göttingen ²1979, 171f.

2.3 Die Geburtsstunde des Protestantismus: Die Reformation der Kirche.

(1) *Martin Luther* und die *Reformation in Deutschland.* Mit dem Auftreten *Martin Luthers* (1483–1546) verändert sich die mittelalterliche Einheitswelt fundamental. Auch wenn schon im Mittelalter der Ruf nach Reformen der Kirche laut geworden war, gelang es doch erst dem 16. Jahrhundert, das Monopol der römischen Kirche auf die Deutungsmacht Religion zu brechen. Dabei handelte es sich nicht um die revolutionäre Tat eines genialischen Einzelnen, wohl aber um den Protest eines tiefreligiösen Mönches, der den Glauben und die Kirche wieder an die Fundamente der biblischen Überlieferung und der Tradition der Alten Kirche binden wollte.

Die erste seiner 95 Thesen lautete: »Dominus et magister noster Jesus Christus dicendo: Poenitentiam agite [...] omnem vitam fidelium poenitentiam esse voluit.« – »Da unser Herr und Meister Jesus Christus spricht, tut Buße [...], wollte er, dass das ganze Leben der Gläubigen eine Buße sei.«

Ab dem 31. Oktober 1517 erregten diese Thesen im gesamten Deutschen Reich Aufsehen. Es ist forschungsgeschichtlich umstritten, ob und wann Luther seine Thesen an die Tür der Wittenberger Schlosskirche angeschlagen hat – unumstritten ist jedenfalls, dass Luther sie in einem Brief vom 31.10.1517 an den Erzbischof *Albrecht von Mainz* sandte, weil in dessen Namen der Ablass vertrieben wurde. Von einer kleinen Stadt im Kurfürstentum Sachsen nimmt die Reformation ihren Anfang. Und wenn heute Luther auch als Kirchenvater, als Erneuerer der Kirche und als Begründer des Protestantismus angesehen wird, so entsprechen die Anfänge der Reformation dem zunächst nicht. Was Luther da anzettelte, war viel eher Aufruhr, Revolution, Aufbegehren gegen die Traditionen der Kirche und damit etwas Unerhörtes, für das man, wie z.B. *Jan Hus,* als Ketzer verbrannt werden konnte.

Ein junger, von Gewissenszweifeln geplagter Mönch, der an der Wittenberger Universität eine Bibelprofessur innehat, tritt eine Lawine los, die das gesamte geistige und staatliche Leben überrollt und andere Bewegungen initiiert: die Bauernaufstände, die Bilderstürme, die Täuferbewegungen, die Reformation Zwinglis in Zürich – um nur einen Ausschnitt zu nennen.

Aus heutiger Sicht wird diesem Abschnitt der Geschichte welthistorische Bedeutung beigemessen; steht die Reformation doch am Beginn einer Neuzeit, die einen Aufbruch ins Säkulare bedeutet, zum Wegbereiter neuzeitlicher Subjektivität wurde und Ausgang für einen fundamentalen Wertewandel war. Einen Wertewandel, wie ihn Luther allerdings nicht absehen konnte.

Was macht den Verlauf der reformatorischen Bewegungen aus? Es war vor allem Luthers Ruf nach dem *»sola scriptura«* (»allein die Schrift«), nach der Rückkehr zur Bibel. Ebenfalls weit verbreitet wurden die drei Programmschriften von 1520,[10] die als zentrale Themen das reine Evangelium und die Ablehnung des Papstes, aber auch die Freiheit des Christenmenschen und das allgemeine Priestertum der Gläubigen publik machten und damit die bis dahin an der Kirche wenig aktiv partizipierenden »Laien« geradezu zur Stellungnahme herausforderten. Am durchschlagendsten war jedoch Luthers Erfolg mit seiner Übersetzung des NT. Ihr Verkauf übertraf die verlegerischen Erwartungen weit. Aber *wie* die Schrift gelesen wurde, das konnte Luther nicht steuern. Als es über das Verständnis des Abendmahls unter den Reformationstheologen zum Streit kam, als die Freiheitsvorstellung der deutschen Bauern und Luthers kollidierten, und dies, obwohl bei beiden Parteien die Schrift die Mitte ihrer Argumentation bildete, wurde Luther zunehmend zu einem regionalen Autor, der für Nord- und Mitteldeutschland schrieb. Ab Mitte der 20er Jahre verlor Luther einen großen Teil seiner Anhänger. Gleichzeitig begann die Institutionalisierung der Reformation. Luther war zwar der »Motor« einer Bewegung. Diese machte sich aber schon bald Luthers »Treibstoff«, seinen Aufruf zur Rückkehr zur Bibel, zu Eigen und trieb damit eigene Maschinen an, d.h. entwickelte Gegenpositionen zu Luther, wurde radikaler.

Die Reformation veränderte nicht nur die Kirche und die Theologie, sondern auch die Gesellschaft, was sich im Alltagsleben gravierend niederschlug: Klöster wurden aufgelöst. Die Nonnen und Mönche mussten andere Möglichkeiten des Auskommens finden. Priester durften heiraten, eine Familie gründen. Das Arbeitsleben wurde gewürdigt, d.h. nicht mehr das geistliche Leben galt als die bestmögliche Form, Gott näher zu kommen. Viele Formen der religiösen Volksfrömmigkeit wie Heiligenverehrung, Wallfahrten, Messstiftungen oder auch die Reliquienverehrung wurden abgeschafft. Die Kirchenräume veränderten sich. Die Gottesdienste wurden umgestaltet: Nicht die Liturgie und das Sakrament des Abendmahls bildeten mehr den Mittelpunkt, sondern die Predigt, die Bezogenheit auf das Wort Gottes, das die Gläubigen sich zu Eigen machen mussten.[11]

Mit der Demokratisierung des Glaubens geht seine Individualisierung und Existentialisierung einher. Gleichzeitig kommt es zu einer Intellektualisierung. Nicht Kultus und Liturgie, sondern das Hören des Wortes bestimmt das Gottesdienstgeschehen. »Diese Veränderungen werden flankiert von einer fundamentalen Veränderung des *Gottesverhältnisses* im Glauben, von

10 Nämlich: Von der Freiheit eines Christenmenschen/An den christlichen Adel deutscher Nation von des christlichen Standes Besserung/De captivitate Babylonica ecclesiae (Von der babylonischen Gefangenschaft der Kirche).

11 Vgl. *R. van Dülmen*, Kultur und Alltag in der Frühen Neuzeit, Bd.3: Religion, Magie, Aufklärung, München 1994, 12–22.

Luthers sog. Entdeckung der Gerechtigkeit Gottes (anhand von Röm 1,17) bzw. seiner Frage nach dem »gnädigen Gott«, der die Sündhaftigkeit, die existenzielle Verdorbenheit des Menschen nicht anrechnet, sondern ihn trotz der Sünde annimmt und liebt. Diese Wendung in Luthers Theologie geschieht fast gleichzeitig zu seinem öffentlichen Auftreten als Kirchenkritiker 1517.[12] Diese sog. Rechtfertigungslehre bildet die Mitte von Luthers Theologie und ist jahrhundertelang als Zentrum protestantischen bzw. lutherischen Glaubens immer wieder reformuliert, aktualisiert und theologisch reflektiert worden.«[13]

(2) Mit dem *Konzil von Trient* beginnt im römischen Katholizismus ein theologischer Erneuerungsprozess der mit den Prinzipien »Schrift – Tradition – kirchliches Lehramt« dem reformatorischen Schriftverständnis das kirchliche Wächteramt von Bischöfen und Papst über die biblischen Lehre und die Tradition gegenüberstellt. Es ist schließlich der durch *Ignatius von Loyola* (1491–1556) gegründete Jesuitenorden (Societas Jesu), der seit der Mitte des 16. Jahrhunderts die Zurückdrängung des Protestantismus in Deutschland übernimmt. Die Jesuiten reformierten das katholische Bildungswesen. Eine »Gegenreformation«, die den Einfluss der Protestanten erfolgreich minimierte, setzte ein.

2.4 Stationen des neuzeitlichen Protestantismus: Altprotestantische Orthodoxie, Pietismus, Aufklärung, 19. Jahrhundert.

(1) Altprotestantische Orthodoxie (ca. 1580–1730). Als Zeit der altprotestantischen Orthodoxie bezeichnet man die Zeit im Anschluss an die Reformation, in der nach Abschluss der Konfessionsbildung eine kirchliche Theologie entsteht. Sie umfasst den Zeitraum etwa ab der 2. Hälfte des 16. Jahrhunderts bis zum Beginn des 18. Jahrhunderts. Geprägt durch religiöse Auseinandersetzungen, die in den geistigen und materiellen Verwüstungen des Dreißigjährigen Krieges gipfeln, entwickelt sich eine Theologie, die versucht, die Grundlagen evangelischen Glaubens systematisch darzustellen, biblisch zu untermauern und gegen Angriffe abzusichern.

12 Zu den Datierungsfragen des auch als ›Turmerlebnis‹ charakterisierten Geschehens vgl. *B. Lohse (Hg.)*, Der Durchbruch der reformatorischen Erkenntnis bei Luther, Darmstadt 1968 und *B. Lohse (Hg.)*, Der Durchbruch der reformatorischen Erkenntnis bei Luther, Neuere Untersuchungen, Stuttgart 1988.

13 Vgl. dazu unter III. »Luther entdeckt den barmherzigen Gott«.

- *Definition:* Die lutherische Orthodoxie ist Teil der altprotestantischen Orthodoxie im späten 16. und im 17. Jh. Hauptkennzeichen ist die Konzentration auf die reine Lehre und ihre Verteidigung gegenüber den Angriffen von Seiten des römischen Katholizismus und des Calvinismus. Dogmatik und Polemik bilden die beiden Hauptdisziplinen der Theologie.

- *Bedeutende Vertreter und Werke: Leonhard Hutter* (1563–1616), Compendium locorum theologicorum; *Johann Gerhard* (1582–1637), Loci theologici (Hauptwerk der lutherischen Orthodoxie); *Abraham Calov* (1612–1686); *David Hollaz* (1648–1713); *Georg Calixt* (1586–1656).

- Herausragendes *Kennzeichen* ist die orthodoxe Lehre von der Heiligen Schrift: Die Schrift ist aus sich selbst heraus wahr und keiner weiteren Beglaubigung bedürftig. Sie besitzt auctoritas (Autorität), perfectio (vollkommene Wahrheit), sufficientia (volle Genügsamkeit) und perspicuitas (durchsichtige Klarheit). Die gesamte Heilige Schrift ist bis zu den einzelnen Buchstaben vom göttlichen Geist inspiriert (Verbalinspiration). Das Konkordienbuch von 1580 sollte sowohl Dokument als auch unerbittliche Richtschnur für die stets neu zu überprüfende Lehrrichtigkeit sein.

(2) Pietismus (17. Jahrhundert). Der Pietismus ist als eine Erneuerungsbewegung nach der Zeit der Reformation und der Orthodoxie zu betrachten. Er forderte die Umsetzung der christlichen Lehre ins Leben, verlagerte damit den Akzent des Protestantismus von der Rechtfertigung auf die Ethik.

»Es ist jetzt stadtbekannt der Nam' des Pietisten. Was ist ein Pietist? Der Gottes Wort studiert und nach demselben auch ein heilig Leben führt.«[14] – »Der Pietismus ist eine im 17. Jahrhundert entstehende, im 18. Jahrhundert zu voller Blüte kommende *religiöse Erneuerungsbewegung* im kontinentaleuropäischen Protestantismus, neben dem angelsächsischen Puritanismus die bedeutendste religiöse Bewegung des Protestantismus seit der Reformation. Gleicherweise in der lutherischen wie in der reformierten Kirche entstanden, dringt der Pietismus auf Individualisierung und Verinnerlichung des religiösen Lebens, entwickelt neue Formen persönlicher Frömmigkeit und gemeinschaftlichen Lebens, führt zu durchgreifenden Reformen in Theologie und Kirche und hinterläßt tiefe Spuren im gesellschaftlichen und kulturellen Leben der von ihm erfaßten Länder.«[15]

Die Ursprünge des Pietismus liegen in der von dem Frankfurter Pfarrer *Philipp Jakob Spener* 1675 veröffentlichen Programmschrift »Pia Desideria« (= Fromme Wünsche). Spener fordert eine Reform des Christentums durch

14 Joachim Feller um 1689, zit. nach *M. Brecht,* Geschichte des Pietismus, Bd.1, Göttingen 1993, 4.

15 *J. Wallmann,* Der Pietismus, Göttingen 1990, 7.

- intensive Bibellektüre,
- die erneute Bewusstmachung des allgemeinen Priestertums,
- eine erneuerte Praxis tätiger Nächstenliebe,
- die Einschränkung theologischer Streitigkeiten sowie
- eine Reform des Theologiestudiums und
- verständliche Predigten.

Der Pietismus gliederte sich bald in verschiedene Bewegungen auf:

- Radikaler P., repräsentiert durch *Johann Jakob Schütz* (1640–1690), *Gottfried Arnold* (1666–1714), *Johann Wilhelm* (1649–1726) und *Johanna Eleonora Petersen* (1644–1724).
- Reformierter P.: *Theodor Undereyck* (1635–1693), *Gerhard Tersteegen* (1697–1769).
- Lutherischer P.: *Philipp Jakob Spener* (1635–1705), *August Hermann Francke* (1663–1727 = Hallischer P.); *Nikolaus Ludwig Graf von Zinzendorf* (1700–1760) und die Herrnhuter Brüdergemeine.

(3) Aufklärung (18. Jahrhundert). Es handelt sich um eine gesamteuropäische Bewegung mit Zentren in England, Deutschland und Frankreich; Aufklärung ist eine Selbstbezeichnung, die von der Anhängern der Bewegung im Sinne eines stolzen und verantwortungsvollen Selbstbewusstseins verwandt wurde.

- *Definition:* »Aufklärung ist der Ausgang des Menschen aus seiner selbstverschuldeten Unmündigkeit. Unmündigkeit ist das Unvermögen, sich seines Verstandes ohne Leitung eines anderen zu bedienen. [...] Sapere aude! Habe Mut, dich deines eigenen Verstandes zu bedienen! Ist also der Wahlspruch der Aufklärung.« (*Immanuel Kant,* 1784).

- Wichtig waren außerdeutsche Einflüsse: *Herbert von Cherbury* (1583–1648) und der englische Deismus betonten, dass es unabhängig von der Offenbarung eine allen Menschen gemeinsame natürliche Religion gibt, durch die der Mensch auch ohne Kenntnis der Offenbarung selig werden kann. Christus wird als weiser Lehrer betrachtet, als Beispiel der Tugend. In Frankreich trat *Voltaire* (1694–1778) für Toleranz und Humanität ein und forderte eine Entmachtung der Kirche und des Klerus. In Deutschland war *Christian Wolff* (1679-1754) der wichtigste Wegbereiter der Aufklärung, indem er den Rationalismus zum selbstverständlichen Prinzip aller wissenschaftlichen Arbeit machte.

- Zunächst entstand die sog. *Übergangstheologie* zw. Orthodoxie und Aufklärung, deren zentraler Vertreter *Sigmund Jakob Baumgarten* (1706–1757) war. Er verfasste eine Evangelische Glaubenslehre, die erste größere Dogmatik in deutscher Sprache, die die christlichen Wahrheiten rational und logisch aufgegliedert darlegte. Er hielt allerdings an der Lehre von der Verbalinspiration fest. Die rationalen Beweise für die Wahrheit der Schrift überzeugen davon, dass die Bibel die Quelle dieser Offenbarung ist.

- Seit 1740 entwickelt sich in Deutschland eine Theologie, die von der Aufklärung geprägt ist, die *Neologie. Johann Salomo Semler* (1725–1791) begründete die Anwendung der historisch-kritischen Methode auf die Bibel wie auch auf die Dogmengeschichte. Der Inhalt der Schrift wird an einem moralischen Maßstab gemessen. Wesentlich sind die Grundwahrheiten, die direkt auf die moralische Besserung des Menschen abzielen und ethische Wirkungen zeigen sollen: Gott als Vater, Jesus als Lehrer und der Heilige Geist als Urheber einer neuen Gesinnung.

Allgemeine Merkmale der Aufklärungstheologie sind ein einheitlich-optimistisches Weltgefühl, das Zurücktreten von Sündenbewusstsein, Erlösungsbedürfnis und Jenseitsorientierung. Stattdessen kommt es zu einer Verbindung von Schöpfungstheologie mit Naturphilosophie: Mit dem Licht der Vernunft als einer Gottesgabe soll die Klarheit des göttlichen Lichts in der Welt erfasst werden, dessen Vollkommenheit sollten die vom Menschen verantworteten Lebensverhältnisse entsprechen (hoher Stellenwert der Ethik). Letztlich war für die frommen Aufklärer die Vernunft die Moral und Praxis bestimmende Instanz, allerdings in grundlegender Orientierung an der Bibel, deren Essenz sie als vernunftgemäße Anleitung zum tugendhaften und glückseligen Leben verstanden.

(4) 19. Jahrhundert: Kirche und soziale Frage. Im 19. Jahrhundert bietet die evangelische Theologie ein ambivalentes Bild; einerseits entwickelt sich im Gefolge der Aufklärung eine »liberale Theologie«, die in Auseinandersetzung mit der Moderne die historisch-kritische Methode wie auch die theologischen Disziplinen weiterentwickelt. Als »Kirchenvater« des 19. Jahrhunderts gilt *Friedrich Daniel Ernst Schleiermacher* (1768–1834). Andererseits entsteht eine Form der Neoorthodoxie oder Restaurationstheologie, die an Glaube, Bibel und Bekenntnis unverändert (d.h. ohne die Berücksichtigung der Aufklärung) festhalten will. Schließlich geschieht eine Wiederbelebung des Pietismus durch verschiedene Erweckungsbewegungen, die viel Wert auf die Umsetzung der christlichen Lehre ins Leben legen und insgesamt ebenfalls einer konservativen Theologie verpflichtet sind.

Schwerwiegender als die theologischen Entwicklungen ist im Protestantismus die Entdeckung der sozialen Frage als Aufgabe der Kirche. Im 19. Jahrhundert finden sich verschiedenste Initiativen, die den durch die gesellschaftlichen Veränderungen Marginalisierten in vielfacher Form helfen will. So wendet sich *Johann Hinrich Wichern* (1808–1881) den Kindern und Waisen aus sozial schwachen Familien in Hamburg zu und verhilft ihnen in seinem von ihm 1833 gegründeten Rauhen Haus zu neuen Lebensperspektiven. 1848 gelingt es ihm, die Aufgabe der Diakonie als Innere in Ergänzung zur

Äußeren Mission auf dem Wittenberger Kirchentag zu propagieren. Damit wird die Innere Mission eine allgemeine Aufgabe der Kirche. *Theodor* (1800–1864) und *Friederike Fliedner* (1800–1842) initiieren in Kaiserswerth am Rhein die sog. Mutterhausdiakonie, in der Frauen in klosterähnlicher Gemeinschaft zunächst für die Krankenpflege, später für viele diakonische Tätigkeiten ausgebildet werden. *Amalie Sieveking* (1794–1859) gründete in Hamburg einen sehr erfolgreichen Verein für die Armen- und Krankenpflege, in dem verheiratete und unverheiratete Frauen ehrenamtlich sozialpflegerischen Tätigkeiten nachgingen.

2.5 Brennpunkte der Kirchengeschichte des 20. Jahrhunderts: Kirche zwischen Demokratien und Diktaturen. Das 20. Jahrhundert ist in Deutschland in vielfacher Hinsicht durch Extreme gekennzeichnet. *K. Nowak* hat von einer »Explosion der Moderne« gesprochen.[16] Neben den schrecklichen Verlusten an Menschen durch die beiden Weltkriege und der analogielosen Massentötung der Nationalsozialisten im sog. Dritten Reich stehen gesellschaftliche und technologische Entwicklungen, die eine bislang beispiellose Modernisierung und Globalisierung beförderten.

Es werden folgende Entwicklungen skizziert: 1. Weimarer Republik und Dialektische Theologie 2. Kirchen im Nationalsozialismus 3. Die kirchliche Entwicklung nach 1945 in der BRD und DDR. Für die sich intensivierenden ökumenischen und weltweiten Beziehungen der deutschen Kirchen sei nachdrücklich auf das Kapitel Ökumenische Theologie (→ bes. VIII.1) verwiesen.

(1) Weimarer Republik 1919 bis 1933 und Dialektische Theologie. Der Erste Weltkrieg – der mit seinen hohen Gefallenenzahlen, den neuen Waffentechnologien und seiner Erstreckung ein neues schreckliches Kapitel der europäischen Moderne aufschlägt – kann als die Geburtsstunde der Dialektischen Theologie oder »Theologie der Krise« bezeichnet werden. Sie war initiiert von den jungen mehrheitlich Schweizer Theologen *Karl Barth, Eduard Thurneysen, Emil Brunner* und *Friedrich Gogarten.* Hatte bis dahin die sog. liberale Theologie eine Synthese zwischen bürgerlicher Frömmigkeit, verantwortlichem Handeln in der Gesellschaft und einer Orientierung an Jesus als Vorbild gesucht, so verzweifelte die neue Generation der Theologiestudenten an diesen Vorstellungen. Vollends erschüttert wurde das Vertrauen durch die billigende, ja positive Haltung ihrer theologischen Lehrer zum Ersten Weltkrieg. Die neue Theologie betonte stattdessen nun die abso-

16 *K. Nowak,* Geschichte des Christentums in Deutschland. Religion, Politik und Gesellschaft vom Ende der Aufklärung bis zur Mitte des 20. Jh., München 1995, 205.

lute Jenseitigkeit Gottes, seine Souveränität, die alle Kultur, alle Religion, alle menschlichen Weltentwürfe in Frage stellte. Programmatisch wurde *Karl Barths* 2. Auflage seines Römerbriefkommentars, in der er den unendlichen qualitativen Unterschied zwischen Gott und Mensch betonte: »Was von Gott aus und nur von Gott aus am Menschen wahr wird, das kann nie etwas anderes werden als neuer Ruf zu Gott [...] zur Aufforderung aufs neue alle Sicherheit fahren zu lassen, allen Ruhm preiszugeben, aufs neue Gott, dem unbekannten die Ehre zu geben, als wäre es noch nie, als wäre noch gar nichts geschehen.« Diese steilen Positionen werden bereits in den 30er Jahren von den ehemals dialektischen Theologen hin zu konkreteren Positionen modifiziert. *Barth* entwickelt sich nach und nach zum christozentrischen Offenbarungstheologen, der damit die Pfarrergeneration und die bundesdeutsche Theologie nach dem Zweiten Weltkrieg maßgeblich prägte.

Die Weimarer Demokratie wurde von den Protestanten nicht begrüßt. Obrigkeitstreue und die jahrhundertelange Gewöhnung an das landesherrliche Kirchenregiment und damit eine enge Verknüpfung von Kirche und Staat ließen die nun erfolgende Trennung von Staat und Kirche als Verlustgeschichte erscheinen. Der ausgeprägte Wunsch auch der Protestanten nach einem starken Staat und der Überwindung des »Schandfriedens von Versailles« sowie nationalistische Gefühle trugen wesentlich dazu bei, dass die Machtergreifung Hitlers von den meisten begrüßt wurde. Die radikale Kultur- und Weltkritik der dialektischen Theologen führte zwar nicht zu einer solchen Haltung, hatte jedoch in ihrem Protest gegen die vernünftige, bürgerlich-humanitäre Welt des 19. Jahrhunderts der demokratischen Politik die Anerkennung verweigert.

(2) Kirche im Nationalsozialismus. In einigen Landeskirchen gab es bereits vor 1933 nationalsozialistische Pfarrergruppen, beispielsweise in Thüringen und Württemberg. Mit der Glaubensbewegung Deutsche Christen hatte sich zudem bereits 1932 eine Organisation zusammengefunden, die sich als »SA Jesu Christi« verstand, im deutschen Volkstum »das höchste zeitliche Gut« sah und die Erneuerung des protestantischen Christentums im Sinne einer »arteigenen«, von den »jüdischen Traditionsfesseln des Altentestaments« gelösten »arischen« Volkskirche erwartete. In den Deutschen Christen (DC) fand Hitler Verbündete, mit denen er das Ziel einer unter einem Reichsbischof gleichgeschalteten Kirche verwirklichen wollte. Schon im April 1933 hatten die DC auf einer Tagung in Berlin die Entfernung »judenstämmiger Pastoren« aus ihren Ämtern gefordert.

Der einzige, der bereits jetzt dafür plädierte, sich mit aller Kraft gegen den Umgang des totalitären Staates mit der jüdischen Bevölkerung zu wehren, war *Dietrich Bonhoeffer* (1906–1945). Im April hielt der damals noch unbekannte Pfarrer und Privatdozent der Theologie in Berlin einen Vortrag vor Pfarrerskollegen zum Thema »Die Kirche vor der Judenfrage«, in dem er klarstellte, dass die Kirche sich nicht aus der Politik heraushalten dürfe, wenn der Staat grundlegende Menschenrechte außer Kraft setzt. In einem solchen Fall nennt Dietrich Bonhoeffer drei Möglichkeiten des Handelns: »*Erstens* (wie gesagt) die an den Staat gerichtete Frage nach dem legitim staatlichen Charakter seines Handelns, d.h. die Verantwortlichmachung des Staates. *Zweitens* der Dienst an den Opfern des Staatshandelns. Die Kirche ist den Opfern jeder Gesellschaftsordnung in unbedingter Weise verpflichtet, auch wenn sie nicht der christlichen Gemeinde zugehören. [...] Die *dritte* Möglichkeit besteht darin, nicht nur die Opfer unter dem Rad zu verbinden, sondern dem Rad selbst in die Speichen zu fallen.«[17]

Im September 1933 erklärt der Pfarrernotbund – ein durch den Pfarrer *Martin Niemöller* (1892–1984) gegründeter Zusammenschluss, dem bis zum Januar 1934 7000 Pfarrer und damit ein Drittel der gesamten evangelischen Pfarrerschaft beigetreten war –, dass die Einführung des Arierparagraphen am 1.4.33 (»nicht-arische« Beamte und damit auch Pfarrer sollten ihres Amtes enthoben werden) in der Kirche eine Verletzung des Bekenntnisstandes bedeutet. Eindeutig wurde Position gegen ihn bezogen. Auf der sog. Braunen Synode in Wittenberg im Herbst 1933 kam der Arierparagraph allerdings nicht zur Sprache. Die DC – die durch Kirchenwahlen im Juli in fast allen Landeskirchen (außer Württemberg, Hannover und Bayern) einen glänzenden Wahlsieg errungen hatten – wollten eine einheitliche Deutsche Evangelische Reichskirche (DEK) schaffen. Hitler favorisierte den Wehrkreispfarrer *Ludwig Müller* als Oberhaupt dieser gleichgeschalteten Reichskirche. Obwohl dieser im September Reichsbischof wurde, gelang die Eingliederung der Landeskirchen nicht. Zugleich verloren die DC massiv an Einfluss, weil ihre Kundgebung im November 1933 im Sportpalast in Berlin mit der Forderung nach Abschaffung des AT und seiner »jüdischen Lohnmoral« den Bogen überspannte und zum Zerfall der DC führte.

Der breitenwirksamste Widerstand der protestantischen Kirchen entfaltete sich bei der Verteidigung der Kirchen und in dem Bemühen, die christliche Botschaft authentisch zu bewahren. Zentral war hier die Versammlung der aus dem Pfarrernotbund hervorgegangenen Bekennenden Kirche (BK) in Wuppertal-Barmen im Mai 1934 und die Annahme der wesentlich von *Barth* verfassten »Barmer Theologischen Erklärung« (→ s.u. C.2). Die BK war zeitweilig eine Massenorganisation. Häufig erschöpfte sich aber der Widerstand darin, das Proprium von Kirche und Theologie gegen einen totalitaris-

17 *D. Bonhoeffer,* Die Kirche vor der Judenfrage, in: *Dietrich Bonhoeffer* Werke, Bd. 12, *hg. von E. Bethge,* München 1997, 349-358, hier: 353.

tischen Staat zu betonen. Aus diesem Widerstand aus kirchlich-theologischen Gründen entwickelte sich kein genereller politischer Widerstand. Es gab nur wenige Bemühungen um ein Eintreten für die Christen und Christinnen jüdischer Herkunft, für die Mitbürger und -bürgerinnen mosaischen Glaubens und erst recht nicht für Kommunisten, Homosexuelle, Sinti und Roma, geistig und körperlich Behinderte – all dies Gruppen, die vom NS-Staat verfolgt wurden.

Nachdem die Gleichschaltung der Kirchen unter einen Reichsbischof nicht gelungen war – 1934 hatten die Kirchen Hannover, Württemberg und Bayern eine »Vorläufige Kirchenleitung der DEK« eingesetzt – versuchte Hitler seit 1935 mit der Einrichtung von Reichskirchenausschüssen eine Ruhigstellung der Kirchen zu erreichen. Da Deutsche Christen und Bekennende Kirche zumeist nicht bereit waren, sich an einen Tisch zu setzen, scheiterte diese Vermittlungspolitik. An der Frage der Zusammenarbeit mit dem Staat in diesen Ausschüssen zerbrach 1936 die Einheit der BK. Sie spaltete sich in einen gemäßigten und einen radikalen Flügel. Diese »Radikalen« bezogen 1936 in einer Eingabe an Hitler klar Position gegen das NS-Unrechtsregime und ließen ihre Position von den Bekenntnispfarrern als Kanzelabkündigung öffentlich machen.

Die Verfolgung der »nichtarischen« Bevölkerung nimmt im September 1935 durch die Nürnberger Gesetze zu. Das »Reichsbürgergesetz« sowie das Gesetz »zum Schutze des deutschen Blutes und der deutschen Ehre« legten nach rein rassischen Kriterien fest, wer als Jude zu gelten hatte. Tausende von Christen beider Konfessionen wurden als Juden diskriminiert. Die kirchenleitenden Gremien schwiegen. Der Spandauer Superintendent *Martin Albertz* (1883–1956) suchte nach Wegen, den evangelischen »Nichtariern« zu helfen. Eine 1935/1936 für die Steglitzer Synode entstandene Denkschrift »Zur Lage der deutschen Nichtarier«, von der Berliner Lehrerin *Dr. Elisabeth Schmitz* verfasst,[18] beschreibt eindringlich die Situation der Ausgrenzung und wie der »nichtarischen« Bevölkerung die Existenzgrundlagen entzogen wurden. Seit 1935 versuchten die Nationalsozialisten das Christentum aus allen Lebensbereichen zu verdrängen: Im Juli 1935 wurden alle konfessionellen Jugendorganisationen verboten. Der Religionsunterricht sollte zunächst nur »germanisiert« werden, wurde z.T. jedoch vollständig abgeschafft. Es gab massive Diffamierungskampagnen der NS-Presse gegen die Kirchen. Eine »Entkonfessionalisierung des öffentlichen Lebens« sollte erreicht werden. Seit 1937 nahm die innenpolitische Bekämpfung der Kirchen nochmals zu. 1939 war – trotz massiver Proteste beider Kirchen – das konfessionelle Schulwesen in Deutschland vollständig abgeschafft. In den Jahren 1940/41 wurde dieser Kampf nochmals verschärft, u.a. wurden kirchliche Gebäude enteignet und staatliche Subventionen gekürzt.

Mit dem Pogrom in der Nacht des 9./10. Novembers 1938 begann eine weitere Eskalation der Judenverfolgungen in Deutschland. Zahlreiche Menschen wurden ermordet, einige Zehntausend in Konzentrationslager gebracht. Der Pogrom diente massiv der Ausschaltung der Juden aus der Wirtschaft. Die nationalsozialistische Judenpolitik hatte damit am Vorabend des Krieges innerhalb kurzer Zeit tief greifende Veränderungen für die materielle, soziale, rechtliche und kulturelle Situation der deutschen Juden gebracht. Sie waren zu Ausgestoßenen im eigenen Land geworden. Die Kirchen schwiegen dazu oder trugen zur Diskriminierung bei: Die evangelischen Kirchenleitungen von Thüringen, Mecklenburg, Anhalt und Sachsen entzogen »Nichtariern« im Februar 1939 die Kirchenmitgliedschaft. Wieder gab es einzelne Stimmen Mutiger dagegen, aber sie blieben die Ausnahme. Es gab Hilfsorganisationen, die den vielen evangelischen »Nichtariern«, die das Land verlassen wollten, halfen. Beispielsweise in Berlin das sog. Büro Grüber, des Pfarrers *Heinrich Grüber* (1891–1975), das Zweigstellen in ganz Deutschland hatte. Dort wurde einigen tausend christlichen Juden die Auswanderung ermöglicht. Der Krieg war in vieler Hinsicht Voraussetzung und Nährboden für die letzte Phase der Judenpolitik, die »Endlösung der Judenfrage«. Im September 1941 wurde das Tragen des »Judensterns« in Deutschland Pflicht. Nur wenige Menschen protestierten dagegen. Eine von ihnen war die Stadtvikarin *Katharina Staritz* (1903–1953). Ihr Eintreten für die evangelischen »Nichtarier« in Breslau führte zu ihrer Einlieferung ins KZ Ravensbrück.

Der Krieg bot auch die Bedingungen, um einen weiteren zynischen Plan Hitlers zu einer »Gesundung des Volkes« umzusetzen, nämlich die seit 1939/40 einsetzenden Krankenmorde, euphemistisch als »Euthanasie« (gutes Sterben) bezeichnet. Der Psychiatriesektor sollte durch die Massenmorde die Gesellschaft von »unnützen Essern« entlasten. Vereinzelt protestierten hier Landeskirchen, evangelische Diakonie und katholische Caritas (u.a. Bischof *Wurm* aus Württemberg in zahlreichen Schreiben an Staats- und Parteistellen und der kath. Kardinal *von Galen* in öffentlichen Predigten und Erstattung von Strafanzeigen wegen Mordes). Ende 1941 wurde das »Euthanasieprogramm« eingestellt.

Die 12. Bekenntnissynode der altpreußischen Kirche formulierte im Oktober 1943 ein Votum gegen den Mord an den vom NS-Staat Verfemten in Form einer Auslegung des 5. Gebotes (Du sollst nicht töten.), das am Buß- und Bettag 1943 von den Kanzeln bekannt gegeben werden sollte. In dieser Auslegung zum 5. Gebot hieß es:

»Begriffe wie *Ausmerzen, Liquidieren* und *unwertes Leben* kennt die göttliche Ordnung nicht. Vernichtung von Menschen, lediglich weil sie Angehörige eines Verbrechers, alt oder geisteskrank sind oder einer anderen Rasse angehören, ist keine Führung des Schwertes, das der Obrigkeit von Gott gegeben ist.« Des Christen Nächster sei «allemal der, der hilflos ist und seiner besonders bedarf, und zwar ohne Unterschied der Rassen, Völker und Religionen. Denn das Leben aller Menschen gehört Gott allein. Es ist ihm heilig, auch das Leben des Volkes Israel.«[18]

(3) Die kirchliche Entwicklung nach 1945 und in beiden deutschen Staaten. Nach der Kapitulation der deutschen Wehrmacht am 8. Mai 1945 übernahmen im Juni 1945 die alliierten Sieger die volle Regierungsgewalt. Bereits im August 1945 fanden die Kirchenvertreter sich in Treysa ein, um über die Neuordnung der Kirche zu beraten. Es konstituierte sich ein neuer Kirchenbund, die Evangelische Kirche in Deutschland (EKD). Als 1948 die Grundordnung der EKD beschlossen wurde, zeigte sich deutlich deren konservative Tendenz, insofern als die landeskirchlichen Strukturen beibehalten wurden und Rat und Synode der EKD nur eine Richtlinienkompetenz erhielten.

Die Landeskirchen behielten ihre herkömmlichen organisatorischen Strukturen bei, zeigten aber in den darauffolgenden Jahren, dass sie aus der Zeit des Nationalsozialismus gelernt hatten, ihre Haltung zu Staat und Gesellschaft als eine kritische zu verstehen. Dies zeigte sich in den 50er Jahren an den öffentlichen Stellungnahmen gegen die Wiederbewaffnung der Bundesrepublik und gegen Atomrüstung, in der DDR in den Protesten gegen die staatlicherseits eingeführte Jugendweihe, die die Konfirmation verdrängen sollte. Der Neuanfang dokumentierte sich auch in dem im Oktober 1945 vom Rat der EKD veröffentlichten Schuldbekenntnis, in dem es heißt: »Mit großem Schmerz sagen wir: Durch uns ist unendliches Leid über viele Völker und Länder gebracht worden. Was wir unseren Gemeinden oft bezeugt haben, das sprechen wir jetzt im Namen der ganzen Kirche aus: Wohl haben wir lange Jahre hindurch im Namen Jesu Christi gegen den Geist gekämpft, der im nationalsozialistischen Gewaltregiment seinen furchtbaren Ausdruck gefunden hat; aber wir klagen uns an, daß wir nicht mutiger bekannt, nicht treuer gebetet, nicht fröhlicher geglaubt und nicht brennender geliebt haben.«[19]

18 Der ungerechte Krieg in seiner entmenschten Realität, in: *M. Greschat, H.-W. Krumwiede (Hgg.),* Das Zeitalter der Weltkriege und Revolutionen, Neukirchen-Vluyn 1999, 167-167; hier: 166.

19 *G. Besier/ G. Sauer (Hgg.),* Wie Christen ihre Schuld bekennen. Die Stuttgarter Erklärung 1945, Göttingen 1985

Während die Ökumenische Bewegung (→ s.u. VIII.A.1)dieses Schuldbekenntnis akzeptierte und die Repräsentanten der EKD nun als gleichberechtigte Mitchristen mitarbeiten ließ – so der 1948 in Amsterdam gegründete Ökumenische Rat der Kirchen (ÖRK) –, wies die evangelische Bevölkerung diese Erklärung empört zurück. Man sah sich nicht als schuldiger als die anderen am Krieg beteiligten Völker.

Die EKD blieb bis 1969, also auch noch nach der doppelten Staatsgründung 1949, gesamtdeutsch. Vor allem aufgrund der Intervention des Staates DDR konnte dies, nicht zuletzt nach dem Mauerbau 1961, nicht mehr fortgesetzt werden. Die kirchliche Entwicklung lief in beiden deutschen Staaten konträr: In der Bundesrepublik war die Kirche bald wieder eine beachtete Größe, während der SED (Sozialistische Einheitspartei Deutschlands)-Staat die Kirche als Relikt einer überholten Weltanschauung sah und ihr durch immer schärfere Restriktionen die Arbeitsmöglichkeiten beschränkte. Aufsehen erregte 1965 die sog. Ostdenkschrift der EKD, in der es um die Frage der Anerkennung der Oder-Neiße-Linie ging. Bei den Vertriebenen und den Konservativen beider Konfessionen wurde die Schrift äußerst kritisch beurteilt. Sie löste eine erhitzte Debatte aus.

Für die römisch-katholische Kirche bedeutete das von 1962 bis 1965 tagende II. Vatikanische Konzil eine enorme Modernisierung. In der Liturgie wurde erstmals die Volkssprache des jeweiligen Landes zugelassen, eine vorsichtige Öffnung zu den exegetischen Wissenschaften erfolgte, der Index der verbotenen Bücher fiel weg. Der hohe Stellenwert der Laien für die Kirche wurde betont. Insgesamt führte dies zu einer enormen Aufbruchsstimmung im Katholizismus, sowohl in den Gemeinden wie auch in der Theologie.

Die durch die 68er bedingte Aufbruchsstimmung in der Bundesrepublik und die Debatten innerhalb der ökumenischen Bewegung führten seit den 70er Jahren zu einer Politisierung auch der Kirche und vor allem der Studentengemeinden, die sich verstärkt mit Problemen der Dritten Welt und politischen Positionen auseinander setzten. Die sich seit den 80er Jahren formierende Friedensbewegung war ebenfalls vom Engagement junger Christen getragen. Gleichzeitig hatte die Erosion der Volkskirche begonnen: Seit den 70er Jahren nahm die Zahl der Kirchenaustritte enorm zu. Immer mehr Menschen kehrten der Kirche den Rücken zu. 1983 griff die in Vancouver tagende Versammlung des ÖRK den Vorstoß einiger Delegierter aus der DDR auf, doch ein interkonfessionelles Treffen über den Themenbereich Gerechtigkeit, Frieden und Bewahrung der Schöpfung zu initiieren.

In der DDR verlor die Kirche schon in den 50er Jahren ihre traditionelle Öffentlichkeitsrolle, da sie aus den Schulen und Institutionen gedrängt wurde – 1953 wurde der RU in Schulräumen verboten, an seine Stelle trat in den Gemeinden die sog. Christenlehre. Im Grundsatzdokument des Politbüros von 1954 hieß es, die Kirche sei »die stärkste legale Position der imperialistischen Kräfte« in der DDR. Als gesamtdeutsche Institution sah der DDR-Staat die Kirchen in der DDR als Bastion des kapitalistischen Klassenfeindes. Nach dem Mauerbau, der zu einer Konsolidierung der DDR führte, und der Trennung von der EKD, verbesserten sich die Beziehungen zwischen Kirche und Staat in den 70ern. Der Kirchenbund der DDR sah sein eigenes Selbstverständnis als »Zeugnis- und Dienstgemeinschaft von Kirchen in der sozialistischen Gesellschaft«. Die ebenfalls in den 70er Jahren entstandene Formel »Kirche im Sozialismus« bedeutete eine weitere Annäherung.

Einen verzweifelten Protest gegen den atheistischen Staat brachte dagegen der Thüringer Pfarrer *Oskar Brüsewitz* mit seiner Selbstverbrennung im August 1976 zum Ausdruck. In den 80er Jahren brachen wiederum Konflikte zwischen Kirche und Staat auf, als 1978 als Schulfach der sog. Wehrkundeunterricht eingeführt wurde. In den Kirchen wurde über die Friedensfrage und die Umweltzerstörung in der DDR diskutiert. Damit hielt die Kirche einen Raum für nicht-staatskonformes Denken offen. Die montaglichen Friedensdemonstrationen, die von der Leipziger Nikolaikirche initiiert wurden, führten ursächlich mit zum Zusammenbruch der DDR, zur friedlichen Revolution 1989.

B Arbeitsformen und -methoden

❑ Tabelle/Grafik 22

Das Studium der Kirchengeschichte vollzieht sich normalerweise durch die Analyse von Quellen. Meist handelt es sich um schriftliche Quellen, aber das Medium des Bildes spielt gerade in der Reformationszeit eine wichtige Rolle – die Holzschnitte der Zeit veranschaulichen oft die Programme der Reformation. Überhaupt sollten bei der Quellenarbeit nach Möglichkeit visuelle Quellen mit einbezogen werden, da sie meist auch für den RU geeignet sind. »Unter ›Quellen‹ verstehen wir Bestandteile des historischen Materials, d.h. alle Überlieferungen (Texte, Gegenstände, Tatbestände), aus bzw. mit denen die wissenschaftliche Erforschung historischer Sachverhalte und Abläufe geleistet werden kann.«[20] In neuerer Zeit zählen dazu auch Medien wie Fotos, Zeitungsberichte, Karikaturen, Comics, Filme sowie Kirchenräume oder auch mündlich erzählte Geschichte (Oral History). Mit der Einbezie-

20 *Ch. Markschies*, Arbeitsbuch Kirchengeschichte, Tübingen 1995, 20.

hung der kirchlichen Zeitgeschichte als die »Epoche der Mitlebenden« eröffnen sich neue Möglichkeiten der Quellenarbeit, die ebenfalls im Kirchengeschichtsunterricht eine zentrale Funktion haben: die Befragung von Zeitzeuginnen und Zeitzeugen.[21] Hier können sowohl schriftliche Aufzeichnungen von Interviews, als auch Tondokumente ausgewertet werden. Zusätzlich besteht die Möglichkeit, Personen der Zeitgeschichte in den Unterricht einzuladen und zu befragen. Auch kirchengeschichtliche Ereignisse der unmittelbaren Vergangenheit können so erarbeitet und veranschaulicht, konkretisiert werden.

Die gewissenhafte Quelleninterpretation ist die Grundlage kirchengeschichtlichen Forschens. Neben den Quellen wird in Studium und Schule stets auch auf Sekundärliteratur zurückgegriffen werden, d.h. auf Überblicksdarstellungen, die aus Quellen geschöpft sind. Die methodische wissenschaftliche Arbeit wird dabei nie zu voraussetzungslosen Ergebnissen kommen, denn – so *Rudolf Bultmann*:

»Ein Verstehen, eine Interpretation ist stets an einer bestimmten Fragestellung, an einem bestimmten Woraufhin orientiert. Das schließt aber ein, (...) daß sie immer von einem Vorverständnis der Sache geleitet ist, nach der sie den Text befragt.«[22] Das bedeutet, dass auch die Lektüre von Sekundärliteratur stets kritisch erfolgen sollte. Die Autoren und Autorinnen befragten ihre Quellen in einer bestimmten Zeit, mit einer bestimmten Fragestellung und haben ihre Quellen auch nur auf diese Fragestellung hin interpretiert. Die Divergenz von Sekundärliteratur ist ein weiteres Indiz dafür, dass diese aufgrund unterschiedlicher Vorverständnisse zu abweichenden Ergebnissen kommen kann. Diese Situation macht es notwendig, im Zweifelsfall selbst die zugrunde liegenden Quellen zu überprüfen. Damit soll auch zum kritischen Umgang mit Sekundärliteratur ermuntert werden! Zudem entwickelt die Forschung immer wieder neue Fragerichtungen. Mit der Alltags- und Geschlechtergeschichte wird der Fokus nicht nur auf andere Quellen gerichtet, sondern in bereits bekannten Quellen können neue Aspekte entdeckt werden, z.B. indem man das zugrunde liegende Frauenbild eines theologischen Textes untersucht.

21 Neue Quellen ließen sich z.B. durch die konsequente Suche nach theologischen Texten von Frauen oder durch die Methode der Oral-History gewinnen.

22 *R. Bultmann,* Das Problem der Hermeneutik, in: *ders.*, Glauben und Verstehen, Bd.2, Tübingen ^{5}1968, 216.

Die Interpretation einer Quelle folgt den weitgehend standardisierten Schritten, die so ebenfalls von der Geschichtswissenschaft vorgegeben sind. Neben der (1) *Quellenkritik,* die aus *Quellenbeschreibung, Textsicherung, »äußerer«* und *»innerer«* Kritik besteht, steht die (2) *Quelleninterpretation* oder *Auswertung,* die neben einer *Inhaltsangabe* eine *Analyse* der Quelle vornimmt und schließlich ein Ergebnis dieser Analyse zusammenfasst und die Quelle unter einer spezifischen Fragestellung beurteilt bzw. einordnet.[23]

Die unter (1) genannte *Quellenkritik* wird normalerweise im Studium keine bedeutende Rolle spielen, da meist bereits edierte Quellen verwendet werden. Die *Quellenbeschreibung* behandelt die Art der Quelle (d.h. handelt es sich um eine Akte, einen Holzschnitt oder eine Urkunde?), ihre Überlieferung (d.h. ihr Fund- und Aufbewahrungsort beispielsweise in einem Archiv) und ihren äußeren Erhaltungszustand (d.h. liegt sie vollständig und in guter Qualität vor oder ist sie lückenhaft, zerrissen oder schlecht lesbar?). Die *Textsicherung* bedeutet zum einen das Lesen-Können einer Quelle sowie die Reinigung des Textes von nachträglichen Einschüben. Die Authentizität des Textes muss durch diesen Untersuchungsschritt verifiziert bzw. falsifiziert werden. Die Textsicherung ist dann schwierig, wenn ein Text mehrfach überarbeitet worden ist. Bei Handschriften, die mehrfach abgeschrieben wurden, kann der Abschreiber beispielsweise Zusätze von eigener Hand gemacht haben, um die Quelle orthodoxer zu machen. Solche Änderungen werden bei einer kritischen Edition im Anmerkungsapparat vermerkt. Die *»äußere Kritik«* fragt nach Entstehungszeit, Entstehungsort, Verfasser/in und Adressat/in eines Textes. – All diese Schritte ersparen Quelleneditionen den Lesenden (und Studierenden).

Die *»innere Kritik«* dagegen bildet bereits einen zentralen Teil der Arbeit mit Quellen in kirchengeschichtlichen Seminaren: Der Text muss *sprachlich* aufgeschlüsselt werden, d.h. alle Begriffe, die fremd bzw. sogar unverständlich erscheinen, müssen geklärt werden. Gelegentlich müssen Bedeutungsveränderungen berücksichtigt werden: Der Begriff ›Weib‹ hatte beispielsweise im 16. Jahrhundert keine pejorative Bedeutung. Ebenfalls muss der Text *sachlich* aufgeschlüsselt werden, d.h. man fragt beispielsweise, auf welche Personen und Sachverhalte angespielt wird.

Die *Quelleninterpretation (2):* Um sie vornehmen zu können, bedarf es zunächst einer sorgfältigen *Erfassung des Inhalts,* d.h. einer genauen Wiedergabe der einzelnen Gedanken des Textes, sprich einer *Inhaltsangabe.*

23 Vgl. zu dieser Gliederung *P. Borowsky u.a. (Hg.),* Einführung in die Geschichtswissenschaft I. Grundprobleme, Arbeitsorganisation, Hilfsmittel, [5]1989, 160-174. Eine andere Begrifflichkeit bei ähnlichem Vorgehen findet sich bei *T. M. Schneider,* Kirchengeschichte, in: *R. Heiligenthal/F. Lemke* u.a. *(Hg.),* Einführung in das Studium der Evangelischen Theologie, Stuttgart 1999, 178–212, Hier: 203, nämlich der Dreischritt: Analyse, historisches Sachurteil, Werturteil. Als ausführliche methodische Anleitung empfiehlt sich *Ch. Markschies,* aaO.

In kirchengeschichtlichen Seminaren wird dieser Inhaltsangabe viel Zeit eingeräumt, weil man es ja zumeist mit theologischen Texten von relativ großer Fremdheit zu tun hat. Dieses *textimmanente* Arbeiten ist nicht mehr als eine Bestandsaufnahme des Textes; es geht noch nicht über die Informationen des Textes hinaus.

Im nächsten Schritt müssen *Aussagekraft* und *Informationswert* der Quelle beurteilt werden. Dazu muss andere Literatur herangezogen werden. Die Aussagen der Quelle werden also einer kritischen Prüfung unterzogen, indem danach gefragt wird, welche Absichten der Verfasser des Textes verfolgt hat, in welcher Lage er sich befunden hat und an welche Adressaten sein Text gerichtet war – so bedeutet es einen Unterschied, ob *Luther* eine Predigt für seine Wittenberger Gemeinde entwirft oder einen Brief an seinen Bischof schreibt. Nun wird auch nach dem größeren historischen Zusammenhang gefragt, in den der Text hinein gehört. Hierzu muss auf die entsprechenden Nachschlagewerke und die Fachliteratur zurückgegriffen werden – es macht einen großen Unterschied, ob ein Text Luthers 1518 oder 1545 entstanden ist: Sowohl die politische wie die biographische Situation Luthers haben sich gravierend verändert. Handelt es sich 1518 noch um einen theologisch aufbegehrenden Mönch, der sich seiner Kirche treu verbunden fühlt, ist Luther 1546 zum Dogmenwächter seiner eigenen bereits etablierten Kirche geworden. Diese Einordnung der Quelle bezieht sich also auf das soziale, biographische, politische, kulturelle, ideologische, wirtschaftliche und soziale Umfeld, das mit Hilfe der Sekundärliteratur erarbeitet wird. Mit ihr wird zudem der Aussagewert der Quelle überprüft bzw. auch relativiert. Im Seminar werden diese Informationen meist durch den jeweiligen Dozenten/die Dozentin gegeben bzw. als Material oder Literaturhinweise bereit gestellt.

Das *Ergebnis* der Quellenarbeit schließlich bündelt die Resultate der einzelnen Arbeitsschritte und versucht eventuell, eingangs aufgestellte Leitfragen an den Text abschließend zu beantworten. Da diese Fragen an den Text jedoch erst gestellt werden können, wenn sich die Leserin oder der Leser bereits mit Sekundärliteratur und vielleicht Interpretationen der Quelle auseinander gesetzt hat, wird in kirchengeschichtlichen Seminaren normalerweise die immanente Textarbeit die zentrale Rolle spielen.

C Beispiele für das Studium

Dass im Theologiestudium und auch in der Schule ›Weniger‹ immer ›Mehr‹ ist, und es nicht um eine epochendeckende Vermittlung von Historischer Theologie als Fakten- und Lernwissen gehen kann, ist durch die sehr konzentrierte Darstellung des Sachwissens bereits deutlich gemacht worden. So ist zum einen Beschränkung gefordert, zum anderen sollte eine konsequente Konzentration auf die existenziell betreffenden Aspekte einer Epoche, einer Person, einer Theologie erfolgen, die im Idealfall einen Bezug zur Lebenswelt der Schülerinnen und Schüler aufweist. Kirchengeschichtsunterricht ist kein Geschichtsunterricht, der Kenntnisse über die chronologische Entwicklung vermitteln soll – das kann allenfalls in Kooperation mit dem Geschichtsunterricht erfolgen – sondern der seine Perspektive unter der Prämisse entfaltet, dass im Religionsunterricht religiöses Lernen erfolgen soll, ohne den historischen Anteil zu vernachlässigen.[24]

1. Sekundarstufe I: Luther entdeckt den barmherzigen Gott[25]

1.1 Fachliche Orientierung. Luthers Kritik am Ablass wird begleitet und vielleicht auch erst ermöglicht durch die Entdeckung, dass allein der Glaube vor Gott gerecht macht.

In einem Rückblick aus dem Jahr 1545 beschrieb *Luther* seine Auseinandersetzung mit Röm 1,17 als Wendepunkt seines Glaubens- und Rechtfertigungsverständnisses:

»Ich konnte den gerechten, die Sünder strafenden Gott nicht lieben, im Gegenteil, ich haßte ihn sogar. Wenn ich auch als Mönch untadelig lebte, fühlte ich mich vor Gott doch als Sünder und das Gewissen quälte mich sehr. Ich wagte nicht zu hoffen, dass ich Gott durch meine Genugtuung versöhnen könnte. Und wenn ich mich auch nicht in Lästerung gegen Gott empörte, so murrte ich doch heimlich gewaltig gegen ihn: Als ob es noch nicht genug wäre, dass die elenden und durch die Erbsünde ewig verlorenen Sünder durch das Gesetz des Dekalogs mit jeder Art von Unglück beladen sind – mußte denn Gott auch noch durch das Evangelium Jammer auf Jammer häufen und uns auch durch das Evangelium seine Gerechtigkeit und seinen Zorn androhen? So wütete ich wild und mit verirrtem Gewissen, jedoch klopfte ich rücksichtslos bei Paulus an dieser Stelle an; ich dürstete glühend zu wissen, was Paulus wollte.

Da erbarmte sich Gott meiner. Tag und Nacht war ich in tiefe Gedanken versunken, bis ich endlich den Zusammenhang der Worte beachtete: ›Die Gerechtigkeit Gottes wird ihm (im Evangelium) offenbart, wie geschrieben steht: »Der Gerechte lebt aus dem Glauben.« Da fühlte ich mich wie ganz und gar neu geboren, und durch offene Tore trat ich in das Paradies selbst ein. Da zeigte mir die ganze Schrift ein

24 Vgl. *K. König*, Kirchengeschichtsdidaktische Grundregeln, in: *E. Groß/K. König (Hg.)*, Religionsdidaktik in Grundregeln. Leitfaden für den Religionsunterricht, Regensburg 1996, 185.

25 Mit Anregungen von Reinhold Mokrosch.

völlig anderes Gesicht. Ich ging die Schrift durch, soweit ich sie im Gedächtnis hatte, und fand auch bei anderen Worten das gleiche, z.B. ›Werk Gottes‹ bedeutet das Werk, welches Gott in uns wirkt; ›Kraft Gottes‹ – durch welche er uns kräftig macht; ›Weisheit Gottes‹ – durch welche er uns weise macht. Das gleiche gilt für ›Stärke Gottes‹, ›Heil Gottes‹, ›Ehre Gottes‹.«[26]

Bei diesem Text handelt es sich um ein Selbstzeugnis, das Luther mit einem Abstand von mindestens 27 Jahren verfasst hat, in der er diese exegetische Entdeckung rückblickend als Schlüsselereignis interpretiert: Gottes Gerechtigkeit ist nicht das Maß, nach dem er uns richtet, sondern eine Gabe, die er uns schenkt. Er richtet uns nicht, sondern spricht uns gerecht bzw. rechtfertigt uns. Gott ist kein Gerechtigkeit fordernder, richtender Gott, der mit Bußleistungen, Ablassbriefen, Wallfahrten und einer tugendhaften Lebensführung versöhnt werden muss, sondern ein Gerechtigkeit schenkender, vergebender Gott, sofern der Mensch an Christus glaubt. Gott fordert nicht, sondern nimmt den Menschen umsonst und aus Gnaden an. Damit veränderte Luther auch das spätmittelalterliche Bild von Christus als Richter, der den Menschen nach seinen Werken beurteilt, hin zu einem vergebenden und liebenden Christus.

Wie dieser Glaube sich vermittelt und was aus ihm resultiert, entfaltete Luther in den folgenden Jahren. Im Traktat *»Von der Freiheit eines Christenmenschen«* (1520) schildert er die befreiende Wirkung dieses Glaubens in folgender Antithese gleich zu Beginn der Schrift: »Ein Christenmensch ist ein freier Herr über alle Dinge und niemandem untertan. Und: Ein Christenmensch ist ein dienstbarer Knecht aller Dinge und jedermann untertan.«[27]

Ein Christ, der sich ohne Leistung und Gesetzeswerk von Gott gerecht gesprochen fühlt, ist von allen menschlichen Zwängen frei und fühlt sich zugleich zu Werken der Nächstenliebe gedrängt, – aber nicht mit dem Ziel, von Gott angenommen zu werden, sondern um die von Gott erfahrene Liebe und Gerechtigkeit weiterzugeben. Die Ethik eines Christenmenschen lebt vom Glauben an seine durch Christus ermöglichte Rechtfertigung durch Gott.

1.2 Didaktische Überlegungen. Vor der unterrichtlichen Vermittlung dieses Themas steht zunächst die eigene Reflexion. Welche Bedeutung hat Luthers Entdeckung heute und für mich persönlich? Der Begriff Rechtfertigungs-

26 *M. Luther,* Vorrede zu Band I der lateinischen Schriften der Wittenberger Luther-Ausgabe 1545, in: Luther Deutsch. Die Werke M. Luthers in neuer Auswahl für die Gegenwart, hg. von *K. Aland,* Bd. 2: M. Luther. Der Reformator, Göttingen 1962, 19.

27 *M. Luther,* Von der Freiheit eines Christenmenschen 1520, in: Luther Deutsch Bd. 2, 251.

lehre versperrt eher das Verständnis, als dass er es erleichtert. Im alltäglichen Sprachgebrauch wird das Wort Rechtfertigung meist in dem Zusammenhang des »Ich muss mich vor dir nicht rechtfertigen« gebraucht, also als Verteidigung, als Feststellung, dass ich richtig gehandelt habe und niemandem Rechenschaft schuldig bin. Gott aber rechtfertigt mich, ohne dass ich zuvor Leistungen erbringen muss. Fundamental für ein heutiges Verständnis ist die Erkenntnis, dass Gott den Menschen bedingungslos liebt. Angesichts der erbarmungslosen Forderungen der Umwelt und der »Leistungsgesellschaft« ist es wahrhaft befreiend, zu erfahren, dass Gott anders wertet. Er fragt nicht: »Was hast du vorzuweisen?« – Er sagt: »Du bist mein Kind.« Nicht von ungefähr wird in vielen Religionsbüchern die reformatorische Entdeckung anhand der Geschichte vom verlorenen Sohn (Lk 15) illustriert.

Andererseits wäre es unredlich das »Freigesprochensein« von Gott ohne den ethischen Impetus zu vermitteln, der darin steckt: Werden die Schülerinnen und Schüler nachvollziehen können, dass sie aus einem In-sich-verkrümmt-Sein herauskommen müssen, dass ein bedingungsloses Streben nach Lebenserfüllung »sündhaft« ist und somit vergebungsbedürftig, werden sie überhaupt eine Mangelhaftigkeit an ihrem eigenen »guten Willen« bemerken, der sie auf Gottes Gnade und Christi Kreuz angewiesen sein lässt?

Die andere Frage, die sicher aufgeworfen wird, ist die nach der erfahrenen Annahme. Wo und wie wird sie erfahren? Ist sie an die Predigt, das Wort des Evangeliums, Gebet und Meditation gebunden (s.o.) oder kann man sie auch »säkular« in der Liebe anderer Menschen erfahren, die einem ebenfalls unverdient geschenkt wird? Diese Vorstellung bildet zumindest eine tragfähige Analogie, mit der man Gottes Wirken veranschaulichen kann.

Martin Luthers reformatorische Entdeckung ist in fast allen Lehrplänen Thema der 7./8. Klasse. Neben sie treten Themen wie Ablass, Bauernkrieg, Bibelübersetzung, Biographie Luthers, dargestellt im Kontext der anderen Umwälzungen der Zeit (wie die Entdeckung Amerikas, die Erfindung des Buchdruckes, der Einfluss des Humanismus). Wünschenswert wäre hier ein fächerübergreifender Unterricht mit dem Fach Geschichte, so dass die historische Einbettung gewährleistet ist. Im RU sollte das Zentrum jedoch auf der reformatorischen Entdeckung liegen.[28]

28 Vgl. zum Beispiel das Kapitel »Bedingungslose Annahme – die Sache mit der Rechtfertigung«, in: *U. von Fritschen u.a. (Hg.)*, Religion – entdecken, verstehen, gestalten, 7./8. Schuljahr, Göttingen 2001, 135–150.

Dabei sollte auch – dies vielleicht eher in der Sek II – problematisiert werden, inwiefern die Rechtfertigungslehre zu einem Verständnis »billiger Gnade« führen kann, in der sich der sündhafte Mensch einrichtet, ohne seine Verpflichtung zum Dienst am Nächsten zu sehen. Oder auch zu thematisieren, ob es für Gott Grenzen dieser bedingungslosen Annahme geben kann.

2. *Sekundarstufe II: Die Barmer Theologische Erklärung*

ERDMANN STURM

2.1 Theologiegeschichtliche Überlegungen. Die Bekenntnissynode der Deutschen Evangelischen Kirche vom 29. bis 31. Mai 1934 in Barmen und die von ihr einstimmig beschlossene Theologische Erklärung sind eines der wichtigsten Ereignisse der neueren deutschen Kirchengeschichte. Sie markieren die Selbstbehauptung des bekenntnistreuen Protestantismus gegen den Totalitätsanspruch des NS-Staates. Die BTE[29] ist aber kein Dokument des politischen Widerstandes - wie z.B. die Rede des SPD-Vorsitzenden *Otto Wels* im Reichstag gegen das »Ermächtigungsgesetz« am 23.3.1933.[30] Politischen Widerstand hat die Kirche nicht geleistet, wohl aber hat sie sich gegen die Gleichschaltung der Kirche mit dem NS-Staat zur Wehr gesetzt. Das Dokument eines solchen kirchlich-theologischen Widerstandes ist die BTE.

Der Text der BTE geht im Wesentlichen auf einen Entwurf des Bonner reformierten Theologen *Karl Barth* zurück. Die in Barmen versammelte Bekenntnisgemeinschaft bestand aus Vertretern lutherischer, reformierter und unierter Landeskirchen. Eine gemeinsame Synode und ein gemeinsamer Beschluss war darum für viele höchst problematisch. Aber unter dem Druck, der auf ihnen allen lag, fand man zusammen. »Wir befehlen es Gott, was dies für das Verhältnis der Bekenntniskirchen untereinander bedeuten mag«, heißt es in der Präambel der BTE.

Den sechs Thesen der BTE wird jeweils ein biblisches Wort (oder auch zwei) vorangestellt. Die eigentliche These ist eine bejahende Lehraussage. Ihr folgt ein Verwerfungssatz, der sich auf »die falsche Lehre« der Deutschen Christen bezieht, die die Absicht hatten, die Kirche in eine »arteigene« deutsche Nationalkirche umzuwandeln.

29 Der Text der Barmer Theologischen Erklärung (BTE) im Anhang des Evangelischen Gesangbuchs. Vgl. auch *A. Burgsmüller/R. Weth (Hg.),* Die Barmer theologische Erklärung. Einführung und Dokumentation, Neukirchen-Vluyn 1983 (mit Aufsätzen zur Vor- und Entstehungsgeschichte sowie mit Quellentexten).

30 Der Text in *J. Thiele (Hg.),* Das Buch der Deutschen. Alles, was man wissen muss, Bergisch Gladbach 2004, 499-503.

In *These I* wird an Jesus Christus, »wie er uns in der Heiligen Schrift bezeugt wird«, als »das eine (= alleinige) Wort Gottes«, dem wir zu vertrauen und zu gehorchen haben, erinnert. Außer oder neben diesem einen Wort Gottes können keine anderen »Ereignisse und Mächte, Gestalten und Wahrheiten« Quelle der kirchlichen Verkündigung sein und als Gottes Offenbarung anerkannt werden. Damit wird der Vergötzung von Rasse, Volk und Führer widersprochen. Dass es ein vorbereitendes Wissen von Gott, etwa in den nichtchristlichen Religionen geben könne, wird nicht ausdrücklich verneint.

These II konkretisiert das *eine* Wort, Jesus Christus, als Zuspruch der Vergebung *und* Anspruch auf unser ganzes Leben. Sie unterstreicht die Einheit und Zusammengehörigkeit von Gottes Zuspruch und Anspruch (in dieser Reihenfolge!), von der Rechtfertigung und Heiligung des Menschen durch Jesus Christus. Der christliche Glaube gibt also nicht bestimmte Bereiche des Lebens, z.B. Politik, Wirtschaft, Recht, menschlicher Willkür preis. Der Glaube schließt Dienst und Verantwortung auch in diesen weltlichen Lebensbezügen ein, beschränkt sich nicht auf die Sphäre des Privaten. Dies erinnert an Luthers Bestimmung der christlichen Freiheit: »Ein Christenmensch ist ein freier Herr aller Dinge und niemandem untertan. Ein Christenmensch ist ein dienstbarer Knecht aller Dinge und jedermann untertan.« Damit wird eine bestimmte Version der lutherischen Zwei-Reiche-Lehre als »falsche Lehre« verworfen: die Auffassung, der gesamte Bereich des weltlichen und öffentlichen Lebens habe mit dem Glauben an Jesus Christus nichts zu tun; es gebe für den Christen zwei voneinander getrennte Wirklichkeiten, und zwar eine innere, geistliche Welt mit entsprechender privater Moral und eine äußere Welt, in der man seinem Volk, seiner Rasse und seinem Führer verpflichtet sei (»Führer, befiehl, wir folgen dir!«). Diese Abspaltung des Politischen vom Innerlichen und Privaten mit der Konsequenz der Freigabe des Politischen an die jeweils herrschenden Mächte hat den deutschen Protestantismus, wie Kritiker oft hervorgehoben haben, unfähig gemacht, ein politisches Bewusstsein auszubilden und gegen das Unrecht des Dritten Reiches Widerstand zu leisten. Eine verhängnisvolle Rolle hat in diesem Zusammenhang die sich auf Röm 13,1–7 stützende Auffassung gespielt, jedermann sei der Obrigkeit, »die Gewalt über ihn hat«, Gehorsam schuldig, denn sie sei von Gott. Diese Überzeugung haben viele evangelische Christen im Dritten Reich geteilt. These II der BTE stellt klar, dass zum Glauben Glaubensgehorsam gehört und dass er sich auf alle Bereiche des Lebens bezieht.

In *These III* wird in zwei Sätzen das evangelische Kirchenverständnis umfassend formuliert. Wort und Sakrament sind die beiden Kennzeichen der Kirche. Herr der Kirche ist Jesus Christus. Der Botschaft der Kirche müssen aber auch ihre Ordnungen, also Verfassung und Wahlen, Arbeitsrecht und

Finanzen usw. entsprechen. Der Einzug des Führerprinzips in die Kirche entspricht sicherlich nicht der Botschaft und dem Bekenntnis der Kirche. Die Kirche ist Leib Christi auch außerhalb des Gottesdienstes. Die Formulierung »Gemeinde von Brüdern« weist darauf hin. Sie ist Mahnung zum brüderlichen, besser: geschwisterlichen Umgang miteinander.

Auch in der Kirche gibt es Obrigkeit, d.h. leitende Ämter. Aber diese Ämter –so formuliert *These IV* – »begründen keine Herrschaft der einen über die anderen«. Es geht in ihnen um die Ausübung eines Dienstes, der der ganzen Gemeinde anvertraut ist. Die Gemeinde darf also nicht der Herrschaft einer Ämterhierarchie oder Bürokratie unterworfen werden. Manchmal gibt es Forderungen nach einer Kirchenleitung, die »durchgreift« – gegen eine solche Anpassung an weltliche Strukturen richtet sich These IV der BTE.

These V handelt von den Aufgaben des Staates und der Kirche. Beide stehen in der »noch nicht erlösten Welt«. Nach göttlicher Anordnung hat der Staat die Aufgabe, »für Recht und Frieden zu sorgen« und zwar »nach dem Maß menschlicher Einsicht und menschlichen Vermögens unter Androhung und Ausübung von Gewalt.« Nach den Judenpogromen, der Einführung des Arierparagraphen und den Mordaktionen gegen politische Gegner lag die Frage nahe: Ist der NS-Staat – gemessen an These IV – nicht längst ein Unrechtsstaat? Die Kirche »erinnert an Gottes Reich, an Gottes Gebot und Gerechtigkeit und damit an die Verantwortung der Regierenden und Regierten«. Hier ist der NS-Staat wohl am stärksten getroffen.

In der abschließenden *These VI* wird an den Auftrag der Kirche erinnert, in Wort und Sakrament »die Botschaft von der freien Gnade Gottes auszurichten an alles Volk«. »Alles Volk« reicht weiter als »Volksgenossen arischer Abstammung«. Verworfen wird die falsche Lehre, die Kirche dürfe sich in den Dienst »irgendwelcher eigenmächtig gewählter Wünsche, Zwecke und Pläne stellen«.

2.2 Didaktische Überlegungen. In der BTE kommen Themen zur Sprache, die über die damalige historische Konstellation hinaus zur Grundthematik der Geschichte des Christentums gehören, immer wieder aufbrechen und in einem anderen Gewande auch heute aktuell sind. Zu ihnen gehören Fragen wie diese: Soll die Botschaft des christlichen Glaubens sich nach der jeweiligen Situation, nach den Bedürfnissen und Wünschen der Menschen richten? Welche Bedeutung haben für den christlichen Glauben Volk und Volkstum? Spricht Gott zu uns in bestimmten Ereignissen, Katastrophen und politischen Wendepunkten? Was hat das Evangelium bzw. der Glaube mit der Politik (Wirtschafts- und Sozialpolitik, Asylpolitik, Umweltpolitik, Fragen von Krieg und Frieden) zu tun? Darf sich die Kirche mit ihrer Predigt in die Politik einmischen? Ist die Kirche noch zeitgemäß? Ist das biblische Verständnis Gottes, des Menschen, Jesu Christi noch zeitgemäß?

Es wird kaum darum gehen, die Geschichte der Bekennenden Kirche und die nationalsozialistische Kirchenpolitik im Zusammenhang zu behandeln. Auch wird weder die Vorgeschichte noch die Entstehungs- und Wirkungsgeschichte der BTE Gegenstand des RU sein. Allerdings sind Grundkenntnisse über die Deutschen Christen (DC) und ihr neuheidnisches, antisemitisches, nationalistisches Gedankengut wichtig zum Verständnis der BTE. Die zu den Kirchenwahlen im Jahre 1932 vorgelegten »Richtlinien der Liste Deutscher Christen« geben einen Einblick in deren Programm. Sie sind ein geeignetes Arbeitsmaterial für den RU.[31]

Im Vordergrund soll die Erschließung des kritischen theologischen Potenzials der sechs Thesen der BTE stehen. Dabei müssen nicht alle Thesen nacheinander behandelt werden. Es empfiehlt sich eine Auswahl.

Den vier auf die Kirche bezogenen Thesen III bis VI gehen die zwei christologischen Thesen voran.

These I antwortet auf die Frage: Wer ist für uns Jesus Christus? Wir können weiter fragen: Wo sind *heute* die »Ereignisse und Mächte, Gestalten und Wahrheiten«, die Götzen also, die sich zu Herren unseres Glaubens machen wollen? Worin unterscheiden sie sich von Jesus Christus?

These II konkretisiert These I. Wo gibt es in meinem Leben »gottlose Bindungen«, aus denen ich befreit werden muss? Gibt es Bereiche, in die mein Glaube nicht hineinreicht?

Thesen III bis VI geben Antwort auf die Frage nach dem evangelischen Verständnis der Kirche. Wir können weiter fragen: Welche Aufgaben hat die Kirche/die Gemeinde? Brauchen wir einen Papst? Wenn ja: mit welchen Befugnissen? Wer soll in der Kirche/Gemeinde »das Sagen haben«? Welche Aufgaben hat der Staat? Welche Aufgaben hat die Kirche? Ist die Kirche in ihrer Verkündigung frei? Welche Formen der Fremdbestimmung der Kirche lassen sich erkennen?

Der »Dialog über Glauben und Leben« schließt den Dialog über diese Grundfragen des christlichen Glaubens ein. Solche Fragen können zu einem Bekenntnis führen. Im RU wäre zu erörtern, ob es nicht auch in unserem Alltag Situationen gibt, in denen wir in Wort und Tat mutig bekennen müssen oder müssten, vielleicht auch versagen.

Es wäre zu fragen, ob nicht unter bestimmten Umständen auch die Kirche politisch reden und handeln muss.

31 Text z.B. in: Unterwegs zur mündigen Gemeinde – Die evangelische Kirche im Nationalsozialismus am Beispiel der Gemeinde Dahlem. Bilder und Texte einer Ausstellung, Stuttgart 1982.

3. Längsschnittbetrachtung: Christliche Frömmigkeit (Haupt-, Real- und Berufliche Schule)

Frömmigkeit – als persönliche Frömmigkeit verstanden – wird vornehmlich in Selbstzeugnissen, Briefen, Liedern und Gebeten deutlich, d.h. meist in autobiographischen Zeugnissen. Ein Längsschnitt durch die Kirchengeschichte soll u.a. verschiedene Aspekte persönlicher Frömmigkeit zur Anschauung bringen. Hier liegt der Fokus – um eine gewisse Vergleichbarkeit zu ermöglichen –auf der *Gottesbeziehung* der vorgestellte Personen und Texte. Der gesamtgesellschaftliche, theologische und kirchliche Rahmen muss zwangsweise vernachlässigt werden.

Eines der berühmtesten Selbstzeugnisse der Alten Kirche sind die Confessiones (Bekenntnisse) des Kirchenvaters und Bischofs von Hippo *Aurelius Augustinus*. Augustins Erlebnisse der Gottesbegegnung sind von einer Intensität, die heftige Emotionen in ihm auslösen. So schreibt er nach seiner Bekehrung:»Ja, ich konnte nicht genug der wunderbaren Süße jener Tage kosten, nachzudenken der Tiefe Deines Planes zum Heil des Menschengeschlechtes. Wie weinte ich bei den Hymnen und Gesängen auf Dich, mächtig bewegt vom Wohllaut dieser Lieder Deiner Kirche! Die Weisen drangen an mein Ohr, und die Wahrheit flößte sich ins Herz, und frommsinniges Gefühl (affectus pietatis) wallte über: die Tränen flossen, und mir war wohl bei ihnen.«[32]

Hier wird eine Form kirchlicher Frömmigkeit deutlich, die sich durch die Teilnahme am Gottesdienst berühren lässt und damit zeigt, dass persönliche Frömmigkeit, um belebt zu werden, auch der Einwirkung von außen bedarf.

Ganz anders artikuliert die Nonne und Mystikerin *Mechthild von Magdeburg* (ca. 1207 – ca. 1282) ihre Erfahrungen: In der zurückgezogenen klösterlichen Gemeinschaft begegnet Gott der Seele, indem sie allen Eigenwillen aufgibt, um auf die Liebe (Minne) Gottes, die Verschmelzung der Seele mit ihm, zu warten:

Die Wüste hat 12 Ding
Du sollst minnen das Nicht,
Du sollst fliehen das Icht.
Du sollst alleine stahn
Und du sollst zu niemand gahn.
Du sollst sehre unmüßig sein.

32 *A. Augustinus*, Bekenntnisse. Lateinisch und Deutsch, *hg. v. J. Bernhart*, Frankfurt 1987, 447.

Du sollst die Gefangenen entbinden
Und die Freien zwingen
Du sollst die Siechen laben
Und sollst doch selbst nichts haben.
Du sollst das Waser der Pein trinken
Und das Feuer der Minne mit dem Holz der Tugend entzünden,
So wohnest du in der wahren Wüste.[33]

Schmerzhafter Rückzug aus der Welt, demütige Selbstaufgabe und Tätigwerden für den Nächsten machen den Weg für die Gottesbegegnung frei.

Für die Zeit der Reformation und der Konfessionalisierung gilt, dass die Frömmigkeit weniger auf den kirchlichen Raum beschränkt und in das Alltagsleben integriert werden soll. In der Zeit der Konfessionalisierung in Deutschland erscheinen Trostschriften speziell für schwangere und gebärende Frauen. Als Beispiel für ein solches Buch kann die Trostschrift *Jeremias Schweiglins,* eines lutherischen Pfarrers aus Augsburg[34] gelten,[35] die auf 476 Seiten und in 25 Kapiteln mit zahlreichen biblischen Belegen und Zitaten aus Luthers Schriften nicht nur für Schwangerschaft und Geburt, sondern auch für die Ehe Ratschläge und Gebete bereithält. Diese Schrift spiegelt das Bemühen, über das Genus der Trostschrift verbindliche Normierungen für den Umgang mit Ehe, Schwangerschaft, Geburt und Tod eines Kindes bis hin zur Taufe darzulegen und plausibel zu machen.

Das fünfte Kapitel dieses Buches handelt »Vom Ampt Christlicher schwangerer weiber«, deren »schmerzlichste und aller schwereste arbeit« es ist, Kinder zu gebären. Die Hebamme soll die bei der Geburt anwesenden Frauen zur Fürbitte anhalten. Das Gebet schildert dabei die Situation der Frau als einer des Gottesdienstes, der der gnädige Gott als die oberste Erzhebamme seine Hilfe nicht verweigern darf:

Wir bitten dich/ Hertzliebster Vatter/ von grund unsers Hertzens/ du wöllest dieser deiner waren Dienerin/ auch vnser/ in deinem geliebten Sohne/ vnserm Herrn/ liebsten Mitschwester/ so gewißlich mit engstlichen Achen/ Wehen/ vnnd schmerzen vmbfangen ist Vätterlich/ vnnd gnediglich beystehn/ vnnd als die Ertzöberste

33 *M. von Magdeburg,* Die Wüste hat zwölf Ding, in: *U. Hahn (Hg.),* Stechäpfel. Gedichte von Frauen aus 3 Jahrtausenden, Stuttgart 1992, 241.

34 Schweiglin war bis 1580 Diakon an St. Ulrich in Augsburg (vgl. *H. Wiedemann,* Augsburger Pfarrerbuch. Die evangelischen Geistlichen der Reichsstadt Augsburg 1524-1806, Nürnberg 1962, 38, 52).

35 Der vollständige Titel lautet: »Ein trefflicher Schöner Lere und Trostspiegel/ Auß Gottes wort/ D. Luthers seligen/ vnd anderer Euangelischer Lehrer Büchern/ Schrifften/ vnd Sendbrieffen/ ec. Für Christliche schwangere/ geberende Frawen/ zusammen gelesen/ vnd in ein richtige Ordnung gebracht/ Durch Hieremias Schweiglinum/ der waren Euangelischen Kirchen in Augspurg/vnwirdigen Diener, Frankfurt 1580.

Hebamme selbst handanlegen/ vnd ein frölichen/ anblick ihrer geburt mittheilen/ vnd sie sampt der Leibsfrucht/ vnder/ solcher bekümmerlicher last/ vnnd creutz/ ja nit verderben/ sondern deine Göttliche hülffe ganz frölich spüren/ vnd empfinden lassen/ Vnd diß wöllest du thun/ vmb deines lieben Sohns willen/ an den wir glauben/ vnnd der vns hat diese Selige verheissung gethan/ daß wir dich bitten werden/ in seinem Namen/ das wöllest du uns geben/ Amen/ das geschehe/ und werde war/ Amen.[36]

Bei diesem Gebet handelt es sich um ein Alltagszeugnis. Auffällig ist hier das weibliche Gottesbild. In der Bezugnahme auf Christus wird reformatorische Rechtfertigungslehre sichtbar, die die Grundlage des Gebets bildet.
In barocker Eindringlichkeit schildert die spätere Großmutter des Gründers der Herrnhuter Brüdergemeine *Nikolaus Graf von Zinzendorf, Henriette Katharina von Gersdorf,* geb. von Friesen (1648–1726) ihre Christusbeziehung in einer Passionsschrift, die sie als 17-Jährige verfasst. In ihr schildert sie den Leidensweg Christi: Sie beginnt mit dem letzten Passamahl, beschreibt, wie Jesus vom Kydronbach zum Ölberg geht, im Gebet ringt, verhaftet wird und vor den Hohen Rat kommt, seine Verhöre, seine Verurteilung und Hinrichtung – dies alles in Reimform. Sie spricht im Gedicht sowohl Jesus und Gott an, appelliert aber auch an andere Menschen, sich der Bedeutung der Passion zu öffnen, indem sie in das Geschehen durch eindringliche Schilderungen hineinzieht, zur Identifikation auffordert.

Ey was betrübstu dich/ wenn dich die Welt verlachet/ Sollt's dir wol besser geh'n/ als sie's dem König machet? Wann du mit herrschen willst in seiner Herrligkeit/ so mustu hier mit ihm erdulden Kreutz und Leid. Du must beständig ihm den Jammerweg nachgehen/ So kommstu in sein reich/ das ewig wird bestehen.[37]

Frömmigkeit manifestiert sich hier in der Nachfolge Jesu. Diese Identifizierung mit Christus und die Aufforderung, durch Selbstverleugnung und aufopferndes Dienen Christus nachzufolgen, wird im 19. Jahrhundert von einem ganzen Berufsstand gefordert, nämlich von den seit 1836 in Düsseldorf-Kaiserswerth arbeitenden sog. Diakonissen, die in der Krankenpflege, der Kleinkinderbetreuung, in Gemeinden und vielen anderen sozialen Bereichen tätig wurden. Der Begründer der Kaiserswerther Diakonie *Theodor Fliedner* (1800–1864) knüpfte dabei an das altkirchliche Diakonat an und

36 *J. Schweiglin,* aaO., 394b.
37 *H. C. Freiin von Friesen,* Heilsame Betrachtung der Gnaden- und Trostreichen Historie Von dem seligmachenden Leiden und Sterben Unseres Heylandes Jesu Christi Zu eigner Erbauung aufgesetzt Durch eine Liebhaberin der teutschen Poesie, Wittenberg 1665, 27, Z.3–8.

erwartete von den in Kaiserswerth eintretenden unverheirateten Frauen, dass sie »Dienerinnen des Herrn Jesus«, »Dienerinnen der Hilfsbedürftigen aller Art um Jesu willen« und »Dienerinnen untereinander« seien. Um ihnen ihre beruflichen Aufgaben zu verdeutlichen, veröffentlichte er ein Diakonissenliederbuch, in dem als Grundlagen der Frömmigkeit ebenfalls die Nachfolge im Leiden und die Selbstverleugnung genannt werden bis hin zur Preisgabe des eigenen Willens und dem Auslöschen des persönlichen Wollens:

Drum so tödt' und schlachte hin
Meinen Willen, meinen Sinn;
Reiß mein Herz aus meinem Herzen,
Sollt's auch sein mit tausend Schmerzen!

Trage Holz auf den Altar,
Und verbrenn' mich ganz und gar!
O, du allerliebste Liebe,
Wenn doch nichts mehr von mir bliebe![38]

So kann sich Frömmigkeit in Weltzuwendung, Teilnahme am ganz Irdischen einerseits, in Weltabkehr, Destruktion des eigenen Ichs und schmerzhafter Nachfolge andererseits manifestieren. Sehr authentisch bringt Dietrich Bonhoeffer diese beiden Seiten gelebter Frömmigkeit in seinem Neujahrsgedicht 1945 »Von guten Mächten wunderbar geborgen« zum Ausdruck (EG 65).

D Hilfen für das Studium

(1) An welchen *Lehrveranstaltungen* soll ich teilnehmen? »Die Beschäftigung mit der Geschichte der Kirchen und des Christentums kann sich – je nach Studiengang – nur auf eine Übersicht über zentrale Problemstellungen beschränken, die durch eine vertiefende Behandlung einzelner *Brennpunkte* ergänzt wird. Solche *Brennpunkte*, in denen sich Probleme bündeln, folgenreiche Grundentscheidungen getroffen werden und sich neue Entwicklungslinien abzeichnen, sollten auch im Hinblick auf die spätere unterrichtliche Arbeit ausgewählt werden. Insbesondere bilden ausgewählte Kenntnisse über die Alte Kirche, die Reformation, über Pietismus und Aufklärung, die jüngere Kirchengeschichte und die kirchliche Zeitgeschichte wesentliche Inhalte des Lehramtsstudiums. Dabei sind problemorientierte Zugänge erforderlich, die auch die verdrängten Aspekte kirchlichen Handelns und die

38 *Th. Fliedner*, Diakonissen=Liederbuch, Düsseldorf 1857, 40f.

Schattenseiten der Geschichte der Kirchen und des Christentums einbeziehen. So sollten u.a. der Umgang der Kirche mit Macht und Geld, das Verhältnis der Kirche zu Staat und Krieg, die Ausgrenzung und Unterdrückung von Andersgläubigen, Minderheiten und Frauen wichtige Perspektiven bei der Erschließung kirchengeschichtlicher Themen sein, um die Wahrnehmung von heutigen gesellschaftlichen Strukturen, Problemfeldern und Herausforderungen der Kirche zu schärfen und Kriterien für das christliche Handeln in der Gegenwart zu gewinnen.«[39]

Sie können aus den beiden Teilgebieten »Zentrale Problemstellungen der Geschichte der Kirchen und des Christentums in Längsschnitten« und »Wende- und Brennpunkte der Geschichte der Kirchen und des Christentums« – je nach Studiengang – eine Lehrveranstaltung (Primarstufe) bzw. zwei (Sek I und Sek II berufliche Schulen) bzw. drei Lehrveranstaltungen (Sek II Gymnasium) zu je 2 SWS (Vorlesung oder Seminar) auswählen (Wahlpflicht).[40]

Die Anforderung in den jeweiligen Lehramtsstudiengängen sind auch im Bereich der Historischen Theologie *unter durchgehenden religionspädagogischen und didaktischen Anspruch* zu stellen. Es kann also nicht darum gehen, die Anforderungen an ein Pfarramtsstudium nur quantitativ und qualitativ für Lehramtsstudierende zu reduzieren. »Vielmehr müssen sich die Anforderungen der Lehramtsstudiengänge an spezifischen inhaltlichen Auswahl- und Zielentscheidungen orientieren, die gleichermaßen der wissenschaftlichen Theologie wie dem Berufsfeld des schulischen RU gerecht werden«.[41]

(2) Schüler und Schülerinnen leben im »Hier und Jetzt«. Vergangenheit, auch die Vergangenheit der Kirchen und des Christentums, ist für sie schwer zugänglich, überholt, ohne Bezug zur Lebenspraxis, eben: »vergangen«. *Religionspädagogische und didaktische Kompetenz* heißt dann: Kompetenz, die Vergangenheit der Kirchen und des Christentums, seien es Ereignisse und Schicksale, Entscheidungen und Bekenntnisse, Reden und Handlungen, Zeugnisse des Glaubens und des Unglaubens, helle und dunkle Seiten so in Erinnerung zu rufen, dass sich daraus für die Schülerinnen und Schüler lebenspraktische Konsequenzen und Orientierungen gewinnen lassen. Diese

39 Zur Reform des Lehramtsstudiums. Empfehlungen der Gemischten Kommission, in: Im Dialog über Glauben und Leben, 70.

40 AaO., 102ff.

41 AaO., 64.

Fähigkeit, zentrale Problemstellungen sowie Wende- und Brennpunkte der Geschichte der Kirchen und des Christentums auf die Lebensfragen der Schülerinnen und Schüler und ihr Verhältnis zu Religion und Kirche zu beziehen, muss schon im Studium angebahnt werden.

(3) Im *Fachpraktikum* kann die Gelegenheit wahrgenommen werden, auch Problemstellungen, Wende- und Brennpunkte der Geschichte der Kirchen zu behandeln. Wenn Sie ein mehrwöchiges Praktikum absolvieren, sollten Sie den Umgang mit einem begrenzten Thema der Kirchengeschichte erproben. Dabei sollten Sie besonders die Frage der Unterrichtsmethode bedenken und versuchen, die Schülerinnen und Schüler in die Arbeit am Thema einzubeziehen. Im Unterricht der Grundschule werden sie die Methode des narrativen Zugangs zur Kirchengeschichte einüben und deren Vor- und Nachteile kennen lernen. Viel zu lernen, besonders im Bereich der Methoden für die Sek I und Sek II, ist von der Geschichtsdidaktik.

Literatur

C. Andresen/G. Denzler, Wörterbuch der Kirchengeschichte, München ^{5}1997

W.-D. Hauschild, Lehrbuch der Dogmen- und Theologiegeschichte, Bd. 1: Alte Kirche und Mittelalter, Gütersloh ^{2}2000

Ders., Lehrbuch der Dogmen- und Theologiegeschichte, Bd. 2: Reformation und Neuzeit, Gütersloh ^{2}2001

W. Sommer/D. Klahr, Kirchengeschichtliches Repetitorium, Göttingen ^{3}2002

B. Moeller, Geschichte des Christentums in Grundzügen, Göttingen ^{8}2004

H.A.Oberman/A. M. Ritter u.a. (Hg.), Kirchen- und Theologiegeschichte in Quellen, 5 Bd., Neukirchen-Vluyn 1982ff.

C. Markschies, Arbeitsbuch Kirchengeschichte, Tübingen 1995

D. Steinwede, Erzählbuch zur Kirchengeschichte, Göttingen ^{2}1988

K. König, Kirchengeschichtsdidaktische Grundregeln, in: *E. Groß/K. König (Hg.),* Religionsdidaktik in Grundregeln. Leitfaden für den Religionsunterricht, Regensburg 1996, 182–202

G. Ruppert/J. Thierfelder, Umgang mit der Geschichte – zur Fachdidaktik kirchengeschichtlicher Fundamentalinhalte, in: *G. Adam/R. Lachmann (Hg.),* Religionspädagogisches Kompendium, Göttingen ^{6}2003, 295-326

R. Lachmann/H. Gutschera/J. Thierfelder, Kirchengeschichtliche Grundthemen. Historisch – systematisch – didaktisch (TLL 3), Göttingen 2003

U. Gause (Hg.), Das Geheimnis der dunklen Truhe. Geschichten aus Martin Luthers Leben, Leipzig 2004

VI. Systematische Theologie/Dogmatik

Erdmann Sturm

A Sach- und Überblickswissen

1. Was ist Systematische Theologie/Dogmatik?

Zu den Teilgebieten (oder Fächern) des Lehramtsstudiums Evangelische Theologie/Religionspädagogik gehört auch die Systematische Theologie mit ihren beiden Teildisziplinen Dogmatik und Ethik.

Mit dem Begriff »Dogmatik« verbinden sich in unserer Alltagssprache Assoziationen wie Starrheit, Enge und autoritärer Anspruch. Aus diesem Grunde hat man gelegentlich den Begriff »Dogmatik« ersetzt durch Begriffe wie »Glaubenslehre« oder auch »Der christliche Glaube«. Sie meinen das, was auch der Begriff »Dogmatik« meint: nämlich *Selbstbesinnung und Rechenschaft über den christlichen Glauben.* Selbstbesinnung und Rechenschaft sind Glaubensaussagen, nicht wissenschaftlich-empirische oder historische Feststellungen. Ob z.B. Martin Luther überhaupt und gegebenenfalls wann 95 Thesen an die Tür der Schlosskirche in Wittenberg angeschlagen hat, ist keine Glaubensaussage, sondern eine rein historische Problematik. Dass Jesus gekreuzigt wurde, ist eine historische Aussage. Dass sein Kreuzestod Heilsbedeutung hat, ist demgegenüber eine Glaubensaussage, wir können auch sagen: eine dogmatische Aussage.

Was aber ist eine Glaubensaussage? Das Wort »glauben« ist vieldeutig. In unserer Alltagssprache bedeutet es so viel wie »nicht genau wissen, vermuten« (»ich glaube, es war Otto III.«). Im religiösen Sprachgebrauch meint »glauben« aber so viel wie »fest vertrauen auf ...«, »sich ganz und gar verlassen auf ...«. Glaube ist subjektiv-personales Wirklichwerden der Wahrheit und des Willens Gottes. Es verlangt den »ganzen Menschen« (»von ganzem Herzen, von ganzer Seele, von allem Vermögen«, Mt 22, 37). Hier kann entweder das Wissen des Menschen betont werden (»Ich weiß, woran ich glaube«) oder das Gefühl (z.B. das Gefühl der Geborgenheit) oder der Wille und die Tat (»Glaube ist tätige Nächstenliebe«). Es handelt sich hier nicht um bloßes Vermuten, sondern um eine Bestimmung meiner Existenz. *Paul Tillich* hat dafür den Ausdruck »was mich unbedingt angeht« (»ultimate concern«) geprägt. Er versteht Glaube als *»Ergriffensein von dem, was mich* *unbedingt angeht«.*[1] Entsprechend handelt Dogmatik von dem, was uns unbedingt angeht. »Darin ist die unmittelbare Lebensbeziehung der Dogmatik enthalten und das aufgenommen, was gemeint ist, wenn man die Theologie als praktische Wissenschaft bezeichnet.«[2]

Warum aber, so werden Sie fragen, soll ich außer der Biblischen Theologie, der Historischen Theologie und der Religionspädagogik und Didaktik auch noch Systematische Theologie bzw. Dogmatik und Ethik studieren? Genügt nicht die Auslegung der Bibel? Wozu bedarf es der systematisch-theologischen Arbeit?

Die Empfehlungen der Gemischten Kommission zur Reform des Lehramtsstudiums geben auf diese Frage unter der Überschrift *»Fragestellungen und Ansätze systematisch-theologischen Denkens reflektieren«* folgende Antwort: »Die systematisch-theologische Arbeit geht im besonderen der Frage nach, wie der christliche Glaube im jeweiligen geschichtlichen und heutigen Lebenskontext in kritischer Zeitgenossenschaft ausgelegt worden ist bzw. ausgelegt werden kann. Manche Problemstellungen und Ansätze systematischer Theologie haben daher eine sachliche Affinität zu den didaktischen Vermittlungsaufgaben, die der Lehrer im RU wahrnehmen muss. Deshalb ist es für Studierende ein wesentlicher Studienschwerpunkt, wichtige Problemstellungen, Themenbereiche und Ansätze systematisch-theologischen Denkens kennen zu lernen, um selbst sprach- und urteilsfähig zu werden. Dazu gehören die Reflexion des Redens von Gott und die exemplarische Beschäftigung mit repräsentativen Grundsymbolen des christlichen Glaubens. Vor dem Hintergrund neuzeitlicher Lebensauffassung und neuzeitlichen Denkens bedarf der systematische Diskurs mit den Anfragen der Religionskritik einer besonderen Beachtung. Neben themen- und problemorientierten Längsschnitten und Überblicken sollte zumindest ein Ansatz zeitgenössischer systematischer Theologie vertiefend bearbeitet werden; dabei könnte die Frage leitend sein, wie systematische Theologie das Gespräch mit der Gegenwart sucht.«[3]

Es geht also im Lehramtstudium um »systematisch-theologisches Denken«, nicht um ein Lehrbuchwissen in allen Fragen der systematischen Theologie. Was aber ist »systematisch-theologische Arbeit« bzw. »systematisch-theologisches Denken«? Der eben zitierte Text der »Empfehlungen« gibt Ihnen einige Hinweise:

1 *P. Tillich,* Wesen und Wandel des Glaubens, in: *Ders.,* Gesammelte Werke, Bd.VIII, Stuttgart 1970, 111.

2 *P. Tillich,* Dogmatik-Vorlesung (Dresden 1925–1927). *Hg. von W. Schüßler* und *E. Sturm,* Berlin/New York 2005, 2.

3 Im Dialog über Glauben und Leben, 68f.

(1) Es geht um »wichtige Problemstellungen«, nicht um Vollständigkeit. Sie müssen in Ihrem Studium eine Auswahl treffen. Aber nach welchen Kriterien soll aus dem Lehrangebot, das oft nicht berufsfeldbezogen ist, ausgewählt werden?

Die Empfehlungen der Gemischten Kommission sehen die Bildungsaufgabe des RU darin, »die latent vorhandene oder explizite Frage der Schülerinnen und Schüler nach Gott aufzunehmen und sie in einer spezifischen, den Bildungsauftrag der übrigen Fächer übergreifenden Weise zu bearbeiten«.[4] Für alle Lehramtsstudiengänge der Evangelischen Theologie ist es darum erforderlich, »ein theologisches Kerncurriculum zu entwickeln, in dessen Mitte das christliche Reden von Gott steht und das von dieser Mitte her andere theologische Aspekte erschließt«.[5] Die Auswahl, die Sie zu treffen haben, wird also diese Mitte, die Reflexion des Redens von Gott, im Blick haben müssen.

(2) Was mit »Reden von Gott« gemeint ist, wird präzisiert durch die Wendung »exemplarische Beschäftigung mit repräsentativen Grundsymbolen des christlichen Glaubens.«[6]

Symbole sind ursprünglich Erkennungszeichen. Dies können Gegenstände, Handlungen, aber auch sprachliche Gebilde sein. Symbole weisen über sich und die Welt der Gegenstände und des Alltags hinaus auf etwas ganz anderes: »auf das *Ganze* des Lebens, seinen *Ursprung* und seine *Bestimmung* (Gott, Erlösung, Heil).«[7] Grundsymbole in diesem Sinne sind die Symbole der Schöpfung, der Sünde, der Versöhnung und der Gnade sowie der Auferstehung und des ewigen Lebens[8]. Auch Gott, als »Vater« angerufen und als Person verstanden, ist ein Symbol. Das zentrale christliche Symbol ist das Kreuz.

(3) Systematisch-theologisches bzw. dogmatisches Denken kann die Grundsymbole des christlichen Glaubens nur im heutigen Lebenskontext auslegen. Es geht also nicht darum, die Glaubenstradition früherer Jahrhunderte oder des biblischen Zeitalters nur zu zitieren und zu wiederholen – ohne Rücksicht auf unser heutiges Wissen und Wahrheitsbewusstsein. Systematisch-

4 AaO., 52.
5 Ebd.
6 AaO., 68.
7 *W. Lohff,* Glaubenslehre und Erziehung, Göttingen 1974, 33.
8 Vgl. *W. Lohff,* 32-63, sowie *R. Lachmann,* Grundsymbole christlichen Glaubens. Eine Annäherung, Göttingen 1992. Lachmann behandelt folgende Grundsymbole: Schöpfung, Sünde/Erbsünde, Rechtfertigung und Vollendung, Trinität.

theologisches Denken vollzieht sich in unserem Lebenskontext und dient der Besinnung auf das, was *wir* glauben. Dies kann nur »in kritischer Zeitgenossenschaft« geschehen, im Gespräch und in Auseinandersetzung mit der Gegenwart. Wir geraten so durchaus in die Nähe der didaktischen Reflexion. Auch die Schüler und Schülerinnen leben in unserer Welt. Sie wollen nicht mit unverständlichen, gelehrten dogmatischen Sätzen und Formeln abgespeist werden, sondern sie wollen »für sich und für die Gesamtheit aller Menschen eine tragfähige Lebensperspektive sehen«.[9]

2. *Was sind die Normen der Dogmatik?*

Es gibt keine ein für allemal gültige, zeit- und situationsunabhängige Dogmatik. Sie steht immer im lebendigen Zusammenhang mit dem Wahrheitsbewusstsein einer Zeit und verrät Bewusstsein und Sprache einer bestimmten Zeit. Aber ihr der Zeit und Geschichte nicht enthobener Charakter wirft die Frage nach ihren grundlegenden und maßgebenden Normen (»Quellen«) auf.

Was sind die Normen der Dogmatik? Hier ist an erster Stelle die Heilige Schrift Alten und Neuen Testaments zu nennen. Sie bedarf allerdings der Auslegung. Auch ist nicht jede Aussage, die sich in der Bibel findet, für den christlichen Glauben maßgebend und verbindlich. Vieles in ihr ist Ausdruck des Wissens, der Vorstellungen und der gesellschaftlichen und religiösen Ordnungen ihrer Zeit. Von zentraler Bedeutung ist für den christlichen Glauben das Gottes- und Christuszeugnis der Bibel.

In zweiter Linie kommen die Bekenntnisse der Kirche, d.h. das ökumenische Bekenntnis von Nizäa-Konstantinopel, das Apostolische Glaubenbekenntnis, die Entscheidungen der ökumenischen Konzilien und die Bekenntnisschriften der evangelisch-lutherischen und der reformierten Kirche in Betracht, gegebenenfalls auch neuere Bekenntnisse.[10] Sie sind Interpretationen der Heiligen Schrift und müssen im Licht der Heiligen Schrift kritisch verstanden werden.

9 Im Dialog über Glauben und Leben, 31.

10 Vgl. *H. Steubing (Hg.),* Bekenntnisse der Kirche. Bekenntnistexte aus zwanzig Jahrhunderten, Wuppertal 1970, ^{2}1977, Taschenbuchausgabe: Wuppertal 1985.

Die Dogmatik lebt drittens aus den Glaubenszeugnissen, Auslegungen und theologischen Einsichten der Menschen in den Jahrhunderten vor uns, aber auch unserer Zeit. Es lohnt sich, in das Gespräch mit *Augustinus, Luther, Schleiermacher, Karl Barth, Paul Tillich* und anderen Theologen einzutreten und von ihnen zu lernen. Denn unser eigener Horizont und unsere Lebenserfahrungen sind beschränkt.

Eine vierte Stimme, auf die die Dogmatik zu hören hat, ist unsere Vernunft, die in der Philosophie, der Geschichtswissenschaft, den Human- und den Naturwissenschaften zu uns spricht.

Keine dieser vier Normen, Kriterien oder Quellen der Dogmatik kann für sich allein Exklusivität beanspruchen, zumal sie je für sich selbst schon auf Auslegung und Aneignung angewiesen sind. Erst aus ihrem Zusammenspiel ergeben sich Aussagen, die sich als Lehre formulieren lassen. In der evangelischen Theologie und Kirche kommt aber der Heiligen Schrift besondere Autorität zu. Sie ist die »normierende Norm« des christlichen Glaubens. An ihr müssen sich die Bekenntnisse und Bekenntnisschriften messen lassen.

Das »Zusammenspiel« der vier genannten Quellen der Dogmatik ist kein Spiel mit völlig offenem Ausgang. Dogmatik ist, so hatten wir formuliert, verantwortliche Selbstbesinnung über den christlichen Glauben. Sie soll Auskunft geben nicht über das, was *Jesaja, Paulus* oder *Luther* gedacht und behauptet haben, sondern über das, was *wir selbst* glauben. Die Dogmatik hat Auskunft zu geben über die Wahrheit des christlichen Glaubens heute.

Für *Martin Luther* und die Reformation ist diese Wahrheit identisch mit Jesus Christus, wie ihn die Heilige Schrift bezeugt. Ist die Bibel Kanon und Richtschnur des Glaubens, so ist Jesus Christus Kanon und Richtschnur der Auslegung der Bibel (»Kanon im Kanon«). Luther versteht Jesus Christus aber nicht als religiöse Persönlichkeit, als moralisches Beispiel oder Gesetzgeber (wie z.B. Mose ein Gesetzgeber war), sondern als die Gabe, in der Gott sich uns selbst gibt. In ihm ist das Heil der Welt, Gottes Ja zu uns gegeben und zugesagt. Die reformatorische Theologie spricht in diesem Zusammenhang von der *»Rechtfertigung«* allein aus Gnade, d.h. von der bedingungslosen Annahme des Menschen durch Gott. Sie ist Kriterium und Maßstab, die normierende innere Mitte der Dogmatik. Was unter »Rechtfertigung« näher zu verstehen ist, gehört zum Kernbestand des Theologiestudiums (→ VIII.C 3).

3. Was sind die Hauptthemen der Dogmatik?

Eine erste Orientierung geben uns das *nizänische* und das *apostolische Glaubensbekenntnis.* Beide altkirchlichen Bekenntnisse beginnen mit dem Glauben an Gott den Schöpfer. Beide handeln vom Glauben an Jesus Christus und – drittens – vom Glauben an den Heiligen Geist. Die Aussagen über den Heiligen Geist werden näher entfaltet; so werden seinem Wirken Kirche, Taufe, Sündenvergebung, Auferstehung der Toten und das ewige Leben zugeordnet. Der Glaube an Gott ist also Glaube an den dreieinigen Gott. Im Grunde ist hier die ganze Heilsgeschichte von der Schöpfung der Welt bis zur Vollendung der Welt »erzählt«.

Die meisten Aussagen machen beide Bekenntnisse über Jesus Christus. Er ist »wahrer Gott vom wahren Gott«, »vor aller Zeit« aus Gott geboren, also nicht von Gott geschaffen; er ist dann *in* der Zeit vom Himmel auf die Erde gekommen und Mensch geworden, »für uns gekreuzigt«, auferstanden und wieder zurückgekehrt in den Himmel und wird wiederkommen. Beide altkirchlichen Bekenntnisse legen offensichtlich keinen Wert auf Aussagen über das irdische Wirken Jesu vor seinem Leiden und Sterben. Hier liegt für unser heutiges Denken ein Problem: Wie lässt sich das Verhältnis zwischen dem Jesus Christus des Bekenntnisses und der kirchlichen Verkündigung einerseits und dem irdischen Jesus von Nazareth andererseits bestimmen? Dies ist ein Grundproblem neuzeitlicher Theologie. Jede Dogmatik muss darüber Auskunft geben. Auch im Lehramtsstudium, möglichst in Verknüpfung der Bereiche Neues Testament und Systematische Theologie, muss dieses Problem behandelt werden.

Am trinitarischen Aufbau des Bekenntnisses orientieren sich auch neuere Lehrbücher der Dogmatik bzw. der Systematischen Theologie.

Zwei herausragende Beispiele seien genannt: *Karl Barth,* Die Kirchliche Dogmatik,[11] und *Paul Tillich,* Systematische Theologie.[12] Karl Barth behandelt in den Bänden I 1 und I 2 Prolegomena[13] (dort die Trinitätslehre!), in den Bänden II 1 und II 2 die Lehre von Gott, in den Bänden III 1 bis 4 die Lehre von der Schöpfung, in den Bänden IV 1 bis 4 die Lehre von der Versöhnung (also die Christologie). Es fehlt die Lehre vom Heiligen Geist. Karl Barth kam nicht mehr dazu, sie zu schreiben. Aber auch Paul Tillich, in mancher Beziehung sonst ein Antipode Karl Barths, orientiert sich in seiner dreibändigen »Systematischen Theologie« an einer trinitarischen Struktur. Die Hauptteile seines Systems sind die Teile mit den Überschriften »Sein und Gott«, »Die Existenz und der Christus« und »Das Leben und der Geist«. Hier ist bei aller Differenz die Übereinstimmung mit dem Aufbau und den Hauptthemen der altkirchlichen Bekenntnisse erkennbar.

11 Zürich 1932–1970 (unvollendet).

12 Stuttgart 1956–1966, englisch: Chicago 1951–1963.

13 Prolegomena sind grundlegende Vor-Erwägungen und Vor-Entscheidungen, z.B. über das Verhältnis von Vernunft und Offenbarung oder über den Religionsbegriff.

In der Regel umfassen Dogmatiken oder Systematische Theologien, wie wir im Falle von Karl Barth und Paul Tillich gesehen haben, mehrere Bände. Sie behandeln eine Fülle von Themen, verarbeiten die Ergebnisse der exegetischen Forschung, setzen sich mit der relevanten Tradition und Literatur zu den jeweiligen Problemen auseinander und berücksichtigen den gesamten zeitgenössischen wissenschaftlichen und kulturellen Kontext. So z.B. das vierbändige »Lehrbuch der Dogmatik« von *Hans-Georg Fritzsche* (Berlin 1964–1988) und die dreibändige »Systematische Theologie« von *Wolfhart Pannenberg* (Göttingen 1988–1993).

Als Beispiel für eine konzentrierte Darstellung nenne ich: *Hans Graß*, Christliche Glaubenslehre.[14] Das Inhaltsverzeichnis zeigt, welche Themen er behandelt. Dabei ist auch die Anordnung der Themen aufschlussreich:

Erster Hauptteil: Das Vorfeld des Glaubens

1. Aspekte des Unglaubens
2. Die Fraglichkeit der autonomen Daseins- und Weltbewältigung
3. Güter und Gaben im Vorfeld des Glaubens
4. Die Religiosität des modernen säkularisierten Menschen
5. Religion im Vorfeld des urchristlichen Glaubens
6. Die Bezeugung Gottes in den nichtchristlichen Religionen

Zweiter Hauptteil: Die christliche Botschaft in unserer Zeit

7. Die Notwendigkeit der Botschaft

Teil I: Gott in Christo

8. Die Selbstbekundung Gottes in Jesus Christus
9. Jesus der Gottgesandte in seiner Botschaft und in seinem Verhalten
10. Gott im Geschick Jesu
11. Jesus Christus, der Sohn und Herr
12. Das Problem des Ursprungs Jesu
13. Das Problem der Gottheit Christi
14. Die Herrschaft des erhöhten Herrn
15. Versöhnung und Gemeinschaft mit Gott durch die Sendung Christi (Das Werk Christi)

Teil II: Gott und Mensch im Lichte der christlichen Botschaft

16. Wesen und Erkenntnis der Sünde
17. Die Totalität der Sünde und das Problem der Erbsünde
18. Der Mensch als Geschöpf in Gottes Schöpfung
19. Die Verborgenheit Gottes in der Schöpfung

14 Band I, Stuttgart 1973, Band II, Stuttgart 1974.

Teil III: Die Versöhnung des Menschen mit Gott

20. Die Annahme des Menschen durch Gott in Jesus Christus (Rechtfertigung)
21. Das im Glauben begründete neue Weltverhältnis

Teil IV: Die Vergegenwärtigung des Heils

22. Das Problem des Heiligen Geistes
23. Die Bedeutung der Heiligen Schrift in Theologie und Kirche
24. Die Stellung des Alten Testaments in Theologie und Kirche

Teil V: Die Aufgabe der Kirche

25. Ursprung und Wesen der Kirche
26. Die Gestalt der Kirche
27. Die Kirche und die Kirchen
28. Die Kirchen, die Religionen und die areligiösen Bewegungen

Teil VI: Die Sakramente

29. Die Taufe
30. Das Abendmahl

Teil VII: Die christliche Hoffnung

Was lässt sich am Inhaltsverzeichnis der »Christlichen Glaubenslehre« von *Hans Graß* beobachten?

(1) Er wählt den Begriff »Christliche Glaubenslehre«, vermeidet also den Begriff »Dogmatik«. Im ersten Hauptteil behandelt er unter der Überschrift »Das Vorfeld des Glaubens« die religiös-kulturelle Lage, in der wir uns befinden. Bemerkenswert, dass er in Abschnitt 6 von einer »Bezeugung Gottes in den nichtchristlichen Religionen« spricht. Im Werk von *Karl Barth* vermisst man eine solche Aussage.

(2) Der umfangreiche zweite Hauptteil trägt die Überschrift »Die christliche Botschaft in unserer Zeit«. Statt von »Lehre« spricht er also von »Botschaft«; auch hier findet sich der Zusatz »in unserer Zeit«. Er setzt dann (in Teil I) mit der Christologie ein, allerdings verschränkt mit der Gotteslehre: »Gott in Christo«. Diese Überschrift will sagen, dass in Christus Gott gegenwärtig ist und handelt. In welcher Weise dies gilt, zeigt er in den Abschnitten 8 bis 15. Das Problem des Verhältnisses von historischem Jesus und dem verkündigten und geglaubten Christus will Graß also so lösen, dass er von der »Selbstbekundung Gottes in Jesus Christus« ausgeht, nicht von dem vor aller Zeit von Gott geborenen Sohn Gottes, der dann Mensch wird. Graß bietet aber auch keine »Jesulogie«, d.h. Lehre von Jesus ohne seine besondere Einheit

mit Gott. Die Vorstellung von den beiden Naturen Jesu Christi, einer göttlichen und einer menschlichen Natur, wird ersetzt durch die Aussage, dass Gott in Jesus Christus in entscheidender und endgültiger Weise gegenwärtig ist, auch im »Geschick Jesu«, also seinem Tod und seiner Auferweckung, und in der »Herrschaft des erhöhten Herrn«. Die »Gottheit Christi« wird als »Problem« (so die Überschrift des 13. Abschnitts) behandelt, nicht als Dogma. In diesem Zusammenhang erörtert er die Frage der Verehrung und Anbetung Christi. Er kommt zu dem Schluss: »Für eine funktionale Christologie[15], in der Christus als *der* Gottgesandte angesehen wird, ist das Gebet zu Gott durch Christus oder im Namen Christi die angemessenere Form als das direkte Gebet zu Christus ... Wer allerdings seine Christologie von der Trinitätslehre her aufbaut, für den sind alle Erwägungen, die wir über die Anbetung Christi gestellt haben, gegenstandslos. Dem ewigen, mit dem Vater wesensgleichen Gottessohn gebührt hier die gleiche Anbetung wie Gott selbst, ja man kann hier erklären, dass man im Sohn den Vater und den Geist, wie im Vater den Sohn und den Geist anbetet, weil die Anrufung *einer* Person die Anrufung der anderen notwendig in sich schließe. Aus unseren Erwägungen zur Christologie dürfte deutlich geworden sein, warum es sich nicht empfiehlt, diesen Weg zu gehen.«[16]

(3) Es fällt des Weiteren auf, dass es keinen eigenständigen Abschnitt zur Gotteslehre gibt. Die Rede von Gott findet sich innerhalb des Teils I (»Gott in Christo«). Die Aussagen über Gottes Schöpfung erscheinen hier nicht, wie üblich, vor der Christologie, sondern etwas versteckt in Teil II, wo von »Gott und Mensch im Lichte der christlichen Botschaft« die Rede ist. Zunächst werden die Themen »Sünde« und »Erbsünde« behandelt, und erst dann begegnen wir dem Begriff »Gottes Schöpfung«, im 18. Abschnitt im Zusammenhang der Lehre vom Menschen als Geschöpf (der theologischen Anthropologie) und im 19. Abschnitt im Zusammenhang mit dem Problem der Verborgenheit Gottes in der Schöpfung.

(4) Im Teil III (»Die Versöhnung des Menschen mit Gott«) wird zunächst *das* Kernstück protestantischer Theologie, die Rechtfertigungslehre, behandelt und als »Annahme des Menschen durch Gott in Jesus Christus« interpretiert. Im rechtfertigenden Glauben wird ein »neues Weltverhältnis« begründet (21.

15 Man kann zwischen dem *Wesen* Christi (»Sohn Gottes, eines Wesens mit dem Vater«) und seiner *Funktion* (Gesandter Gottes, Mittler zwischen Gott und Mensch, Richter, Erlöser) unterscheiden. Graß bevorzugt die funktionale Christologie.

16 *H. Graß*, Christliche Glaubenslehre, Bd. I, 138.

Abschnitt). In der Rechtfertigung nimmt Gott uns in seine Gemeinschaft auf. Dies begründet »ein Bewusstsein des Angenommenseins, des Getragen- und Gehaltenseins, des Nicht-Verlassenseins ... Der Sinn des Lebens wird bejaht; auch wenn man ihn keineswegs immer durchschaut ... Gott lässt nicht zu, dass alles sinnlos ist.«[17]

Als ein weiteres Beispiel für die Themenfülle und Gliederung einer Dogmatik nenne ich die »Dogmatik« von *Wilfried Härle*.[18] Seinem Lehrbuch gibt er den traditionellen Titel »Dogmatik«. Dazu macht er sich die Zielsetzung zu Eigen, »zu einer eigenen Überzeugung und zu befreiendem Verstehen hilfreich [zu] sein«.[19] Das Buch enthält fünfzehn umfangreiche Kapitel, die jeweils mehrfach gestufte Gliederungen enthalten. Diese Kapitel haben folgende Überschriften:

Einleitungsteil:
1 Dogmatik im Gesamtzusammenhang der Theologie als Wissenschaft

Hauptteil I: Das Wesen des christlichen Glaubens

2 Die Frage nach dem Wesen des christlichen Glaubens
3 Gottes Offenbarung in Jesus Christus als Grund des christlichen Glaubens
4 Die Bibel als Quelle und Norm des christlichen Glaubens
5 Das kirchliche Bekenntnis als maßgebliche Interpretation des christlichen Glaubens
6 Die gegenwärtige Lebenswelt als Kontext des christlichen Glaubens

Hauptteil II: Das Wirklichkeitsverständnis des christlichen Glaubens

7 Die im Wirklichkeitsverständnis des christlichen Glaubens vorausgesetzte Gottes- und Welterkenntnis

Teil A: Das Gottesverständnis des christlichen Glaubens

8 Gottes Sein (Theo-logie)
9 Gottes Selbsterschließung in Jesus Christus (Christologie)
10 Die Gegenwart Gottes als heiliger Geist (Pneumatologie)
11 Die Dreieinigkeit Gottes (Trinitätslehre)

17 *H. Graß*, Christliche Glaubenslehre, Bd. II, 70.
18 Dogmatik, Berlin/ New York 1995, ²2000.
19 Dogmatik, VII.

Teil B: Das Weltverständnis des christlichen Glaubens

12 Die geschaffene Welt (Schöpfungslehre)
13 Die gefallene Welt (Hamartiologie)
14 Die versöhnte Welt (Soteriologie)
15 Die vollendete Welt (Eschatologie)

Hier fällt auf, dass Härle vorab, in den Kapiteln 2 bis 6, dem Hauptteil I, die Themen Glaube, Offenbarung, Bibel, Dogma und gegenwärtige Lebenswelt behandelt (unter der missverständlichen Überschrift »Das Wesen des christlichen Glaubens«), um dann in den Kapiteln 7 bis 15, dem Hauptteil II, das *»Wirklichkeitsverständnis des christlichen Glaubens«* vorzustellen. Nicht die »Inhalte« des christlichen Glaubens werden hier also behandelt, sondern das »Wirklichkeitsverständnis des christlichen Glaubens.« Das Gottes- und Welt*verständnis* ist also der »Inhalt« dieser Dogmatik. Der Begriff des *Selbst*verständnisses erscheint hier übrigens nicht. Das Selbst ist zweifellos Teil der Welt.

Der Begriff »Welt« wird hier allerdings, wie die Kapitel 12 bis 15 zeigen, sehr weit gefasst. So wird die Lehre vom Menschen im Kapitel »Die geschaffene Welt« behandelt. Statt von Sünde ist von »gefallener Welt« die Rede, statt vom Heil und den Heilsmitteln (Taufe und Abendmahl) von der »versöhnten Welt«, statt vom ewigen Leben von der »vollendeten Welt«. Der christliche Glaube ist also ein *bestimmtes (!) Gottes- und Weltverständnis*, zusammengefasst als *Wirklichkeitsverständnis.*

Die Empfehlungen zur Reform des Lehramtsstudiums stellen demgegenüber *das christliche Reden von Gott* in den Mittelpunkt. Von dieser Mitte her sollen andere theologische Aspekte erschlossen werden. Der »Dialog über Glauben und Leben« hat ein Ziel. Die Kinder und Jugendlichen sollen ihr Leben bejahen können. Dies können sie aber nur, »wenn sie für sich und die Gesamtheit aller Menschen eine tragfähige Lebensperspektive sehen«.[20] Es geht im RU um diese »Lebensperspektive«, weniger um ein umfassendes Wirklichkeitsverständnis. Der Begriff »Wirklichkeitsverständnis« ist hier konkretisiert als »Lebensperspektive« und »Dialog über Glauben und Leben«.

20 Im Dialog über Glauben und Leben, 31.

B Arbeitsformen und -methoden

1. Welche Methoden gelten in der Systematischen Theologie/Dogmatik?

Der Reflexions-, Sprach- und Urteilsfähigkeit im Bereich der Systematischen Theologie/Dogmatik dienen folgende vier Methoden:

1. Zusammenhänge sehen und herstellen
2. Texte verstehen und auslegen
3. Problemstellungen erkennen und definieren
4. Sich ein eigenes Urteil bilden.

1.1 Zusammenhänge sehen und herstellen. In der Systematischen Theologie (Dogmatik und Ethik) geht es um Zusammenhänge, z.B. Gott und Welt, Gott und Mensch, Glaube und Handeln, Schöpfung und Sünde, Schöpfung und Erlösung, altkirchliche Christologie und historisch-kritische Forschung. In die Wahrnehmung solcher Beziehungen sollen Sie sich einüben, damit sie eine Aussage, ein Thema, ein Problem verorten können im Zusammenhang des Ganzen des christlichen Glaubens bzw. christlicher Theologie. Auf diese Weise soll ein beziehungsloser und unreflektierter Umgang mit dem in Frage stehenden Problem oder Thema vermieden werden, insbesondere unkritische Entscheidungen auf der Basis von Bibelstellen oder eines Fideismus, einer unhinterfragbaren »Glaubensentscheidung«.

Mit »Zusammenhang« ist aber auch die *Korrelation* (→ II. A5) von christlicher Botschaft und Überlieferung einerseits und humaner und religiöser Erfahrung andererseits gemeint. Nehmen wir auch den Menschen der Gegenwart, uns selbst und die Schülerinnen und Schüler ernst als Menschen, die sich im »Vorfeld« des Glaubens befinden und die ein Vorwissen von Gott, Liebe, Gnade, Sinnverfehlung und Sinnerfüllung haben, dann sollte dieses Potenzial im Theologiestudium wie im RU nicht unterdrückt, sondern im Gegenteil aktiviert und in Beziehung gesetzt werden zur christlichen Botschaft und Lehre. Diese Beziehung ist freilich nicht einseitig. Die »Vorfeld«- oder Frage-Seite in dieser Korrelation darf nicht dominieren; sie muss sich öffnen für eine mögliche, ganz neue Perspektive, die aus der Botschaft ihr entgegentritt. Andererseits darf aber auch die Antwort des christlichen Glaubens dem fragenden Menschen nicht die Fragen diktieren. Gewiss sind unsere Fragen durch unsere kulturelle und religiöse Sozialisation geprägt. Doch dies ist kein Einwand gegen diese Korrelation.

Die *Methode der Korrelation,* die auf *Paul Tillich* zurückgeht[21] und in der katholischen und evangelischen Religionspädagogik rezipiert worden ist, gibt also den Erfahrungen und Überzeugungen des Menschen (der Studierenden, der Schüler) ausdrücklich Raum in der Begegnung mit der christlichen Botschaft. Das Evangelium knüpft an diese Erfahrungen kritisch an und vertieft, erweitert, öffnet und korrigiert sie.

1.2 Texte verstehen und auslegen. Die christliche Botschaft und Überlieferung ist darauf angewiesen, dass sie jeweils in ihrer Zeit verstanden und ausgelegt wird. Theologische Kompetenz ist immer auch hermeneutische Kompetenz.

Die beiden wichtigsten Methoden des Umgangs mit Texten sind die *historisch-kritische Methode* und die *Methode der strukturalen Textsemantik.* Die historisch-kritische Methode ist in der Theologie am stärksten in der alt- und neutestamentlichen Exegese entwickelt worden (→ III.B; IV.B). Deren Weiterentwicklung unter Berücksichtigung neuer literaturwissenschaftlicher Ansätze stellt die strukturale Textsemantik dar. In ihr gilt der Vorrang der Synchronie vor der Diachronie, d.h. der vorliegende Text wird so, wie er strukturiert ist, als eine Bedeutungseinheit erfasst, als in allen seinen Teilen »gleichzeitig« (»synchron«) und in sich kohärent (»zusammenhängend«). Es wird also von seiner oft langen und wechselvollen Vorgeschichte, von seiner »Diachronie«, die in der historisch-kritischen Methode erforscht wird, abgesehen.

In der Theologie- und Dogmengeschichte herrscht die diachrone Betrachtung vor, d.h. man beschreibt, wie z.B. die Vorstellung der Himmelfahrt Christi oder der Jungfrauengeburt oder die Lehre von der Taufe oder vom Abendmahl entstanden ist und sich entwickelt hat durch die Zeiten hindurch bis heute. Das Verständnis dieser Themen erschließt sich also durch ein historisch-genetisches Verfahren (»Diachronie«). Demgegenüber konzentriert sich die synchrone Fragestellung ganz auf den vorliegenden Text. Seine Bedeutung (»Semantik«) ergibt sich nicht durch eine außerhalb des Textes liegende Vorgeschichte, sondern durch den Text selbst, seine Struktur.[22]

21 *P. Tillich,* Systematische Theologie, Bd. I, Stuttgart ³1956, 73–80, Bd. II, Stuttgart ³1958, 19–22.

22 Eine synchrone Betrachtung des nizänischen Glaubensbekenntnisses würde also nicht nach seiner Vorgeschichte und Zitaten aus ihr fragen, sondern nach dem vorliegenden (griechischen oder wörtlich übersetzten) Text. Beide Verfahren sind nicht zu vermischen, aber sie ergänzen sich. Ein instruktives Beispiel für eine strukturale Analyse des Glaubensbekenntnisses von Nizäa-Konstantinopel bietet *A. Stock,* Umgang mit theologischen Texten. Methoden, Analyse, Vorschläge, Zürich/Einsiedeln/Köln 1974, 76–84.

1.3 Problemstellungen erkennen und definieren. In der Regel ist ein Problem nicht von vornherein als Problem erkennbar. Was meinen wir, wenn wir sagen: Jesus Christus ist »für uns« gestorben? Was heißt: Gott, der Allmächtige? Dass Gott »Vater« genannt wird, dass Gott wie eine Person im Gebet persönlich angeredet wird, kann für uns dadurch problematisch werden, dass wir auf die Implikationen und Missverständnisse solcher Aussagen aufmerksam werden oder, wie es meistens geschieht, durch die kritische Stellungnahme eines anderen zur Reflexion und zu eigenem Urteil herausgefordert werden. Fragestellungen müssen als solche erst erkannt werden. In der Vorlesung werden sie entwickelt, im Seminar werden sie gemeinsam erarbeitet. In Auseinandersetzung mit bestimmten Positionen wird die Fähigkeit, Problemstellungen wahrzunehmen und zu beschreiben, eingeübt. Oft verbirgt sich hinter einem vordergründigen, aktuellen ein viel tieferes, grundsätzliches Problem. So kann z.B. hinter der Frage »Wie soll man sich die Himmelfahrt Jesu vorstellen?« eine Frage stehen wie diese: Was heißt in diesem Zusammenhang überhaupt »Himmel«? Und: Was hat Jesus Christus mit Gott zu tun? Wer ist Jesus Christus – für mich? Es kann geschehen, dass wir immer tiefer in grundsätzliche Fragen hineingetrieben werden. Auf diese Weise stellen sich Beziehungen und Zusammenhänge her, die wir zuvor noch nicht wahrgenommen haben.

Solches Fragen greift allerdings auch über in den Bereich unserer Erfahrungen. Die Vorstellung eines Sohnes Gottes, der vor aller Zeit aus Gott geboren »ist« und zu einer bestimmten Zeit aus dem Himmel hinabstieg zu uns Menschen und wieder aufstieg zu Gott und nun zur Rechten Gottes sitzt und wiederkommen wird zum Gericht über Lebende und Tote, wirft Fragen auf, die sich aus unserem Weltbild, insbesondere aus unserem Ernstnehmen der Geschichte Jesu Christi ergeben. Wie lässt sich die Abstiegschristologie (»Gott wird Mensch«) mit unserem geschichtlichen Bewusstsein vereinbaren? Im Kern geht es hier um eine Neuinterpretation der klassischen Christologie.

Von der Naturwissenschaft her, insbesondere der Evolutionstheorie Darwins, ergaben sich im 19. Jahrhundert Zweifel an dem Recht eines wörtlichen Verständnisses der beiden Schöpfungsberichte der Bibel. Dass die Frau aus der Rippe des Mannes geschaffen wurde, um ihm eine Gehilfin zu machen, woraus sich auch die Unterordnung der Frau unter den Mann ergibt, ist zwar der Bibel zu entnehmen (vgl. Gen 2,18–23), gehört aber nicht zum Bekenntnis zu Gott dem Schöpfer. Es ist wie vieles andere in der Bibel von einem bestimmten Welt- und Menschenbild geprägt. Hieraus ergeben sich kritische Fragen an die biblische und christliche Überlieferung (»Sachkritik«). Im Studium ist die Wahrnehmung solcher Fragestellungen und die theologische Argumentation einzuüben. Aber auch der RU kann nur mit diesem Problembewusstsein verantwortet werden.

1.4 Sich ein eigenes Urteil bilden. Theologische Sprach- und Argumentationsfähigkeit soll schließlich zur Urteilsfähigkeit und zu einem Urteil führen. Überzeugend ist ein Urteil, wenn es eine Problemstellung ernst nimmt und eine klärende und sich bewährende Antwort darstellt. Freilich gibt es im Bereich der Dogmatik Fragen, die noch eingehender Reflexion bedürfen und nicht vorschnell beantwortet werden können. Gelegentlich wird aber auch Missbrauch getrieben mit dem Hinweis auf das Geheimnis des Glaubens, das zu fragen und nach einer Antwort zu suchen nicht erlaube. Es gibt freilich Fragen, auf die es keine überzeugende theologische Antwort gibt. Dazu gehört die Frage, warum Gott Menschen auf entsetzliche Weise leiden lässt. Oder die Frage, warum und wozu Gott die Sünde des Menschen zuließ. In der Theologie sind zwar immer wieder Antworten auch auf solche Fragen gegeben worden, oft in Anlehnung an die Philosophie, Pädagogik und Ästhetik, aber solche Antworten sind ihrerseits theologisch fragwürdig. Sie bewähren sich nicht in einer weiteren Reflexion des Problems. Es gibt Fragen, auf die es auch morgen ebenso wenig eine Antwort geben wird wie gestern und heute, die gleichwohl aber als Fragen ernst genommen und wach gehalten werden müssen. Theologie, insbesondere die Dogmatik, darf sich also nicht mit dem verwechseln, was nur Gott selbst weiß. Sie ist Menschenwerk. Zur Argumentations- und Urteilsfähigkeit kann es auch gehören, vorläufige Antworten hypothetischen Charakters zu geben, gelegentlich auch keine überzeugende Antwort zu wissen und Fragen als unbeantwortete Fragen offen- und auszuhalten. Auch dies kann ein angemessenes theologisches Urteil sein (vgl. 1 Kor 13,12).

2. Wie unterscheiden sich Vorlesung und Seminar?

Die *Vorlesung* gibt Ihnen einen Überblick über das Ganze des Faches, z.B. unter folgender Thematik: »Dogmatik (oder: Christliche Glaubenslehre) im Überblick« oder »Grundprobleme der Dogmatik« oder »Das Glaubensbekenntnis, ausgelegt für die Gegenwart«. Im *Seminar* sollte ein zentrales Thema der Dogmatik bearbeitet werden, z.B. »Christliches Reden von Gott«, »Was heißt: Ich glaube an Gott den Schöpfer?«, »Der Glaube an Jesus Christus und die Frage nach dem historischen Jesus«, »Gott und das Leid (Theodizee)«, »Religionskritik und Religionsbegründung«.

Im Seminar sollen Sie die Fähigkeit entwickeln, ein komplexes Thema wissenschaftlich zu erarbeiten und einen eigenen Standpunkt zu finden. Dies geschieht in der Regel durch Auseinandersetzung mit einem repräsentativen Standpunkt, der durch einen entsprechenden Text vorgegeben ist.

Hier geht es also nicht darum, Lexikonwissen zu erwerben, sondern um ein Verstehen der Sache, das schließlich zur Sprach- und Urteilsfähigkeit führt.

Im Hauptstudium soll die Sprach- und Argumentationsfähigkeit im Bereich der Dogmatik vertieft werden. Anzustreben ist die Beschäftigung mit je einem zentralen Thema aus der Gottes- und Schöpfungslehre sowie aus der Christologie und Soteriologie.

C Beispiele für das Studium

Die Fülle der im Teil A genannten Themen gebietet eine sinnvolle Auswahl, die einerseits das Ganze der Glaubenslehre in den Blick nimmt, andererseits sich auf wenige bestimmte Themen konzentriert.

Zunächst wird ein für alle Lehramtsstudiengänge der Evangelischen Religionslehre *gemeinsamer Grundkurs* vorgestellt. Ich schlage dafür als Thema die Glaubensbekenntnisse vor. Hier werden grundlegende Aspekte dogmatischen Denkens erschlossen. Eine Vertiefung soll dann in einem *Aufbaukurs* erfolgen. Hierfür biete ich *zwei Varianten* an: eine von ihnen ist vorrangig für Studierende für das Lehramt an Grund-, Haupt- und Realschulen (A), die andere für Studierende für das Lehramt an Gymnasien (B) bestimmt.

1. Grundkurs für alle Lehramtsstudiengänge

Vorlesung/Seminar: *Glaubensbekenntnisse*

Die Glaubensbekenntnisse der Kirche nennen formelhaft die Hauptinhalte des christlichen Glaubens. Die Reihenfolge der Sätze ist bewusst gewählt, sie entspricht der Logik und dem Gang der Heilsgeschichte von der Schöpfung bis zur Vollendung der Welt und des Menschen. Mit ihnen gibt die Kirche nach innen wie nach außen zu erkennen, was in ihr als Wahrheit gilt und was sie zusammenhält.

Die Glaubensbekenntnisse sind Erkennungszeichen (griechisch: symbola). Der neuere Begriff »Glaubensbekenntnis« hat diesen alten, noch in der Reformationszeit gebräuchlichen Begriff »Symbol« (hier im Sinne von »Glaubensbekenntnis« verstanden) verdrängt.

Den Studierenden ist das apostolische Glaubensbekenntnis aus dem Gottesdienst und dem kirchlichen Unterricht vertraut. Sein Wortlaut wirkt auslegungsbedürftig, für viele gewiss auch veraltet und revisionsbedürftig. Handelt es sich hier nur um eine Aneinanderreihung von Sätzen, die

»eigentlich« allesamt zu glauben sind? Ist eine Auswahl erlaubt? Sind sie wörtlich zu nehmen oder sind sie als bildhafte Aussagen (Symbole) zu verstehen? Was heißt z.B. »Gottes Sohn«? Weithin, nicht nur im Koran und im Islam, wird dieses Wort physisch-biologisch verstanden und mit Recht in diesem Sinn abgelehnt. Was aber ist gemeint? Was heißt »geboren von der Jungfrau Maria« oder »aufgefahren in den Himmel«? Alle diese Fragen sind nicht nur religions- bzw. traditionsgeschichtliche, sondern am Ende auch systematisch-theologische bzw. dogmatische Fragen und gehören selbstverständlich in die Lehrveranstaltung zu diesem Thema.

Zunächst wird es darum gehen, den Sinn der Aussagen zu erfassen und zu verstehen. In einem weiteren Schritt stellt sich die Aufgabe einer Auslegung bzw. Neuinterpretation vor den Fragen der Gegenwart. Damit der Bekenntnischarakter wieder zur Geltung kommt, muss die Lebensperspektive der Aussagen erschlossen werden.

1.1 Das apostolische Glaubensbekenntnis.[23] Allerdings gibt es nicht *das* Glaubensbekenntnis, sondern eine Vielzahl von Bekenntnisformeln und Bekenntnissen. Am bekanntesten, jedenfalls in den Kirchen des Westens, ist das *apostolische Glaubensbekenntnis* oder *Apostolikum* (hier abgekürzt: Ap). Es ist »apostolisch«, weil es seinen Inhalt auf das Zeugnis der Apostel gründet, nicht weil die Apostel selbst es formuliert hätten. Der Text geht zurück auf das Taufbekenntnis der Gemeinde in Rom, stammt aber in seiner endgültigen lateinischen Textgestalt erst aus dem 8. Jahrhundert und wurde von *Karl dem Großen* in seinem ganzen Reich verbindlich gemacht. Im 9. Jahrhundert ist es auch in Rom übernommen worden. Hierzu sind zunächst einige kommentierende Anmerkungen wichtig.

Der 1. Glaubensartikel. Auffallend ist die kurze Formulierung des 1. Glaubensartikels (des Glaubens an Gott den Schöpfer). Obwohl die Taufbewerber, die dieses Bekenntnis ablegen, aus dem heidnischen Polytheismus kommen, fehlt hier die Betonung des Monotheismus, wie wir sie im nizänischen Glaubensbekenntnis (= NC, Zeile 1) finden. Mit der Bezeichnung »Vater« ist wohl nicht »Vater Jesu Christi« gemeint, sondern in einem umfassenden Sinne der Schöpfer der Welt und aller Dinge (vgl. auch 1 Kor 8,6; Eph 4,6). Im

23 Lateinischer Text in: *Denzinger, H./Schönmetzer, A. (Hg.)*, Enchiridion Symbolorum, Definitionum et Declarationum de Rebus Fidei et Morum, Freiburg 1963, 28. Deutscher Text in: Evangelisches Gesangbuch. Ausgabe für die Evangelische Kirche im Rheinland, die Evangelische Kirche von Westfalen, die Lippische Landeskirche, Bielefeld/Neukirchen-Vluyn 1996, 1308ff.; ebenso in allen anderen Ausgaben.

Bekenntnis zu Gott dem Allmächtigen (oder Allherrscher) wird ein politischer Begriff (Pantokrator) auf Gott übertragen; so auch schon in Offb 1,8; 4,8; 11,17; 15,3 und öfter. Die im altrömischen Bekenntnis noch fehlende dritte Zeile betont, dass die Welt willentliche Schöpfung Gottes und nicht Emanation (Ausfluss aus Gott) oder Leib Gottes ist. Die Welt ist also von Gott geschaffen und nicht selbst göttlich. Dies hat Folgen für unser Verhältnis zur Welt.

Der 2. Glaubensartikel. Am umfangreichsten ist der 2. Glaubensartikel, das Bekenntnis zu Jesus Christus. Die Wendung »eingeborener (= einzig geborener) Sohn« will das einzigartige Verhältnis zwischen Gott und Jesus Christus hervorheben. Der »Sohn Gottes« ist nicht *wie* Gott oder ein Zwischenwesen, sondern Gott; er steht der Schöpfung gegenüber. »Herr« (Kyrios) ist Übersetzung des alttestamentlichen Gottesnamens Jahwe ins Griechische und auf Jesus Christus übertragen. Auch der römische Kaiser ließ sich als Kyrios verehren. Dies klingt im Bekenntnis an.

Das Ap spricht (anders als NC) nicht von einem Sein des Gottessohnes vor aller Zeit (»Präexistenz«). Es konzentriert sich auf die Menschwerdung. Seine Empfängnis vom Heiligen Geist und seine Geburt von der Jungfrau Maria sind Ausdruck seiner Gottessohnschaft. »Gelitten unter Pontius Pilatus« ist zunächst eine römische Datierung der Ereignisse, darüber hinaus wohl auch Hinweis auf das Zeugnis Jesu vor den Mächten der Welt. Das »begraben« unterstreicht die Realität des Todes. Sein Abstieg in das Totenreich ist von der frühen Kirche als Predigt des Evangeliums im Totenreich, aber auch als Sieg über Hölle, Tod und Teufel und als Befreiung der Seelen aus der Hölle gedeutet worden.

Statt von »Auferweckung« spricht das Bekenntnis von »Auferstehung«. Beide Ausdrücke finden sich im NT. »Auferweckung« betont die Aktivität Gottes des Vaters, »Auferstehung« die Macht Jesu Christi. Entsprechend wird die aktive Form »aufgefahren in den Himmel« gewählt anstelle von »aufgenommen in den Himmel«. Das Sitzen zur Rechten Gottes ist Erfüllung der messianischen Weissagung (Mt 22,44; 26,64, im Anschluss an Ps 110,1 und Dan 7,13). In der antiken Thronmetaphorik ist das Sitzen im Unterschied zum Stehen Zeichen der Herrschermacht. Als König ist er Hohepriester, der bei Gott für die Seinen eintritt und Fürsprache für sie einlegt. Seine Herrschaft vollendet sich in seiner Wiederkunft zum Gericht.

Diese Aufzählung von Glaubenssätzen bezüglich der Person Jesu Christi übersteigt seine übernatürliche Empfängnis und Geburt bis in sein vorgeburtliches Sein (»seinen eingeborenen Sohn«) und bezieht auch seine künftige Wiederkunft zum Gericht mit ein. Es fällt auf, dass das irdische Wirken Jesu, z.B. seine Predigt vom Reiche Gottes, und seine Wundertaten mit keinem Wort erwähnt werden. Auch sein Liebesgebot, seine Bedeutung als moralisches Beispiel und sein Ruf zur Nachfolge, Themen also, die uns heute wichtig sind, fehlen. Wie ist dies zu bewerten?

Offensichtlich verstehen wir heute das NT stärker geschichtlich/ethisch/personal/existenziell als die Menschen in der Zeit der Antike und der frühen Kirche. Neuere Glaubensbekenntnisse bestätigen diesen Wandel unseres Wirklichkeitsverständnisses.

Der 3. Glaubensartikel. Die traditionelle Rede vom Heiligen Geist begegnet in besonderem Maße Missverständnissen. Schon das Wort »Geist« wird heute weithin und auch im RU mit Geisterscheinungen, Gespenster- und Spukphänomenen usw. in Verbindung gebracht. Was ist mit diesem Begriff gemeint?

Eine Hilfe gibt uns das AT. Unter dem (weiblich gedachten) Begriff *ruach,* der für den Geist Gottes steht, versteht das AT Gottes Atem, der Leben schenkt und am Leben erhält (vgl. Ps 104,29f., Gen 2,7). Gottes Geist ist mütterliche Lebenskraft und Lebensmacht, also alles andere als ein Abstraktum oder ein Spuk. So sind – gemäß dem Glaubensbekenntnis – auch die Kirche, die Gemeinschaft der Heiligen, die Vergebung der Sünden, die Auferstehung der Toten und das ewige Leben Wirkungen des göttlichen Geistes.

Auch der Gedanke, dass Gott nicht abwesend und fern, sondern auf verborgene Weise gegenwärtig und nah ist, erschließt den Sinn der Rede vom Wirken des Geistes Gottes. Gott wirkt in der Welt und in der Kirche durch seinen Geist. Dies schließt ein, dass er auch in meinem Leben und durch mich wirkt. Neuere Bekenntnisse betonen gerade diese Wirkweise des Heiligen Geistes.

Entsprechend wird der Glaube an Gott im 3. Glaubensartikel entfaltet als Glaube an den Heiligen Geist. Ihm wird als sein Wirkungsfeld die Kirche zugeordnet. »Heilig« meint: von Gott ausgesondert und erwählt. »Christlich« ist die schon seit dem 15. Jahrhundert übliche Übersetzung von »catholica«. In der römisch-katholischen Kirche ist in der Übersetzung das Adjektiv »katholisch« beibehalten worden. Es ist aber nicht im konfessionellen Sinne von »römisch-katholisch« zu verstehen, sondern im Sinne von Universalität, die über die Schranken von Raum und Zeit, Nation und Rasse hinausgeht. Der Zusatz »Gemeinschaft der Heiligen« (sanctorum communionem) heißt ursprünglich nicht »Versammlung der Gläubigen« (so *Luther* und die anderen Reformatoren), sondern die Gemeinschaft mit den Heiligen, die schon jetzt im Himmel des göttlichen Heils teilhaftig sind, aber auch Teilhabe an den »sancta«, nämlich an den Sakramenten, die das ewige Heil verbürgen.

Heißt es im NC: »Wir erwarten die Auferstehung der Toten und ein Leben der zukünftigen Welt«, so hier konkreter: »Auferstehung des Fleisches und das ewige Leben«. Die Formulierung »Auferstehung des Fleisches« richtet sich gegen die platonische Vorstellung einer Wiederverkörperung der unsterblichen Seele in einem anderen Leib. *Dieses* vergängliche und verwesliche Leben wird auferstehen. Vgl. auch *Paulus:* »Denn dieses Verwesliche muss anziehen die Unverweslichkeit, und dieses Sterbliche muss anziehen die Unsterblichkeit« (1 Kor 15,53). Die Identität des Menschen ist also aufs Engste mit seiner einmaligen und unvertauschbaren leiblichen Existenz (seinem »Fleisch«) verbunden. Doch ist der Begriff »Fleisch« in diesem Zusammenhang auch missverständlich (vgl. Paulus 1 Kor 15,50: »Fleisch und Blut können das Reich Gottes nicht ererben«). In der heutigen ökumenischen Fassung lautet die Übersetzung: »Auferstehung der Toten«. Sie ist aus dem NC übernommen. Hier liegt ein Beispiel für theologische Sachkritik am Originaltext vor. Aber auch die heutige Wendung »hinabgestiegen in das Reich des Todes« (anstelle des früheren »niedergefahren zur Hölle«) ist eine gewisse Umdeutung, die auf unser heutiges Denken Rücksicht nimmt.

1.2 Das Glaubensbekenntnis von Nizäa-Konstantinopel (381).[24] In den orthodoxen Kirchen des Ostens steht das auf dem 1. Ökumenischen Konzil zu Nizäa 325 und auf dem Konzil zu Konstantinopel 381 bekräftigte und erweiterte nizänische Glaubensbekenntnis (darum: Glaubensbekenntnis von Nizäa-Konstantinopel, abgekürzt: NC) in höchstem Ansehen. Es ist auch von den Kirchen des Westens übernommen worden. Sein (griechischer) Wortlaut ist also älter als das apostolische Glaubensbekenntnis. NC gilt als *das* ökumenische Glaubensbekenntnis. Auch hierzu einige Kommentare:[25]

Der 1. Glaubensartikel. Zeile 1–2: Im Plural »Wir« spricht die glaubende Gemeinde im Gottesdienst (vgl. auch Zeile 26 und 32–34). Aber dies schließt die persönliche Überzeugung des einzelnen Glaubenden nicht aus. Die Wendung »den einen Gott, den Vater« entstammt dem NT: »*Ein* Gott und Vater aller, der da ist über allen und in allen« (Eph 4,6). Anders als im Ap wird hier gegen die heidnische Vielgötterei der Monotheismus betont, aber mit der dem AT und dem Judentum fremden Anrede Gottes als Vater verbunden. »Vater« ist – wie im Ap – der Gottesname im umfassenden Sinne.

24 Deutscher Text in: Evangelisches Gesangbuch (vorige Anm.), 1310f.

25 Vgl. *R. Staats,* Das Glaubensbekenntnis von Nizäa-Konstantinopel. Historische und theologische Grundlagen, Darmstadt 1996, ^{2}1999; *Ökumenischer Rat der Kirchen,* Gemeinsam den einen Glauben bekennen. Eine ökumenische Auslegung des apostolischen Glaubens, wie er im Glaubensbekenntnis von Nizäa-Konstantinopel (381) bekannt wird. Faith and Order Paper 153, Genf 1999, Frankfurt am Main 1999.

Zeile 3–4: entspricht Kol 1,16. Das Unsichtbare ist nicht das Noch-nicht-Entdeckte oder Noch-Unsichtbare, sondern das seinem Wesen nach Unsichtbare, z.B. die Zeit, die Vernunft, der Geist, die Ideen (die Idee des Wahren, Guten und Schönen). Sie sind nichts Göttliches, sondern von Gott Geschaffenes.

Der 2. Glaubensartikel. Zeile 5–12: Hier wird auf die Entscheidungen des 1. Ökumenischen Konzils von Nizäa (325) zurückgeblickt. Der Theologe *Arius* hatte ein Glaubensbekenntnis formuliert, das die Gottheit des einen Gottes pries, aber den Logos (»das Wort«) oder den Sohn von dem Wesen Gottes des Vaters deutlich abhob. Der Logos oder Sohn gehört für Arius nicht auf die Seite des Vaters, sondern ist Gott untergeordnet und gehört auf die Seite der Welt und damit der Geschöpfe. Diese Position wurde auf dem Konzil abgelehnt. Das »homo-ousios« (= wesensgleich, *eines* Wesens mit dem Vater) wurde zur gültigen Lehre erklärt: »Wir glauben an *einen* Gott ... und an *einen* Herrn Jesus Christus, den Sohn Gottes, der als Einziggeborener aus dem Vater gezeugt ist, d.h. aus dem Wesen (ousia) des Vaters, Gott von Gott, Licht vom Licht, wahrer Gott vom wahren Gott, gezeugt, nicht geschaffen, wesenseins (homo-ousion) mit dem Vater.«[26]

Die Formel »homo-ousios« war allerdings nicht eindeutig, sie konnte auch als völlige Wesens*identität,* nicht nur als Wesenseinheit von Gott dem Vater, Gott dem Sohn und Gott dem Heiligen Geist verstanden werden. Danach wäre der Sohn nur eine durch die Heilsgeschichte bedingte Erscheinungsweise (= Modus) Gottes (Modalismus). *Kaiser Konstantius,* der Nachfolger *Konstantins,* verbot darum die Formel. Das Ergebnis der weiteren theologischen Arbeit war die begriffliche Unterscheidung zwischen ousia (= Wesenheit, Sein) und hypostasis (= Hypostase, Verwirklichungsgestalt des Seins). Die *eine* göttliche ousia existiert in *drei* gleichartigen göttlichen Hypostasen, nämlich Gott als Vater, Sohn und Heiliger Geist. Gott ist *eine* Wesenheit in *drei* Personen. Die drei Hypostasen Vater, Sohn und Heiliger Geist haben trotz ihrer Besonderheit ihre Einheit in Gott. Gott ist dreieiniger Gott, in seinem ganzen Wesen also Gemeinschaft. »Homo-ousios« heißt nun »wesensgleich« oder »wesenseins«. Durch die Unterscheidung von »Wesen« (ousia) und Hypostase ist ein Drei-Götter-Glaube ebenso ausgeschlossen wie eine Unterordnung des Sohnes unter den Vater.

Zeile 13–17: Das »für-uns« unterscheidet NC von Ap. Wir haben hier eine »Christologie von oben«. Der Sohn Gottes steigt hinab, nimmt Fleisch an und wird Mensch. Wichtig aber ist die Zielbestimmung seiner Menschwerdung: »für uns Menschen und zu unserm Heil«.

26 *H. Steubing (Hg.),* Bekenntnisse der Kirche, 21.

Zeile 18-19: Fleischwerdung (Menschwerdung, Inkarnation) und Kreuzigung werden eng zusammen gesehen. Das irdische Wirken Jesu vor seinem Tode wird nicht erwähnt. Dass Jesus gestorben ist, wird – anders als im Ap – nicht explizit gesagt.

Zeile 20: Hier wird Paulus zitiert (1 Kor 15,3).

Zeile 22–23: Statt des passivischen »aufgenommen« (Mk 16,19) oder »emporgehoben« (Apg 1,9) wird – wie im Ap Zeile 13 – das aktivische »aufgestiegen« (dies die wörtliche Übersetzung) bevorzugt. Zur Wendung »er sitzt zur Rechten des Vaters« vgl. den entsprechenden Kommentar zu Ap.

Zeile 24-25: Vom Kommen Jesu Christi handeln im NT Mt 25,31, Apg 1,11 und Offb 22,20 (»Ja, komm, Herr Jesu ...«). Wie im Ap ist Jesu Wiederkunft mit dem Gericht über Lebende und Tote verbunden. Hier treffen wir auf die besonders im Mittelalter betonte, aber biblisch begründete Vorstellung des Jüngsten Gerichts und des Weltenrichters Jesus Christus.

Ist diese Vorstellung aber vereinbar mit dem universalen und endgültigen Heilswillen Gottes? Mancher wird diese Frage verneinen. In neueren Bekenntnissen wird der Gerichtsgedanke als Bekenntnisaussage vermieden. Auch in neueren Kirchenliedern kommt er nicht mehr vor. Die altkirchlichen Bekenntnisse erinnern uns aber an diese Seite unseres Glaubens an Christus und an die Aufgabe, Gottes Liebe und Gottes Gericht »zusammenzudenken« und Jesus Christus als gnädigen Richter zu verstehen.

Zeile 25 spricht statt vom Reich Gottes von einem ewigen Reich Christi. Damit ist kein Nacheinander von Reich Christi und Reich Gottes gemeint (trotz 1 Kor 15,28!). Sondern das Reich (oder die Herrschaft) Christi ist das Reich (oder die Herrschaft) Gottes. Dies ergibt sich auch schon aus der Einheit Gottes des Sohnes mit Gott dem Vater. Unsere Geschichte hat also ein Ziel, sie bleibt nicht etwa dem Chaos oder Zufall überlassen oder dem ewigen Wechsel von Stirb und Werde.

Der 3. Glaubensartikel. Zeile 26–30: Das Bekenntnis nennt den Heiligen Geist nicht »Gott«, verwendet für ihn auch nicht den Begriff »*eines* Wesens mit dem Vater«, aber es nennt ihn »Herr« und unterstreicht damit seine Göttlichkeit. Gott ist also der dreieinige Gott: Vater, Sohn und Heiliger Geist – in der vollkommenen Einheit eines und desselben göttlichen Wesens.

Der Heilige Geist »macht lebendig«. Er geht aus dem Vater hervor. In der Kirche des Westens ist hinzugefügt worden: »und aus dem Sohn« (das sog. Filioque). Die Christen des Ostens sehen in diesem Zusatz eine Unterordnung des Geistes unter den Sohn und lehnen ihn aus diesem Grunde ab. Der Zusatz meint aber nicht eine Unterordnung des Geistes unter den Sohn, sondern die enge Zusammengehörigkeit von Vater, Sohn und Heiligem Geist.

Der Heilige Geist wird »mit dem Vater und dem Sohn angebetet und verherrlicht«. Dies ist der gottesdienstlich-liturgische Ausdruck des Glaubens an den dreieinigen Gott. Unsere Gottesdienste werden im Namen des dreieinigen Gottes begonnen und mit dem Segen des dreieinigen Gottes beendet.

Der Heilige Geist hat »durch die Propheten gesprochen«. Der Gott der Propheten des Alten Bundes ist also identisch mit dem Vater Jesu Christi. Jesus Christus ist die Erfüllung der Prophetie des AT.

Zeile 31: Zwischen dem Wirken des Heiligen Geistes und der Wirklichkeit der Kirche besteht eine enge Verbindung.

Hier werden vier Kirchenattribute genannt. Die *»Einheit«* der Kirche wird im »hohepriesterlichen Gebet« Jesu (Joh 17,11.20–23) christologisch begründet. Die *»Heiligkeit«* der Kirche ist nicht im moralisch-empirischen Sinne zu verstehen. Die Kirche ist heilig – trotz ihrer Sünde –, weil Gott sie durch sein Wort und seine Sakramente (Taufe und Abendmahl) »heiligt« und sie bewahrt. *»Katholisch«* heißt: »umfassend«, »allgemein«, »weltweit«, entsprechend dem universalen Heilswillen Gottes, ist also nicht im späteren konfessionellen Sinne gemeint. Sie ist *»apostolisch«*, weil sie »auf dem Grund der Apostel (und Propheten) erbaut ist« (Eph 2,20). Der Begriff wird oft amtskirchlich verstanden. Danach wird das Attribut »apostolisch« allein durch das Bischofsamt und die Sukzession der Bischöfe von den Aposteln bis heute garantiert. Doch (nach evangelischer Auffassung) ist die Kirche apostolisch, wenn sie in Treue gegenüber dem Wort Gottes dem Beispiel der Apostel folgt und deren Sendungsauftrag weiterführt. (→ VIII. C 1.2)

Zeile 32: »*Ein*e Taufe« meint: Man kann die Taufe nicht ein zweites oder drittes Mal empfangen, z.B. nach einer Sünde oder einem Abfall vom Glauben.

Zeile 33–34: »Auferstehung der Toten«, nicht wie im Ap »Auferstehung des Fleisches«. Ebenso »Leben der kommenden Welt«, nicht wie im Ap »das ewige Leben«. Es geht also nicht um eine endlose Fortsetzung dieses gegenwärtigen Lebens oder um eine leere Zukunft, sondern um das »Leben der kommenden Welt«. Wie es näherhin aussieht, wird nicht gesagt. Alle Toten, nicht nur einige Auserwählte, werden auferstehen. Das künftige Leben ist also nicht das Leben einzelner Individuen oder Gruppen für sich, sondern das der kommenden Welt. Dies will besagen, dass die Bestimmung des Einzelnen mit der aller anderen zusammenfallen wird. Der Geist Gottes führt alles in Zeit und Raum Getrennte und Zerrissene zur Einheit zusammen. Diese Zukunft gibt unserem gegenwärtigen Leben eine »Tiefenperspektive«. Jedes individuelle Leben ist mit anderem individuellen Leben, jede gegenwärtige Generation mit jeder vergangenen und zukünftigen Generation verbunden.

1.3 Neuere und persönliche Glaubensbekenntnisse. Einzelne Aussagen der Bekenntnisse, z.B. die Jungfrauengeburt, die Himmelfahrt und die Niederfahrt zur Hölle (in heutiger Übersetzung heißt es: »hinabgestiegen in das Reich des Todes«), bereiten uns und den Kindern und Jugendlichen sicherlich Verstehensschwierigkeiten. Sie lassen sich durch Erläuterungen und Neuübersetzungen mildern. Aber das eigentliche Problem liegt hier nicht. Denn es geht im christlichen Glauben nicht um eine Reihe von einzelnen Aussagen, die sich nacheinander verstehen lassen und jeweils für sich als Glaubensaussagen zu glauben sind, sondern es geht um das, was man die »Mitte« oder das »eine Ganze« des Glaubens nennen kann. Dies besteht eben nicht aus der Zusammenstellung vieler Einzelaussagen.

So hat *Martin Luther* in seinem Kleinen Katechismus die drei Artikel des Apostolischen Glaubensbekenntnisses jeweils unter der Frage »Was ist das?« zusammengefasst und in äußerster Konzentration ausgelegt. Der Heidelberger Katechismus von 1563 geht aus von der Frage: »Was ist dein einiger (= einziger) Trost im Leben und im Sterben?« und antwortet mit einem einzigen langen Satz, einer Art Kurzformel, und entfaltet dann diese eine Frage und eine Antwort in insgesamt 128 Fragen und Antworten. Das eine Ganze ist hier also »mein einiger Trost im Leben und im Sterben«, nämlich: »dass ich mit Leib und Seele, beides, im Leben und im Sterben, nicht mein, sondern meines getreuen Heilands Jesu Christi eigen bin, der ...«

Es gibt zahlreiche Neufassungen des Glaubensbekenntnisses.[27] Vergleicht man sie mit den beiden altkirchlichen Bekenntnissen, stellt man, besonders im 2. Artikel, bei der Christologie, erhebliche Veränderungen fest. Gelegentlich werden die drei Artikel in ihrer Reihenfolge umgestellt, gelegentlich ist nur von Jesus Christus die Rede. Unverkennbar besteht in den neueren Bekenntnissen die Tendenz, die »hohe« Christologie der altkirchlichen Bekenntnisse durch eine »Christologie von unten« zu ersetzen. Jesus ist dann derjenige, der mit seinem Leben vorgelebt hat, was es heißt, Mensch zu sein, und »der gezeigt hat, wie man andere Menschen trägt bis zur Selbstaufgabe des eigenen Lebens«.[28]

Neben den für den Gottesdienst gedachten Neuformulierungen gibt es auch ursprünglich »private« Bekenntnisse. Sehr bekannt sind zwei Texte von *Dietrich Bonhoeffer,* die von ihm in der Zeit seiner Gefangenschaft formuliert wurden und deutlich von diesem Kontext bestimmt sind, inzwischen aber von den Christen und Kirchen in aller Welt rezipiert worden sind und

27 Vgl. G. *Ruhbach (Hg.),* Glaubensbekenntnisse für unsere Zeit, Gütersloh 1971.
28 *G. Ruhbach (Hg.),* aaO., Nr. 29.

faktisch den Charakter eines Bekenntnisses haben. Es handelt sich um den Text »*Einige Glaubenssätze über das Walten Gottes in der Geschichte*«[29] und das Gedicht »*Von guten Mächten*«.[30]

Einige Glaubenssätze über das Walten Gottes in der Geschichte

Ich glaube,
dass Gott aus allem, auch aus dem Bösesten,
Gutes entstehen lassen kann und will.
Dafür braucht er Menschen,
die sich alle Dinge zum Besten dienen lassen.

Ich glaube,
dass Gott uns in jeder Notlage
soviel Widerstandskraft geben will,
wie wir brauchen
Aber er gibt sie nicht im voraus,
damit wir uns nicht auf uns selbst, sondern allein auf ihn verlassen.
In solchem Glauben müsste alle Angst
vor der Zukunft überwunden sein.

Ich glaube,
dass Gott kein zeitloses Fatum ist,
sondern dass er auf aufrichtige Gebete
und verantwortliche Taten wartet und antwortet.

Das Gedicht »*Von guten Mächten*« ist mehrfach vertont worden und hat Eingang in die Kirchengesangbücher gefunden (EG 65, 652). Beide schon klassisch gewordenen Texte Bonhoeffers sind keine Neuformulierungen der altkirchlichen Bekenntnisse, sie wollen sie auch nicht ersetzen, aber sie sind in der Situation der Bedrängnis entstandene, schöpferische, dem heutigen Daseinsverständnis des Menschen in der Welt antwortende Konzentrationen des Glaubens, die über alle konfessionelle und nationale Grenzen hinweg Anerkennung gefunden haben.

Hans Küng hat vor einigen Jahren die Formulierung persönlicher Glaubensbekenntnisse angeregt (»Credo-Projekt«). Menschen wurden aufgefordert, von ihrem Glauben zu erzählen. Die in drei Bänden[31] veröffentlichten Texte

29 *D. Bonhoeffer,* Widerstand und Ergebung. Briefe und Aufzeichnungen aus der Haft. *Hg. von Eberhard Bethge*. Neuausgabe, München 1970, 20f.

30 *D. Bonhoeffer,* aaO., 435f.

31 *P. Rosien (Hg.),* Mein Credo. Persönliche Glaubensbekenntnisse, Kommentare und Informationen, Publik-Forum Oberursel 1999; *H. Pawlowski (Hg.),* Mein Credo, Bd. 2, Publik-Forum Oberursel 2000; *H. Pawlowski u. P. Rosien (Hg.),* Mein Credo, Bd. 3, Publik-Forum Oberursel 2001.

sind eindrucksvolle Glaubens- und Lebenszeugnisse. Sie bleiben nicht im Subjektiven stecken, sie öffnen sich für das, was Menschen mit einander verbindet. Sie können mit den altkirchlichen Glaubensbekenntnissen verglichen werden. Es kann untersucht werden, welche Lebensperspektive aus ihnen spricht, auch mit der Absicht, selbst ein persönliches Glaubensbekenntnis zu formulieren. Ein Beispiel aus dieser Sammlung:[32]

Gottes Geist wirkt in der Welt und durch mich

Ich glaube an Gott, der die Welt geschaffen hat mit allem, was an Herrlichem und Unzulänglichem dazugehört.

Ich glaube an Jesus Christus, der wie jeder Mensch ein menschliches Elternpaar und einen göttlichen Vater hatte.

Ich glaube, dass Jesus ein außergewöhnlicher Mensch war, der sich besonders mit den armen, geknechteten und sündigen Mitmenschen solidarisierte und sie durch sein Vorbild ermutigte, sich selbst anzunehmen, den anderen in seiner Eigenart zu akzeptieren und die Hoffnung nie aufzugeben.

Er lehrte die Menschen das Beten und die gemeinsame Feier des Abendmahls. Sein gewaltsamer Tod und seine »Auferstehung« zeigen uns, dass der Heilige Geist in der Welt wirkt und auch durch mich wirken kann zum Wohl der Welt und zum Lobe Gottes.

Religionspädagogische und didaktische Überlegungen. Nach den Empfehlungen der Gemischten Kommission sollen Sie sich im Grundstudium (1.) »über ihre eigene religiöse Sozialisation ... klar werden (2.) in fundamentale Fragestellungen und Problemfelder der Theologie bzw. Religionspädagogik eingeführt werden und (3.) Einblick gewinnen in wissenschaftliche Arbeitsweisen und mit all dem die Fähigkeit erwerben, ihr Studium selbständig durchzuführen«.[33] Unter diesem Gesichtspunkt ist das Thema des Grundkurses ausgewählt.

Das Studium soll Ihnen religionspädagogische Kompetenz vermitteln. Dazu gehört (1.) eine didaktisch-hermeneutische Kompetenz, (2.) eine Reflexion der eigenen Religiosität und der späteren Berufsrolle, »um personale Glaubwürdigkeit entwickeln zu können«, (3.) das Erlernen von Arbeitsweisen und Methoden und (4.) die Auseinandersetzung mit »anderen Konfessionen, religiösen und philosophisch-weltanschaulichen Lebens- und Denkformen«.[34]

32 *P. Rosien (Hg.),* Mein Credo, 33 (Verfasserin: Barbara Schulenburg, Berlin).
33 Im Dialog über Glauben und Leben, 105, vgl. 115, 125, 131.
34 AaO., 99.

Da die Glaubensbekenntnisse der Auslegung bedürfen und immer wieder zu Neuformulierungen herausgefordert haben, lässt sich die religionspädagogische Kompetenz an diesem Thema gut einüben. Was ist gemeint, wenn in den Bekenntnissen die Rede ist von Gott dem Vater, dem Sohn, dem Heiligen Geist, von der Jungfrauengeburt, der Auferstehung und der Himmelfahrt? Was heißt: »der um uns Menschen und um unserer Seligkeit willen vom Himmel herabgestiegen und Fleisch geworden ist ...«? Aber auch einfachere und neuere Formulierungen sind auslegungsbedürftig. Hier ist also die didaktisch-hermeneutische Kompetenz herausgefordert.

Ein zweites Teilziel des Studiums, das ebenso im späteren Beruf unverzichtbar ist, ist die Fähigkeit, sich mit anderen konfessionellen, religiösen und nichtreligiösen Lebens- und Denkformen auseinander zu setzen. Das Glaubensbekenntnis handelt von Gott, dem Ursprung und Ziel der Welt und unseres Lebens, und von Jesus Christus, in dessen Leben und Wirken Gott unter uns und für uns lebt und wirkt. Besonders in einer Kultur, in der der christliche Glaube nicht mehr als selbstverständlich vorausgesetzt werden kann, ist die kompetente Auseinandersetzung mit anderen Glaubensaussagen, Lebens- und Denkformen geradezu ein wichtiges Element der Bildung, die die Schule zu vermitteln hat.

Schließlich geht es um die Frage, was wir selbst mit unserem Leben, das uns gegeben ist, in dieser Welt »anfangen« wollen. Was glauben wir, was glaube ich persönlich? Als Christen antworten wir auf diese Frage, indem wir uns auf Gott beziehen und zwar so, dass wir von ihm als dem Grund, Halt und Ziel unseres Lebens in konkreten Situationen sprechen. Angesichts der Zersplitterung und Spezialisierung der theologischen Wissenschaft, die auch das Lehramtsstudium gefährden, ist die Frage nach Gott die Leitfrage und der zentrale Bezugspunkt des Studiums unter dem Gesichtspunkt der religionspädagogischen Kompetenz.

2. *Aufbaukurs A*
(insbesondere Grund-, Haupt- und Realschule)

Seminar: *Reden von Gott angesichts atheistischer Kritik*

Der Glaube an Gott ist heute – jedenfalls in dem durch das Christentum geprägten Europa – alles andere als selbstverständlich. Dies zeigt nicht zuletzt das Fehlen eines Gottesbezugs in der Präambel der Verfassung der Europäischen Union. Religionskritik, praktischer Atheismus und Indifferenz haben sich im Bewusstsein der Menschen, auch der Kinder und Jugendlichen, weithin durchgesetzt. (→ II.A.7) Wer heute, auch im RU, von Gott redet oder Gott voraussetzt, kann nicht mehr damit rechnen, verstanden zu werden. In unserem durch Wissenschaft und Technik bestimmten Denken kommt Gott nicht vor. Von Gott wird geschwiegen, er wird noch nicht einmal abgelehnt. Der Glaube an Gott gilt als Privatsache und wird im öffentlichen Raum eher als störend empfunden. Andererseits sehen wir bei den Muslimen, die in unserem Lande leben, einen ungebrochenen, starken Glauben an Allah. Ein solcher Gottesglaube ist vielen unter uns fremd und verdächtig. Angesichts eines solchen Befundes sollten wir, bevor wir von Jesus Christus sprechen, über unser Reden von Gott nachdenken. Welchen Gott meinen wir? Jede Rede von Gott, auch jede Leugnung und Kritik Gottes setzt eine bestimmte Auffassung von Gott voraus. Schrumpft ein Gottesbild zu der Auffassung eines höchsten Wesens zusammen, eines Gottes, »der alles so herrlich regieret«, liegt es nahe, mit einem solchen Wesen nichts mehr anfangen zu können und zu wollen.

Das Thema »Reden von Gott angesichts atheistischer Kritik« soll in einem Seminar im Anschluss an eine Überblicksveranstaltung zur Systematischen Theologie bzw. Dogmatik (z.B. über die Glaubensbekenntnisse) behandelt werden.

Folgende *Einzelthemen* werden vorgeschlagen:

(1) *Friedrich Nietzsches* Religionskritik

Texte: *F. Nietzsche,* Die fröhliche Wissenschaft (2. Ausgabe 1886): a) Nr. 125 (»Der tolle Mensch«), b) Nr. 285 (»Excelsior!«) [= *F. Nietzsche,* Sämtliche Werke. Kritische Studienausgabe in 15 Bänden, Bd. 13, München 1980, 408f.]; c) Kritik des Nihilism (1887/88) [aaO., 46-48].

Kernaussagen: Das ungeheure Ereignis : a) »Gott ist tot! Gott bleibt tot! Und wir haben ihn getötet! Wie trösten wir uns ...?« , b) »Vielleicht wird der Mensch ... immer höher steigen, wo er nicht mehr in einen Gott *ausfließt.*« c) Nihilismus als »Unglauben an eine metaphysische Welt.« »... nun sieht die Welt wertlos aus.«

(2) *Wolfhart Pannenberg:* Typen des Atheismus und ihre theologische Bedeutung

Text: Der gleichnamige Aufsatz in: *W. Pannenberg,* Grundfragen systematischer Theologie. Gesammelte Aufsätze, Göttingen 1967, 347-360.

Hier ist vor allem auf die Auseinandersetzung mit *Nietzsche* und auf *Heideggers Deutung* des Nietzschewortes vom Tode Gottes einzugehen. Wichtig die Ausführungen zur »leeren Transzendenz«, zur »offenen Frage« nach Gott und zum biblisch begründeten Gedanken der Verborgenheit Gottes als Verborgenheit auch in seiner Offenbarung.

(3) *Martin Buber:* Das Person-Sein Gottes

Texte: *M. Buber,* »Frage und Antwort« und »Bericht von zwei Gesprächen«, aus: Autobiographische Fragmente, in: *P. A. Schilpp und M. Friedman (Hg.),* Martin Buber. Stuttgart 1963, 19-21 und 23-27. Der erste Text stammt aus dem Aufsatz »Gott und der Menschengeist«, in: *M. Buber,* Gottesfinsternis. Betrachtungen zur Beziehung zwischen Religion und Philosophie, Zürich 1963, 145-153.

Bubers Kernaussage: »Wenn an Gott glauben bedeutet, von ihm in der dritten Person reden zu können, glaube ich nicht an Gott. Wenn an ihn glauben bedeutet, zu ihm reden zu können, glaube ich an Gott.« Für Buber ist Gott Person, und Glaube ein personaler Akt, Begegnung in einer Ich-Du-Beziehung.

(4) *Heinrich Ott:* Wie können wir *von* Gott reden?

Text: *H. Ott,* Gott (Themen der Theologie, Bd. 10), Stuttgart/Berlin 1971, 139-147.

Ott beschreibt die Antworten *Karl Barths* und *Rudolf Bultmanns* und die drei klassischen Lösungen des Problems (Negation, unendliche Steigerung, Analogie unserer Vorstellungen). Bubers und Otts Lösung: der dialogische Charakter des Redens von Gott. Wenn wir *von* Gott reden, machen wir keine Mitteilungen »über« Gott, wir sagen nicht: »Gott ist allmächtig usw.«, sondern wir reden von Gott so, dass wir den anderen Menschen in das personale Verhältnis zu Gott einzubeziehen suchen, dass wir zu ihm so von Gott reden, »dass vielleicht auch er anfange, aus seinem eigenen Dasein heraus *zu* Gott zu reden« (144). Und warum können wir zu Gott reden? Weil Gott selbst das Verhältnis der Partnerschaft gestiftet hat und in der Tiefe unseres Wesens und unserer Person zu uns redet. Unsere Personalität hat ihren Grund darin, dass Gott uns anredet.

(5) *Hartmut von Hentig:* Gott, das Prinzip und Weltgesetz der Liebe

Text: *H. von Hentig,* Du fragst mich was Gott ist und ich will dir antworten was er für mich ist. Rede an einen Konfirmanden, Burckhardthaus-Verlag GmbH Gelnhausen/Berlin und Laetare-Verlag, Stein b. Nürnberg 1977, ^{2}1977.

Der Altphilologe und Pädagoge *von Hentig* beschreibt zunächst fünf klassische Antworten auf die Frage: »Was meint das Leben eigentlich mit mir?« Sie lauten stichwortartig: Gerechtigkeit, Schicksal, Zweckmäßigkeit, Kampf, Freiheit von der Welt. Bei jeder Antwort bleibt ein Rest. Ginge es nur nach diesen Prinzipien, wäre die Welt »um Vieles und Bedeutsames ärmer«. Ihnen setzt Jesus das Prinzip Liebe entgegen. Er hat von Gott als seinem Vater gesprochen. Ist Gott eine Person? Ist Gott ein gütiger Vater, der liebt und vergibt, wie kann er soviel Elend und Ungerechtigkeit zulassen? Diese und weitere ähnliche Fragen bedenkt v. Hentig. Solche Fragen, so führt er aus, haben zu den Konstruktionen der Theologie geführt. Aber eben diese theologische Sprache verliere »die Macht über unsere Gemüter, wenn sie sie denn je gehabt hat. Sie macht Gott zu etwas, was man nur noch oder kaum noch denken kann«. Man könne darum beides tun: »Gott für eine Person halten oder für ein Gesetz, das so verlässlich gilt wie die Schwerkraft. Wichtig ist, dass du irgendworan spürst, welche *Wirklichkeit* diese Vorstellung und dieses Wort meinen« (31).

(6) *Dorothee Sölle:* Von welchem Gott reden wir eigentlich?

Text: *D. Sölle,* Es muß doch mehr als alles geben. Nachdenken über Gott, Hamburg 1992, 7-20.

Sölle berichtet u.a. von einem Gespräch mit einem verarmten Vietnam-Veteranen in New York. Sein Gottesbild: »Einer muß der Boß sein. Macht, Autorität, Kommando – das sind die wichtigsten Eigenschaften dieses Gottes. Keine Sentimentalität, kein Leiden, keine Passion« (13). Sie fragt: Wie können wir Gott, »das Allermitteilsamste« *(Meister Eckhart),* in dieser Welt bezeugen? Sölle erzählt anschaulich und konkret von Menschen und ihren verzerrten Gottesbildern. Für die übergroße Mehrheit der Menschen sei Gott irrelevant, weil er in den Lauf der Welt nicht eingreife. »Gott aber ist ... kein *Interventionist,* der intervenierend eingreift, sondern ein *Intentionist,* der seinen Willen und seine Intention erkennbar macht« (19).

(7) *Paul Tillich:* Der Name der unendlichen Tiefe des Seins ist Gott

Text: *P. Tillich,* Von der Tiefe (Predigt über 1 Kor 2,10 und Ps 130,1), in: *Ders.,* In der Tiefe ist Wahrheit. Religiöse Reden. 1. Folge, Stuttgart [4]1992, 51–62.

Tillich geht vom Begriff der Tiefe aus. Zum eigentlichen, zum tiefsten Grund unseres Lebens und alles Seins kann uns keine Selbsterforschung führen, sondern nur die Tiefe des Lebens selbst. »Der Name dieser unendlichen Tiefe und dieses unerschöpflichen Grundes des Seins ist *Gott*« (55). Wenn uns dieses Wort nicht mehr viel bedeute, sollten wir es übersetzen und von der Tiefe der Geschichte, vom Grund und Ziel unseres Lebens oder von unserer Hoffnung sprechen. Der Weg zur Tiefe Gottes aber sei ein Weg des Leidens und des Opfers. Wer diesen Weg gehe, dem erschließe sich die Paradoxie der Religion: »Das Ende des Weges zur Tiefe ist Freude. Freude ist tiefer als Leid« (61). Tillich belegt diesen Satz ausgerechnet mit einem Wort von *Friedrich Nietzsche* (»Die Welt ist tief, und tiefer als der Tag gedacht, Tief ist ihr Weh – Lust tiefer noch als Herzeleid ...«).

(8) *Karl Rahner:* Gott – Abgrund und Geheimnis der Liebe

Text: *K. Rahner,* Gott ist keine naturwissenschaftliche Formel, in: *Ders.*, Gnade als Freiheit. Kleine theologische Beiträge, Freiburg i. Br.,1968, 19–23.

Karl Rahner, der wohl bedeutendste katholische Theologe des 20. Jahrhunderts, wehrt sich gegen ein Verständnis Gottes als Lückenbüßer und Hilfskonstruktion: »Gott ist nicht ›etwas‹ neben anderem ...« (19). Gott ist nicht die Summe oder das Höchste der Phänomene, die wir untersuchen, »sondern das Ganze in einem unverfügbaren Ursprung und Grund, der unumfasslich, unumgreiflich, unsagbar hinter, vor und über jenem Ganzen liegt, zu dem wir selbst und auch unser experimentierendes Erkennen gehören. Diesen gründenden Grund meint das Wort Gott ...« (19). »Man kann das Leben, insofern man zwischen diesem und jenem hindurchfinden muß, mit Formeln der Wissenschaft meistern ... Der Mensch selbst aber gründet im Abgrund, den keine Formel mehr auslotet. Man kann den Mut haben, diesen Abgrund zu erfahren als das heilige Geheimnis der Liebe. Dann kann man es Gott nennen« (23).

Religionspädagogische und -didaktische Überlegungen. Das Thema des Aufbaukurses »Reden von Gott angesichts atheistischer Kritik« lässt sich den Teilgebieten »Christliches Reden von Gott« und »Konzepte neuzeitlicher Religionskritik« zuordnen. Die Empfehlungen der Gemischten Kommission sehen beide Teilgebiete für alle Lehrämter des Studiengangs Evangelische Theologie vor. Alle vier Teilziele des Studiums[35] können an diesem Thema eingeübt werden, am stärksten jedoch »die Fähigkeit zur kundigen Auseinandersetzung mit anderen ... philosophisch-weltanschaulichen Lebens- und Denkformen«.

Das Reden von Gott angesichts atheistischer Kritik ist nicht ein einmalig zu behandelndes Thema des RU, sondern eine Aufgabe, die sich im RU immer wieder stellt. (→ II A 3 und 6) Atheistische Kritik kommt im RU zwar kaum offen zur Sprache, ist aber, vermittelt durch die uns umgebende Kultur, Schülern und Schülerinnen durchaus geläufig, auch schon in der Grundschule. Gott wird als Wunschvorstellung des Menschen verstanden, oft auch als ein quasi menschliches oder gegenständliches Wesen hinter oder über der Welt, dessen Existenz man dann bestreitet. Die Auseinandersetzung mit derartigen Gottesbildern und der entsprechenden Religionskritik ist eine ständige Aufgabe des RU.

35 Im Dialog über Glauben und Leben, 99, 109, 119, 131.

H. von Hentigs These, dass es weniger auf theologische Begriffe und Konstruktionen in dieser Frage ankommt als auf die Erfahrung der Wirklichkeit, die sich mit diesen Worten und Vorstellungen verbindet, wird für den RU wichtig sein. Häufig wird Gott für irrelevant gehalten, weil er in den Weltenlauf eingreifen soll, dies aber nicht tut. Der Atheismus stützt sich auf ein solches Gottesbild, oft auch im Namen der Menschlichkeit. Er bezieht sich auf traditionelle christliche Vorstellungen: Gott ist der, »der alles so herrlich regiert«. Greift er nicht ein, wird er schnell ganz geleugnet. Hier kann *Luthers* Hinweis auf das verborgene Wirken Gottes, aber auch *Tillichs* Rede von Gott als der Tiefe und dem Grund des Seins und *Rahners* Unterscheidung von Gott als Lückenbüßer und Gott als dem unsagbaren Geheimnis der Liebe hilfreich sein, aber auch *Sölles* Unterscheidung zwischen einem Gott, der in die Welt eingreift, und dem Gott, der uns seinen Willen mitteilt. Dieser Wille lässt sich von Jesus Christus her als unbedingter Heilswille verstehen. Jesus Christus hat diesen Willen Gottes, wir können auch sagen: dieses *Wesen Gottes,* seine grenzenlose Liebe, erschlossen. Diese Einsicht dient auch dem Verständnis neutestamentlicher Texte (Bergpredigt, Gleichnisse, Passions- und Osterüberlieferungen, → IV.A und C).

3. Aufbaukurs B
(insbes. Sekundarstufe II)

Seminar: *Das Apostolische Glaubensbekenntnis in der Auslegung Karl Barths und Wolfhart Pannenbergs*

Karl Barth (1886–1968) hat 1946 in einer Vorlesung seine Dogmatik im Anschluss an das Ap im Grundriss dargestellt,[36] nachdem er bereits 1935 seine Dogmatik im Anschluss an das Ap dargestellt hatte. Im Jahre 1965 hat der Münchener Systematiker *Wolfhart Pannenberg* (geb. 1928) in einer Vorlesung für Hörer aller Fakultäten eine Auslegung des Ap vorgelegt.[37] Schon im Titel beider Auslegungen zeigen sich charakteristische Unterschiede. Karl Barth und Wolfhart Pannenberg vertreten nicht nur zwei Generationen

36 *K. Barth,* Dogmatik im Grundriß im Anschluß an das apostolische Glaubensbekenntnis, München 1947. Barth hat allerdings schon 1935 in einer Vorlesung an der Universität Utrecht seine Dogmatik in einer ähnlichen Form vorgetragen (Credo. Die Hauptprobleme der Dogmatik dargestellt im Anschluß an das Apostolische Glaubensbekenntnis, München 1936).

37 *W. Pannenberg,* Das Glaubensbekenntnis, ausgelegt und verantwortet vor den Fragen der Gegenwart, Hamburg 1972, Gütersloh [6]1995.

evangelischer Theologie des 20. Jahrhunderts, sondern auch zwei unterschiedliche theologische Ansätze. Karl Barth geht dezidiert vom Worte Gottes, genauer: von der Gottesrede an den Menschen aus, ganz im Gegensatz zu *Friedrich Schleiermacher,* für den Theologie Auslegung des religiösen Selbstbewusstseins des Menschen ist. *Pannenberg* will eine Auslegung und Verantwortung des christlichen Glaubens »vor den Fragen der Gegenwart«. Ausgehend von der »Gottoffenheit der menschlichen Existenz« will er die Vernunft des christlichen Glaubens aufweisen, andererseits den christlichen Glauben als eine Hypothese verstehen, die die Wirklichkeit als universalen, geschichtlichen Sinnzusammenhang begreift. In der Auferstehung Jesu Christi, die seinen Vollmachtsanspruch bestätigt und in Kraft setzt, sieht Pannenberg eine Vorwegnahme des Ziels aller Geschichte und der Zukunft der Welt. Die endgültige Verifikation dieser Hypothese steht aber noch aus – bis zum Kommen Gottes. Die Geschichte ist also Ort und Medium der Offenbarung Gottes: »Geschichte ist der umfassendste Horizont christlicher Theologie. Alle theologischen Fragen und Antworten haben ihren Sinn nur innerhalb des Rahmens der Geschichte, die Gott mit der Menschheit und durch sie mit seiner ganzen Schöpfung hat, auf eine Zukunft hin, die vor der Welt noch verborgen, an Jesus Christus jedoch schon offenbar ist.«[38] Für *Karl Barth* ist Gottes Handeln nicht mit der Geschichte und ihrem Sinnzusammenhang verbunden, es hat weder seinen vorläufigen noch seinen endgültigen Aufweis in der Geschichte, sondern »über« der Geschichte, wodurch auch der Unterschied zwischen vorläufiger und endgültiger Verifikation wegfällt. Die beiden unterschiedlichen Denkansätze und dogmatischen Theologien lassen sich in deren Auslegung des apostolischen Glaubensbekenntnisses erkennen. Ein Vergleich der beiden Auslegungen,[39] der hier aus Platzgründen nicht ausgeführt werden kann, ist eine gute Einführung in das theologische Denken beider repräsentativer Theologen.

38 *W. Pannenberg,* Heilsgeschehen und Geschichte, in: Kerygma und Dogma 5/1959, 218-237. 259-288, bes. 218 sowie in: *Ders.,* Grundfragen der systematischen Theologie. Gesammelte Aufsätze, Göttingen 1967, 22-78, bes. 22.

39 Zu Barths und Pannenbergs Auslegung des Glaubenbekenntnisses vgl. auch *Ch.Gestrich,* Karl Barth – »Dogmatik im Grundriß«, in: *M. Delgado (Hg.),* Das Christentum der Theologen im 20. Jahrhundert. Vom »Wesen des Christentums« zu den »Kurzformeln des Glaubens«, Stuttgart 2000, 123–140, sowie *K. Koch,* Vernunft des Glaubens – Auslegung des Apostolischen Glaubensbekenntnisses durch Wolfhart Pannenberg, in: *M. Delgado (Hg.),* aaO., 141–147.

Religionspädagogische und -didaktische Überlegungen. Die hier vorgestellte Lehrveranstaltung dient vor allem der theologischen und religionspädagogischen Reflexions- und Urteilsfähigkeit mit dem Ziel der *didaktisch-hermeneutischen Kompetenz* (→ II A7). In den Auslegungen des Glaubensbekenntnisses durch *Barth* und *Pannenberg* wird deutlich, wie unterschiedlich ein und derselbe Grundtext des christlichen Glaubens, das Glaubensbekenntnis, ausgelegt wird. Beide Auslegungen sollen Sie nun nicht später im RU behandeln, wohl aber sollen Sie in Ihrem Studium darauf aufmerksam werden, dass die zentralen Aussagen des christlichen Glaubens nicht nach dem Prinzip »Friss, Vogel, oder stirb!« einfach hinzunehmen oder abzulehnen sind, sondern erst einmal ausgelegt und verstanden werden müssen. Was ist gemeint, wenn Gott z.B. »allmächtig« und »Vater« genannt wird? Religionspädagogische Kompetenz ist immer auch didaktisch-hermeneutische Kompetenz. Es gibt aber nicht die *eine* Auslegung eines Textes. *Barth* und *Pannenberg* repräsentieren zwei unterschiedliche Auslegungsansätze.

Von grundsätzlicher religionspädagogischer Relevanz ist die Frage des sog. *Anknüpfungspunktes* für die christliche Botschaft. Ist der Mensch, in diesem Falle der Schüler bzw. die Schülerin im RU, a priori blind und verschlossen für Gott oder können wir von einer »Gottoffenheit der menschlichen Existenz« ausgehen? Die Antwort auf diese Frage entscheidet auch die Art und Weise der Auslegung der biblischen Botschaft und des Glaubensbekenntnisses. Im ersten Falle ist die Auslegung eine anknüpfungslose Konfrontation mit dem Wort der Wahrheit, im Kern eine Verkündigung der Wahrheit in der Gewissheit, dass sie sich von sich selbst her durchsetzt. Im zweiten Falle wird nach Anknüpfungspunkten in der menschlichen Existenz, in der »Religion des Kindes«, im Geist und in der Vernunft des Menschen, nicht zuletzt auch in der Religionsgeschichte gefragt. Die erste Auffassung wird gegenüber jeder didaktisch-hermeneutischen Kompetenz in Sachen der biblischen Botschaft und des Bekenntnisses grundsätzlich skeptisch sein, während die zweite Auffassung die theologische Kompetenz als didaktisch-hermeneutische Kompetenz begreifen wird.

D Hilfen für das Studium

(1) An welchen *Lehrveranstaltungen* soll ich teilnehmen? Da sich die angebotenen Lehrveranstaltungen nicht immer auf die spezifischen Anforderungen der Lehramtsstudiengänge einstellen, ist es für Sie nicht leicht, eine sinnvolle Wahl zu treffen. Dies gilt besonders in Fachbereichen, an denen

auch Pfarramts-, Magister- und Promotionsstudiengänge eingerichtet sind und deren Lehrangebot häufig durch Forschungsinteressen bestimmt ist.

Es empfiehlt sich darum, gleich zu Beginn des Studiums auszurechnen, wie viele Semesterwochenstunden bzw. wie viele zweistündige Lehrveranstaltungen Ihnen im Verlauf des gesamten Studiums für die Systematische Theologie bzw. Dogmatik maximal zur Verfügung stehen. Werden Sie im Laufe Ihres gesamten Studiums an zwei, drei oder sogar vier Lehrveranstaltungen für Systematische Theologie/Dogmatik teilnehmen? Auch für Studierende des Lehramts an Gymnasien wird es nur ein Bruchteil dessen sein, was im Pfarramtsstudium für dieses Fach vorgesehen ist. Entsprechend sollten Sie Ihr Studium strukturieren.

So wird es also spezielle Veranstaltungen für Lehramtsstudierende geben müssen, die sich durch ihre Konzentration sowie durch das Ziel der religionspädagogischen Kompetenz vom Pfarramtsstudium unterscheiden. Nur in seltenen Ausnahmefällen wird es gemeinsame Lehrveranstaltungen geben. Aber auch zwischen dem Lehramt für Grund-, Haupt- und Realschulen, dem Lehramt an Gymnasien und dem Lehramt an berufsbildenden Schulen ist hinsichtlich des Lehrangebots weitgehend zu differenzieren. Doch sind diese Unterschiede bei Weitem nicht so groß wie die zwischen allen Lehramtsstudiengängen und den Pfarramts- und Promotionsstudiengängen. Dass möglicherweise für das Lehramt an Gymnasien das Graecum gefordert wird, rechtfertigt nicht, diesen Studiengang wie einen Pfarramtsstudiengang zu gestalten.

Werden Sie in ihrem gesamten Studium nur an zwei Lehrveranstaltungen der Systematischen Theologie/Dogmatik teilnehmen können, so empfehlen sich für Sie folgende Themen:

- Eine Überblicksvorlesung: Grundfragen der Systematischen Theologie bzw. der Dogmatik
- Ein Seminar über ein zentrales Thema der Systematischen Theologie/Dogmatik, z.B. »Reden von Gott angesichts der Religionskritik« oder »Der historische Jesus und der Christus des Glaubens«.

Dies sollte der Kern des Lehramtsstudiums im Fach Systematische Theologie/Dogmatik sein.

Je nach Umfang des Anteils der Systematischen Theologie/Dogmatik können nun weitere Themen hinzukommen, z.B. folgende:

- Grundfragen der Christologie (in Verbindung mit dem Fach NT oder Didaktik des RU)
- Die Lehre von der Rechtfertigung und ihre Bedeutung für uns heute (in Verbindung mit dem Fach Didaktik des RU)

- Schöpfungsglaube und Naturwissenschaft (in Verbindung mit dem Fach Ethik und Didaktik des RU)
- Die christliche Lehre vom Menschen oder Theologische Anthropologie oder Was ist der Mensch? (in Verbindung mit den Fächern AT und NT)
- Die theologischen Grundaussagen des Kirchenjahres (in Verbindung mit den Fächern Ökumenische Theologie, Religionswissenschaft, Didaktik des RU)
- *Luthers* Schrift »Von der Freiheit eines Christenmenschen« (in Verbindung mit dem Fach Kirchengeschichte)

(2) Welche Bedeutung hat das schulische *Fachpraktikum* für das Studium der Systematischen Theologie/Dogmatik? Es gibt wohl kaum ein Thema des RU, in dem nicht systematisch-theologische bzw. dogmatische Fragen vorkommen, sei es versteckt oder klar erkennbar. Sie sollten den Lehrplan, das Lehrmaterial und auch Ihre eigene Unterrichtsplanung auf explizite und implizite Systematische Theologie/Dogmatik hin prüfen. Auch wenn ein biblischer Text im Unterricht behandelt wird, sind systematisch-theologische Fragestellungen mit enthalten.

Im Praktikum wird es auch Gelegenheit geben, explizit systematisch-theologische Themen zu behandeln, wie dies in den Lehrplänen auch vorgesehen ist, z.B. Leistung und Gerechtigkeit; Schuld und Vergebung; der Mensch als Gottes Geschöpf; kann man Gott beweisen?; Gott und das Leid in der Welt; Leben und Tod; die Frage nach dem Sinn des Lebens. Die Behandlung eines dieser Themen im Praktikum in der Hauptschule, Realschule und im Gymnasium kann zeigen, worauf es im Verlauf des weiteren Studiums ankommt.

(3) Was heißt für Lehramtsstudierende *systematisch-theologische Kompetenz?* Diese Kompetenz kann nicht darin bestehen, dass Sie auf alle theologischen Fragen Antworten geben können. Aber Sie sollen, wie in B dargestellt, Zusammenhänge sehen und herstellen, systematisch-theologisch relevante Texte verstehen und auslegen, Problemstellungen erkennen und definieren und schließlich zu einem selbständigen Urteil finden können.

Literatur

Evangelisches Gesangbuch (dort sind u.a. die Glaubensbekenntnisse [Ap, NC und neuere Bekenntnisse], der kleine Katechismus Martin Luthers, der Heidelberger Katechismus [im Auszug], das Augsburger Bekenntnis [im Auszug], die Barmer Theologische Erklärung von 1934 sowie die Konkordie reformatorischer Kirchen in Europa [im Auszug] abgedruckt)

Evangelischer Erwachsenenkatechismus. Glauben - erkennen - leben. Im Auftrag der Katechismuskommission der Vereinigten Evangelisch-Lutherischen Kirche Deutschlands *hg. von M. Kießig u.a.*, Gütersloh 2001

H. Graß, Christliche Glaubenslehre I und II, Stuttgart 1973 und 1974 (z.Zt. vergriffen)

W. Härle, Dogmatik, Berlin/New York 1995, ^{2}2000

R. Lachmann/G. Adam/ W. H. Ritter (Hg.), Theologische Schlüsselbegriffe. Biblisch - systematisch - didaktisch (TLL 1), Göttingen 1999

R. Leonhardt, Grundinformation Dogmatik. Ein Lehr- und Arbeitsbuch für das Studium der Theologie, Göttingen 2001

H. Ott, Die Antwort des Glaubens. Systematische Theologie in 50 Artikeln. Nachdruck der 3. Aufl., *hg. von K. Otte*, Stuttgart 1999

H. Wagner, Dogmatik (Kohlhammer Studienbücher Theologie, 18), Stuttgart 2003

H. Zahrnt, Die Sache mit Gott. Die protestantische Theologie im 20. Jahrhundert, München 1966, Taschenbuchausgabe: München ^{4}2002

VII. Ethik

Reinhold Mokrosch

Der Ruf nach Ethik erschallt aller Orten, weil überall ethische Probleme auf ethische Lösungen warten. Gibt es gerechte, humanitär begründete Kriege oder ist jeder Krieg ungerecht? Ist Embryonenforschung verwerflich oder geboten? Ist legalisierte Sterbehilfe zu akzeptieren? Was halten wir von gentechnischer Pflanzenschutzmittel-, Nahrungsmittel- und Medikamentenproduktion? Wie stellen wir uns zur Reproduktions- und Fortpflanzungsmedizin und zu pränataler und Präimplantations-Diagnostik? Sollen gleichgeschlechtliche Paare Kinder adoptieren dürfen? Wie gehen wir gesetzlich mit freien Lebensgemeinschaften um? Welches Resümee ziehen wir nach zehn Jahren Fristenlösung bei Abtreibungen? – Oder aus dem Bereich der Wirtschaft: Sind Aktiengeschäfte wirtschaftsethisch vertretbar? Macht Globalisierung die Armen ärmer und die Reichen reicher? Die ethischen Probleme unserer Zeit sind grenzenlos.

Damit wird der Ruf nach ethischer Erziehung besonders in der Schule lauter. Religions-, Ethik- und Philosophieunterricht sollen zu ethischer Urteilsbildung befähigen, Werte vermitteln, Normen bewerten und zu humanem Handeln anleiten.

Die Sinnhaftigkeit der Disziplin »Ethik und Ethik-Erziehung« im Lehramtsstudium Evangelische Religion ist evident. Nicht evident ist aber die Frage, *wie* diese Disziplin studiert werden soll. Soll man einen zeitgenössischen oder traditionellen Ethikentwurf erarbeiten? Sollte man als Protestant evangelische Ethiken bevorzugen? Oder soll man auch katholische Ethiken oder – interdisziplinär – auch philosophische, islamische, jüdische, buddhistisch-hinduistische u.a. Ethikentwürfe studieren? Ferner: Soll man im Studium den Schwerpunkt auf Wertethik, Normenethik oder Tugendethik legen? Und schließlich: Welches Ethik- bzw. Moralerziehungsmodell soll man sich aneignen? Ist das Wertvermittlungs-, das Wertklärungs-, das Wertanalyse-, das Wertentwicklungs-, das Wertfühlungs-, das Wertverantwortungs- oder ein ganz anderes Modell vorzuziehen?

A Sach- und Überblickswissen

Tabelle/Grafik 23

1. Problemstellungen ethischen Denkens

Ethik ist die Theorie der Moral, der Sitte und des Ethos eines Individuums, einer Gruppe, einer Gesellschaft oder eines Volkes. Dabei bezeichnet

- *Moral* den Codex aller Verhaltensnormen, -werte und -regeln, die eine Gesellschaft praktiziert. Sie wird nicht reflektiert, sondern befolgt. Sie ist pragmatisch, konventionell und traditionell ausgerichtet und wird normalerweise massenhaft praktiziert. In verschiedenen Lebensbereichen gibt es verschiedene Moralen: z.B. eine Wirtschafts-, Unternehmer- oder Konsumentenmoral; eine Sport- und Spielmoral, eine Kriegs- und Friedensmoral usw.
- *Sitte* einen Moralcodex von Bräuchen, der oft von einer nur kleinen Gruppe praktiziert wird (»Das ist bei uns so Sitte«, sagt die Mutter) oder der exotisch wirkt (»Fremde Länder, fremde Sitten«).
- *Ethos* ein kurz gefasstes System moralischer und sittlicher Grundsätze, welches den Lebenssinn eines Individuums, einer Gesellschaft oder eines Volkes widerspiegelt: z.B. den Lebenssinn des Arztes zu therapieren, des Missionars zu missionieren, des Wissenschaftlers wissenschaftlich zu arbeiten, der Gesellschaft, eine eigene Kultur zu entwickeln usw. Ethos ist eine Lebensleidenschaft.

Während also Moral und Sitte nahezu unbewusst praktiziert werden, reflektiert Ethik deren Recht und Wert und setzt Tradition und Gegenwart deutend und wertend in neue Zusammenhänge. So kommt sie zu Entscheidungen darüber, was als gut und gerecht, böse und ungerecht in der jeweiligen Situation zu gelten hat. Dabei sind die Begriffe »gut« und »böse«, »gerecht« und »ungerecht« nicht vorgegeben, sondern müssen in ihren traditionellen und gegenwärtigen Bedeutungen abgewogen werden.

Als wissenschaftliche Disziplin wird die Ethik in der Philosophie »Praktische Philosophie« genannt, in der ev. Theologie »Theologische Ethik« und in der katholischen Theologie »Moraltheologie«, »katholische Soziallehre« und/oder »Fundamentalethik«.

Wie aber kann die *Ethik* zu Urteilen über die Güte vorherrschender Moralvorstellungen, Sitten und Einstellungen kommen, wenn in der pluralen Welt so unüberschaubar verschiedene Konzepte von »gut« und »gerecht«

nebeneinander existieren? – Im Embryo sehen z.B. Muslime noch kein menschliches Wesen. Über Sterbehilfe denken Christen oft anders als Nichtchristen. Und Krieg halten Fundamentalisten eher für gerechtfertigt als Liberale. Der gegenwärtige Pluralismus lässt, so meinen viele, nicht einmal einen ethischen Mindestkonsens und erst recht keine allgemeingültigen Lösungen für Schlüsselprobleme unserer Zeit zu.

Stimmt das? Gilt jede ethische Aussage und Entscheidung immer nur für einen begrenzten Bereich? Diese Frage ist unlösbar mit derjenigen nach der *Begründung* einer ethischen Aussage bzw. deren zu Grunde liegender Ethik verbunden. Was legitimiert eine ethische Aussage und deren jeweilige Ethik – etwa die Berufung auf die Menschenwürde, auf das *Humanum,* auf die Naturordnung, auf eine Weltvernunft, auf Gottes Wille und Offenbarung? In der Tradition haben philosophische und theologische Ethiken diese Fragen nach dem *Geltungsbereich* und der *Begründung und Legitimation* von ethischen Urteilen immer wieder zu beantworten versucht. Hier einige einflussreiche Beispiele:

Plato (427–347 v.Chr.) setzte voraus, dass es ein ethisches Letztprinzip, eine transzendente *»Idee des Guten«* geben müsse, an dem alles Gute partizipiere. Diese Idee sei ein ontologisches (das gesamte Sein begründendes) und logisches (die Erkenntnis leitendes) Prinzip, an dem sich alles moralische und sittliche Handeln orientieren müsse. Allgemeingültig gut und gerecht seien alle Handlungen und Entscheidungen, die an dieser »Idee des Guten« partizipieren. Woher aber weiß man, ob eine Entscheidung am »Guten« teilhat? Dazu muss die Seele – nach Plato – Begehren und Affekte hinter sich lassen und so allmählich zur Erkenntnis der »Idee des Guten« aufsteigen. Dazu sei am ehesten ein Philosoph fähig. Insofern sei auch nur er geeignet, eine Führungsposition im Gemeinwesen einzunehmen (vgl. Platos »Politeia«).

Aristoteles (384–322 v.Chr.) negierte Platos Prinzip des Guten und setzte an seine Stelle das metaphysische Axiom, dass jeder Mensch nach einem *gelingenden Leben in der Gemeinschaft, d.h. nach Glück* strebe (vgl. seine »Nikomachische Ethik«). Das Gute und Gerechte sei ein anzustrebendes Ziel und keine apriorische Legitimationsbasis menschlichen Handelns. Aristoteles vertrat somit eine teleologische (zielorientierte) und keine ontologische (seinsorientierte) Ethik. Ob eine ethische Entscheidung »tauge«, erweise sich daran, ob sie das Glück mehre, d.h. im politischen Bereich: das Glück aller Bürger der Polis.

Als sich dieses Ideal nicht mehr aufrechterhalten ließ, entwickelte die *Stoa* (3. Jh. v.Chr. bis 3. Jh. n.Chr.) eine Naturrechtsethik, nach der gut war, was in Übereinstimmung mit der Natur geschah. Diese Behauptung basierte auf der Annahme, dass es eine *Weltvernunft* gebe, die in einer kosmischen Ordnung, einem ewigen *Logos* wurzele, und dass jeder vernünftig Handelnde an dieser Vernunft »automatisch« partizipiere. – Universale Gültigkeit können danach nur diejenigen ethischen Einstellungen und Handlungen beanspruchen, welche der »Natur des Ganzen folgen« und »kosmopolitisch mit Natur und Kosmos übereinstimmen« *(Plotin)*. Kenntnis dieser Zusammenhänge traute die Stoa allein dem Typos des »vorbildhaften Weisen« *(Zenon)* zu, der ruhig und gelassen und unabhängig von Affekten und Bedürfnissen werte und entscheide.

An diesen drei griechisch-philosophischen Ethiken mit ihrer metaphysischen Begründung und ihrem universalen Gültigkeitsanspruch arbeiteten sich seit der frühen Neuzeit philosophische Ethiker ab.

Thomas Hobbes (1588–1679), erster Vertreter des neuzeitlichen Rationalismus, lehnte den Gedanken einer metaphysischen Weltvernunft oder Weltordnung ab. Menschen seien wie Tiere von Natur aus nicht gut. Er setzte aber voraus, dass es ein *»natürliches Gesetz«* gebe, das jeden Menschen treibe, gut werden zu wollen. Das zeige sich am Bedürfnis des Menschen, in Frieden und Sicherheit leben zu wollen. Dieses »natürliche« sei gleichzeitig das »moralische« Gesetz. Und jede ethische Entscheidung, die Frieden und Sicherheit fördere, könne deshalb universale Gültigkeit beanspruchen. Hobbes lehnte also die Metaphysik der Antike ab, brachte sie mit der Annahme eines »natürlichen Gesetzes« durch die Hintertür aber wieder herein.

René Descartes (1596–1650) kritisierte mit seinem methodischen Zweifel freilich jeden Anspruch auf allgemeingültige ethische Aussagen. Aber er setzte voraus, dass solcher Zweifel zu »höchster Moral« und insofern doch zu einer universalgültigen Ethik führen könne. Bis diese etabliert sei, müssten Menschen aber mit einer »provisorischen Moral« leben. *John Locke* (1632–1704) lehnte ebenfalls eine apriorische Weltordnung, Weltvernunft oder »Idee des Guten« ab, war aber überzeugt, dass alle Menschen Gutes tun wollen. Dafür sorge das »Gesetz der Meinungen«, das den Abweichler durch Lohn und Strafe auf den Weg des Guten führe. Die »öffentliche Meinung« wird für den Empiristen Locke zum Grund der Ethik und universalgültiger ethischer Aussagen.

Immanuel Kant (1724–1804) ging in seiner Pflichtethik davon aus, dass jeder Mensch als intelligibles Wesen, wenn es entsprechend handle, seine Vernunft, Gewissen und Wille in deren unverdorbenem, schöpfungsmäßigem Urzustand gebrauchen und im Sinne des kategorischen Imperativs (»Handle so, dass die Maxime deines Willens jederzeit zugleich als Prinzip einer allgemeinen Gesetzgebung gelten könnte«) anwenden könne. Jeder Mensch könne die Pflicht zur Erfüllung des Guten und Gerechten aus Achtung für das Gesetz in seinem Gewissen hören. Er könne in einem inneren Gerichtsverfahren sich selbst anklagen, dem Guten und Gerechten nicht gerecht geworden zu sein, und sich selbst verurteilen, um das universal Gute widerspruchsfrei herauszustellen. Für Kant war das »moralische Gesetz« und die Fähigkeit jedes Menschen, Gutes und Gerechtes tun zu können, die Grundlage seiner Ethik und ihres Universalcharakters.

Im 20. Jahrhundert verzichtete die philosophische Ethik auf Metaphysik. Sie stellte keine Grundsätze mehr auf, aus denen moralische Inhalte abgeleitet werden können. Sie blieb formal – und beanspruchte trotzdem Universalgültigkeit. Zwei Beispiele seien genannt: die Diskursethik von *J. Habermas* und die Analytische Ethik von *A. M. Hare.*

Die *Diskursethik* stellt Regeln für den ethischen Diskurs auf, die von allen Teilnehmern unbedingt befolgt werden müssen, z.B. »Nur diejenigen Normen, Aussagen oder Entscheidungen dürfen Allgemeingeltung beanspruchen, die die Zustimmung aller Betroffenen finden oder finden könnten.« (*J. Habermas:* Diskursethik 1983,103) Außerdem muss im ethischen Diskurs jeder Teilnehmer die Perspektiven der anderen einnehmen.

Auch die *Analytische Ethik* verzichtete auf jeglichen metaphysischen Grundsatz und kam zu ethischen Aussagen allein aufgrund einer Sprachanalyse, z.B. der Begriffe »gut und schlecht«, »richtig und falsch«; »gerecht und ungerecht«, »frei und abhängig«, aber auch der Verben »sollen«, »dürfen«, »müssen« u.ä. Der englische Analytiker *A. M. Hare* unterschied zwischen empfehlenden oder verpflichtenden, moralischen oder nicht-moralischen Sätzen und orientierte sich allein an verpflichtenden moralischen Aussagen. (The language of morals 1952, dt. 1972). Damit war das einzige Kriterium für »gut und gerecht« die sprachliche Übereinstimmung in verschiedenen Kulturen. Dieses Ergebnis scheint unbefriedigend zu sein. Was ist gewonnen, wenn einige Kulturen sagen »Embryonenforschung muss verboten werden«, andere aber »Embryonenforschung sollte erlaubt werden«? Damit scheint nichts gewonnen zu sein. Man muss aber bedenken, dass für Analytische Philosophen Wahrheit nur in Sätzen existiert. Entsprechend müsse jeder seine Sätze äußerst bedacht und reflektiert formulieren. Die objektive Wahrheit hat der subjektiven Platz gemacht.

Diese Hinweise auf das Problem der Allgemeingültigkeit und der Legitimationsbeweis ethischer Aussagen in philosophischen Ethiken von Plato bis Hare sollten *drei Anregungen für Ihr Ethikstudium* geben: (1) Sie sollten bei jeder ethischen Aussage und Entscheidung fragen: »Was ist deren Legitimationsbasis? Ist sie allgemeingültig?« (2) Unterscheiden Sie zwischen antik-griechischen, christlichen und gegenwärtigen Legitimations- und Universalisierungs-Begründungen. Und ergreifen Sie für eine von ihnen Partei! (3) Unterscheiden Sie zwischen philosophischen und theologischen Ethiken! Der Unterschied besteht weniger in den ethischen Aussagen als vielmehr in deren Begründung.

In *theologischen* Ethiken stellt sich das Problem der Gültigkeit und Begründung von ethischen Urteilen auf spezifische Weise: Die drei abrahamitischen Religionen gründen ihre jeweilige Ethik auf die Selbstoffenbarung Gottes: Das Judentum bezieht sich auf die Tora (Fünf Bücher Mose), besonders auf den Dekalog (10 Gebote); das Christentum auf die Ethik Jesu, besonders auf die Bergpredigt (Mt 5–7), das Doppelgebot der Liebe und die Freiheit eines Christenmenschen; und der Islam auf Koran und Sunna, besonders auf die sharia-Passagen von Mohammed. Darüber hinaus verstehen alle drei Religionen den Menschen als Geschöpf und Ebenbild Gottes bzw. Kalif/Kalifa und die Natur als Schöpfung Gottes und leiten daraus ethische Prinzipien ab. – Auf dieser Grundlage entwickelte insbesondere das Christentum und hier wiederum besonders der Protestantismus von Luther bis Bonhoeffer eine Vielzahl von Ethiken, die alle mit den beiden Problemen der Universalisier- und Begründbarkeit ethischer Aussagen kämpften.

Martin Luther (1483–1546) legitimierte seine Ethik mit der Überzeugung, dass Gott die Welt auf zweifache Weise regiere: als »Reich der Welt« mit seinem linken Regiment, d.h. durch weltliche Obrigkeit, Gesetze und Ordnungen; und als »Reich Gottes« mit seinem rechten Regiment, d.h. durch Wort, Verkündigung und Evangelium. Der Christ gehöre beiden Reichen und Regierungsweisen an. Deshalb solle er so wenig Gewalt und Strafe wie nötig und so viel göttlichen Frieden und Gerechtigkeit wie möglich praktizieren und ausbreiten. Gesetze und moralische Aufforderungen aus der Bibel solle er in dreifacher Funktion gebrauchen – als Riegel, Spiegel, Siegel. – Weil diese Gesetze genauso wie die doppelte Regierungsweise Gottes aus Gottes Offenbarung in Jesus Christus hervorgegangen seien, seien sie universal gültig. Luther glaubte übrigens, zwischen gerechten und ungerechten Kriegen genau unterscheiden zu können.

Die *liberale Theologie* um 1900 vertrat eine Gesinnungsethik. *Wilhelm Herrmann* betonte in seiner »Ethik« (1909, 5.Aufl.), dass Jesus in seinem Predigen (Bergpredigt) weniger das Handeln, als vorrangig die Herzen der Menschen habe verändern wollen. Wer das Gute wolle und nach Frieden trachte, so Herrmann mit Jesus, tue mehr für den Frieden als derjenige, der eine »Summe an Vorschriften einhalte«. Das konkrete Verhalten dürfe, ja müsse in konkreter Situation dann je verschieden ausfallen. Diese Unterscheidung zwischen Gesinnungs- und Verantwortungsethik auf dem Gebiet der Allgemeingültigkeit ethischer Entscheidungen wurde und wird immer wieder kritisiert.

Besonders *Dietrich Bonhoeffer* (1906–1945) lehnte in seinen Ethik-Fragmenten (1939–1945) ein »Denken in zwei Räumen« grundsätzlich ab. Reich Gottes und Reich der Welt, Verkündigung und Politik, Bergpredigt und Alltag gehörten für ihn unlösbar zusammen. Er rief jeden Christen auf, versöhnend und in Stellvertretung für Christus auf die Politik einzuwirken. Das dürfe er allerdings nicht aus angeblich sicheren christlichen Prinzipien und Normen heraus tun, sondern er müsse sich auf die jeweilige politische Situation einlassen und in dieser Situation auf Gottes Weisungen hören. So könne es sein, dass er Gottes Gebot wie »Du sollst nicht töten« brechen müsse, um es zu erfüllen. Er müsse schuldlos schuldig werden. D. Bonhoeffer selbst ist diesen Weg gegangen, als er sich mit seinem Konspirantenkreis zur Tötung Hitlers entschloss. – Als theologischer Ethiker des 20. Jahrhundert verzichtete er auf allgemeingültige ethische Prinzipien und Normen und ließ sich auf die jeweilige Situation ein. Die innere Herausforderung in jeweiliger Situation – und nicht allgemeingültige Prinzipien – waren sein Universalisierungsgrundsatz und seine Legitimationsbasis für ethische Entscheidungen.

An diesen drei Stationen theologischer Ethik können wir für *das Problem des Geltungsbereiches und der Legitimationsbasis ethischer Aussagen* Folgendes lernen: (1) Niemand kann sicher sein, allein aufgrund der Offenbarung in Christus allgemeingültige Prinzipien für ethisches Verhalten zu besitzen. Vielmehr muss jeder in jeweiliger Situation neu formulieren, was zu tun ist. (2) Luthers Unterscheidung (nicht Trennung!) zwischen Reich Gottes und Reich der Welt, Gesetz und Evangelium, innerem und äußerem Menschen bleiben grundlegend für eine evangelische Ethik. (3) Ebenso grundlegend ist der Rechtfertigungsglaube, der unten im Ethikentwurf von U. Körtner besprochen werden soll.

2. Zwei zeitgenössische Entwürfe

2.1 Ein philosophischer Ethik-Entwurf: Hans Jonas' »Zukunftsorientierte Verantwortungsethik«. Unter den vielen zeitgenössischen Entwürfen einer philosophischen Ethik[1] habe ich diejenige von *Hans Jonas* ausgewählt. Seine »Ethik der Zukunftsverantwortung«[2] hat in Deutschland wohl die größte Verbreitung und auch Anwendung gefunden.

Das *Motiv* seines Ethik-Entwurfes ist die »Furcht vor der Katastrophe«. Nicht wir Menschen haben heutzutage Angst vor dem Ozean, so H. Jonas, sondern der Ozean hat Angst vor uns. Das kann nicht nur zu einer ökologischen, sondern zu einer Menschheits-Katastrophe insgesamt führen. Angst und Panik ist aber nicht das Motiv von Jonas, sondern »überlegte Furcht«. Furcht sei, wie er sagt, die Halle, durch die wir in die Ethik der Verantwortung eintreten.

»Überlegt« sei diese Furcht, weil sie auf Zukunftsprognosen basieren würde. Sowohl im Nah- als auch im Mittel- und erst recht im Fern-Bereich sollten die Folgen unserer gesellschaftlichen, wissenschaftlichen und technologischen Entwicklung, die oft mit lebensbedrohenden Risiken verbunden seien, regelmäßig abgeschätzt werden. Dabei müsse die schlechte vor der guten Prognose Vorrang haben. Ja, es sei eine unbedingte Pflicht der geborenen Menschheit, auch für die Nochnichtgeborenen Sorge und Verantwortung zu tragen. Denn der Mensch sei von seinem Wesen her zur Zukunftsverantwortung verpflichtet, weil er zu dieser Pflicht fähig sei.

Daraus leitet Jonas seine *Begründung* und seinen Anspruch auf *Allgemeingültigkeit* ab: Wie der Atem eines Neugeborenen jeden Menschen zur Fürsorge für dieses Baby herausfordere, so fordere das Leid der Menschheit *und* der Natur jeden Menschen zur Fürsorge und Verantwortung auf. Der kategorische Imperativ des Kant-Nachfolgers H. Jonas lautet deshalb: »Handle so, *dass* eine Menschheit sei und dass ihr Zweck maximiert werde!« Das ist die anthropologische Grundlegung der Verantwortungsethik.

1 Z.B. Die funktionale Theorie der Moral von *N. Luhmann*, die Moral der Institutionen von *A. Gehlen*, die Ethik des kritischen Rationalismus von *K.R. Popper* und *H. Albert*, die Diskursethik von *J. Habermas*, die Kommunikationsethik von *K.O. Apel*, die Gerechtigkeitsethik von *J. Rawls*, die Analytische Ethik von *A.M. Hare*, die Pragmatische Ethik von *H. Lübbe*, die Negative Ethik von *Th.W. Adorno*, die Existenz-Ethik von *J.P. Sartre* u.a.

2 *H. Jonas*, Das Prinzip Verantwortung. Versuch einer Ethik für die technologische Zivilisation, Frankfurt a.M. 1979, 64-175.

Daneben vertritt Jonas auch eine ontologische, am Zweck der Natur orientierte Begründung: Ausführlich legt er dar, dass das Ganze der Natur und Menschheit einen Zweck in sich trage: Leben um des Lebens willen, Leben als das Gute-an-sich. Dieses »Gute-an-sich« ist für Jonas einerseits ein objektiver Seins-Grund für ethische Verantwortung. Andererseits habe das Gute-an-sich jedoch auch Appell-Charakter. Seine Erkenntnis erzeuge ein »Gefühl der Verantwortlichkeit« - bzw. soll es erzeugen -, aus dem sich eine gewisse Ehrfurcht vor Natur und Menschheit entfalte. Diese trage drei Merkmale: Zum einen müsse sie *kontinuierlich,* d.h. ohne Aussetzen und Verschnaufpause, zum anderen *total,* d.h. alle Aspekte der Gegenwart und Zukunft bedenkend, wahrgenommen werden; und zum dritten müsse sie sich an der *Zukunft* ausrichten, so dass das »Morgen in die Sorge des Heute« eingeschlossen sei.

Die Qualität des Lebens ist für Jonas das einzige Kriterium des sog. Fortschritts. Deshalb müssen dem Fortschritt ggf. Grenzen gesetzt werden.

2.2 Ein theologischer Ethik-Entwurf: Ulrich Körtners »Evangelische Sozialethik«. Einen typisch protestantischen, weil an der Rechtfertigungslehre ausgerichteten theologischen Ethik-Entwurf hat jüngst *Ulrich Körtner* vorgelegt.[3] Körtner nennt seine Ethik eine »Theologische Verantwortungsethik«. Sie kann also mit derjenigen von *H. Jonas* verglichen werden.

Auch Körtner *begründet* seine Ethik anthropologisch: Der Mensch sei ein Beziehungswesen, das zu Natur, Menschheit, Mitmenschen und sich selbst in Beziehung stehe. Als solcher fühle er sich zur Rechenschaft für sein Handeln verpflichtet. Es gehöre zum Wesen des Menschen, auch einer transzendentalen Verantwortungsinstanz gegenüber Rechenschaft ablegen zu wollen. Die Sprachsymbole »Reich Gottes« und »Schöpfer« seien solche möglichen Instanzen. - Eine *theologische* Begründung der Ethik liege in dem Gedanken, dass jeder menschlichen Rechenschaft Gottes Rechtfertigung vorausgehe. Solche vorausgehende Rechtfertigung könne zur Folge haben, dass der gläubige Christ sich in neuer Weise als Geschöpf Gottes fühle und ein neues Verhältnis zu Natur, Mitmenschen und sich selbst aufbaue. Er könne möglicherweise sein Schuldbewusstsein, seine Versagensängste und seine mögliche innere Widersprüchlichkeit aufgeben und sich - ohne Selbstverwirklichungszwang! - allein dem Gegenstand seiner ethischen Verantwortung widmen. Rechtfertigung könne Menschen zu verantwortungs- und moralfähigen Subjekten machen. Der gerechtfertigte Christ sei, wenn er sich richtig verstehe, vor ethischem Rigorismus und ethischer Überheblichkeit als auch vor ethischem Fatalismus und Resignation gefeit.

3 *U. H. J. Körtner,* Evangelische Sozialethik, Göttingen 1999, bes. 98-140.

Selbstverständlich gilt diese »evangelische Ethik« nur für Christen und kann deshalb keinen Anspruch auf *Allgemeingültigkeit* erheben. Aber für Christen ist sie verbindlich. Von *Bonhoeffer* übernimmt Körtner zudem die Vorstellung, dass der gerechtfertigte Christ in der Lage sei, in der Nachfolge Christi selbst schuldlos stellvertretend für andere Schuld zu übernehmen und gegebenenfalls selbst schuldlos schuldig zu werden. – Typisch für seine Rechtfertigungsethik ist schließlich der *Kompromiss:* Weil Christen sich nicht rigoristisch, fatalistisch oder utopistisch verhalten, sollten sie zu Kompromissen bereit sein.

B Arbeitsformen und -methoden

Tabelle/Grafik 24

Wenn ethische Erziehung bedeutet, zum ethischen Urteilen zu befähigen, dann muss es auch ein Handwerkszeug zu solchem Urteilen geben. Zurzeit kursieren sowohl in der philosophischen als auch der theologischen Moralpädagogik sechs Wert- bzw. Moralerziehungsmodelle, die verschiedene Arbeitsformen und -methoden darstellen. Ich halte alle für nützlich und brauchbar, empfehle aber eines von ihnen besonders. Entsprechend stelle ich zunächst fünf Modelle in Kürze und ein Modell in relativer Länge dar. – Es sind Wert- und keine Normenerziehungsmodelle. Ich treffe hier eine Entscheidung zugunsten der Werte, da Werte gewählt und mit Leben gefüllt werden müssen, während Normen nur zu befolgen sind (»man muss«, man »soll«, »man tut«). Erstere sind m.E. vorzuziehen.

1. Fünf Werterziehungsmodelle

1.1 Das Wertvermittlungsmodell[4] setzt voraus, dass es objektive Werte gibt, die sich von einem objektiven Kosmos bzw. »Himmel platonischer Wertideen« herleiten. Sie seien zwar, so argumentieren seine Vertreter, in jeder Kultur semantisch verschieden geprägt, denn z.B. Freiheit sei nicht überall gleich Freiheit. Aber sie hätten aufgrund ihrer metaphysischen Bindung an das »Reich der Ideen« in jeder Kultur objektive Gültigkeit. Entsprechend der

4 Vgl. *S. Uhl,* Die Mittel der Moralerziehung und ihre Wirksamkeit, Bad Heilbrunn 1996, 25-58. 201-245.

Wertethik *M. Schelers* und *N. Hartmanns* werden sie als Realisierung metaphysischer Ideen verstanden. – Das Menschenbild, das hinter dieser Werterziehung steht, ist positiv: Jeder Mensch wird für fähig erachtet, eine lebensfördernde Gesinnung entfalten und Gutes tun zu können. Werterziehung ist nach diesem Modell Einweisung in ethische Überlieferung und Aneignung des Wertekosmos einer jeweiligen Kultur.

Als *Methode* empfehlen seine Vertreter die Erarbeitung von Vorbildern, Fallbeispielen und kirchlichen Dokumenten zu ethisch aktuellen Fragen aus Geschichte und Gegenwart. Die Liste moralischer *Vorbilder* reicht (um Themen nur aus bayerischen und baden-württembergischen Ethik-Lehrplänen zu nennen) von *Jesus von Nazareth über Paulus, Benedict von Nursia, Elizabeth aus Thüringen, Hildegard von Bingen, Franz von Assisi, Martin und Käthe Luther, Hinrich Wichern, Mahatma Gandhi, Martin Luther King* bis hin zu *Dietrich Bonhoeffer* und *Martin Niemöller.* Deren Lebensziele, -werte und -normen sollen den Schülerinnen und Schülern vermittelt werden. Daneben sollen konkrete *Fallbeispiele* zu aktuellen Zeitfragen der Ethik mit entsprechenden *kirchlichen o.ä. Verlautbarungen* im RU erarbeitet werden.

Bei diesem Modell stehen ethische Diskurse und Moraldiskussionen zugunsten einer traditionellen Wertvermittlung und Wertaneignung zurück. Seine Gegner kritisieren, dass es individuelle und ethische Präferenzen der Schüler und Schülerinnen nicht ausreichend berücksichtigen würde, weil allein das überlieferte objektive Wertethos vermittelt werden soll. Damit bestehe die Gefahr eines übertriebenen Wert*objektivismus,* der das Individuum überspiele. Diese Kritik trifft fraglos zu. Aber dennoch sollten m.E. überlieferte Wert- und Normensysteme auch »vermittelt« werden. Vorbilder und kirchlich-ethische Stellungnahmen sind für Schüler und Schülerinnen enorm wichtig.

1.2 Das Wertklärungsmodell[5] möchte den Adressaten helfen, sich über ihre eigenen Werte und deren Rangfolge im eigenen moralischen Bewusstsein Klarheit zu verschaffen. Ferner möchte es anleiten, entsprechend diesen Werten moralisch zu entscheiden und entsprechend dieser Entscheidung moralisch zu leben und zu handeln. Die Schüler und Schülerinnen sollen sich ihrer eigenen Wertsetzungen in ihrem bisherigen Leben bewusst werden und diese verändern oder stärken. Es geht um Selbstexploration und nicht um Übernahme eines moralischen Kulturgutes. Das Menschenbild dieses Modells ist wieder positiv: Jeder Schüler wird für fähig erachtet, vernünftige Selbststeuerungsprozesse an sich vornehmen und danach handeln zu können.

5 Vgl. *H. Raths,* Werte und Ziele. Methoden zur Sinnfindung im Unterricht, dt., München 1976.

Raths u.a. nennen viele *Methoden* für solche Selbststeuerungsprozesse im Unterricht; z.B.: Kinder sollen sich vorstellen, einen Kinderstaat auf einer einsamen Insel gründen zu wollen. Welche Werte, Normen, Ge- und Verbote würden sie ihm geben? Die Lehrkraft solle je 10 Werte, Normen, Regeln etc. vorgeben, aus welchen die Kinder wählen können. Oder: Jugendliche geben der Bundesrepublik Deutschland eine neue Verfassung. Welche Werte sind ihnen wichtig? Die Lehrkraft solle wieder ca. 15 Werte zur Auswahl vorgeben. Oder: Jeder Schüler setzt von sich selbst einen Steckbrief mit seinen fünf wichtigsten Werten und Normen auf. Wie begründet er seine Wert- und Normenvorlieben?

Das Modell unterliegt der Gefahr eines Wert*relativismus* und *-subjektivismus*. Raths u.a. möchten zwar erreichen, dass Schüler ihre eigenen Werte finden und sich nicht gängeln lassen, aber kann und darf die ethische Lebensführung eines Menschen so hoch geschätzt werden, dass sie zur Norm seines Lebens wird? Bleiben die ethischen Traditionen einer jeweiligen Kultur nicht dabei auf der Strecke?

1.3 Das Wertentwicklungsmodell[6] möchte zur Entwicklung der moralischen Urteilsfähigkeit von Kindern und Jugendlichen beitragen.

Seine Vertreter setzen voraus, dass Kinder moralisch heteronom (fremdbestimmt) denken und urteilen, dass Jugendliche häufig moralisch konventionell (d.h. ihrer Umwelt entsprechend) entscheiden, und dass erst Erwachsene – wenn überhaupt – moralisch autonom (selbstbestimmt) werten und handeln. Es wird eine Klimax von moralischer Fremd- über Konventions- bis zur Selbstbestimmung im Lebenslauf vorausgesetzt (vgl. *L. Kohlberg* → II.A.6).

Ferner gehen die Vertreter dieses Modells davon aus, dass eine Weiterentwicklung von Niveau zu Niveau nur durch ein Ungleichgewicht (Disäquilibrium) der moralischen Argumentation möglich sei. Wenn z.B. ein Jugendlicher, der sich gegen verbrauchende Embryonenforschung wendet, erfährt, dass durch Embryonenforschung Erbkrankheiten frühzeitig therapiert werden können, dann gerät sein moralisches Urteil aus dem Gleichgewicht und er sucht nach einer anderen moralischen Lösung.

Um solche Disäquilibrationen bewusst zu stimulieren, werden Dilemma-Geschichten in den Unterricht eingebracht, anhand derer die Schülerinnen und Schüler ihren Urteilshorizont erweitern und zu eigenen Entscheidungen kommen sollen. Es handelt sich um fiktive Fallbeispiele, die zwei gleicher-

6 Vgl. die reichhaltige Literatur von *L. Kohlberg, C. Gilligan und F. Oser* im Literaturverzeichnis unter *Adam/Schweitzer, Nipkow, Mokrosch.*

maßen wertvoll erscheinende Lösungsalternativen enthalten. Die Schüler sollen für eine der beiden Möglichkeiten Partei ergreifen und ihre Entscheidung ethisch begründen. *Fritz Oser*[7] hat eine Vielzahl solcher religiöser Dilemmata für ethische Erziehung im RU entworfen und erfolgreich praktiziert. Dabei kommt es ihm auf die Begründung und nicht auf die Entscheidung an. Ist eine Entscheidung von Seiten der Schüler und Schülerinnen gefallen und begründet worden, so kann die Lehrkraft neue Bedingungen nennen, die das Dilemma erschweren. Die Schüler müssen dann wieder neu entscheiden und begründen. Dieser Vorgang kann mehrfach wiederholt werden.

Die vielleicht bekannteste Dilemma-Geschichte ist die von »Paul«:

Paul-Dilemma: Paul hat in London das beste Medizin-Examen seit Jahrzehnten abgelegt. Er ist verlobt mit Mary. Bis zu Beginn seiner Approbationszeit unternimmt er noch eine Urlaubsreise nach Brasilien. Das Flugzeug war gerade aufgestiegen, da gibt der Pilot bekannt, dass eine Düse ausgefallen sei; kurz darauf gibt er den Ausfall der zweiten Düse bekannt; die Maschine kehrt um, als gerade die dritte Düse ausfällt. Noch über dem Atlantik fällt die vierte Düse aus und der Copilot gibt den Absturz des Flugzeuges bekannt. In dieser Sekunde betet Paul zu Gott, dass er, falls er überleben sollte, aus Dank lebenslänglich Arzt im afrikanischen Urwald werden möchte. – Die Maschine stürzt ab. Paul überlebt als Einziger. Als er nach Hause kommt, findet er einen Brief des königlichen Krankenhauses vor, dass ihm aufgrund seines hervorragenden Examens die Approbationszeit erlassen werden und er sofort als Chefarzt mit bestem Gehalt eingestellt werden solle. Wie soll er sich entscheiden?

Nachdem alle Schüler an Pauls Stelle entschieden und ihre Entscheidung begründet haben, könnte die Lehrkraft als Erschwernis einbringen: Pauls Verlobte Mary leidet an einer Krankheit, welche das afrikanische Urwaldklima nicht erträgt. Oder: Paul ist auf die Therapie einer Krankheit spezialisiert, an der viele Londoner leiden, die aber kein anderer Arzt therapieren kann; usw.

Die Dilemmata wirken künstlich, virtuell und z.T. abstrus. Sie sind es auch. Aber gerade an ihnen, so meint Oser, könne man ohne tiefste Betroffenheit ethisch urteilen lernen. Die RL sollten ihre Schüler und Schülerinnen befähigen, ihre moralische Entscheidung ethisch zu begründen und angesichts neuer Situationen ihr Urteil ggf. zu revidieren. So könnten sie evtl. zu einer eigenen, autonomen Moral finden.

Das bezweifeln allerdings die Gegner dieser Methode, weil sie meinen, dass Dilemmata realitätsfern seien. Außerdem bestreiten sie, dass es eine kontinuierliche Entwicklung des moralischen Urteils von heteronomer zu autonomer Moral gebe. Die Wertentwicklungsmethode ist umstritten.

7 Vgl. unter Osers reichhaltiger Literatur bes.: *F. Oser/W. Althof*, Moralische Selbstbestimmung. Modelle der Entwicklung und Erziehung im Wertbereich. Ein Lehrbuch, Stuttgart 1992; und *ders.*, Wie viel Religion braucht der Mensch? Erziehung und Entwicklung zur religiösen Autonomie, Gütersloh 1988.

1.4 Das sog. *Wertfühlungsmodell*[8] möchte das Einfühlungsvermögen, bes. Sympathie, Empathie und Rollenreziprozität und auch das Gefühlsleben von Kindern, Jugendlichen und Erwachsenen fördern, um diese zu einem Urteil und Handeln »mit dem Herzen« zu bewegen. Durch Sensibilisierung für Selbstwert-, Nächstenwert-, Naturwert- und Menschheitswertgefühle sollen soziale und moralische Einstellungen und Verhaltensweisen gefördert werden. Eine gefühlsmäßige Wahrnehmung der Umwelt sei dafür eine Grundvoraussetzung. Und das wiederum könne nur durch eine moralisch und normativ verlässliche Kultur und Atmosphäre z.B. in einer humanen Schule gewährleistet werden.

Als *Methoden* schlagen die Vertreter dieses Modells Rollenspiele, Psycho-, Sozio- und Biblio-Dramen vor. – All diese Spielformen sollen Kindern und Jugendlichen helfen, Werte, Normen und moralisches Verhalten in actu selbst nachzuvollziehen und anschließend gefühlsmäßig zu bewerten.

Kritiker des Modells fürchten, dass ethische Urteilsbildung und ethisches Handeln in Gefühl und Gesinnung stecken bleiben und nicht ausreichend reflektiert werden. Das mag zutreffen. Aber es steht außer Frage, dass man ethisches Urteilen und Handeln am besten durch *learning by doing* lernt. Und Praxis ist immer mit Gefühl verbunden.

1.5 Das *Modell zur Sensibilisierung für eine Überlebensverantwortung* nach *Hans Jonas*, basiert, wie wir oben sahen (256f.), auf einer kosmozentrischen Ethik: Jeder sei für die Maximierung gelingenden Lebens von Menschheit und Natur mitverantwortlich und müsse, ohne Gegenleistung, für den Fortbestand auch der Nochnichtgeborenen Sorge tragen. Werterziehung soll nach Hans Jonas – im Sinne von *Wilhelm Buschs* Dictum: »Das Gute, das steht fest, ist nur das Schlechte, das man lässt« – vor irreparablen Eingriffen in Natur und Menschheit warnen. Im Unterricht sollen konkrete Zukunfts-Szenarien entwickelt werden, z.B. im Hinblick auf Gentechnologie, Sterbehilfe, Umweltverschmutzung, militärische Interventionen usw. Dies erfordert allerdings viel Detailwissen, das gründlich erarbeitet werden muss, will man nicht Gefahr laufen, die Schülerinnen und Schüler lediglich in ihren Vorurteilen zu bestärken.

Kritiker dieses Modells nehmen Anstoß an der Konzentration auf die Bewahrung der Schöpfung und das Überleben der Menschheit als dem zentralen Anliegen der Ethikerziehung. Sie fragen, ob hier nicht die globalen Wertkonflikte die persönlichen Wertfragen verdrängen. Demgegenüber

8 Vgl. *V. Eid* u.a. *(Hg.)*: Moralische Kompetenz. Chancen der Moralpädagogik in einer pluralen Welt, Mainz 1995.

argumentieren die Befürworter, dass die globalen Probleme lokale und persönliche Konflikte auslösen und beeinflussen nach dem Motto »Think globally, act locally«, und propagieren die Vernetzung beider Ebenen.

Die Kurzporträts zeigen, dass jedes der fünf Modelle spezifische Stärken und Schwächen hat. Keines von ihnen sollte daher absolut gesetzt werden; allerdings leisten sie alle ihren Beitrag und können, dosiert eingesetzt, die Werteerziehung voranbringen und befruchten.

2. Das Wertanalyse- und Prozessmodell

Zur besonders intensiven Erarbeitung empfehle ich das sog. *Wertanalysemodell.*[9] Es möchte zu einer detaillierten Analyse eines Wertkonfliktes mit dessen jeweiligen Voraussetzungen, Folgen, impliziten Normen, Werten und Tugenden anleiten. Im Stil analytischer Prozedural-, z.T. auch Diskurs- und Kommunikationsethik sollen angesichts eines anstehenden Konfliktes folgende – nach meinem Verständnis – neun Elemente erarbeitet werden:

Im 1. Element »Wahrnehmung des Problems und seiner spezifischen Problematik« geht es darum, ethische Probleme überhaupt wahrzunehmen. Was ist ethisch bedenklich oder unbedenklich? Ist z.B. schon Flugzeugfliegen oder Autofahren der ökologischen und der Unfallfolgen wegen problematisch? Ist schon der Genuss von Eiern und Fleisch der Hühner- und Schweinebatterien wegen bedenklich? Ist der Gebrauch mancher Kosmetika und Pharmaka der Tier- oder Klonungsversuche wegen verwerflich? Oder sind das nur moralische Scharmützel, die von Grünenpolitikern hochgespielt werden? Beginnen ethische Probleme nicht erst bei der Gefährdung menschlichen Lebens?

Die Wahrnehmung eines wirklich relevanten ethischen Problems ist die erste Aufgabe ethischer Urteilsbildung. Dazu sind Kriterien der Folgenabschätzung, der Einhaltung von Werten und Normen und Gewissensfragen heranzuziehen. Bei der Folgenabschätzung wird gefragt, ob unser Verhalten Lebewesen schädigt und ob die Schädigung größer ist als der Vorteil. Dabei sollten Negativ- vor Positivprognosen Vorrang haben. Bei der Frage nach

9 Erstmals hat *W. Bender,* Ethische Urteilsbildung, Stuttgart 1988, 174-185, im Anschluss an *I. Illich* dieses Modell entworfen. Es wurde später von *H. Schmidt,* Ethisch urteilen – moralisch handeln, Frankfurt 1997, 59-61 und von *R. Mokrosch* (s. Literaturverzeichnis) verändert.

der Einhaltung von Werten und Normen soll untersucht werden, ob und ggf. welche lebensnotwendigen Werte, Normen und Regeln missachtet werden. Und bei der Gewissensabschätzung sollte gefragt werden, wer Gewissensskrupel hat und ob sie ein ernsthaftes ethisches Problem anzeigen.

Bei solcher Wahrnehmung ethischer Probleme müssen auch die persönlichen Erfahrungen und Betroffenheiten der Wahrnehmenden beachtet werden.

Das 2. Element »Analyse der Situation und ihrer möglichen Handlungsalternativen«, fordert auf, das wahrgenommene Problem gründlich zu analysieren. Welche Personen und Gruppen sind involviert? In welchem Lebensbereich (Betrieb, Beruf, Familie, Freundeskreis, Wirtschaft, Staat, Sport, Religion, Kirche o.a.) spielt es sich ab? Welche Entscheidungen erwarten die Betroffenen? Wer ist befangen, wer egoistisch, wer altruistisch?

Ferner sollten mögliche Handlungsalternativen analysiert werden. Es ist jeweils zu erwägen, ob man bei den Alternativen genauso, weniger oder stärker schuldig wird. Und es ist grundsätzlich zu fragen, ob etwas veränderbar oder unveränderbar ist. Die Situation des anstehenden Problems ist gründlich zu analysieren.

Das 3. Element »Kenntnisnahme der üblichen Entscheidungen und ihrer Alternativen« bezieht sich auf dreierlei: Zum einen sollte nach der Mehrheitsentscheidung der Gesellschaft gefragt werden. Zum anderen sollte geprüft werden, wie man früher diese oder ähnliche Probleme gelöst hatte. Und schließlich sollte man sich selbst fragen, wie man wohl prima vista, d.h. ohne weitere Analyse, entschieden hätte. Gleiches gilt für mögliche Alternativen: Was denkt die Mehrheit über Alternativen? Wie ging man früher mit ihnen um? Wie stehe ich prima vista, ohne nähere Analysen, zu ihnen?

Ferner sollten Gesetze, Gerichtsurteile, kirchliche u.a. Verlautbarungen, Erklärungen von Enquete-Kommissionen und Interessenverbänden zur Kenntnis genommen werden. Die meisten ethischen Fragen sind irgendwann schon einmal öffentlich diskutiert worden. Es gibt ein breites Spektrum an Erklärungen. Sie sollten sorgfältig zur Kenntnis genommen und geprüft werden.

Das 4. Element »Erarbeitung elementarer Lebensbedingungen« betrifft zeit- und kulturübergreifende Lebensbedingungen wie die Bewahrung der Schöpfung bzw. der ökologischen Grundlagen des Lebens, die Erhaltung religiöser und kultureller Identitäten (z.B. islamische, jüdische, christliche, hinduistische u.a. Riten und Bräuche; westliche, östliche, afrikanische, asiatische usw. Identitäten), die Grundbedürfnisse des Lebens wie Nahrung, Kleidung, Wohnung, Zuwendung und Humanität, Frieden usw. – Daneben entwickelt jede Zeit eigene Lebensbedingungen: Heute sind z.B. ein ausgeglichenes Verhältnis zwischen Globalität und Lokalität, Schritte zum Weltfrieden, Humanisierung der Technik, verantwortlicher Umgang mit

Gen- und Biotechnik, Ethisierung der Wirtschaft u.ä. elementare Bedingungen für ein gemeinsames Leben in unserem global village.

Die Bewahrung solcher elementaren Lebensbedingungen sollte das Ziel jeder ethischen Entscheidung sein.

Das 5. Element »Auseinandersetzung mit traditionellen und aktuellen Werten, Normen und ethischen Denkmodellen bezüglich des anstehenden Problems« fordert auf, ethische Prinzipien und Denkmodelle heranzuziehen: z.B. den Dekalog aus Ex 20, den Kategorischen Imperativ von *I. Kant* (»Handle so, dass die Maxime deines Wollens zum Prinzip einer allgemeinen Gesetzgebung werden kann«); Menschenrechtserklärungen (z.B. die französische Erklärung der Rechte des Menschen und des Bürgers 1789, die UNO-Erklärung der Menschenrechte 1948, die Europäische Konvention zum Schutz der Menschenrechte 1950 und die Charta der Grundrechte der EU 2000); Naturrechtserklärungen (z.B. die ›Declaration of Independence‹ 1776); die christliche Bergpredigt (Mt 5-7) mit Feindesliebe, Nächstenliebe, Sorgenfreiheit und deren Traditionen; die hinduistische Ahimsa- und Satyagrahalehre und viele andere geschlossene Wertsysteme. Man sollte mindestens eines dieser Prinzipien zu dem anstehenden Problem »durchspielen«.

Ebenso notwendig ist es, die Probleme an *Wert- und Normenrangskalen* zu messen. Einzelne Menschen, Gruppen, Gesellschaften, Kulturen, Subkulturen etc. haben oft verschiedene Wertrangskalen: Bei manchen stehen Mitmenschlichkeitswerte wie Mitmenschlichkeit, Nächstenliebe, Feindesliebe, Mitleid, Hilfsbereitschaft u.ä., bei anderen Glückswerte wie Glück, persönliche Freiheit, Gesundheit, Freundschaft, innere Harmonie u.ä., bei wiederum anderen Leistungs- und Erfolgswerte wie Leistung, Erfolg, Ehrgeiz, Durchsetzungsfähigkeit, Selbstbehauptung usw. an erster und andere Wertegruppen erst an zweiter Stelle ihrer persönlichen Wertehierarchie.

Gleiches gilt für Normen: Einige halten sich streng nur an gesetzlich kodifizierte Normen, andere an nichtkodifizierte und wiederum andere an selbstaufgestellte Normen. Das spielt für die Lösung z.B. unserer drei Probleme eine große Rolle: Kulturen, in denen das individuelle Leben eine geringere Rolle spielt als das ethnische – z.B. in Afrika und China – tun sich leichter mit Embryonenforschung und Sterbehilfe als europäische Kulturen. Oder: Wer Mitmenschlichkeitswerte an oberste Stelle gesetzt hat, verhält sich zu diesen Fragen anders als derjenige, für den Leistung und Erfolg das Wichtigste sind.

Sie sollten als zukünftige RL schon im Studium sowohl geschlossene Wertsysteme als auch verschiedene Wert- und Normenrangfolgen bei der Lösung ethischer Probleme berücksichtigen.

Das 6. Element »Überlegungen zu spezifisch christlichen Lösungen« scheidet die Geister: Einige meinen, dass sich das spezifisch Christliche allein *formal,* nämlich in der Begründung einer ethischen Einstellung und Entscheidung zeige. Christen würden sich nicht anders verhalten als Nichtchristen, hätten aber eine andere Begründung: z.B. das Argument der Geschöpflichkeit *gegen* Embryonenforschung und Sterbehilfe oder das der Schöpfungsbewahrung *für* Embryonenforschung und das der geschöpflichen Freiheit *für* freiwillige Sterbehilfe usw. Andere sind dagegen überzeugt, dass sich Christen auch *material* in ihrer Einstellung und Entscheidung anders verhalten als Nichtchristen. Sie halten dann ihre Entscheidung z.B. gegen Embryonenforschung, Sterbehilfe und militärische Intervention – oder ggf. auch für diese – für spezifisch christlich. Die meisten verbinden allerdings christliche Formal- und Materialethik miteinander.

Spezifisch christlich sind Lösungen, die sich an der Bergpredigt, am Dekalog und am christlichen Nächsten- und Feindesliebekonzept orientieren, die Luthers Unterscheidung zwischen Reich Gottes und Reich der Welt aufnehmen, die sich von Bonhoeffers Ethik inspirieren lassen[10] und die Rechtfertigung zum Hauptkriterium ihrer Entscheidung machen. – Ethische Problemlösungen in Studium und RU sollten jeweils nach ihrem christlichen Kern überprüft werden.

Das 7. Element »Urteilsfindung und Entscheidung«: Nach den bisherigen Schritten muss eine Entscheidung ausführlich begründet werden. Es muss eine persönliche Gewissens- und Willensentscheidung vorliegen mit einem möglichst klaren Ja oder Nein und keinem Jein. – Nach dieser persönlichen sollte eine gemeinsame Entscheidung im Seminar oder im RU getroffen werden. Das ist schwierig. Kompromisse sind notwendig. Die nationalen deutschen Ethikräte zu aktuellen Themen sind ein schlechtes Beispiel. Sie einigen sich selten und geben Mehrheits- und Minderheitsvoten wieder. Allerdings hat es ein Ethikrat auch schwerer als eine Seminar- oder RU-Runde, weil es dort um Realität und nicht nur Virtualität geht.

Im 8. Element »Folgerungen für das persönliche und das gemeinsame Leben« ist zu prüfen, ob die gefällte Entscheidung Folgen für das persönliche Leben hat. Ist das nicht der Fall, dann ist an seiner Ernsthaftigkeit zu zweifeln. Dann ist es eine Entscheidung, die für andere weit entfernt lebende Menschen, nicht aber für mich gilt.

Ebenso soll gefragt werden, welche Auswirkungen die getroffene Entscheidung für das gemeinsame Leben hat. Solche Folgenabschätzung ist schwierig. Sie ähnelt der Aufgabe, *vor* der endgültigen Entscheidung Zukunftsprognosen zu entwerfen. Aber die Folgenabschätzung *nach* der

10 Vgl. *R. Mokrosch/C. Gremmels/F. Johannsen,* Bonhoeffers Ethik. Ein Arbeitsbuch, Gütersloh 2003, bes. 108–181.

gefallenen Entscheidung erhält natürlich einen endgültigeren Charakter. Die Folgen sind jetzt unausweichlich. Wird z.B. Sterbehilfe gesetzlich sanktioniert, so verändert sich das Krankenhauswesen, die Hospizbewegung, das Ärzteethos, das gesellschaftliche Bewusstsein von Alter, Sterben und Tod, ja vom Menschsein insgesamt. In gleicher Weise würde eine gesetzlich sanktionierte Embryonenforschung die Gesellschaft und ihr Bild vom Menschen verändern. Und was militärische Interventionen für das gemeinsame Leben bewirken, haben wir spätestens seit 1991 reichlich erlebt. – Nach einer Entscheidung müssen die Konsequenzen für das persönliche und für das gemeinsame Leben schonungslos offengelegt und bewertet werden.

Das 9. Element »Mögliche Revision der Entscheidung« lässt eine Revision der Entscheidung zu, falls sich die Konsequenzen als überwiegend negativ herausgestellt haben.. In der Politik nennt man das Nachbessern. Angesichts der virtuellen Entscheidungen im Seminar oder RU sollte nicht nur nachgebessert, sondern neu entschieden werden. Das ist nicht ehrenrührig, weil ethische Urteilsbildung ein niemals abgeschlossener Prozess ist. Wenn neue Einsichten gewonnen werden, sollte der gesamte Urteilsbildungsprozess auf einer höheren Einsichtsebene neu durchbuchstabiert werden. Hat sich z.B. herausgestellt, dass Legalisierung von Embryonenforschung und Sterbehilfe eher negativ als positiv wirken und dass Kriege aus sog. humanitären Gründen mehr zerstören als schützen, dann muss neu entschieden werden.

Dieses neunschrittige Wertprozessmodell sollten Sie in Seminaren, RU-Fachpraktika und auch im täglichen Leben zur Lösung anstehender ethischer Probleme heranziehen. Es wird Ihre ethische Entscheidung nicht leichter, aber durchsichtiger machen. Die neun Schritte führen keineswegs zu einer »richtigen« Entscheidung, aber sie können helfen, Ihre Gedanken zu klären. – Selbstverständlich gibt es eine Fülle weiterer Arbeitsformen und -methoden ethischer Erziehung im RU. *H. Schmidt, F. Schweitzer, G. Adam und F. Oser* haben sie ausführlich beschrieben.[11]

11 *H. Schmidt*, Didaktik des Ethikunterrichts, 30-91; *F. Schweitzer*, Grundformen ethischen Lehrens und Lernens in der Schule, in: *G. Adam/F. Schweitzer (Hg.)*, Ethisch erziehen in der Schule, 62-80; *G. Adam*, Methoden ethischer Erziehung, in: *ders./ F. Schweitzer (Hg.)*, aaO., 110-128; *F. Oser*, Moralpsychologische Perspektiven, in: *G. Adam/F. Schweitzer (Hg.)*, aaO., 81-109.

C Beispiele für das Studium

In den »Empfehlungen zur Reform des Lehramtsstudiums Ev. Theologie/ Religionspädagogik« der EKD werden drei Lernfelder im Ethik-Studium empfohlen:

- Problemstellungen, Themenbereiche und Ansätze ethischen Denkens,
- ein Entwurf zeitgenössischer theologischer Ethik,
- konkrete ethische Problemfelder und gesellschaftliche Schlüsselprobleme in interdisziplinärer Zugangsweise und in Auseinandersetzung mit Ansätzen nicht-theologischer Ethik.

Das erste und zweite Lernfeld sind in A »Sachwissen« und B »Arbeitsformen und -methoden« thematisiert worden; in B wurde auch schon das dritte angesprochen. Als »gesellschaftliche Schlüsselprobleme« wähle ich für C je eines aus dem internationalen, dem gesellschaftlichen und dem persönlichen Bereich aus, nämlich: »Krieg und Frieden – Gibt es humanitär begründete, gerechtfertigte Kriege?«, »Embryonenforschung – Ist sie verwerflich oder geboten?« und »Sterbehilfe – sollte sie gesetzlich erlaubt werden?«

1. Grund-, Haupt- und Realschule: Frieden und Krieg aus »humanitären« Gründen

1.1 Fachliche Orientierungen. Ich halte es für sinnvoll, dass sich vorrangig Lehramtsstudierende der Sek I, der Orientierungsstufe und der (oberen) Grundschule schon im Studium mit der Frage *»Sind gewaltsame Interventionen aus sog. humanitären Gründen erlaubt?«* befassen, weil gerade Kinder und junge Jugendliche von vielen Kriegs-Fernsehreportagen überfordert sind und weil sie auch im Alltag gewaltsame Interventionen von Älteren erleben. Die Frage könnte im Rahmen eines Seminars zur »Friedenspädagogik« thematisiert werden. – Ich trage meine folgenden Empfehlungen am Leitfaden des skizzierten Wertanalysemodells vor. Zunächst gebe ich Alltagsbeobachtungen wieder und rege zu allgemein- und christlich-ethischen Überlegungen an.

(1) Alltagsbeobachtungen: Das Thema »gewaltsame Intervention« wird von Kindern und Jugendlichen auf verschiedenen Ebenen wahrgenommen:

Auf der *internationalen Ebene.* Ich habe in einer Untersuchung zum »Kosovo-Krieg im Urteil 7- bis 12-Jähriger«[12] folgende Ergebnisse herausgestellt: Die meisten der 207 befragten Kinder nehmen die Familientragödien wahr und leiden mit; nur wenige sind vom Kriegsgerät so fasziniert, dass sie grausames Leid überhaupt nicht sehen; die meisten halten Macht- und Raffgier für die Kriegsursachen; etwa die Hälfte fordert, dass die Angreifer brutal bestraft werden (ein Mädchen, 10 J., schrieb: »Man sollte Milossewitz auch so scheuchen wie die anderen Menschen auch, und dann sollte man ihm die Zehen abschneiden und abknallen«), während die andere Hälfte meint, dass nur Liebe, Verständigung und Versöhnung Frieden stiften können; fast alle Kinder sagen aus, sie würden sich im Fall eines Angriffs, wenn möglich, mit Waffen wehren. – Zum Zweck der Selbstverteidigung sind sie also zur (Waffen-) Gewalt bereit. Bei Intervention und Strafe zögert die Hälfte mit dem Einsatz von Gewalt. Viele Kinder befinden sich also in dem Widerspruch, dass sie militärische Gewalt der grausamen Folgen wegen entschieden ablehnen, in Not- und Bestrafungssituationen aber in Anspruch nehmen.

Auf *persönlicher Ebene.* Die reichhaltige Literatur zu Fragen der Gewalt an und von Kindern und Jugendlichen[13] zeigt folgendes Bild:

- Fast jedes zweite Kind, das Opfer von Gewalt, auch Interventionsgewalt, geworden ist, wird selbst zum Täter.
- Körperverletzungs-, Waffen- und Raubüberfallgewalt wird nur von einer sehr kleinen Minderheit ausgeübt; die meisten davon fordern, solches Verhalten notfalls gewaltsam zu bestrafen.
- Verbale und psychische Gewalt ist weit verbreitet, wird aber meistens nicht bestraft.
- Gruppen und Banden üben einen Gewaltbeteiligungszwang aus; sie wären bereit, auch als Interventionstruppen zu kämpfen.
- Das Gewaltklima in Stadt, Vorstadt oder Dorf spielt eine große Rolle. Gewaltausübung, wo auch immer, dient der »Imagepflege«.
- Zwischen Jungen und Mädchen und zwischen Kindern und Jugendlichen bestehen große Unterschiede.

Eine gewaltsame Intervention durch Ältere oder Erwachsene (z.B. Lehrer) befürworten, wie Untersuchungen zeigen, die meisten. Sie sind aber sofort zu Vergebung und Gewaltlosigkeit bereit, wenn sie sehen, wie der Täter unter der Strafe/Intervention leidet.

12 *R. Mokrosch,* Der Kosovo-Krieg im Urteil 7- bis 12-Jähriger, in: Rh 3/1999, 186–193.
13 Vgl. *R. Mokrosch,* Gewalt, Arbeitsheft Ethik, Donauwörth 2000.

Auf *gesellschaftlicher Ebene* erleiden Kinder und Jugendliche strukturelle, kulturelle, politische, schulische, evtl. betriebliche Gewalt. Sie hören von gewaltsamen Protesten dagegen, z.B. Streiks, Demos, Verweigerungen u.Ä. Solche Formen von Gewalt erkennen sie zwar i.d.R. nicht, leiden aber darunter. Das muss beachtet werden.

(2) Allgemein-ethische Überlegungen: Als Deuterahmen für die Gewalterfahrungen *auf internationaler Ebene* sollte man auf *H. Jonas'* Verantwortungsethik (s.o.) zurückgreifen. Danach wären gewaltsame Interventionen höchstens dann gerechtfertigt, wenn z.B. der (relative) Weltfriede oder ein (relativer) Landfriede brutal vernichtet zu werden drohten und auf keine andere Weise gerettet werden könnten. Mit Jonas wäre aber geltend zu machen, dass ein solcher Fall kaum vorstellbar sei; im Blick auf die Zukunft müsse ja jeder Krieg mehr zerstören als bewahren. Jedes Opfer bringe neue Täter hervor. Die jüngsten vom Westen geführten Interventionskriege haben das in erschütternder Weise bewiesen.

Die uralte Frage, ob es einen »gerechten« Krieg zu Herstellung eines »gerechten« Friedens geben könne, drängt sich auf. Modelle der Friedensethik aus der Geschichte, z.B. von *Augustin* 410, *Thomas von Aquin* 1260, *M. Luther* 1523, *Th. Hobbes* 1656, *I. Kant* 1795, *D. Bonhoeffer* 1940 u.a., geben einen Deuterahmen: Macht eine gerechte Sache einen Krieg gerecht? Ist etwas, das gerechtfertigt ist, dadurch bereits gerecht? Setzt Gerechtigkeit eine gleiche Verteilung von Gütern, Rechten und Pflichten voraus? Lohnt sich ein Friede ohne Gerechtigkeit?

Schließlich sollten Sie sich auch mit Aggressions(minderungs)- und Gewalt(minderungs)theorien befassen.

Es gibt fünf klassische Aggressions- (minderungs)theorien: *S. Freud:* Aggressionen resultieren aus einem Destruktionstrieb; *K. Lorenz:* Sie entstehen aus einem Überlebenstrieb; *Yale-Gruppe:* Sie verdanken sich negativen Frustrationen; *Bandura u.a.:* Sie werden gelernt und gelehrt; sowie entsprechende Aggressionsminderungstheorien. Dazu kommen viele neuere Theorien. Sodann gibt es vier klassische Gewaltbegriffe – physische, psychische, strukturelle und kulturelle Gewalt, die jeweils manifest oder latent, direkt oder indirekt auftreten können – und viele neuere Beschreibungen für Gewalt.

Diese Theorien und Begriffe sollten Sie auch auf die Interventionsgewalt anwenden und untersuchen, welcher Begriff auf welche Gewalt und welcher auf welche Aggression zutrifft. Solche Begriffsarbeit kann das Urteil zur aufgeworfenen Frage erleichtern.

Auf *persönlicher Ebene* sollten Sie ähnliche Schritte gehen und fragen: Was zerstört ein gewaltsames Dazwischengehen und was rettet es? Ist es gerecht oder nur gerechtfertigt? Dient es einem gerechten Frieden? Welcher Art von Gewalt und Aggression ist es und auf welche Art von Gewalt und Aggression trifft es? Ist es geeignet Gewalt und Aggression zu mindern? Dazu sollten Streit-, Versöhnungs- und Interventionssituationen besonders von Kindern und Jugendlichen thematisiert werden.

Die *gesellschaftliche Ebene* ist für Sie, nicht aber für Ihre zukünftigen Schüler (s.o.) wichtig. Höchstens ab dem 10. Schuljahr könnte man Beispiele wie Streiks gegen Entlassungen, gewaltsame Gegenmaßnahmen z.B. gegen die Vodafone-Übernahme u.ä. behandeln.

Auf allen drei Ebenen ist zu fragen, *welche Werte* leitend sein sollen. Gerechtigkeits-, Mitmenschlichkeits-, Glücks- o.a. Werte? Auf der internationalen Ebene haben früher bei sog. Befreiungs-, Revolutions-, National- u. Weltkriegen Werte wie Patriotismus, Vaterlandsliebe, Nationalstolz, aber auch Rache, Vergeltung, Verteidigung und auch Befreiung eine führende Rolle gespielt. Auf der persönlichen Ebene dienten gewaltsame Eingriffe von Autoritäten der Anerkennung eben dieser Autoritäten, der Herstellung staatlichen Rechts und der Durchsetzung von Pflicht-, Anpassungs- und Rücksichtsbereitschaft. Spielen diese Werte bzw. Unwerte noch heute eine Rolle?

Wenn Sie sich für bestimmte Werte, wie z.B. Gerechtigkeit, Fairness, Chancengleichheit, Befreiung, Verteidigung o.a., entschieden haben, sollten Sie diese in deren semantischer Bedeutung und im Alltagsbewusstsein von Kindern und Jugendlichen analysieren und danach Entscheidungen fällen.

Die Frage »Gewaltsame Intervention – Ja oder nein?« sollte auch an den o.g. Wertsystemen wie Kategorischem Imperativ, Menschenrechtserklärungen, Völkerrecht oder Humanismusidealen überprüft werden. Wie verträgt sich das Recht auf Menschenwürde, Integrität und Selbstbestimmung mit gewaltsamer Intervention? Und: Könnte der Wille zum gewaltsamen Dazwischengehen zum »Prinzip einer allgemeinen Gesetzgebung« werden?

(3) Christlich-ethische Überlegungen: Vom christlichen Standpunkt aus soll man der Gewalt – sowohl im persönlichen als auch gesellschaftlichen und internationalen Bereich – mit Vergebung, Gewaltlosigkeit, Versöhnung und Feindesliebe begegnen. Jesus hat in der 5. und 6. Antithese der Bergpredigt (Mt 5,38–48), im Gleichnis vom unbarmherzigen Statthalter (Mt 18,21–35) und in der 5. Vaterunser-Bitte (Mt 6,12) zur bedingungslosen Vergebungsbereitschaft aufgerufen. Dabei ist jedoch zu bedenken: Jesu Aufruf, Unrecht eher zu leiden als abzuwehren, ist kein Gesetz sondern eine Perspektive für den Christen.

D. Bonhoeffer schrieb, wie oben erwähnt, in seinen Ethikfragmenten, man müsse bereit sein, schuldig zu werden, um die Schuld anderer (z.B. Henker und Mörder) zu verhindern bzw. auf sich zu nehmen, so wie auch Christus die Schuld anderer auf sich genommen hätte. Und an anderer Stelle schrieb er: »Man muss dem Rad in die Speichen fallen, anstatt nur die unter die Räder Gekommenen zu verbinden.« Diese Widerstandsethik Bonhoeffers ist bis heute zum Leitbild für gewaltsame Intervention als letzter Möglichkeit geworden. Aber oft wird vergessen, dass Bonhoeffer niemals sagte, dass Widerstandsgewalt gerecht sei. Er war vielmehr davon überzeugt, dass man dabei schuldig werde. – Gab und gibt es seit Bonhoeffer Situationen, die der Hitler-Diktatur gleichen, so dass gewaltsame Interventionen notwendig sind? Gibt es Situationen, in denen Christen christliche Gebote übertreten müssen, um sie zu erfüllen? (Diese Überlegungen entsprechen dem 6. Punkt des Wertanalysemodells.)

1.2 Fachdidaktische Entscheidungen. Im Seminar sollte jede/jeder Studierende eine Antwort für die aufgeworfenen Fragen im internationalen, persönlichen und gesellschaftlichen Bereich geben. Gibt es im persönlichen Leben Situationen, in denen man gewaltsam intervenieren muss? Welche Gewalt wäre akzeptabel, welche nicht? Wie sollen wir der strukturellen und kulturellen Gewalt in unserer Gesellschaft begegnen? Gewaltsam oder gewaltfrei? Wie stehen wir zu den internationalen Einsätzen der Bundeswehr? Könnten wir selbst als Soldat daran teilnehmen?

Nach diesen persönlichen Entscheidungen sollte sich das gesamte Seminar auf gemeinsame Entscheidungen – ggf. mit Abweichungen – einigen. Erst im Anschluss sollte dann fachdidaktisch überlegt werden, welche Lernziele, -inhalte, -methoden, -medien und Sozialformen für welche Schulstufe und Schulart gewählt werden sollte. Darf man schon in der Grundschule internationale Interventionen behandeln oder sollte man hier nur persönliche Konflikte thematisieren? Kann man bei 14- bis 16-Jährigen ein Verständnis für strukturelle und kulturelle Gewalt anbahnen? Ist die Bergpredigt und Jesu Aufforderung zu vorbehaltloser Vergebung schon für Grundschulkinder geeignet? Diese Fragen sollten unter Zuhilfenahme der religiösen und moralischen Entwicklungstheorien (→ II.A.6) beantwortet werden.

2. Obere Sekundarstufe I: Sterbehilfe und/oder Sterbebegleitung?

2.1. Fachliche Orientierungen. Das Thema Sterbehilfe betrifft und interessiert fast jeden Menschen. Aber es kann nur von Schülern sinnvoll erarbeitet werden, die sich bereits mit Krankheit, Tod und Sterben in unserer Gesellschaft befasst und dafür ein realistisches Gespür entwickelt haben. Deshalb sollte es erst in der oberen Sek I behandelt und reflektiert werden. Es könnte Teil eines Seminars »Krankheit, Tod und Sterben – aus christlicher Perspektive« sein.

(1) Alltagsbeobachtungen: Die Frage, ob Sterbehilfe erlaubt sei oder nicht, ist mindestens so alt wie der Hippokrates-Eid (ca. 400 v. Ch.), nach dem sich jeder Arzt verpflichtet, Leben zu retten und nicht zu zerstören. Nach der Legalisierung der Sterbehilfe in den Niederlanden 2001 und in Belgien 2002 ist aber die öffentliche Diskussion in neuer Schärfe entbrannt. Darf man einem unheilbar und schwerstkranken Menschen auf sein eigenes Verlangen hin eine Todesspritze geben oder einen Giftbecher reichen? Darf man ihm, falls er im Koma liegt, auf Wunsch seiner Angehörigen eine Überdosis Morphium geben? Dies alles wäre aktive Sterbehilfe, die z.Z. in Deutschland verboten, in den Niederlanden/Belgien aber – nach offizieller Meldung und nach ausführlicher Sorgfaltsprüfung durch zwei unabhängige Ärzte – als Ausnahme erlaubt ist.

Umfragen zeigen, dass die öffentliche Meinung zu diesen Fragen unterschiedlich ausfällt. 64% der Bürger in den alten und 80% in den neuen Bundesländern sowie 90% der Niederländer stimmten 2002 dem niederländischen Gesetz zu. Sie reagierten allerdings anders, als sie erfuhren, dass Schmerzlinderung bis zur völligen Schmerzaufhebung möglich sei. Dennoch: 50–70% befürworteten und befürworten in Ausnahmefällen Sterbehilfe. Allerdings darf daraus nicht geschlossen werden, dass diese Befürworter im akuten Fall selbst um Sterbehilfe bitten würden. Und ebenso unsicher ist es, ob die Gegner im akuten Fall nicht doch um die lebensbeendende Spritze oder den Giftbecher bitten würden. Einstellung und Verhalten gehen bei der Frage der Sterbehilfe erfahrungsgemäß weit auseinander. – Es ist anzunehmen, dass 14- bis 17-Jährige ähnlich denken.

Trotz dieser hohen Zustimmungsraten aus der Bevölkerung reagierten deutsche Politiker, Kirchen-, Ärzte-, und Justizvertreter durchweg negativ. Sie sahen in dem Gesetz das Recht auf Leben gefährdet, befürchteten ein Recht zum Töten, sahen in ihm einen Dammbruch christlicher Tradition und humaner Gesellschaft und argwöhnten schlimmsten Missbrauch.

Befürworter der Sterbehilfe tragen folgende Argumente vor: Jeder habe das Recht, das Ende seines Lebens selbst zu bestimmen. / Es sei menschlich und nicht unmenschlich, unheilbares und unerträgliches Leid zu beenden. / Eine strikte Sorgfaltspflicht verhindere Missbrauch. / Es sei unehrlich, nur passive, nicht aber aktive Sterbehilfe zuzulassen, da die Grenze zwischen beiden schwimme. / Niemand habe das Recht, einem Leidenden, der um den Giftbecher bittet, denselben zu verweigern. / Nur eine gesetzliche Regelung könne den Sumpf illegaler und ärztlich unkontrollierter Sterbehilfe austrocknen. / Ohne gesetzliche Regelung könnten sich nur Reiche, nicht aber Arme, den Tod leisten.

Die Gegner des Gesetzes argumentieren: Kein Mensch dürfe durch die Hand eines anderen Menschen legal sterben. – Menschen dürften nicht selbst den Zeitpunkt des Lebensendes bestimmen. – In Zeiten der Kostendämpfung im Gesundheitswesen könnte das Gesetz missbraucht werden. – Die Palliativ-Medizin könne grausame Schmerzen lindern oder gar auflösen, wenn man sie nur anwende. – Das Verhältnis zwischen Arzt und Patient würde belastet, wenn der Arzt töten darf. – Ein Missbrauch werde durch ein solches Gesetz eher gefördert als ausgeschlossen. – Das Bild vom Menschen und dessen Würde verändere sich in unserer Gesellschaft zum Negativen.

Diese Pro- und Contra-Argumente sollten im Seminar sorgfältig diskutiert werden. Erst danach sollten Sie prüfen, welche Argumente 14- bis 17-Jährige vermutlich vertreten. Wenn möglich, sollten Sie mit Ärzten, Betroffenen u.a. reden und ggf. ein Hospiz oder eine Palliativstation besuchen.

(2) Allgemein-ethische Überlegungen: Es sollte im Seminar klar sein: Es geht nicht um die Frage, ob man bei einem schwerst Leidenden den Wunsch verwehren muss, z.B. seine Herz-Lungen-Maschine abzustellen; solches Verhalten wäre *passive Sterbehilfe,* die in Deutschland rechtlich erlaubt ist. Es geht auch nicht um *indirekte aktive Sterbehilfe,* nach der schmerzlindernde Medikamente verabreicht werden, die u.U. einen vorzeitigen Tod bewirken. Es geht auch nicht um *Beihilfe zur Selbsttötung,* die in Deutschland straffrei ist. Ein Arzt darf die Spritze zur »Selbstbedienung« hinlegen, sie aber nicht selbst verabreichen. (Freilich ist das ethisch umstritten.) Und es geht auch nicht um die fünf Prozent leidender Palliativ-Patienten, deren Schmerzen nicht wirksam gelindert werden können. Für sie werden in Deutschland *Ausnahmen* rechtlich anerkannt. Sondern es geht allein um *direkte aktive Sterbehilfe,* d.h. um die Frage, ob man auf Verlangen hin die Todesspritze geben darf oder – wenn es gesetzlich ist – gar muss. Gibt es ein »Recht auf Sterbehilfe«?

Ebenfalls sollte klar sein: Sowohl Befürwortern als auch Gegnern geht es um menschenwürdiges Sterben. Beide haben Achtung vor Leben. Eine Diffamierung des Andersdenkenden wäre fatal.

Nun zu allgemein-ethischen Überlegungen: Wenn ein unheilbar Leidender um seine Tötung bittet, gerät seine Mitwelt in schwerste *Wertkonflikte:* Der *Arzt* gerät in einen Notstand, weil er einerseits Leben erhalten, andererseits das (unheilbare) Leid seines Patienten lindern soll. Mancher Arzt sieht sich im Zwiespalt zwischen künstlicher Lebensverlängerung mit schrecklichem Leid und der Möglichkeit einer radikalen Auflösung des Leids durch Tötung. Darüber hinaus steht er in dem Zwiespalt, dass er bei Sterbehilfe verlangenden Patienten vermutlich Vertrauen genießt, von anderen Patienten aber deshalb als »Todesengel« gemieden wird. Er muss abwägen, ob ihm nackte Lebenserhaltung, das Selbstbestimmungsrecht seines Patienten, die endgültige Beendigung des Leidens oder sein Ruf als Arzt das Wichtigste ist.

Er muss fragen, ob »Recht auf Leben« auch ein »Recht auf Sterben« enthält. Und er muss überlegen, ob das »Recht und die Pflicht zu leben« auch eine »Pflicht zu leiden« mit sich bringt. M.E. kann der Patientenwunsch auf Tötung nicht als unwiderrufbarer Befehl gelten, denn kein Mensch darf allein über sich selbst bestimmen. Es sind auch andere zu befragen. Und m.E. impliziert das »Recht auf Leben« kein »Recht auf Sterbehilfe«. Letztere kann niemals zum Menschenrecht werden, weil Leben und Sterben gegeben sind. Von Menschen sollen sie gestaltet, nicht aber vernichtet werden.

Die *Angehörigen* befinden sich ebenfalls im Konflikt: Sollen sie dem Wunsch des Leidenden entsprechen, obwohl sie zu aufopferungsvoller Sterbebegleitung bereit wären? Vielleicht spüren sie, dass der Tötungswunsch nur aus Angst vor Schmerzen, Einsamkeit und dem Gefühl, als todgeweihter Leib zur Last zu fallen, resultiert. Wie sollen sie in solchem Fall reagieren? Natürlich ist der Sterbewunsch zu respektieren. Aber die Angehörigen wissen, dass Sterben ein Prozess ist, in dem es Stadien des Auf und Ab gibt.

Politiker und *Legislative* haben ebenfalls schwere Konflikte zu lösen: Darf die Sorge um Missbrauch von einem Gesetz für diejenigen, die Sterbehilfe erbitten, abhalten? Natürlich könnte es sein, dass Sterbehilfe der Kostendämpfung im Gesundheitswesen gerade recht kommt, dass eines Tages Schwerstkranke begründen müssten, warum sie keine Sterbehilfe erbitten, und dass von vielen alle gesetzlich vorgeschriebenen Sorgfaltskriterien außer Acht gelassen werden. Aber darf die Prognose solchen Missbrauchs ein legales Gesetz verhindern? Hat der Staat nicht auch eine Fürsorgepflicht für Sterbewillige? Sollte er nicht beides, Sterbebegleitung in Hospizen und legale Sterbehilfe im Krankenhaus fördern?

Die Wertkonflikte sind für alle Beteiligten immens groß. Sie können mit einem Wertsystem wie dem Kategorischen Imperativ oder einer Utilitaristischen Ethik (größter Nutzen für alle) nicht gelöst, sondern höchstens durchleuchtet werden. Die Lösung ist letztlich eine Sache des Gewissens.

(3) Christlich-ethische Überlegungen: Christen argumentieren mit der Geschöpflichkeit jedes Menschen: Unabhängig von seiner Bewusstseins-, Kognitions- und Interessensfähigkeit (so lauten *Peter Singers* Kriterien für Leben) sei jeder Mensch gleichwertiges Geschöpf Gottes und ein Teil der Schöpfung. Damit wird sein Recht zur Selbstbestimmung seines Todeszeitpunktes nicht bestritten, wie z.B. *Hans Küngs* vehementes Eintreten für aktive Sterbehilfe zeigt.[14] Aber es erschwert es, einem Menschen die Todesspritze

14 *W. Jens/H. Küng,* Menschenwürdig sterben. Ein Plädoyer für Selbstverantwortung, München/Zürich 1995.

zu geben. Und es erschwert selbstverständlich auch jeglichen Missbrauch. Christen lehnen aktive Sterbehilfe mehrheitlich ab. Sie befürchten, dass die grausame NS-Euthanasie (1941–44) mit ihrer Unterscheidung zwischen »lebenswertem« und »lebensunwertem« Leben wiederkehrt, dass wie in der NS-Zeit wieder zwischen Wert und Kosten eines Schwerkranken aufgerechnet wird. – Solche christlich-ethische Überlegungen zur Sterbehilfe sollten mit der Gottbildlichkeit, dem Schöpfungsauftrag, der geschenkten Menschenwürde und der persönlichen Einmaligkeit jedes Menschen begründet werden.

2.2 Fachdidaktische Entscheidungen. Sie sollten wieder zunächst für sich persönlich eine Entscheidung fällen. Erst danach sollten Sie überlegen, welche Lernziele, -inhalte, -methoden, -medien und -sozialformen Sie für welche Schulklasse in welcher Schulart wählen würden. Sollen die Schüler vorrangig ethische Pro- und Contra-Argumente kennen lernen? Würden Sie einen Film, der die reale Tötung eines Schwerkranken auf Verlangen zeigt, vorführen? Soll die Klasse die Rechtsfragen diskutieren? Würden Sie die Folgen des niederländischen Gesetzes in der niederländischen Bevölkerung aufzeigen wollen? Solche didaktischen Entscheidungen sind nicht leicht. Gegebenenfalls sollten Sie noch einmal in der Literatur nachsehen, wie 14- bis 17-Jährige über Sterbehilfe denken.

3. Sekundarstufe II: Embryonenforschung?

3.1 Fachliche Orientierungen. Das Thema »verbrauchende Embryonenforschung« setzt Grundkenntnisse in Humanbiologie und Reproduktionsmedizin und die Fähigkeit zu bioethischen Reflexionen voraus. Deshalb ist es nur für die Sek II geeignet und ein Wahlpflichtthema für Sek II-Lehramtsstudierende. Es könnte Teil eines Ethik-Seminars »Gen- und Bioethik – aus christlicher Perspektive« sein.

(1) Beobachtungen zur rechtlichen und politischen Diskussion: Seit dem Frühjahr 2000 wird im Deutschen Bundestag, in der Enquete-Kommission »Recht und Ethik der modernen Medizin« und im »Nationalen Ethikrat« engagiert und ernsthaft die Frage diskutiert, ob in Deutschland mit künstlich – *in vitro* – hergestellten überzähligen Embryonen geforscht werden dürfe oder nicht. Das Embryonenschutzgesetz von 1990 lässt nur zu, dass Ei und Samenzelle zu Fertilisations-, nicht aber zu Forschungszwecken hergestellt werden dürfen. Nur für Eltern, die auf »natürlichem« Weg kein Kind bekommen können, sei Embryonenproduktion erlaubt. Wenn bei diesem langwierigen Prozess mehr Embryonen hergestellt werden als benötigt, dann sind diese »überzählig«.

In den USA und vielen europäischen Staaten ist nicht nur die Forschung mit solchen »überzähligen« Embryonen, sondern auch deren Herstellung allein zu Forschungszwecken erlaubt. Deshalb wurde im Bundestag auch diskutiert, ob Embryonenherstellung zur Forschung auch in Deutschland erlaubt sein sollte. Das Ergebnis ist bekannt: Im Januar 2002 wurde mit knapper Mehrheit genehmigt, dass im Ausland produzierte Embryonen in Deutschland verarbeitet werden dürfen.

Sinn der Forschung an embryonalen Stammzellen ist es, Einblicke in das genetische Wachstumsprogramm von Zellen zu erhalten und diese möglicherweise anzuregen, zu bestimmten Gewebeteilen heranzuwachsen. Davon verspricht man sich eine mögliche Therapie von Erbkrankheiten wie Alzheimer, Parkinson, Mukoviszidose u.a. Eine Forschung mit erwachsenen (adulten) Stammzellen wäre auch möglich, aber unvollständiger. Embryonale Stammzellen sind totipotent, adulte nur pluripotent. Sie finden sich im Knochenmark, in der Leber, in der Lunge und anderen Organen Erwachsener, können sich aber nur begrenzt vermehren und entwickeln.

In allen diesen Fragen kennt sich die Mehrheit der Bevölkerung und der Jugendlichen nicht aus. Deshalb muss in Seminar und Schule darüber detailliert berichtet werden.

(2) Allgemein-ethische Überlegungen: Unter den Ethikern besteht ein unversöhnlicher Gegensatz: Die einen argumentieren metaphysisch-substantialistisch mit der Menschenwürde nach Art. 1 GG: Zwar besitze der Embryo ontisch, d.h. seins- und wesensmäßig, noch keine Menschenwürde; aber angesichts seiner Entwicklungsmöglichkeiten und seiner Beziehung z.B. zur Mutter müsse ihm imputativ Menschenwürde zugesprochen werden. Die anderen argumentieren empirisch-funktionalistisch mit dem Person-Begriff: Menschenwürde und Lebensrecht käme nur einem Wesen mit Interesse, Selbstbestimmungswunsch, Empfindung oder gar Selbstbewusstsein zu (so bes. *Peter Singer).*

Ferner gibt es bekanntlich unversöhnliche Gegensätze zur Frage, wann Leben beginne: Die einen meinen, dass bereits mit der Verschmelzung von Ei und Samenzelle, also schon vor der Einnistung des Embryos in das Gewebe der Gebärmutter menschliches Leben beginne, weil von diesem Zeitpunkt an unzweideutig ein Mensch entstehe. Andere dagegen vertreten die Auffassung, dass menschliches Leben erst mit der Einnistung des Embryos in das Gewebe der Gebärmutter beginne. Wieder andere meinen, dass Leben erst mit der Entstehung des Gehirns seinen Anfang nehme. Und Muslime haben im Koran festgelegt, dass man erst vom 41. Tag an von menschlichem Leben reden dürfe. Einig sind sich aber alle, dass erst dann menschliches Leben beginne, wenn ein genetisch unverwechselbares Wesen entstanden sei.

Sie tun gut daran, diese Argumente ausführlich zu behandeln und dabei verschiedene Perspektiven z.B. die der betroffenen Frau und ihres Mannes, der weiteren Angehörigen, des Arztes, des Forschers, des Pflegepersonals, der Politiker und Juristen, der Kirchenvertreter u.a. einzunehmen.

Es werden zurzeit folgende Fragen heftig diskutiert:

- Das *Menschenwürdeargument:* Kommt dem Embryo Menschenwürde zu oder nicht? Ist er ein bloßer ‚biologischer Zellhaufen'?
- Das *Potenzialitätsargument:* Entwickelt sich ein Embryo *als* Mensch oder *zum* Menschen? Kommt ihm das Wort »Leben« zu Recht zu?
- Das *Lebensanfangsargument:* Wann beginnt »Leben«? Hier widerstreiten sich die o.g. Standpunkte.
- Das *Beraubungsargument:* Beraubt man einen Embryo seiner Möglichkeiten, sich zu einem Menschen entwickeln zu können, wenn man ihn tötet? Beraubt man die Schöpfung nicht eines großen Wertes?
- Das *Schöpfungsbewahrungsargument:* Der Auftrag zur Bewahrung der Schöpfung nötigt auch, alle Therapiemöglichkeiten wahrzunehmen. Deshalb darf man verbrauchende Embryonenforschung nicht grundsätzlich ablehnen.
- Das *Leidargument:* Auf der anderen Seite wäre es eine trügerische Utopie, zu glauben, dass man eine weitgehend leidfreie Welt herstellen könne. Aber selbstverständlich geht es darum, Leid so weit wie möglich zu mindern und zu lindern.

Das Hauptproblem ist und bleibt der ethische Konflikt, dass der Embryo ein Recht auf Leben und Entwicklung hat, dass aber auch erbkranke Menschen ein Recht auf Heilung haben. Die deutsche Rechtsprechung hilft hier nicht weiter, weil sie Menschenwürde erst dem geborenen Säugling zuspricht. Allerdings verpflichtet auch sie sich zum Schutz des Embryos.[15]

(3) Christlich-ethische Überlegungen: Nach christlichem Verständnis kommt auch dem ungeborenen Leben volle Geschöpflichkeit zu. Wenn Jeremia bekennt, dass er schon von Gott erkannt worden sei, ehe er im Mutterleib gebildet wurde (Jer 1,5), dann kann die Frage nach dem Lebensanfang nicht das Hauptargument für die Frage nach der Geschöpflichkeit des Embryos sein. Christen glauben, dass schon Embryonen Gaben der Schöpfung sind

15 Vgl. zu der gesamten ethischen Problematik unter didaktischem Aspekt *R. Mokrosch,* Wie bewerten Studierende der Theologie die Embryonenforschung? Beobachtungen vor und nach einer Erarbeitung dieser Problematik, in: An den Grenzen des Lebens, Osnabrücker Jahrbuch Frieden und Wissenschaft, Göttingen 10/2003, 147–157.

und dementsprechend als solche geschützt und bewahrt werden müssen. Sie sind in ihrer jeweiligen Einzigkeit und Individualität als Schöpfungsgaben mit Ehrfurcht zu respektieren. – Auf der anderen Seite besteht für den Menschen der Auftrag, als Statthalter Gottes die Schöpfung zu bewahren, d.h. Menschen zu therapieren. Dieser Auftrag sollte aber nicht durch Tötung werdenden Lebens erfüllt werden. Es müssen alle anderen Möglichkeiten zur Therapie ausgeschöpft werden. D.h.: Es muss die Möglichkeit der Forschung mit adulten und neonatalen Stammzellen genutzt werden. Freilich ist auch eine Situation denkbar, in der zu Therapiezwecken getötet werden muss. Aber ein solches Schuldigwerden ist m.E. bei der therapeutischen Stammzellenforschung nicht notwendig.

Entscheidend für christliche Ethik ist auch, Missbrauch der Embryonenforschung, wie z.B. eine Kommerzialisierung von Embryonen, und erst recht eine eugenische Selektion auszuschließen. Wenn Embryonenforschung dazu missbraucht wird, gewollte Merkmale eines Menschen wie z.B. körperliche Tüchtigkeit, Augen- und Haarfarbe u.ä. zu züchten, dann macht sich der Mensch zum Schöpfer und pervertiert und konterkariert die Schöpfung.

Die Erfahrung zeigt, dass diese spezifisch christlichen Argumente von Sek II-Schülern und -Schülerinnen bereitwillig aufgenommen werden.

3.2 Fachdidaktische Entscheidungen. Nach Ihren persönlichen und gemeinsamen Stellungnahmen zur Frage verbrauchender Embryonenforschung könnten Sie eine Unterrichtseinheit zum Thema für die gymnasiale Oberstufe und/oder berufsbildende Schule entwerfen. Entscheidend ist dabei die Frage, ob und wie weit Sie Ihre persönlichen Überzeugungen in den RU einbringen möchten. Ein Grundsatz der Ethik-Didaktik in der (gymnasialen und berufsbildenden) Oberstufe ist es, dass sich die Schüler an klaren ethischen Positionen reiben und sich mit ihnen auseinander setzen sollen. Das könnte ein fremde, aber auch Ihre Position sein. Nur darf nicht vergessen werden, den Jugendlichen ein entsprechendes Handwerkszeug an die Hand zu geben, um diese Position bearbeiten zu können. Das könnte das skizzierte Wertanalysemodell, *H. Jonas'* Vernunftethik, *U. Körtners* Rechtfertigungsethik, eine traditionelle Gesinnungs- oder eine Ordnungsethik o.a. sein. Die Unterrichtseinheit sollte so konzipiert werden, dass die Schülerinnen und Schüler sowohl allgemeine als auch (zu konkreten Fällen) spezifische Urteile zur Frage verbrauchender Embryonenforschung fällen.

D Hilfen für das Studium

(1) Sie sollten mindesten eine *Überblicksvorlesung* zu »Grundlagen theologischer Ethik *und* der Didaktik ethischen Lehrens und Lernens« besuchen. Stören Sie sich nicht an der Nomenklatur anders lautender Grundvorlesungen! Oft verbergen sich hinter Vorlesungstiteln wie »Christliche Werterziehung« oder »christliche Gewissenserziehung« o.ä. solche Grundlagen. Auf jeden Fall sollten Sie Ihren Dozenten bitten, die Vorlesung sowohl fachwissenschaftlich als auch fachdidaktisch auszurichten.

Ferner sollten Sie mindestens ein bis zwei *Seminare* zu ethisch-didaktischen Schlüsselproblemen besuchen. In diesen Veranstaltungen sollten Sie darauf dringen, dass didaktische Themen und Überlegungen speziell zu Ihrer Schulstufe und Schulart erarbeitet werden. Es lässt sich oft nicht vermeiden, dass Seminare für alle Lehrämter angeboten werden. Aber für diesen Fall muss unbedingt innerhalb des Seminars differenziert werden.

Entweder in der Vorlesung oder im Seminar haben Sie die Möglichkeit, einen nichttheologischen und einen theologischen zeitgenössischen ethischen Entwurf kennen zu lernen. Ferner ist Ihr privates Studium mit der unten angegebenen Literatur dringend notwendig. Und schließlich ist der Alltag, besonders mit den Medienberichten und -kommentaren zu ethischen Fragen, ein Feld ethischer Reflexionen.

(2) In den *Schulpraktika* lernen Sie die Alltagsmoral und ethische Reflexionsbereitschaft Ihrer Schüler und Schülerinnen kennen. Es wäre günstig, wenn Sie während der Praktika ein »ethisches Tagebuch« führen, in dem Sie ethische Einstellungen und Verhaltensweise Ihrer Kinder und Jugendlichen notieren. Das Feld und der Gegenstand ethischen Lehrens und Lernens im RU sind die Schülerinnen und Schüler selbst. Deshalb sollten Sie in den Schulpausen oft auf den Schulhof und nicht nur ins Lehrerzimmer gehen. Ihre Beobachtungen sollten Sie mit Ihren Mentoren und Kommilitonen besprechen.

Außerdem sollten Sie im RU-Fachpraktikum spezifisch ethische Themen, wie die oben genannten, behandeln. Auch hier sollten Sie sich im Anschluss an den Unterricht persönliche Notizen zu den moralischen Einstellungen und ethischen Reflexionen Ihrer Schüler und Schülerinnen machen.

Diese Schulerfahrungen müssten in die Lehrveranstaltungen des Studiums eingebracht werden. Ihre Einsichten auf dem Gebiet ethischen Lehrens und Lernens sind Ihren Dozenten willkommen.

(3) Theologisch-ethische didaktische Kompetenz ist die Fähigkeit, das moralische Verhalten und die ethische Reflexionsbereitschaft von anderen und von sich selbst wahrnehmen und kritisch hinterfragen zu können. Sie besteht in der Bereitschaft, Vorurteile zu überwinden und nach sorgfältigster Prüfung zu begründeten Urteilen zu kommen. Ferner gehört zu ethisch-didaktischer Kompetenz die Kenntnis nichttheologischer und theologischer Ethikentwürfe und die Fähigkeit, diese auf jeweilige ethische Probleme anzuwenden. Ebenso ist es bei jedem christlich-ethischen Urteil notwendig, biblische, kirchenhistorische und systematisch-theologische Grundsätze heranzuziehen und ggf. auf das anstehende Problem zu beziehen. Schnellschüsse sind dabei unerwünscht. Man kann nicht immer mit der Gottebenbildlichkeit bzw. Geschöpflichkeit des Menschen und mit dem Schöpfer argumentieren, um den ethisch Andersdenkenden zu »überstimmen«.

Die didaktisch-ethische Kompetenz steht auch in der Kenntnis und Praxis verschiedener Moral- bzw. Werterziehungsmodelle. Man muss nicht immer auf dem neuesten Stand der Entwürfe stehen, aber man muss möglichst zu einem Entwurf stehen. – Die eigentliche Kompetenz besteht darin, spezifisch christliche Positionen im Chor der vielen ethischen Standpunkte artikulieren zu können.

Literatur

Evangelische Ethiken:
M. Honecker, Grundriss der Sozialethik, Berlin 1994
U. Körtner, Evangelische Sozialethik, Göttingen, 1999
W.E. Müller, Einführung in die Evangelische Ethik, Darmstadt 2001

Allgemein-ethische Didaktikliteratur:
H. Schmidt, Didaktik des Ethikunterrichts, Bände 1 u. 2 (Lehr- und Studienbücher Ethik), Stuttgart 1983–1984
P. Köck, Handbuch des Ethik-Unterrichts. Fachliche Grundlagen, Didaktik und Methodik, Beispiele und Materialien, Donauwörth 2002
V. Pfeifer, Didaktik des Ethikunterrichts. Wie lässt sich Moral lehren und lernen? Stuttgart 2003

Christlich-ethische Didaktikliteratur:
R. Mokrosch, Gewissen und Adoleszenz. Christliche Gewissenserziehung im Jugendalter, Weinheim 1996
R. Mokrosch (Hg.), Christliche Werterziehung angesichts des Wertwandels, Osnabrück 1987
W. Bender, Ethische Urteilsbildung, Lehr- und Studienbücher Ethik, Stuttgart 1988
E. Franke/R. Mokrosch (Hg.), Werterziehung und Entwicklung, Osnabrück 1989
G. Adam/F. Schweitzer (Hg.), Ethisch erziehen in der Schule, Göttingen 1996
K.E. Nipkow, Bildung in einer pluralen Welt, Bd. 1 Moralpädagogik im Pluralismus, Gütersloh 1998
R. Lachmann/G. Adam/M. Rothgangel (Hg.), Ethische Schlüsselprobleme (TLL 4), Göttingen 2006

VIII. Ökumenische Theologie

Erdmann Sturm

A Sach- und Überblickswissen

1. Was ist »Ökumene«?

Ökumene (griechisch: oikoumene) bedeutet ursprünglich: die von Menschen bewohnte Erde oder Welt. Dies war zunächst politisch-territorial gemeint, wurde aber bald auch im kirchlichen Sinne verstanden. »Ökumene« war die weltweite Kirche, »die ganze Christenheit auf Erden«, »ökumenisch« waren die Konzilien der Kirche und ihre Beschlüsse, »ökumenisch« war auch das Glaubenbekenntnis von Nizäa-Konstantinopel von 381. »Ökumenisch« bedeutet also so viel wie: universal, allgemeingültig und darum auch für alle Christen verpflichtend.

Der heutige Sinn von »Ökumene« steht im Zusammenhang mit der modernen Ökumenischen Bewegung. Natürlich hat es in der gesamten bisherigen Kirchengeschichte ein Einheitsbewusstsein gegeben, nicht zuletzt auch in der Reformation. Doch die entscheidenden Anstöße für unser heutiges ökumenisches Bewusstsein gingen von der Ökumenischen Bewegung seit der Mitte des 19. Jahrhunderts aus.

Drei Epochen der neuen Ökumenischen Bewegung lassen sich unterscheiden:

(1) Die Entstehung von konfessionellen Zusammenschlüssen auf Weltebene seit der Mitte des 19. Jh., z.B. der Anglican Communion (1867), der World Alliance of Reformed Churches holding the Presbyterian System (1875), das International Congregational Council (1891). Wichtiger war in dieser Zeit der Schritt zur interkonfessionellen Zusammenarbeit auf dem Missionsfeld, der Friedensarbeit, der Jugendarbeit und der Bibelbewegung. So kam es 1855 zur Gründung der Young Men's Christian Association (YMCA/ CVJM).

(2) Die Zeit der großen Kirchenkonferenzen (1910 bis1948). Hier ist vor allem die Weltmissionskonferenz von Edinburgh 1910 zu nennen. Drei Ziele wurden auf ihr formuliert: 1. die Weltmission, 2. die Verpflichtung zu Frieden und sozialer Gerechtigkeit, 3. die Einheit der Kirche. Die drei Ziele wurden durch die Gründung des Internationalen Missionsrates (1921), durch

die *Bewegung für Praktisches Christentum* (Life and Work, ab 1920) und die *Bewegung für Glaube und Kirchenverfassung* (Faith and Order, ab 1910) aufgenommen. Im Jahre 1907 wurde die Gebetswoche für die Einheit der Christenheit von der anglikanischen und der römisch-katholischen Kirche eingeführt.

(3) Der *Ökumenische Rat der Kirchen* (1948 bis heute). *Im Jahre 1948 wurde in Amsterdam der ÖRK gegründet.* Die 147 evangelischen und orthodoxen Kirchen des ÖRK übernahmen die sog. Basis der Bewegung für Glauben und Kirchenverfassung: »Der ÖRK ist eine Gemeinschaft von Kirchen, die unseren Herrn Jesus Christus als Gott und Heiland bekennen«. Diese sog. Basis wurde später, auf der Vollversammlung in New Delhi 1961, ergänzt: »Der ÖRK ist eine Gemeinschaft von Kirchen, die unseren Herrn Jesus Christus gemäß der Heiligen Schrift als Gott und Heiland bekennen und darum gemeinsam zu erfüllen trachten, wozu sie berufen sind, zur Ehre Gottes, des Vaters, des Sohnes und des Heiligen Geistes.« Mit diesem Bekenntnis sind Sekten, wie z.B. die Zeugen Jehovas oder die Mormonen, und andere Religionen ausgeschlossen.

Die römisch-katholische Kirche hatte der ökumenischen Bewegung und dem ÖRK eine klare Absage erteilt. »Ökumene« hieß für sie lediglich Überwindung der Spaltung durch Rückkehr zur römisch-katholischen Kirche. Aber auch die orthodoxen Kirchen lehnten eine Mitgliedschaft ab. Sie sahen im ÖRK ein Instrument des Antikommunismus und des Kalten Krieges. Mit der Formel »verantwortliche Gesellschaft« versuchte die Amsterdamer Konferenz einen Weg jenseits von westlichem Antikommunismus und östlichem Antikapitalismus zu gehen.

Die zweite Vollversammlung (in Evanston 1954) stand unter dem Motto »Christus – die Hoffnung der Welt«. Wie diese Formel auszulegen war, blieb strittig, vor allem zwischen den Nordamerikanern und den Europäern. Eine Einigkeit in der Zuordnung von irdischer und transzendenter Hoffnung der Christen wurde nicht erreicht. In der Botschaft der Vollversammlung hieß es: »Jetzt treten wir in einen zweiten Abschnitt ein. Es genügt nicht, beieinander zu bleiben. Wir müssen vorwärts. Je mehr wir unsere Einheit in Christus erkennen, umso schwerer ist es zu ertragen, wenn wir vor der Welt in Widerspruch zu dieser Einheit leben.«[1]

Am 25. Januar 1959 hatte Papst Johannes XXIII. für alle überraschend

1 *F. Lüpsen (Hg.)*, Evanston-Dokumente, Witten/Ruhr, ^{3}1954, 8f.

ein ökumenisches Konzil angekündigt. »Wir wollen nicht aufzuzeigen versuchen, wer recht und unrecht hatte«, erklärte er. »Die Verantwortung ist geteilt. Wir wollen nur sagen: kommen wir zusammen, machen wir den Spaltungen ein Ende.«[2] Das Konzil war angekündigt, aber noch nicht eröffnet, als *1961 in Neu-Delhi*, erstmals in einem Land der Dritten Welt, *die dritte Vollversammlung des ÖRK* zusammentrat. Das Motto lautete: »Jesus Christus – das Heil der Welt«. Nun traten auch die orthodoxen Kirchen Russlands und anderer osteuropäischer Länder dem ÖRK bei. Auch die römisch-katholische Kirche hatte offizielle Beobachter als Teilnehmer entsandt.

Die 4. Vollversammlung des ÖRK 1968 in Uppsala stand unter dem Motto »Siehe, ich mache alles neu«. Inzwischen waren 235 Mitgliedskirchen vertreten. Der politische Kontext der Vollversammlung war durch die weltweite studentische Protestbewegung bestimmt. »Erneuerung« war das programmatische Stichwort der Vollversammlung. »Wir hören den Schrei derer, die sich nach Frieden sehnen«, so die Botschaft von Uppsala. »Die Hungernden und die Ausgebeuteten rufen nach Gerechtigkeit. Die Verachteten und Benachteiligten verlangen ihre Menschenwürde. Millionen suchen nach einem Sinn ihres Lebens. Gott hört diese Rufe und richtet uns. Er spricht aber auch das befreiende Wort.«[3] Man hat in diesem Zusammenhang von »Sozialökumenismus« gesprochen. Es kam zu einer Kontroverse zwischen »Horizontalisten« und »Vertikalisten«, zwischen denen, die Ökumene als Auftrag zur sozialen und politischen Erneuerung verstanden, und denen, die demgegenüber die Einheit der Kirche als Ziel und Aufgabe der Ökumene sahen.

Hauptthema der *5. Vollversammlung des ÖRK (Nairobi 1975*) war: »Jesus Christus befreit und eint«. Der schon in Uppsala formulierte Gedanke der konziliaren Gemeinschaft wurde nun aufgenommen. Das ökumenische Ziel wurde so umschrieben: »Die eine Kirche ist als konziliare Gemeinschaft von Gemeinden zu verstehen, die ihrerseits tatsächlich vereinigt sind. In dieser konziliaren Gemeinschaft hat jede der Gemeinden zusammen mit den anderen volle Katholizität, sie bekennt denselben apostolischen Glauben und erkennt daher die anderen als Glieder derselben Kirche Christi an, die von demselben Geist geleitet werden. Wie die Vollversammlung in New-Delhi ausführte, gehören sie zusammen, weil sie die gleiche Taufe empfangen haben und das gleiche Heilige Abendmahl feiern; sie erkennen die Mitglieder und die geistlichen Ämter der anderen Gemeinden an. Sie sind eins in ihrem gemeinsa-

2 Zit. nach *P. Neuner*, Ökumenische Theologie, Darmstadt 1997, 143.
3 *N.Goodall (Hg.)*, Bericht aus Uppsala 1968, Genf 1968, 1.

men Auftrag, das Evangelium von Christus in ihrer Verkündigung und ihrem Dienst in der Welt und vor der Welt zu bekennen.«[4] Die Kirchen werden aufgerufen »zu dem Ziel der sichtbaren Einheit im einen Glauben und der einen eucharistischen Gemeinschaft, die ihren Ausdruck im Gottesdienst und im gemeinsamen Leben in Christus findet, und auf diese Einheit zuzugehen, damit die Welt glaube«.[5]

An der 6. *Vollversammlung des ÖRK in Vancouver 1983* nahmen Delegierte aus 304 Kirchen teil. Eine wichtige Rolle spielten hier die in Lima 1982 von der Kommission für Glauben und Kirchenverfassung vorgelegten Konvergenzerklärungen über Taufe, Eucharistie und Amt (»Lima-Papiere«). Die Kirchen wurden aufgerufen, diese Ergebnisse zu rezipieren. Doch an dem Abendmahl, das gemäß der Lima-Liturgie unter Leitung des Primas der Anglikanischen Kirche gefeiert wurde, nahmen weder Katholiken noch Orthodoxe teil.

»Komm, Heiliger Geist, erneure die ganze Schöpfung« war das Leitthema der *7. Vollversammlung in Canberra 1991.* Auch hier stellten die orthodoxen Kirchen die größte geschlossene konfessionelle Gruppe dar. Das Drängen auf Abendmahlsgemeinschaft und auf die Ordination von Frauen, aber auch der Dialog mit anderen Religionen sowie die Gewichtung sozialpolitischer Fragen waren für die Orthodoxen immer wieder Anlass und Grund, ihre weitere Mitarbeit zu überprüfen. Doch wurde das Dokument *»Die Einheit der Kirche als Koinonia: Gabe und Berufung«*[6] mit großer Mehrheit gebilligt. »Nicht die Einheitskirche erscheint als erstrebenswertes Ziel, sondern eine Gemeinschaft von Kirchen, die Kirche bleiben und eine Kirche werden. Als Elemente kirchlicher Koinonia werden genannt: das gemeinsame Bekenntnis des apostolischen Glaubens; ein gemeinsames sakramentales Leben, das in der einen Taufe seinen Anfang nimmt und in der eucharistischen Gemeinschaft gefeiert wird; ein gemeinsames Leben in gegenseitiger Versöhnung und Anerkennung der Kirchenglieder und der Ämter; die gemeinsame Sendung im Zeugnis von der Gnade Gottes an alle Menschen im Dienst der ganzen Schöpfung.

Schon jetzt besteht ein gewisses Maß an Einheit unter den Kirchen, mit

4 *H.Krüger/W.Müller-Römheld (Hg.),* Bericht aus Nairobi 1975, Frankfurt am Main 1976, 26, zit. bei *P. Neuner,* aaO., 54.

5 *H. Krüger/W. Müller-Römheld (Hg.),* aaO., 327, zit. bei *P. Neuner,* ebd.

6 *W. Müller-Römheld (Hg.),* Im Zeichen des Heiligen Geistes. Bericht aus Canberra 1991, Frankfurt am Main 1991, 173-176.

dem sie sich leider oft zufrieden geben. Volle Koinonia, also eine wahre Gemeinschaft, ist erst dann erreicht, »wenn alle Kirchen in den anderen die eine, heilige, katholische und apostolische Kirche in ihrer Fülle erkennen können« (2.1).

Die *bisher letzte Vollversammlung fand 1998 in Harare (Simbabwe)* statt. Sie stand im Zeichen der Herausforderung durch die Globalisierung. Die Vollversammlung sah in der Globalisierung »eine Vision, die im Wettbewerb mit der Vision der oikoumene, der Einheit der Menschheit und der ganzen bewohnten Erde steht«[7]. Sie stellte der »Ökumene der Herrschaft« die »Ökumene des Glaubens und der Solidarität« gegenüber. Der Begriff der Katholizität der Kirche bekam nun eine politische Bedeutung: »Theorie und Praxis der Katholizität können als frühe Form einer christlichen Antwort auf die imperiale Form der Einheit, die durch das Römische Reich geprägt und vertreten wurde, verstanden werden. Eine solche Alternative zur imperialen Macht ist wichtig für die Bekräftigung der ökumenischen Dimension im Leben der Kirchen im Kontext der Globalisierung.«[8] Die Vollversammlung erinnerte an die biblische Vision des Erlassjahres, also des Schuldenerlasses, als Grundlage eines Neuanfangs für die verschuldeten Länder der Dritten Welt. »Ökumene« wird hier also als Alternative zur Logik der Globalisierung verstanden.

Wegen des Austritts einiger orthodoxer Kirchen aus dem ÖRK hatte dieser eine »Sonderkommission zur orthodoxen Mitarbeit im ÖRK« einberufen. Der Abschlussbericht, den sich der ÖRK dann zu Eigen machte, empfahl einen Verzicht auf gemeinsame ökumenische Gottesdienste. Dies zeigt, wie tief und ernst die Differenzen zwischen dem Selbstverständnis der orthodoxen Kirchen und dem Ökumeneverständnis der protestantischen Kirchen im ÖRK sind.

2. Was ist und was will »ökumenische Theologie«?

Ökumenische Theologie im expliziten Sinne gibt es erst seit der Ökumenischen Bewegung. Natürlich ist die ökumenische Theologie ihrerseits konfessionell geprägt. So gibt es eine spezifisch orthodoxe, lutherische, freikirchliche, römisch-katholische usw. ökumenische Theologie.

7 Bericht des Weisungsausschusses für Grundsatzfragen II der VIII. Vollversammlung, in: Una Sancta 54/1999,16.

8 AaO., 20.

Die *römisch-katholische Kirche* hat die Ökumenische Bewegung zunächst kompromisslos zurückgewiesen (s.o.). Eine Kehrtwendung stellt die vom Heiligen Offizium im Jahre 1949 veröffentlichte Instruktion »De motione oecumenica« (= Über die ökumenische Bewegung) dar, in der die Ökumenische Bewegung außerhalb der römisch-katholischen Kirche als Werk des Heiligen Geistes anerkannt wird: »Als Frucht gemeinsamen Betens der Gläubigen« sei »unter dem gnadenvollen Wehen des Heiligen Geistes ein von Tag zu Tag wachsendes Verlangen entstanden, unter allen, die an Christus den Herrn glauben, die Einheit wiederherzustellen.«[9] Doch auch hier heißt »Einheit« Rückkehr der getrennten Kirchen zur römisch-katholischen Kirche. Eine Öffnung der römisch-katholischen Kirche zur Ökumene bewirkte erst das im Jahre 1959 angekündigte Zweite Vatikanische Konzil (1962–1965).

Die wichtigste ökumenische Aussage des Konzils findet sich in der dogmatischen Konstitution über die Kirche, *»Lumen gentium«*.[10] Die Kirche wird darin in Analogie zu Jesus Christus als dem fleischgewordenen göttlichen Logos verstanden. Wie die menschliche Natur Jesu Christi dem göttlichen Logos als Heilsorgan »dient«, so diene auf eine ganz ähnliche Weise »das gesellschaftliche Gefüge der Kirche dem Geist Christi, der es belebt, zum Wachstum seines Leibes« (I, 8). Die Kirche Jesu Christi, die in dieser Welt als Gesellschaft verfasst ist, »ist verwirklicht (subsistit) in der katholischen Kirche, die vom Nachfolger Petri und von den Bischöfen in Gemeinschaft mit ihm geleitet wird«. Die Formel »ist verwirklicht« heißt nicht exklusiv »ist«. Sie kann als eine »Öffnungsklausel« und als eine Selbstrelativierung der römisch-katholischen Kirche verstanden werden. Ausdrücklich heißt es weiter: »Das schließt nicht aus, dass außerhalb ihres Gefüges vielfältige Elemente der Heiligung und der Wahrheit zu finden sind, die als der Kirche Christi eigene Gaben auf die katholische Einheit hindrängen« (I, 8). Es gibt also außerhalb der römisch-katholischen Kirche »ekklesiale Elemente«.

Die Konstitution *»Lumen gentium«* sieht in der Taufe den tragenden Grund der Verbundenheit zwischen der römisch-katholischen Kirche und den nicht-katholischen Christen (nicht: Kirchen). Auch wenn diese Christen »den vollen Glauben nicht bekennen oder die Einheit der Gemeinschaft unter dem Nachfolger Petri nicht wahren, weiß sich die Kirche (mit ihnen) aus mehrfachem Grunde verbunden«: »Viele nämlich halten die Schrift als Glaubens- und Lebensnorm in Ehren, zeigen einen aufrichtigen religiösen Eifer, glauben in Liebe an Gott, den allmächtigen Vater, und an Christus, den Sohn Gottes

9 Zit. nach *P. Lengsfeld*, Ökumenische Theologie. Ein Arbeitsbuch, Stuttgart u.a., 93.
10 Lateinischer Text, deutsche Übersetzung und Kommentar in: LThK², Bd. 12, 137–359.

und Erlöser, empfangen das Zeichen der Taufe, wodurch sie mit Christus verbunden werden; ja sie anerkennen und empfangen auch andere Sakramente in ihren eigenen Kirchen oder kirchlichen Gemeinschaften« (II,15). Welche der nicht-römischen Kirchen als »Kirchen« bzw. als »kirchliche Gemeinschaften« bezeichnet werden, wird nicht gesagt. Mit den »Kirchen« dürften aber wegen ihres gültigen Bischofs- und Priesteramts die Kirchen der Orthodoxie gemeint sein, mit den »kirchlichen Gemeinschaften« die reformatorischen Kirchen, in denen es keine apostolische Sukzession und somit kein gültiges Bischofs- und Priesteramt gibt. Hier steckt ein Kernproblem ökumenischer Theologie.

Wie schon der Blick auf die Ökumenische Bewegung gezeigt hat, kann man von ökumenischer Theologie im engeren und im weiteren Sinne sprechen. Ökumenische Theologie im weiten Sinne des Begriffs hat das Zusammenleben der Menschen auf der Erde zum Thema. Hier geht es – um die Formel von Vancouver (1983) aufzugreifen – um »Gerechtigkeit, Frieden und Bewahrung der Schöpfung«. Ökumenische Theologie im engeren Sinne des Begriffs »thematisiert die Spaltung der Christenheit in sich ausschließende Konfessionen und reflektiert Möglichkeiten zu deren Überwindung und die Zielsetzung einer Gemeinschaft zwischen den christlichen Kirchen«.[11] In der Regel wird, wie auch hier, der Begriff »ökumenische Theologie« im engeren Sinne des Wortes gebraucht.

Die Themen der ökumenischen Theologie (im engeren Sinn) ergeben sich aus den bestehenden Lehrgegensätzen der Kirchen. Zwischen der römisch-katholischen Kirche und den reformatorischen Kirchen sind dies vor allem die Lehre von der Rechtfertigung, die Lehre vom Abendmahl, von der Kirche und vom kirchlichen Amt, einschließlich des Bischofs- und Papstamtes. Hier geht es darum, die Differenzen und Kontroversen aufzuarbeiten, d.h. sie im Lichte der Heiligen Schrift und des Bekenntnisses zu prüfen. Man wird dabei vor die Frage gestellt sein, ob die im 16. Jahrhundert formulierten gegensätzlichen Standpunkte, Unterstellungen und Vorwürfe auch heute noch aufrechterhalten werden können. Manche zugespitzte Formulierung trifft möglicherweise nicht die andere Seite. Überdies lässt sich eine Glaubenswahrheit nicht abschließend durch eine bestimmte Formulierung erfassen. Einheit im Glauben muss nicht Einheit in der Formulierung einer bestimmten Lehraussage bedeuten. Es gibt möglicherweise Konvergenzen zwischen Lehraussagen beider Seiten, und diese Konvergenzen sind zu beschreiben.

11 *P. Neuner*, Art. »Ökumenische Theologie«, in: RGG^4, Bd. VI, Sp. 534.

Am Ende stellt sich die Frage, ob die verbleibenden Differenzen eine Kirchentrennung noch rechtfertigen bzw. erlauben, sich gegenseitig als Kirche Jesu Christi anzuerkennen. Ein Konsens kann sich auf die Hauptsache beschränken. In Einzelfragen kann es theologische Differenzen und Akzentuierungen geben, die den Grundkonsens nicht in Frage stellen. So spricht man in der ökumenischen Theologie von einem »differenzierten Konsens«, z.B. in der Lehre von der Rechtfertigung.

B Arbeitsformen und -methoden

1. Das Gemeinsame suchen und das Differente klären

Was die Interpretation von ökumenischen Texten betrifft, so gelten auch hier die vier für das Studium der Dogmatik vorgestellten Methoden (→ VI.B.1). Sie seien hier im Blick auf die ökumenische Theologie ergänzt.

Grundlegend für eine ökumenische Hermeneutik ist die Offenheit für das uns Fremde bei aller Wertschätzung des uns Eigenen und Vertrauten. Denken wir z.B. an die römisch-katholische Marienfrömmigkeit, die Fronleichnamsprozession, die eucharistische Anbetung oder auch an das Priester-, Bischofs- und Papstamt. Es gilt, dieses uns Fremde in seiner Eigenart unverstellt wahrzunehmen und sich offen zu halten für das, was diese religiösen Formen und Zeichen an »Bedeutung« in sich tragen und vermitteln (können). Wir müssen dabei nicht immer gleich nach Entsprechungen in unserer Konfession suchen und, falls wir sie bei uns nicht finden, sie als abwegig, »heidnisch« oder veraltet abtun wollen. Im Gegenteil, wir haben zu fragen: Was steckt hinter diesen Formen und Zeichen? Was dem anderen heilig, lieb und wert ist, sollte uns – um des anderen willen – nicht gleichgültig sein.

Das bedeutet aber nun nicht, dass wir unsere Identität aufzugeben hätten. Sie ist die Grundlage und Norm unseres Lebens und Glaubens, das, woran wir glauben und in das wir uns unser Leben lang einzuleben haben. Sie ist in diesem Sinn niemals abgeschlossen und unwiderruflich, sondern muss sich in Erfahrungen und Auseinandersetzungen bewähren, korrigieren und ggfs. neu orientieren. Sie schließt allerdings Lernbereitschaft und Umlernen ein. Vieles von dem, was wir an Vorstellungen, Traditionen, Vorurteilen und Missverständnissen mit uns herumtragen, verdient nicht den Namen »Identität«.

Wir können uns aber nur dann dem uns Fremden aussetzen und uns mit ihm auseinander setzen, wenn wir selbst einen Standpunkt haben, ein Kriterium, mit dem wir uns in einen ernsthaften Dialog mit unserem ökumenischen Partner begeben können. Auch von unserem Partner erwarten wir, dass er einen Standpunkt hat und ihn uns mitteilt. Andernfalls hätten wir uns nichts zu sagen.

Wir werden feststellen, dass es zwischen Christen und Christinnen unterschiedlicher Konfession auch in Glaubensfragen Gemeinsames gibt: die Taufe, die altkirchlichen Bekenntnisse, das Vaterunser, das Hören auf die biblische Botschaft, das Unterwegssein und die Anfechtungen des Glaubens, die Erfahrung der Gegenwart Gottes im Wort und im Sakrament, die Erfahrung der Treue Gottes in unserem Leben, gemeinsame Hoffnungen für unser Leben und die Welt. Für dieses Gemeinsame dürfen und sollen wir dankbar sein, wir sollen es benennen und stärken. Es kann sein, dass wir das uns Eigene auch beim anderen wiederentdecken, vielleicht in anderer Form und in anderen Worten und Zeichen.

Wir neigen heute dazu, das Trennende bewusst oder unbewusst nicht zu sehen und es für peinlich oder irrelevant zu halten. Wo aber nichts Differentes mehr gesehen wird, drohen leere Einerleiheit, Gleichgültigkeit und Standpunktlosigkeit sich des christlichen Glaubens zu bemächtigen. Es gibt in Sachen des Glaubens unterschiedliche Zugänge, Perspektiven, Auffassungsweisen, Denkformen, Sprachen, Grammatiken und Theologien, die sich seit Jahrhunderten in getrennten Kirchen und Konfessionen ausgeprägt haben. Dieses Differente ist zu klären, ohne das Gemeinsame aus den Augen zu verlieren.

2. Die Grenzen der Konfession überschreiten – auf dem Weg zu einer ökumenischen Spiritualität

Am Anfang der Ökumenischen Bewegung stand die Gebetswoche für die Einheit der Christen, also gelebte ökumenische Frömmigkeit und nicht eine Konferenz mit Beschlüssen. Ohne konkrete Erfahrungsorte bleibt die ökumenische Theologie im luftleeren Raum hängen. Vorzüglicher Ort des ökumenischen Lernens sollte die Ortsgemeinde sein. Doch die real existierenden Kirchengemeinden sind, wie sich religionssoziologisch belegen lässt, diesbezüglich eher »Verlernorte« als »Lernorte« des Glaubens.[12] Eher kommen bestimmte Gemeinden, Kirchen- und Katholikentage, ökumenische Gruppen und Begegnungen (z.B. Taizé-Gruppen) und durch die Medien vermittelte Ereignisse als inspirierende, informierende und engagierende Träger des ökumenischen Gedankens in Betracht.

12 Vgl. *R. Zerfaß/K. Roos*, Gemeinde, in: *G. Bitter/G. Miller (Hg.)*, Handbuch religionspädagogischer Grundbegriffe. Bd. 1, München 1986, 132–142, bes. 132f.

Ökumenische Theologie hat es nicht nur mit der Interpretation von ökumenischen Texten zu tun, sie hat auch die gelebte Ökumene wahrzunehmen, d.h. nicht nur die institutionalisierte Ökumene, sondern auch die lebendige, die Grenzen des kirchenamtlich Erlaubten überschreitende und vorwärtsdrängende Ökumene und deren Spiritualität.

Dies sei *am Beispiel des Abendmahls bzw. der Eucharistie* konkretisiert. Wie die Theologie- und Kirchengeschichte zeigt, handelt es sich hier um ein Thema, in dem viele theologische Probleme stecken. Es hat zu mannigfachen Streitigkeiten, Spaltungen, Verdammungen und Missverständnissen geführt, die bis heute nicht beseitigt sind. Aber das Thema hat auch noch eine andere Seite, nämlich die Erfahrung des Heiligen für die, die am Abendmahl bzw. an der Eucharistie teilnehmen. Was bedeutet mir persönlich die Teilnahme am Abendmahl/an der Eucharistie? Eine solche Frage hatten das evangelische Monatsmagazin *chrismon* und die römisch-katholische Wochenzeitung *Christ in der Welt* in Vorbereitung auf den Ökumenischen Kirchentag in Berlin 2003 ihren Lesern gestellt. Die zahlreichen Zuschriften, aber auch die entsprechende Veranstaltung auf dem Kirchentag legen die Frage nahe, ob sich in den persönlichen Sichtweisen des Abendmahls bzw. der Eucharistie konfessionelle Prägungen spiegeln, die die bestehende Kirchentrennung rechtfertigen.

Dorothea Sattler, die Direktorin des Ökumenischen Instituts der kath.-theologischen Fakultät in Münster, fasst ihre Auswertung der Zuschriften in folgender Weise zusammen:

»Dabei wird offenkundig, welch hohe Bedeutung die Mitfeier von Abendmahl und Eucharistie im Glaubensleben der Menschen hat ... Im Mittelpunkt der Überlegungen steht die im liturgischen Geschehen erfahrene Begegnung mit Gott, die in der Regel nur andeutungsweise christologisch und soteriologisch näherhin gedeutet wird. Die weithin sehr persönlich, spirituell-existentiell ausgerichteten Einsendungen nehmen nur selten auf fachlich-theologische Fragen Bezug. Vordringlich erscheint der tiefe Wunsch nach Gemeinschaft und Geborgenheit in der Glaubensgemeinschaft, bei deren Konstitution die Anforderungen hinsichtlich überkommener Traditionen nicht im Vordergrund stehen. Auffällig ist, wie stark evangelische und römisch-katholische Gläubige mit dem Geschehen von Abendmahl und Eucharistie die Themen Sünde und Vergebung verbinden. Ängste und Hoffnungen kommen diesbezüglich in hoch emotionaler Weise zum Ausdruck. Zusendungen, in denen ekklesiologische Fragen aufgenommen werden, sind sehr spärlich. Das vornehmliche Augenmerk gilt der eigenen Individualität in ihrer spezifischen Bedürftigkeit. Ökumenische Kontroversen werden kaum angesprochen.«[13]

13 *D. Sattler,* Zu Seinem Gedächtnis. Eucharistische Christus-Anamnese im Kontext des Ökumenischen Kirchentags, in: Geist und Leben 76/2003, 197-210, bes. 202.

Bereits vor mehr als 30 Jahren hat der katholische Theologe *Karl Rahner* darauf hingewiesen, »dass die Mehrzahl der Christen in den getrennten Kirchen zwar religionssoziologisch und institutionell voneinander getrennt sind, nicht aber eigentlich theologisch, d.h. in Bezug auf ihren tatsächlich in ihren Köpfen und Herzen realisierten Glauben, dem die Bekenntnisunterschiede faktisch entgehen, mindestens dort, wo sie nach der Theologie dieser Kirchen selbst Kirchentrennung legitimieren können«, dass also »die einzelnen verschiedenen Kirchen, soweit sie nicht Institution, sondern Menschen meinen, von solchen Menschen und Christen gebildet werden, die in einem *theologischen* Sinn gar nicht konfessionsverschieden sind.«[14] Dieser Befund wird durch die von *D. Sattler* gegebene Analyse der Bedeutung von Abendmahl und Eucharistie für evangelische und römisch-katholische Christen und Christinnen bestätigt. Hier stellt sich die theologisch aufregende, aber sicher auch die Religionspädagogik herausfordernde Frage: Welche Bedeutung hat die postkonfessionelle, sozusagen ökumenische Deutung von Abendmahl und Eucharistie für die ökumenische Theologie und den noch nach Konfessionen getrennten RU? Sind dieser »ökumenischen Laientheologie« die offiziellen Lehraussagen der Konfessionskirchen entgegenzuhalten?

Welche Antworten auch immer auf diese Frage gegeben werden mögen, wir haben die Tatsache wahrzunehmen, dass die Christinnen und Christen in unserem Lande die überkommenen konfessionellen Positionen mit ihren Feinheiten längst nicht mehr teilen und höchstens partiell sich mit ihnen identifizieren. Dies gilt insbesondere für die Jugendlichen, sofern sie überhaupt noch am kirchlichen Leben teilnehmen. Zum Studium der ökumenischen Theologie gehört die Wahrnehmung dieser nach-konfessionellen, »neuen ökumenischen Theologie«.

C Beispiele für das Studium

Eine künftige ökumenische Theologie hat zwei Ansatzpunkte: Sie geht von der bereits gelebten Ökumene aus, und sie nimmt, gerade auch als Theologie, das Gespräch mit der säkularen Welt auf. Dies hat auch Konsequenzen

14 *K. Rahner,* Perspektiven einer zukünftigen ökumenischen Theologie, in: *M. Seckler u.a. (Hg.),* Begegnung. Beiträge zu einer Hermeneutik des theologischen Gesprächs, Graz 1972, 199-212, bes. 210 u. 209.

für den RU. Die an vielen Orten praktizierte evangelisch-katholische Zusammenarbeit im RU sollte inhaltlich und institutionell ausgebaut und vertieft werden zur Form eines »konfessionell-kooperativen« bzw. »ökumenischen« RU.[15]

Gelebte Ökumene äußert sich z.B. so: »Ich bin katholisch, mein Ehemann ist evangelisch. Unsere Kirchen sind getrennt, sie beharren auf ihren Unterschieden. Wir verstehen die konfessionellen Streitfragen nicht. Aber wir sind im Glauben eins, wir leben die Ökumene in Verantwortung vor Gott.« Diese Haltung ist nicht mit einem Wischi-waschi-Ökumenismus zu verwechseln, von dem kirchliche Amtsträger in diesem Zusammenhang gern sprechen. Sie hat ihren Grund in der gemeinsamen Taufe. Durch die eine Taufe sind alle Getauften in den einen Leib Christi, die eine Kirche, hineingetauft.[16]

Der zweite Ansatzpunkt geht davon aus, dass heute der eigentliche Dialogpartner der getrennten Kirchen und ihrer Theologien nicht die jeweils andere Kirche und deren Theologie ist, sondern die säkulare und in mancher Hinsicht auch religiöse Welt, in der wir leben. Im RU begegnen wir nicht Kindern und Jugendlichen, die konfessionell verschieden denken und sich in ihrem künftigen Leben mit der Theologie der anderen Konfession auseinander zu setzen hätten. Wir begegnen im katholischen wie im evangelischen RU Kindern und Jugendlichen, die in unserer säkularen, ja sogar nichtchristlichen, oft diffus religiösen Welt heranwachsen und »in der Regel weitreichende soziale Erfahrungen mit den Modernisierungsprozessen der Gegenwart hinter sich (haben) ... Für sie ist es gewiss, dass jeder und jede den Sinn des Lebens für sich allein suchen muss, ohne vorauszusetzen, dass es einen solchen überhaupt gibt«.[17] Sie suchen nach einer tragfähigen Lebensperspektive. Um eine sich auf die christliche Rede von Gott als dem Sinngrund des Lebens beziehende Lebensperspektive geht es im RU.

Welchen Sinn hat dann noch die ökumenische Theologie im Lehramtsstudium? Die Antwort, die wir geben, sollte nicht zurückfallen hinter die Einsicht, dass heute, nach den Jahrzehnten der ökumenischen Dialoge, der Akzent anders gesetzt werden muss: auf die gelebte Ökumene, auf die »Öku-

15 Zur konfessionellen Kooperation vgl. die Denkschrift der EKD *»Identität und Verständigung. Standort und Perspektiven des RU in der Pluralität«*, Gütersloh 1994, 65-72.

16 Vgl. These 4 der Studie *Centre d'Études Œcuméniques (Strasbourg), Institut für Ökumenische Forschung (Tübingen), Konfessionskundliches Institut (Bensheim) (Hg.),* Abendmahlsgemeinschaft ist möglich. Thesen zur Eucharistischen Gastfreundschaft, Frankfurt am Main 2003.

17 Im Dialog über Glauben und Leben, 30f.

mene des Lebens«. Die alten und noch bestehenden Probleme sollten im Geiste einer solchen »Ökumene des Lebens« ernst genommen und bearbeitet werden. Dies gilt auch für die drei hier gewählten Beispiele für das Studium.

1. Grundkurs für alle Lehramtsstudiengänge

Vorlesung/Seminar: *Welche Einheit wollen wir?*
(Ökumenische Zielvorstellungen)

Welche Einheit wollen wir? Auf diese Frage gibt es keine einheitliche Antwort. Jede Kirche hat *ihre* (mehr oder weniger klare) Vorstellung vom Ziel der Ökumene. Dies hängt mit dem Kirchenverständnis der jeweiligen Kirche zusammen. Die *römisch-katholische Kirche* strebt die sichtbare Einheit der Kirche an. Solange dieses Ziel nicht erreicht ist, will sie keine Abendmahlsgemeinschaft mit den von ihr getrennten Christen gestatten. Die *reformatorischen Kirchen* bevorzugen das Modell der Kirchengemeinschaft. Für sie ist die Einheit der Kirche da verwirklicht, wo »einmütig das Evangelium nach reinem [d.h. schriftgemäßem] Verständnis gepredigt wird und die Sakramente dem göttlichen Wort gemäß gereicht werden. Es ist zur wahren Einigkeit der Kirche nicht nötig, dass überall die gleichen Zeremonien, die von Menschen eingesetzt worden sind, gehalten werden« (Confessio Augustana VII). Für die *Anglikanische Kirche* aber genügt diese Bestimmung von Einheit nicht. Für sie gehört das Bischofsamt, die Sukzession der Bischöfe in der Nachfolge der Apostel, zum Verständnis der Einheit der Kirche. In ähnlicher Weise ist für die *orthodoxen Kirchen* die Einheit der Kirche Einheit einer Ortskirche mit ihrem Bischof, der seinerseits gemeinsam mit anderen Bischöfen die Eucharistie feiert. Wieder anders stellen sich die *Freikirchen* die Einheit vor. Für sie ist Einheit Einheit mit Jesus Christus. Sie vollzieht sich auf der Ebene der jeweiligen Ortsgemeinde. Angesichts so divergierender Einheitsvorstellungen könnte man sich – etwa mit der Behauptung, diese seien »nicht kompatibel« – mit einer Ökumene des freundlichen Nebeneinanders begnügen. Dies wäre nichts anderes als konfessionelle Selbstgenügsamkeit. Mehr Gemeinschaft und Einheit ist möglich und schon längst Wirklichkeit.

In der Ökumenischen Bewegung hatte man zunächst, besonders gefördert durch die Anglikanische Kirche, die Vorstellung einer »organischen« oder »korporativen Union« favorisiert. Die Konfessionskirchen sollten ihre spezifischen Identitäten zugunsten einer Kirchenunion mit einer einheitlichen Kirchenleitung, z.B. einer Generalsynode, aufgeben. Doch dieses Modell war unrealistisch.

So hat sich dann unter den reformatorischen Kirchen ein anderes Modell durchgesetzt: das Modell der Kirchengemeinschaft. Die Konfessionskirchen bestehen als selbstständige Einheiten fort, erkennen sich aber gegenseitig als Kirchen einschließlich ihrer Ämter an und treten in eine volle Kirchengemeinschaft ein. Die Verschiedenheiten werden nicht beseitigt, sondern in die Gemeinschaft eingebracht und miteinander versöhnt *(»versöhnte Verschiedenheit«).*

1.1 »Die Gemeinschaft Evangelischer Kirchen in Europa. Leuenberger Kirchengemeinschaft«. Verwirklicht wurde dieses Modell in der *»Konkordie reformatorischer Kirchen in Europa«* (der sog. Leuenberger Konkordie) von 1973, die von 85 reformatorischen Kirchen in Europa unterzeichnet wurde.[18] In ihr stellen die ihr zustimmenden Kirchen »unter sich das gemeinsame Verständnis des Evangeliums fest.« Die Kirchen erklären:

»Angesichts wesentlicher Unterschiede in der Art des theologischen Denkens und des kirchlichen Handelns sahen sich die reformatorischen Väter um ihres Glaubens und Gewissens willen trotz vieler Gemeinsamkeiten nicht in der Lage, Trennungen zu vermeiden. Mit dieser Konkordie erkennen die beteiligten Kirchen an, dass sich ihr Verhältnis zueinander seit der Reformationszeit gewandelt hat« (Nr.3).

Das gemeinsame Verständnis des Evangeliums konkretisiert sich im Verständnis der Rechtfertigungsbotschaft, der Taufe und des Abendmahls. Zum Abendmahl heißt es in der Konkordie:

»Im Abendmahl schenkt sich der auferstandene Jesus Christus in seinem für alle dahingegebenen Leib und Blut durch sein verheißendes Wort mit Brot und Wein. Er gewährt uns dadurch Vergebung der Sünden und befreit uns zu einem neuen Leben aus Glauben. Er läßt uns neu erfahren, dass wir Glieder an seinem Leibe sind. Er stärkt uns zum Dienst an den Menschen.

Wenn wir das Abendmahl feiern, verkündigen wir den Tod Christi, durch den Gott die Welt mit sich selbst versöhnt hat. Wir bekennen die Gegenwart des auferstandenen Herrn unter uns. In der Freude darüber, dass der Herr zu uns gekommen ist, warten wir auf seine Zukunft in Herrlichkeit« (Nr. 15 und 16).

Die alten Gegensätze in der Abendmahlslehre, Christologie und Prädestinationslehre werden »ernst« genommen, aber es werden in ihnen Übereinstimmungen festgestellt, und die Verwerfungen aus der Zeit des 16. Jahrhunderts werden nicht mehr aufrecht erhalten (»Wo solche Übereinstimmung zwischen Kirchen besteht, betreffen die Verwerfungen ... nicht den Stand der

18 *W. Hüffmeier (Hg.),* Konkordie reformatorischer Kirchen in Europa. Dreisprachige Ausgabe mit einer Einleitung von *F.- O. Scharbau,* Frankfurt am Main 1993.

Lehre dieser Kirchen«, Nr. 26). Ausdrücklich werden noch bestehende Lehrunterschiede in einigen Fragen genannt (Nr. 39). Die Kirchen erklären Kirchengemeinschaft, sie gewähren einander Kanzel- und Abendmahlsgemeinschaft (Nr. 33). Sie stellen fest: »Die dieser Gemeinschaft seit dem 16. Jahrhundert entgegenstehenden Trennungen sind aufgehoben« (Nr. 34).

1.2 Die Erklärung »Dominus Jesus« der römisch-katholischen Kongregation für die Glaubenslehre. Lässt sich dieses durch die »Gemeinschaft Evangelischer Kirchen in Europa« (Leuenberger Konkordie) und die Erklärung von Porvoo erläuterte Modell von Kirchengemeinschaft auf die Ökumene insgesamt übertragen?

Die römisch-katholische Kirche hat durch ihre Glaubenskongregation in ihrer von Papst Johannes Paul II. bestätigten Erklärung *»Dominus Jesus. Über die Einzigkeit und Heilsuniversalität Jesu Christi und der Kirche«* vom 6. August 2000[19] (kaum ein Jahr nach Unterzeichnung der *»Gemeinsamen Erklärung zur Rechtfertigungslehre«*, → s.u. C.3) das römisch-katholische Einheitsmodell auf der Basis der Beschlüsse des Zweiten Vatikanischen Konzils noch einmal dargelegt. Sie zitiert die Formel aus der Dogmatischen Konstitution über die Kirche *»Lumen gentium«* I, 8, wonach die eine Kirche Jesu Christi in der katholischen Kirche, die vom Nachfolger Petri und den Bischöfen in Gemeinschaft mit ihm geleitet wird, »subsistiert«. Es wird ausdrücklich festgestellt, dass die Formel »subsistit« gerade nicht bedeutet, »dass die einzige Kirche Christi auch in anderen christlichen Kirchen verwirklicht sein könnte« (Dominus Jesus, Nr. 16 Anmerkung 56). Das Konzil habe die Formel »subsistit« gewählt, »um klarzustellen, dass nur eine einzige *Subsistenz* der wahren Kirche besteht, während es außerhalb ihres sichtbaren Gefüges lediglich *Elemente des Kircheseins* gibt, die – da sie Elemente derselben Kirche sind – zur katholischen Kirche tendieren und hinführen« (Anmerkung 56). Die anderen christlichen Kirchen sind also nicht Kirchen, sondern »Elemente« der einzigen Kirche, nämlich der römisch-katholischen Kirche, in der als einziger die Kirche Jesu Christi subsistiert.

Wie der Begriff Gemeinschaft bzw. Kirchengemeinschaft dann zu verstehen ist, ergibt sich aus folgenden Sätzen der Erklärung *»Dominus Jesus«:*

» Es gibt also eine einzige Kirche Christi, die in der katholischen Kirche subsistiert und vom Nachfolger Petri und von den Bischöfen in Gemeinschaft mit ihm geleitet wird. Die Kirchen, die zwar nicht in vollkommener Gemeinschaft mit der katholischen Kirche stehen, aber durch engste Bande, wie die apostolische Sukzession und

19 Kongregation für die Glaubenslehre, Vatikanstadt 2000 sowie *Sekretariat der Deutschen Bischofskonferenz (Hg.),* Verlautbarungen des Apostolischen Stuhls Nr. 148.

die gültige Eucharistie, mit ihr verbunden bleiben, sind echte Teilkirchen. Deshalb ist die Kirche Christi auch in diesen Kirchen gegenwärtig und wirksam, obwohl ihnen die volle Gemeinschaft mit der katholischen Kirche fehlt, insofern sie die katholische Lehre vom Primat nicht annehmen, den der Bischof von Rom nach Gottes Willen objektiv innehat und über die ganze Kirche ausübt.

Die kirchlichen Gemeinschaften hingegen, die den gültigen Episkopat und vollständige Wirklichkeit des eucharistischen Mysteriums nicht bewahrt haben, sind nicht Kirchen im eigentlichen Sinn; die in diesen Gemeinschaften Getauften sind aber durch die Taufe Christus eingegliedert und stehen deshalb in einer gewissen, wenn auch nicht vollkommenen Gemeinschaft mit der Kirche. Die Taufe zielt nämlich hin auf die volle Entfaltung des Lebens in Christus durch das vollständige Bekenntnis des Glaubens, die Eucharistie und die volle Gemeinschaft in der Kirche« (Nr. 17).

Die reformatorischen Kirchen – sie werden hier »kirchliche Gemeinschaften« genannt – sind folglich »nicht Kirchen im eigentlichen Sinn«. Dieses Einheitsverständnis schließt also die reformatorischen Kirchen aus.

1.3 »Kirchengemeinschaft nach evangelischem Verständnis«. Die Evangelische Kirche in Deutschland (EKD) hat auf diese Erklärung »Dominus Jesus« mit zwei Dokumenten reagiert. Es handelt sich erstens um das Votum der Theologischen Kammer der EKD vom September 2001, das der Rat der EKD sich zu Eigen gemacht hat. Es trägt die Überschrift »Kirchengemeinschaft nach evangelischem Verständnis. Ein Votum zum geordneten Miteinander bekenntnisverschiedener Kirchen«. Zuvor hat die Synode der EKD vom November 2000 eine Kundgebung mit dem Titel »Eins in Christus. Kirchen unterwegs zu mehr Gemeinschaft« verabschiedet.[20]

Beide Dokumente über die Einheit der Kirche unterscheiden zwischen »Grund« und »Gestalt« der Kirche. Den Grund der Kirche kann nur Jesus Christus legen:

»Im Evangelium vergegenwärtigt sich die in Christus erschienene Gnade und Wahrheit des dreieinigen Gottes, der durch den Heiligen Geist Glauben schafft, um sündige Menschen zu rechtfertigen und zu heiligen. Durch solches freies Handeln des dreieinigen Gottes wird Menschen die Gnade und Wahrheit des Evangeliums im Glauben gewiss. Sie erfahren die verwandelnde Kraft des Evangeliums in ihrem Leben ... Versetzt in die Gemeinschaft mit dem dreieinigen Gott, werden sie zu Gliedern des Leibes Christi und bilden als solche seine Gemeinde. In diesem Sinne impliziert der Glaube an den dreieinigen Gott den Glauben an die eine, heilige, katholische und apostolische Kirche« (I, 1).

20 Beide Texte in: EKD Texte 69, Hannover 2001.

Dieser Glaubensgemeinschaft, die sich dem Evangelium verdankt, müssen die Glaubenden nun Gestalt geben. Gott hat das Amt der Evangeliumsverkündigung und Sakramentsverwaltung eingesetzt. Die Ausgestaltung dieses Amtes ist ebenso wie die äußere Organisation der Kirche Sache der Menschen und wandelbar.

Das Votum der EKD-Kammer macht zwei Vorschläge:

1. Es erstrebt eine Verständigung darüber, »dass für die Gemeinschaft der Kirchen nicht eine einzige, historisch gewachsene Form des kirchlichen Amtes zur Bedingung gemacht werden kann, sondern dass unterschiedliche Gestalten desselben möglich sind« (I 2.3).

2. Ziel ist ein »geordnetes Miteinander« der Einzelkirchen. Zwar ist die Einheit des Leibes Christi gegeben, sie kann nicht hergestellt werden. Ziel der Ökumene ist die Erklärung und Praktizierung von voller Kirchengemeinschaft in Wort und Sakrament. Dies ist das Ziel der Ökumene.

Das Votum der EKD-Kammer hat die römisch-katholische Vorstellung von der sichtbaren, vollen Einheit der Kirchen mit dem hier entwickelten evangelischen Verständnis von Kirchengemeinschaft für »nicht kompatibel« erklärt. Die Notwendigkeit und Gestalt des »Petrusamtes« und damit des Primats des Papstes, das römisch-katholische Verständnis der apostolischen Sukzession, die Nichtzulassung von Frauen zum ordinierten Amt und die hohe Geltung des Kirchenrechts seien »Sachverhalte«, »denen evangelischerseits widersprochen werden muss« (2.3).

Die Synode der EKD hat sich in der oben erwähnten Erklärung vom 9.11. 2000 moderater geäußert. Sie erinnert an die im Jahr 1999 von der römisch-katholischen Kirche und dem Lutherischen Weltbund unterzeichnete *»Gemeinsame Erklärung zur Rechtfertigungslehre«* (→ s.u. C.3), in der beide bekennen: »Allein aus Gnade im Glauben an die Heilstat Christi werden wir von Gott angenommen und empfangen den Heiligen Geist, der unsere Herzen erneuert und uns befähigt und aufruft zu guten Werken.« Noch stünden sich evangelisches Verständnis von Kirchengemeinschaft als Ziel der Ökumene und die römisch-katholische Vorstellung von der Einheit der Kirche als Gemeinschaft mit und unter dem Papst gegenüber. Mit dem ÖRK wolle man auf ein universales Konzil für alle Christen hinarbeiten.

Nun lehnen römisch-katholische Ökumeniker den Begriff »Kirchengemeinschaft« keineswegs ab. Vielmehr konkretisieren sie ihn durch die Vorstellung von Kirche als Gemeinschaft (Communio, Koinonia).[21] Gemeinschaft und Einheit entstehen durch die Teilhabe an Jesus Christus. Grundtext für dieses Verständnis von Gemeinschaft und Einheit ist 1 Kor 10,16f.: »Der gesegnete Kelch, den wir segnen, ist der nicht die Gemeinschaft des Blutes Christi? Das Brot, das wir brechen, ist das nicht die Gemeinschaft des Leibes Christi? Denn ein Brot ist's: So sind wir viele *ein* Leib, weil wir alle an *einem* Brot teilhaben.« Gemeinschaft (Communio) geschieht durch Teilhabe an Jesus Christus.

Nach römisch-katholischer Auffassung ist die Kirche selbst ein Heilsereignis im Heilsplan Gottes. »Das Mysterium der Kirche besteht darin, dass wir im Heiligen Geist durch Christus Teilhabe an Gott dem Vater haben. Diese Teilhabe wird uns gewährt in und unter sakramentalen Zeichen ... Die Kirche ... lässt das in Christus erschienene Heil real-symbolisch gegenwärtig werden. Als Sakrament wird Kirche ganz auf Christus hin durchlässig, auf den sie verweist, ohne Christus ist die Kirche nichts, doch als dessen Instrument ist sie gleichermaßen irdisches Angeld auf das in ihm offenbare Heil.«[22]

Kirche ist nach evangelischem Verständnis »die Versammlung aller Gläubigen, in der das Evangelium rein gepredigt und die Sakramente dem Evangelium gemäß gereicht werden« *(Confessio Augustana VII)*. Aber durch das Evangelium und die Sakramente hat der Glaubende Anteil an Jesus Christus. Mag auch der Begriff »Teilhabe an Jesus Christus« fremd klingen, der Begriff der »Christusgemeinschaft« ist durchaus reformatorisch. Auch die Rede von Christus als dem, der sich im Abendmahl »in seinem für alle dahingegebenen Leib und Blut durch sein verheißendes Wort mit Brot und Wein »schenkt«, wie es in der Leuenberger Konkordie (Nr. 15) heißt, meint eben dies, was römisch-katholische Theologie »Teilhabe an Jesus Christus« nennt, auch wenn die Ausformung dieser Grundaussage in Gestalt des römisch-katholischen Kirchen- und Amtsverständnisses (»Die Kirche ... läßt das in Christus erschienene Heil real-symbolisch gegenwärtig werden«)[23] für die evangelische Theologie Probleme aufwirft.

21 Vgl. dazu *W. Thönissen*, Einheitsverständnis und Einheitsmodell nach katholischer Lehre, in: *G. Hintzen/W. Thönissen*, Kirchengemeinschaft möglich? Einheitsverständnis und Einheitskonzepte in der Diskussion (Thema Ökumene, Bd. 1), Paderborn 2001, 73-136.

22 *Thönissen*, aaO., 96f.

23 *Vgl. Thönissen*, aaO., 96.

Religionspädagogische und -didaktische Überlegungen. Alle Lehrveranstaltungen zur ökumenischen Theologie dienen vorrangig der Förderung der »Fähigkeit zur kundigen Auseinandersetzung mit anderen konfessionellen ... Lebens- und Denkformen im Blick auf Gesprächs- und Kooperationsfähigkeit«.[24] Dieses Ziel setzt die Anerkennung von Verschiedenheit voraus, ebenso aber auch die Bereitschaft, sich mit dieser Verschiedenheit »kundig« auseinander zu setzen.

Das Thema ist kein explizites Thema des RU, es ist aber in jedem die Ökumene betreffenden Thema präsent. Ökumenisches Lernen soll die Vielfalt unterschiedlicher Glaubens- und Lebensformen und -inhalte nicht verdrängen oder leugnen, sondern als Chance begreifen, den Reichtum des jeweils Anderen und Besonderen zu erkennen und zu verstehen. Diese Chance soll auch im RU ergriffen werden, nicht zuletzt auch im Blick auf unsere Vorstellungen von Einheit und Verschiedenheit. Konkret wird das Thema in Fragen wie diesen: »Brauchen wir einen Papst?«, »Brauchen wir einen Bischof?«, »Warum sollen Priester nicht heiraten?«, »Warum die vielen Kirchen und Konfessionen? Warum Evangelisch und Katholisch?«

2. Aufbaukurs A
(insbes. Grund-, Haupt-, Real- und Berufliche Schule)

Seminar: *Abendmahl und Abendmahlsgemeinschaft*

Das Thema Abendmahl[25] ist unter den Themen der ökumenischen Theologie wohl das einzige, das auf der Ebene der Gemeinden auf ein lebhaftes Interesse stößt, oft von Unverständnis und Ungeduld begleitet. Hier wird die noch bestehende Trennung der Kirchen, in diesem Fall: der evangelischen und katholischen Kirche, besonders deutlich und erlebbar. Allerdings gibt es eine ähnliche Trennung auch zwischen der evangelischen und der orthodoxen Kirche.

Trotz der vielen Konvergenz- und Konsenserklärungen, in denen in wesentlichen Fragen auch der Theologie des Abendmahls Übereinstimmung gefunden wurde, ist eine gemeinsame Feier des Herrenmahls noch immer nicht möglich, ja durch die römisch-katholische Kirche ausdrücklich ver-

24 Im Dialog über Glauben und Leben, 122 u.ö.

25 In der evangelischen Kirche ist der Begriff »Abendmahl«, in der römisch-katholischen Kirche der Begriff »Eucharistie« (oder auch »Messe«) üblich. In der ökumenischen Diskussion hat sich der Begriff »Herrenmahl« durchgesetzt.

boten worden. Dies gilt sowohl für die Teilnahme römisch-katholischer Christen am Abendmahl in der evangelischen Kirche als auch für die Teilnahme evangelischer Christen an der römisch-katholischen Eucharistie. Dies ist in einem Lande, in dem es viele konfessionsverschiedene Ehen und Familien gibt, für viele unverständlich. Mehr und mehr wird die Verweigerung der Zulassung getaufter Christen zum gemeinsamen Abendmahl als begründungsbedürftig empfunden, nicht die Zulassung. Während des Ökumenischen Kirchentages in Berlin im Jahre 2003 haben zwei römisch-katholische Priester sichtbar und öffentlich dem kirchlichen Verbot zuwider gehandelt, durch eine offene Einladung zur Eucharistie sowie durch Teilnahme an einer evangelischen Abendmahlsfeier.

In der Regel aber wird das Verbot stillschweigend umgangen, aber es bleibt ein Verbot, das nur im Falle unmittelbarer Lebensgefahr eine Ausnahme zulässt, und auch dies nur für evangelische Christen und nur unter bestimmten Bedingungen.

Eine gemeinsame Feier des Herrenmahls wäre heute, nach Jahrhunderten der Trennung, *das* Ziel der Ökumene. Es wäre vor allem eine im Gottesdienst zu feiernde »Erfahrungstatsache« und von viel größerer Bedeutung für den Glauben und das Leben als noch so viele »gemeinsame Erklärungen«. Hier wird in der Tat deutlich, dass Ökumene in der gottesdienstlichen Gemeinschaft zu ihrem Ziel kommt. Die Sehnsucht und die Ungeduld sind groß. Der akademischen Theologie wird nicht mehr viel zugetraut. Ihr wird vorgeworfen, dass sie immer neue Hindernisse auf dem Weg zur Gemeinsamkeit aufbaut.

Doch erinnern wir uns: Auch zwischen Lutheranern und Reformierten gab es Jahrhunderte lang kein gemeinsames Abendmahl. Erst 1947 wurden in Deutschland theologische Gespräche über die Lehre vom Abendmahl angeregt. Die »Arnoldshainer Abendmahlsthesen« von 1957 waren das Ergebnis, doch sie blieben ohne Auswirkung auf die Praxis. Die reformatorischen Kirchen erklärten erst in der »Leuenberger Konkordie« von 1973 einen differenzierten Konsens in der Abendmahlsfrage und gewährten einander Kanzel- und Abendmahlsgemeinschaft.

Verglichen mit dieser ökumenischen Langsamkeit innerhalb des Protestantismus, sind die bilateralen Gespräche über das Abendmahl auf der Ebene des Lutherischen Weltbundes und der römisch-katholischen Kirche in erfreulich kurzer Zeit zu einer weitgehenden Übereinstimmung gelangt. Immerhin waren hier größere Hindernisse zu überwinden als zwischen Lutheranern und Reformierten.

2.1 »Das Herrenmahl« (1978). In dem Bericht der römisch-katholischen und evangelisch-lutherischen Kommission über das Herrenmahl von 1978 heißt es:

»Die gemeinsamen Erkenntnisse und Überzeugungen erfüllen uns mit Hoffnung; vieles von dem, was früher entzweite, ist von beiden Seiten behoben worden, und noch verbleibende Differenzen befinden sich innerhalb eines Bereichs der Gemeinsamkeit. Gegensätzliche Positionen, die der vollen Glaubens- und Eucharistiegemeinschaft entgegenstehen, müssen erkannt, markiert und gezielt angegangen werden, um das Trennende zu erkennen und zu überwinden« (Nr. 47).[26]

In der Frage der *eucharistischen Gegenwart Christi* (Realpräsenz) bekennen in diesem Dokument beide Seiten »die wahre und wirkliche Gegenwart des Herrn in der Eucharistie« (Nr. 48). Unterschiede bestehen allerdings in den theologischen Aussagen über die *Art und Weise* der Realpräsenz und hinsichtlich ihrer *Dauer.* Die katholische Kirche lehrt die Realpräsenz des ganzen Christus durch die *Transsubstantiation* (Wesensverwandlung), d.h. die Umwandlung der Substanz (= des Wesens) des Brotes und des Weines in die Substanz des Leibes und Blutes Christi. Die Akzidentien (= äußere Erscheinungsform) von Brot und Wein bleiben bestehen. *Luther* hat in dieser Lehre von der Transsubstantiation Philosophie gesehen und sie als »Vernünftelei« abgelehnt. Wichtig war ihm die Wirkmacht des Wortes Christi »Das ist mein Leib, das ist mein Blut«. Er spricht statt dessen von der durch *Christi Wort* gewirkten Gegenwart des Leibes und Blutes Christi in, mit und unter Brot und Wein (*Kon*substantiation, nicht Transsubstantiation). »Die lutherische Tradition bejaht mit der katholischen Tradition, dass die konsekrierten Elemente nicht schlechthin Brot und Wein bleiben, sondern kraft des schöpferischen Wortes als Leib und Blut Christi geschenkt werden« (Nr. 51).

In der Frage der Dauer der eucharistischen Gegenwart treten die Unterschiede auch in der liturgischen Praxis zutage. Nach der katholischen Lehre »schenkt der Herr seine eucharistische Gegenwart über den Vollzug des Sakraments hinaus, solange die Gestalten von Brot und Wein bestehen« (Nr. 52). Darum auch die eucharistische Anbetung. Für die Lutheraner ist dies eine unzulässige Trennung vom Mahlgeschehen.

Ein weiteres Problem stellt das *eucharistische Opfer dar.* Katholiken und Lutheraner bekennen gemeinsam, dass Jesus Christus im Abendmahl gegenwärtig ist als das Opfer, das dargebracht wurde und nicht wiederholt werden kann. »Wohl aber kann und soll es je neu in der Mitte der Gemeinde wirksam werden« (Nr. 56). Aber über Art und Maß dieser Wirkung gibt es zwischen ihnen »unterschiedliche Deutungen«. Nach katholischer Lehre wird in jeder Eucharistie durch Christus »ein wirkliches und eigentliches Opfer darge-

26 Der gesamte Text in: *H. Meyer/ H.J. Urban/ L. Vischer (Hg.),* Dokumente wachsender Übereinstimmung, Bd. 1. Sämtliche Berichte und Konsenstexte interkonfessioneller Gespräche auf Weltebene 1931-1982, Paderborn/ Frankfurt am Main 1983, 271-295.

bracht« (Nr. 57, im Anschluss an das Konzil zu Trient). Evangelischerseits befürchtet man, das Verständnis der Eucharistie als Sühnopfer stelle die Einzigkeit und Vollgenügsamkeit des Kreuzesopfers und damit vor allem die alleinige Heilsmittlerschaft Christi in Frage.

In der Frage der *eucharistischen Kommunion* sind Lutheraner und Katholiken der Auffassung, dass das Abendmahl wesenhaft Gemeinschaftsmahl ist. In den Messen ohne Gemeinde (»Privatmessen«) wird ein Brauch gesehen, der der Einsetzung durch den Herrn nicht entspricht. In der Kommunion sind die Gestalten von Brot und Wein darzureichen, also auch der Kelch. Die Unterschiede in der Lehre und Praxis haben aber keinen kirchentrennenden Charakter.

In der Frage des *eucharistischen Dienstamtes*, dem heute noch größten Problem zwischen den beiden Konfessionen, sind in dem Dokument von 1978 bemerkenswerte Übereinstimmungen erzielt worden. Lutheraner und Katholiken sind der Überzeugung, dass zur Eucharistie »die Leitung des kirchlicherseits bestellten Dieners« gehört. Nach katholischer Lehre ist die Eucharistie nur dann gültig, wenn sie unter einem Bischof oder durch den von ihm Beauftragten vollzogen wird. Es gibt keine Eucharistiefeier ohne einen gültig geweihten Bischof oder Priester. Auch nach lutherischer Lehre wird der eucharistische Gottesdienst vom ordinierten Pfarrer geleitet. Das kirchliche Amt ist eine göttliche Stiftung, auch wenn die Ordination nicht als Sakrament bezeichnet wird. Von ihm zu unterscheiden ist das »allgemeine Priestertum« aller Gläubigen. Der Dialog zwischen beiden »Traditionen« (!), so heißt es abschließend, habe in der Frage des Amtes »bereits beachtliche Konvergenzen feststellen können«. »Sie betreffen das Verständnis von Grund und Funktion des Amtes sowie die Weise der Amtsübertragung durch Handauflegung und unter Anrufung des Heiligen Geistes. Auf Grund dieser Feststellungen wurde die Möglichkeit einer gegenseitigen Anerkennung der kirchlichen Ämter *zur ernsthaften Prüfung* vorgeschlagen« (Nr. 68).

Katholiken und Lutheraner bekennen, dass Jesus Christus alle, die mit ihm in der Eucharistie verbunden sind, auch untereinander verbindet. Eine gemeinsame Mahlfeier von Katholiken und Lutheranern sei zwar untersagt, »jedoch kann zur katholischen Eucharistiefeier *wegen ausreichender Gründe* (propter rationes sufficientes) der Zutritt gestattet werden« (Nr. 72, unter Hinweis auf das Ökumenische Direktorium des Einheitssekretariates I, Nr. 55).

2.2 Die Enzyklika »Ecclesia de Eucharistia« (2003). Fünfundzwanzig Jahre später, kurz vor dem Ökumenischen Kirchentag in Berlin (2003), hat *Papst Johannes Paul II.* in seiner Enzyklika *Ecclesia de Eucharistia*[27] darauf hingewiesen, dass die Feier der Eucharistie *Ausdruck* der Gemeinschaft ist und nicht ihr Ausgangspunkt. Die Eucharistie drücke sowohl auf der unsichtbaren als auch auf der sichtbaren Ebene das Band der kirchlichen Gemeinschaft aus. Die enge Beziehung zwischen der unsichtbaren und sichtbaren Ebene der kirchlichen Gemeinschaft sei konstitutives Merkmal der Kirche. »Nur in diesem Zusammenhang ist die Feier der Eucharistie rechtmäßig und die Teilnahme an ihr wahrhaftig« (Nr. 35). Es sei darum ein großer Widerspruch, wenn das Sakrament der Einheit der Kirche nicht in Gemeinschaft mit dem Bischof gefeiert werde, der ja »das sichtbare Prinzip und Fundament der Einheit« ist (Nr. 39).

Eine gemeinsame Feier der eucharistischen Liturgie sei nicht möglich, bevor die Bedingungen der vollen Gemeinschaft, nämlich die Übereinstimmung im Glaubenbekenntnis, in den Sakramenten und im kirchlichen Leitungsamt, nicht wiederhergestellt seien. »Eine solche Konzelebration[28] wäre kein gültiges Mittel, sondern könnte sich sogar als ein Hindernis für das Erreichen der vollen Gemeinschaft erweisen ... Der Weg zur vollen Einheit kann nur in der Wahrheit beschritten werden. Das Verbot durch das kirchliche Gesetz lässt in dieser Frage keinen Raum für Unklarheiten ...« (Nr. 44). Damit ist auch jede Zwischenlösung, die der wachsenden Übereinstimmung in wichtigen Lehrfragen und der bereits bestehenden ökumenischen Gemeinschaft Rechnung trägt, etwa die Einladung an konfessionsverschiedene Ehepaare und Familien, kompromisslos ausgeschlossen.

2.3 »Abendmahlsgemeinschaft ist möglich«. Gleichwohl hat der Rat der EKD die Enzyklika wenige Tage später mit einer Einladung an alle Christen zum Abendmahl beantwortet. In seiner Erklärung heißt es:

> »Christus selbst ist der Einladende. Diese Einladung ist wichtiger als alle konfessionellen Unterschiede im Amtsverständnis. Um dieser Einsicht willen sind zum evangelischen Abendmahl alle getauften Christen eingeladen, die nach der Ordnung ihrer eigenen Kirche zum Abendmahl zugelassen sind. Gerade für Christen, die in konfessionsverschiedenen Ehen zusammenleben, ist das eine dringend gebrauchte und ersehnte Gelegenheit, in der Feier des Abendmahls nicht weiter getrennt zu bleiben.

27 *Sekretariat der Deutschen Bischofskonferenz (Hg.),* Verlautbarungen des Apostolischen Stuhls, Nr. 159.

28 Konzelebration ist die gemeinsame Leitung eines Abendmahlsgottesdienstes durch zwei konfessionsverschiedene Geistliche. Dabei ist die volle gegenseitige Anerkennung der Ämter vorausgesetzt.

Die evangelische Kirche spricht diese Einladung ohne alle Aufdringlichkeit aus. Sie bedrängt damit die Gewissen derer nicht, die im Gehorsam gegen ihre eigene Kirche von der eucharistischen Gastfreundschaft, die ihnen gewährt wird, keinen Gebrauch machen möchten.«

Die Erklärung fügt unter Bezugnahme auf die kurz zuvor veröffentlichte Enzyklika des Papstes hinzu:

»Die Heilige Schrift enthält keine Gründe dafür, die Gültigkeit des Abendmahls an ein Weihepriestertum in apostolischer Sukzession zu binden. Im evangelischen Abendmahlsgottesdienst leiten ordinierte Pfarrerinnen und Pfarrer die Feier des Heiligen Abendmahls in einer biblisch klar begründeten und verantworteten Form und stehen darin in Treue zu den Aposteln. Das Abendmahl können alle empfangen, die als getaufte Christen die Teilhabe an der Gegenwart Christi in Brot und Wein begehren. Jeder evangelische Abendmahlsgottesdienst trägt deshalb ökumenischen Charakter.«

Der Rat der EKD hat gleichzeitig eine »Orientierungshilfe zu Verständnis und Praxis des Abendmahls in der evangelischen Kirche« unter dem Titel *»Das Abendmahl«* vorgelegt.[29] In ihr werden die biblische Begründung sowie die theologischen Probleme des Abendmahlsverständnisses dargelegt. Außerdem werden Empfehlungen in konkreten praktischen Fragen gegeben, z.B. wie häufig soll das Abendmahl gefeiert werden?, was geschieht mit den Elementen nach dem Gottesdienst?, dürfen Kinder am Abendmahl teilnehmen?, dürfen Ungetaufte am Abendmahl teilnehmen?, dürfen evangelische Christen an einer römisch-katholischen Eucharistie teilnehmen?

Gleichzeitig haben das vom Lutherischen Weltbund eingerichtete »Zentrum für ökumenische Studien« in Straßburg, das »Institut für ökumenische Forschung« an der Tübinger katholisch-theologischen Fakultät und das evangelische »Konfessionskundliche Institut« in Bensheim eine gemeinsame Studie mit dem Titel *»Abendmahlsgemeinschaft ist möglich. Thesen zur Eucharistischen Gastfreundschaft«* vorgelegt.[30]

Die drei Institute sehen in den bereits vorliegenden Ergebnissen der ökumenischen Dialogkommissionen eine ausreichende theologische Basis für die Gewährung eucharistischer Gastfreundschaft. Sie plädieren für differenzierte Lösungen. Es gebe z.B. Situationen, in denen die Nichtteilnahme am Abendmahl der anderen Konfession ein größerer geistlicher Affront wäre als die Teilnahme. Wo Christinnen und Christen als einzelne oder als Gemeinden tatsächlich ökumenische Gemeinschaft leben, sollten die kirchlichen

29 Gütersloh 2003.
30 Vgl. Anm. 16.

Amtsträger die Gastfreundschaft beim Abendmahl nicht verweigern. Pfarrern und Priestern solle die erforderliche pastorale Entscheidungskompetenz zugestanden werden. »In pastoraler Hinsicht treten wir dafür ein, dass unter den Bedingungen gelebter ökumenischer Gemeinschaft die Kirchen die öffentliche Einladung – und nicht nur Zulassung oder Duldung – an den Tisch des Herrn aussprechen. Die begrenzte Zulassung, wie sie in einigen Diözesen bereits praktiziert wird, ist ein erster Schritt zur eucharistischen Gastfreundschaft« (74).

Religionspädagogische und -didaktische Überlegungen. »Es gibt kaum ein anderes Gebiet christlichen Lebens und christlicher Frömmigkeit, auf dem so viel gestritten und gelitten, so viel gelehrt und gespalten, so viel geglaubt und verzweifelt wurde, als Verständnis und Praxis des Abendmahls.«[31] RU und ökumenisches Lernen können darum dieses Thema nicht umgehen, auch nicht mit dem Argument, Ökumene wolle nicht gelehrt, sondern gelebt werden.

Eine Einführung in Verständnis und Praxis des Abendmahls findet in der Regel im Kirchlichen Unterricht und nicht im RU statt. Doch sollte der RU an Themen wie Kommunion, Firmung, Konfirmation nicht vorbeigehen. Gottesdienst und Messfeier sind die zentralen Vollzüge des christlichen Glaubens. In ihnen manifestieren sich die Kirchen sichtbar in ihren Unterschieden, aber auch in ihrer Einheit. Ökumenisches Lernen im RU wird immer wieder auch auf dieses Thema oder auf einzelne Aspekte dieses Themas stoßen, besonders dann wenn das Thema »Evangelisch und Katholisch« oder »Ökumene« explizit gemacht wird. Gerade an diesem Beispiel zeigt sich, dass Themen aus dem Bereich der ökumenischen Theologie nicht mehr ausschließlich in einem konfessionell differenzierten, sondern vielmehr in einem konfessionell-kooperativen bzw. ökumenischen RU sachgemäß bearbeitet werden können.

3. Aufbaukurs B
(insbes. Sekundarstufe II)

Seminar: *Die Lehre von der Rechtfertigung*

Über die Aussagen des Apostolischen Glaubensbekenntnisses gibt es keinen Streit mit dem Papst, erklärt *Martin Luther* in den »Schmalkaldischen Artikeln« von 1537. Wohl aber gebe es Streit mit ihm über das Werk Christi:

31 Das Abendmahl. Eine Orientierungshilfe (Anm. 20), 7.

»Dass Jesus Christus, unser Gott und Herr, sei *um unserer Sünde willen gestorben und um unserer Gerechtigkeit willen auferstanden* (Röm 4,25) und dass er allein *das Lamm Gottes ist, das der Welt Sünde* trägt (Joh 1,29) und dass *Gott unser aller Sünde auf ihn gelegt hat* (Jes 53,6), ebenso: *Sie sind allzumal Sünder und werden ohne Verdienst gerecht aus seiner Gnade durch die Erlösung Jesu Christi in seinem Blut* (Röm 3,23–25). Weil nun solches muß geglaubt werden und sonst mit keinem Werk, Gesetz oder Verdienst erlangt oder gefaßt werden kann, so ist es klar und gewiß, dass allein solcher Glaube uns gerecht mache, wie es in Röm 3,26 heißt. Paulus spricht: *Wir halten, dass der Mensch gerecht werde ohne Werke des Gesetzes durch den Glauben*, und: *Auf dass er* [= Gott] *allein gerecht sei und gerecht mache den, der da ist des Glaubens an Jesus* (Röm 3,26).« Luther fährt fort: »Von diesem Artikel kann man nicht weichen oder nachgeben, es falle Himmel und Erde und was nicht bleiben will ... Und auf diesem Artikel stehet alles, was wir gegen den Papst, Teufel und Welt lehren und leben ...«

Das römisch-katholische *Konzil von Trient* (1545 – mit Unterbrechungen – bis 1563) hat sich ausführlich mit dem reformatorischen Rechtfertigungsverständnis auseinander gesetzt, ihm »die wahre und gesunde Lehre von der Rechtfertigung« entgegengesetzt und schließlich in 33 Lehrsätzen (canones) Luthers Lehre in der Form des »Wer behauptet, ... der sei ausgeschlossen« verurteilt.

Ein evangelisch-lutherischer/römisch-katholischer Dialog über die Rechtfertigung rührt an einen Gegensatz, der die eigentliche Ursache der Reformation wie der Kirchenspaltung ist.

Andererseits ist für die reformatorischen Kirchen in Europa, die sich zur *»Gemeinschaft Evangelischer Kirchen in Europa«* (»Leuenberger Kirchengemeinschaft«) zusammengeschlossen haben, das gemeinsame Verständnis des Evangeliums begründet in einem gemeinsamen Verständnis der Rechtfertigung. Die Rechtfertigungsbotschaft ist für sie »die Botschaft von der freien Gnade Gottes«. Die dem Sünder von Gott zugesprochene Gerechtigkeit ist die Gerechtigkeit in Jesus Christus. Dieser Botschaft hält Kanon 9 des Trienter Konzils (1547) entgegen:

»Wer behauptet, dass der sündige Mensch durch den Glauben allein (sola fide) gerechtfertigt werde, und darunter versteht, dass nichts anderes erfordert werde, wodurch er mitwirkt zur Erlangung der Rechtfertigungsgnade (quo ad iustificationis gratiam consequendam cooperetur), und dass es in keiner Weise notwendig sei, sich durch die eigene Willenstätigkeit zuzurüsten und zu bereiten, der sei ausgeschlossen« (Denzinger 819).

Frage 60 des *Heidelberger Katechismus* von 1563 scheint darauf zu antworten:

»*Wie bist du gerecht vor Gott?*

Allein durch wahren Glauben
an Jesus Christus,
also dass,
ob mich schon mein Gewissen anklagt,
dass ich wider alle Gebote Gottes
schwerlich gesündigt
und derselben keines je gehalten habe,
auch noch immerdar zu allem Bösen geneigt bin,
doch Gott,
ohne all mein Verdienst,
aus lauter Gnade,
mir die vollkommene Genugtuung,
Gerechtigkeit und Heiligkeit Christi schenkt
und zurechnet,
als hätte ich nie eine Sünde
begangen noch gehabt
und selbst all den Gehorsam vollbracht,
den Christus für mich hat geleistet,
wenn ich allein solche Wohltat
mit gläubigem Herzen annehme.«

Lassen sich diese beiden Positionen miteinander »versöhnen«? Dies ist einer der Grundfragen der ökumenischen Theologie.

Die kurz nach Abschluss des Zweiten Vatikanischen Konzils gebildete evangelisch-lutherische/römisch-katholische Studienkommission *»Das Evangelium und die Kirche«* hat auch das Problem der Rechtfertigungslehre behandelt. In ihrem 1972 vorgelegten sog. Malta-Bericht wird als Ergebnis des Dialogs festgehalten:

»Heute zeichnet sich in der Interpretation der Rechtfertigung ein weitreichender Konsens ab. Auch die katholischen Theologen betonen in der Rechtfertigungsfrage, dass die Heilsgabe Gottes für den Glaubenden an keine menschlichen Bedingungen geknüpft ist. Die lutherischen Theologen betonen, dass das Rechtfertigungsgeschehen nicht auf die individuelle Sündenvergebung beschränkt ist, und sehen in ihm nicht eine rein äußerlich bleibende Gerechterklärung des Sünders. Vielmehr wird durch die Rechtfertigungsbotschaft die im Christusgeschehen realisierte Gottesgerechtigkeit dem Sünder als eine ihn umfassende Wirklichkeit übereignet und dadurch das neue Leben der Glaubenden begründet.«[32]

32 Dokumente wachsender Übereinstimmung (Anm. 26), Bd. 1, 255.

Weitere Kommissionsberichte seien hier nur genannt: »Kirche und Rechtfertigung« (1994),[33] »Rechtfertigung durch den Glauben« (1983),[34] »Lehrverurteilungen – kirchentrennend?« (1986).[35]

Diese Dialoge über ein gemeinsames Verständnis der Rechtfertigung und ihre Ergebnisse sind nicht sonderlich beachtet worden, auch nicht von der akademischen Theologie. Ganz anders verhält es sich mit der zwischen dem Lutherischen Weltbund und dem Sekretariat für die Einheit der Christen von 1994 bis 1999 erarbeiteten »Gemeinsamen Erklärung zur Rechtfertigungslehre« (= GER).[36] Das Ergebnis wurde teils euphorisch als Meilenstein der Ökumene gefeiert, teils abgelehnt, bes. durch Professoren der evangelisch-theologischen Fakultäten in Deutschland. In der Sache selbst versteht sich der äußerst knappe Text der GER als Bilanz und Zusammenfassung der bisherigen Dialogberichte und Stellungnahmen.

Die GER will keineswegs eine völlige Übereinstimmung im Verständnis der Rechtfertigung darstellen, sondern »einen Konsens in Grundwahrheiten der Rechtfertigungslehre«, der allerdings nicht geringe Unterschiede in der Entfaltung des gemeinsamen Verständnisses enthält.

Der Konsens drückt sich wohl am einfachsten in folgendem Satz aus: »Gemeinsam bekennen wir: Allein im Glauben an die Heilstat Christi, nicht aufgrund unseres Verdienstes, werden wir von Gott angenommen und empfangen den Heiligen Geist, der unsere Herzen erneuert und uns befähigt und aufruft zu guten Werken« (GER Nr. 15; vgl. Annex 2). Durch das »und« zwischen »angenommen« und »empfangen« werden Rechtfertigung und Heiligung, Glaube und Liebe oder –wie *Luther* in seiner Schrift »Von der Freiheit eines Christenmenschen« ausführt –Freiheit und Dienst (»Knechtschaft«) unterschieden und eng miteinander verknüpft.

Dieser Satz und gewiss auch eine Reihe ähnlicher Sätze zeigen, wie sehr beide Konfessionen im Verständnis der Rechtfertigung übereinstimmen. Hier wird deutlich: Ziel der Ökumene ist nicht eine Einheitstheologie, sondern eine *»versöhnte Verschiedenheit«*, ein *»differenzierter Konsens«*. So fällt auf,

33 *Gemeinsame römisch-katholische/evangelisch-lutherische Kommission (Hg.),* Kirche und Rechtfertigung. Das Verständnis der Kirche im Licht der Rechtfertigungslehre, Paderborn/ Frankfurt am Main 1994.

34 Lutherisch/römisch-katholischer Dialog in den USA: Rechtfertigung durch den Glauben (1983), in: *H. Meyer/ G.Gaßmann (Hg.),* Rechtfertigung im ökumenischen Dialog, Dokumente und Einführung, Frankfurt am Main, 1987, 107-200.

35 *K. Lehmann/W. Pannenberg (Hg.),* Lehrverurteilungen – kirchentrennend?, Bd. I, Freiburg i.Br./ Göttingen [2]1987, 35-75.

36 Der Text z.B. in: Die Gemeinsame Erklärung zur Rechtfertigungslehre. Alle offiziellen Dokumente vom Lutherischen Weltbund und Vatikan. Texte aus der VELKD Nr. 87/1999.

dass ein »allein aus Gnade« und »allein durch Christus« gemeinsam formuliert werden konnte, nicht aber das genuin lutherische »allein aus Glauben«. In Nr. 18 des Dokuments wird die Rechtfertigung »ein unverzichtbares Kriterium« genannt. Also, so kann man folgern, gibt es daneben noch weitere unverzichtbare Kriterien. Welche aber sind diese? So wird man fragen. Leider wird auch den unterzeichnenden lutherischen Kirchen in einer Fußnote bescheinigt, dass sie nur nach ihrem eignen Selbstverständnis, nicht aber auch für die römisch-katholische Kirche »Kirchen« sind. Konsequenzen aus dem gemeinsamen Verständnis der Rechtfertigung für die Lehre von der Kirche, vom Amt und vom Abendmahl ergeben sich also in diesem Dokument nicht. Immerhin erkennt die römisch-katholische Kirche mit diesem Dokument an, dass in den lutherischen Kirchen die apostolische Lehre vom Heil und folglich die apostolische Überlieferung bewahrt worden ist.

Teil 4 der GER beschreibt sieben klassische Problemfelder der Rechtfertigungslehre, z.B. das Verhältnis von Rechtfertigung, Glaube, Liebe und Hoffnung (Nr. 25-27), das Zugleich von Sündersein und Gerechtfertigtsein (Nr. 28-30) und die Heilsgewissheit (Nr. 34-36). Hier findet sich auch das lutherische »allein durch den Glauben« (Nr. 26), allerdings lediglich zur Beschreibung des lutherischen, nicht des neuen gemeinsamen Verständnisses der Rechtfertigung. Gemeinsam bekennen beide Seiten, »dass der Sünder durch den Glauben an das Heilshandeln Gottes in Christus gerechtfertigt wird; dieses Heil wird ihm vom Heiligen Geist in der Taufe als Fundament seines ganzen christlichen Lebens geschenkt. Der Mensch vertraut im rechtfertigenden Glauben auf Gottes gnädige Verheißung, in dem die Hoffnung auf Gott und die Liebe zu ihm eingeschlossen sind« (Nr. 25). In den Glauben sind Hoffnung und Liebe »eingeschlossen«.

Die reformatorische Formel »Rechtfertigung allein durch Glauben« gehört also nicht zum gemeinsamen Bekenntnis, wohl aber die Formel vom Glauben, in den Hoffnung und Liebe eingeschlossen sind. Sodann werden nacheinander das lutherische und das katholische Verständnis des Verhältnisses von Glaube und Rechtfertigung beschrieben. Im lutherischen Verständnis werden Rechtfertigung und Erneuerung (= Hoffnung und Liebe) von einander unterschieden, aber nicht getrennt. Für das katholische Verständnis ist Rechtfertigung »fundamental«. Der Mensch wird durch die Taufe gerechtfertigt (also nicht »allein durch Glauben«). Doch dieses Fundament bedarf der Ergänzung durch Hoffnung und Liebe, also durch die Werke. »Die Rechtfertigung des Sünders ist Sündenvergebung und Gerechtmachung durch die Rechtfertigungsgnade ... In der Rechtfertigung empfangen die Gerechtfertigten von Christus Glaube, Hoffnung und Liebe und werden so in die Gemeinschaft mit ihm aufgenommen ... Wenn nach katholischem Verständnis die Erneuerung des Lebens durch die Rechtfertigungsgnade betont wird, so ist diese Erneuerung in Glaube, Hoffnung und Liebe immer auf die grundlose Gnade Gottes angewiesen und leistet keinen Beitrag zur Rechtfertigung, dessen wir uns vor Gott rühmen könnten (Röm 3,27)« (Nr. 27).

Ziel der Ökumene ist aber auch für die GER – wie für die Leuenberger Konkordie –, wie es in der »Gemeinsamen offiziellen Feststellung« heißt, die »volle Kirchengemeinschaft«, »eine Einheit in Verschiedenheit ..., in der verbleibende Unterschiede miteinander *versöhnt* würden und keine trennende Kraft mehr hätten«. Ob die GER einen wesentlichen Schritt in Richtung auf eine Kirchengemeinschaft in versöhnter Verschiedenheit darstellt, wird die Zukunft zeigen. Es bleibt freilich der Verdacht, dass beide Seiten unter »voller Kirchengemeinschaft« und »Einheit in Verschiedenheit« etwas anderes verstehen und die ökumenischen Zielvorstellungen unterschiedlich weit in die Zukunft gerichtet sind.

Religionspädagogische und -didaktische Überlegungen.[37] Die Lehre von der Rechtfertigung fordert in besonderer Weise die didaktisch-hermeneutische Kompetenz der RL heraus. Die *Sache* der Rechtfertigung hängt allerdings nicht vom *Begriff* der Rechtfertigung ab. So wird im NT die Sache auch anders ausgedrückt: Jesus heilt Kranke, er macht Blinde sehend, er verkündigt die frohe Botschaft, die kommende Herrschaft Gottes. Er hält Tischgemeinschaft mit den Sündern, er lädt zum Festmahl ein. Die Pharisäer und Schriftgelehrten erheben den Vorwurf: »Dieser nimmt die Sünder an und isst mit ihnen« (Lk 15,2). Im Gleichnis vom Pharisäer und Zöllner (Lk 18,9–14) betet der Pharisäer im Tempel: »Ich danke dir, Gott, dass ich nicht bin wie die anderen Leute, Räuber, Betrüger, Ehebrecher oder auch wie dieser Zöllner. Ich faste zweimal in der Woche.« Der Zöllner aber steht ferne, schlägt an seine Brust und spricht: »Gott, sei mir Sünder gnädig!« Jesus aber sagt vom Zöllner: »Dieser aber ging gerechtfertigt in sein Haus, nicht jener.« Das Finden des verlorenen Schafs, des verlorenen Silbergroschens, das Verhalten des Vaters gegenüber dem verlorenen Sohn, das alles ist Rechtfertigung, Annahme des Menschen durch Gott ohne eine Vorbedingung oder Auflage. Sie ist Thema des RU in der Grundschule.

37 Vgl. auch den Artikel »Rechtfertigung« in: *R.Lachmann/G.Adam/W.H.Ritter,* Theologische Schlüsselbegriffe. Biblisch-systematisch-didaktisch (TLL1), Göttingen 1999, 277-292 (dort Hinweise auf weitere didaktische Literatur), sowie *R. Lachmann,* Grundsymbole christlichen Glaubens. Eine Annäherung, Göttingen 1992, 87-106 (dort das Grundsymbol »Rechtfertigung und Vollendung«).

In der Sek I und II kann das Thema vertieft und erweitert werden. Der Horizont des göttlichen Gerichts, der bei *Paulus und Luther* im Begriff der Rechtfertigung immer mitschwingt, kann heute nicht mehr vorausgesetzt werden. Er sollte auch nicht zur Vorbedingung der Rechtfertigungsbotschaft gemacht werden. Dieser Horizont existiert in anderer Weise. Jeder Mensch ist auf Anerkennung und Annahme angewiesen, und es gibt Instanzen, die ihm Anerkennung und Annahme verweigern, sie von Bedingungen und Leistungen abhängig machen oder sie ihm vorbehaltlos zusprechen. Oft sind nicht zuletzt wir selbst es, die uns nicht anerkennen und annehmen können. Wir setzen uns unter einen ungeheuren Rechtfertigungsdruck. Dem entspricht auch in unserer Gesellschaft die Tendenz, bestimmten Menschen die volle Würde ihrer Person abzusprechen. Im Licht der biblischen Rechtfertigungsbotschaft kommt jedem Menschen von Gott her eine Würde zu, die ihm nicht genommen werden kann, die ihm Staat und Gesellschaft auch nicht großzügig gewähren, wohl aber respektieren können. Auch der Schwache, der Fremde, der Verbrecher hat eine solche unantastbare Würde. Die westliche Wertegemeinschaft basiert gerade auf diesem Menschenbild, das seinerseits in der biblischen Rechtfertigungsbotschaft verankert ist.

Dass Gott den Menschen bedingungslos annimmt, schließt die dankbare Liebe dieses Menschen und seine Verantwortung in der Welt nicht aus, sondern ein. *Luther* hat dies durch das biblische Bild vom guten Baum und den guten Früchten (Mt 7,17) anschaulich ausgedrückt.

In der genauen Bestimmung des Verhältnisses von Rechtfertigung, Glaube und Liebe gibt es zwischen der lutherischen und der katholischen Kirche weiterhin Unterschiede. Die katholische Seite betont die Mitarbeit des Menschen im Prozess der Rechtfertigung, während die Lutheraner um des Geschenkcharakters der Rechtfertigung willen diese Mitarbeit ausschließen. Diese in der GER zum Ausdruck kommende Differenz kann unter günstigen Bedingungen auch im RU des Gymnasiums behandelt werden, am besten konfessionell-kooperativ und unter Berücksichtigung lebenspraktischer Konsequenzen.

D Hilfen für das Studium

An welchen *Lehrveranstaltungen* soll ich teilnehmen? In den Empfehlungen der Gemischten Kommission wird die religionspädagogische Kompetenz einheitlich für alle Lehramtsstudiengänge der Evangelischen Theologie beschrieben als »Fähigkeit zur kundigen Auseinandersetzung mit anderen konfessionellen, religiösen und weltanschaulich-philosophischen Lebens-

und Denkformen im Blick auf Gesprächs- und Kooperationsfähigkeit«. Aber auch der angestrebte konfessionell-kooperative RU verlangt solide konfessionskundliche und ökumenische Grundkenntnisse.

Für alle Studiengänge, von der Grundschule bis zum Gymnasium, schlagen die »Empfehlungen« folgende drei Teilgebiete und Themenzusammenhänge aus dem Bereich der ökumenischen Theologie vor:

- Die Ökumenische Bewegung – Geschichte und theologische Grundfragen;
- Konzepte des ökumenischen Lernens;
- Die römisch-katholische Kirche als ökumenische Partnerin.[38]

Mindestens eines dieser drei Themen sollten Sie im Verlauf Ihres Studiums studieren, Studierende des Lehramts an Gymnasien mindestens zwei Themen. Für die spätere religionspädagogische Praxis sind Grundkenntnisse über »die römisch-katholische Kirche als ökumenische Partnerin« sowie über die Ökumene am Ort, in Deutschland und in Europa unerlässlich. Dies gilt entsprechend auch für Studierende des Lehramts für Katholische Theologie.

Eine gute Möglichkeit gemeinsamen Lernens, der Begegnung und der Wahrnehmung der jeweils anderen Konfession ist ein bikonfessionell geleitetes und zusammengesetztes Seminar. Es kann durch eine Wochenendfreizeit ergänzt werden. Als Themen bieten sich an: Maria in katholischer und evangelischer Sicht; das Abendmahl in katholischer und evangelischer Sicht; was bedeutet die Lehre von der Rechtfertigung für uns heute?

38 Im Dialog über Glauben und Leben, 86, 102, 112, 122, 134, 147.

Literatur

R. Frieling, Der Weg des ökumenischen Gedankens. Eine Ökumenekunde (= Zugänge zur Kirchengeschichte, Bd. X), Göttingen 1992

Kirchenamt der EKD (Hg.), Ökumenisches Lernen. Grundlagen und Impulse. Eine Arbeitshilfe der Kammer der EKD für Bildung und Erziehung, Gütersloh 1985

R. Lachmann/G. Adam/W. H. Ritter, Theologische Schlüsselbegriffe. Biblisch-systematisch-didaktisch (TLL 1),Göttingen 1999

R. Lachmann/H. Gutschera/J. Thierfelder, Kirchengeschichtliche Grundthemen. Historisch-systematisch-didaktisch (TLL 3), Göttingen 2003

H. Meyer u.a. (Hg.), Dokumente wachsender Übereinstimmung, Bd. 1: Sämtliche Berichte und Konsenstexte interkonfessioneller Gespräche auf Weltebene 1931-1982, Paderborn/Frankfurt am Main 1983; Bd. 2: Sämtliche Berichte und Konsenstexte interkonfessioneller Gespräche auf Weltebene 1982-1990, Paderborn/Frankfurt am Main 1992; Bd. 3: Sämtliche Berichte und Konsenstexte interkonfessioneller Gespräche auf Weltebene 1990-2001, Paderborn/Frankfurt am Main 2004

P. Neuner, Ökumenische Theologie. Die Suche nach der Einheit der christlichen Kirchen, Darmstadt 1997

P. Neuner/B. Kleinschwärzer-Meister, Kleines Handbuch der Ökumene, Düsseldorf 2002

H. Schütte, Ziel: Kirchengemeinschaft. Zur ökumenischen Orientierung, Paderborn ²1985

Aktuelle ökumenische Texte sind in der Regel im Internet abrufbar, z.B. unter folgenden Adressen:

www.ekd.de (Evangelische Kirche in Deutschland)
www.dbk.de (Deutsche Bischofskonferenz, für die römisch-katholische Kirche)
www.oekumene-ack.de
(Arbeitsgemeinschaft Christlicher Kirchen in Deutschland, e.V.)

IX. Religionswissenschaft

Johannes Lähnemann

Im Blick auf das Studium der Religionen haben sich die Perspektiven innerhalb von zwei Generationen vollkommen gewandelt. Wer in den 60er Jahren des 20. Jahrhunderts sein Studium aufnahm, brachte aus der Schulzeit allenfalls vereinzelte Hobby-Kenntnisse mit. Auch im Studium der Theologie und der Religionspädagogik blieben die Religionen ein Randgebiet. Nichtchristliche Religionen waren etwas Fernes, man sprach von »Fremdreligionen«. Das Wissen über sie war, wenn man sich darum bemühte, ein Bücherwissen. Religionswissenschaft als Disziplin erschien in weiten Teilen vorrangig historisch und philologisch orientiert.

Wer in Deutschland im 21. Jahrhundert mit dem Studium beginnt, ist den Weltreligionen häufig schon als lebendigen Realitäten begegnet: durch muslimische Mitschülerinnen und Mitschüler, durch Behandlung nichtchristlicher Religionen im Religions- oder Ethikunterricht, durch vielfältige Darstellungen in den Medien, durch Lektüre in einem plural gewordenen religiösen Büchermarkt, durch Reisen in Länder mit den verschiedensten Kulturtraditionen, gelegentlich auch durch Erfahrungen mit Meditationsangeboten östlicher Religionen bei sich selbst oder im Freundeskreis.

Über diese persönlichen Erfahrungsebenen hinaus gehört eine Grundorientierung in der Welt der Religionen zum notwendigen Zukunftswissen: Viele Weltvorgänge sind ohne Kenntnisse in diesem Feld nicht zu verstehen. Nicht nur, dass es nahezu keinen Konflikt, keinen Krieg oder Bürgerkrieg ohne religiöse bzw. weltanschauliche Implikationen gibt (s. *Hans Küngs* eingängige These: »Kein Friede unter den Nationen ohne Friede unter den Religionen«). Auch positiv sind die Religionsgemeinschaften als sinnvermittelnde Instanzen, als Anwälte der Ehrfurcht vor dem Leben, eines solidarischen Miteinanders und eines wahrhaftigen und toleranten Dialogs gefragt und gefordert.

Wer sich aus christlicher Perspektive mit der Welt der Religionen auseinander setzt, gerät auch in Spannungsfelder. Sie können im echten Sinne »spannend« sein, aber auch als Aporien empfunden werden und in die Verunsicherung führen: Lassen sich Wahrheitsanspruch und Toleranz, Mission und Dialog in Einklang bringen? Wie ist das in Jesus Christus offenbarte Heil Gottes im Verhältnis zu den Heilshoffnungen und -angeboten in anderen Religionen zu sehen? Ist Dialog möglich, der nicht vermischt und nicht problematisch abgrenzt, der falsche Vorurteile überwindet, Gemeinsames entdeckt und Unterschiede ehrlich aufzeigt; der reflektiert, ob, wo und wie es zu gemeinsamem Handeln kommen kann?

Ein Spannungsfeld ist auch die Gegenüberstellung des vermeintlich »eigentlichen« Wesens der Religionen und ihrer konkreten Erscheinungsformen: Hier begegnet man sowohl einer einseitigen Innensicht (im Eigentlichen ist unsere Religion friedlich, human, emanzipatorisch; die problematischen Erscheinungsformen entstehen durch Entfernung von den Ursprüngen, fanatische Auslegungen, politischen Missbrauch) als auch einer einseitigen Außensicht (die Religionen seien immer wieder die Wurzel zu Unfrieden, Inhumanität, neurotischen Störungen). Einseitige Sichtweisen aber werden der Komplexität der Religionen und ihrer Wirkungen nicht gerecht.

Auch in diesen Fragen bedürfen Religionslehrerinnen und Religionslehrer einer Grundorientierung, bei der die nötigen Differenzierungen erschlossen werden und bei der – gemäß dem Motto der EKD-Denkschrift zum Religionsunterricht (»Identität und Verständigung«)[1] – Positionalität und Offenheit verantwortet in Beziehung gesetzt werden.

A Sach- und Überblickswissen

Global gesehen haben wir es vor allem mit zwei großen »Religionswelten« zu tun, die *Helmuth von Glasenapp* die »Religionen des ewigen Weltgesetzes« und die »Religionen der geschichtlichen Gottesoffenbarung« nennt.[2] Die ersteren sind östlich, die letzteren westlich vom Hindukusch entstanden. Religionen des ewigen Weltgesetzes nennt v. Glasenapp die östlichen Religionen, weil nach ihnen die Welt ewig ist; sie hat keinen ersten Anfang und kein definitives Ende, sondern erneuert sich unaufhörlich in wechselndem Entstehen und Vergehen. Dem Kreislauf der Welten entspricht ein Kreislauf der Wiedergeburten der Menschen wie auch der belebten und unbelebten Natur. Es können Gottheiten dabei eine Rolle spielen, es kann aber auch ein unpersönliches Prinzip herrschen, dem alles folgt. Diese Grundvorstellungen finden sich im Hinduismus und Buddhismus, aber auch in Konfuzianismus und Taoismus.

1 Identität und Verständigung. Standort und Perspektiven des Religionsunterrichts in der Pluralität. Eine Denkschrift der Evangelischen Kirche in Deutschland, Gütersloh 1994.

2 *H.v. Glasenapp,* Die 5 Weltreligionen, München [11]1991, 9f.

In Judentum, Christentum und Islam (und ebenso in der im 19. Jahrhundert entstandenen Baha'i-Religion) herrscht dagegen die Vorstellung von der einen Welt, ins Leben gerufen durch den einen (personalen!) Gott und Schöpfer, der größer ist als alle Vorstellungen von ihm, der sich aber dem Menschen (als Höhepunkt der Schöpfung) zuwendet, ihm seine Gebote gibt und ihn am Ende, das die Welt einmal haben wird, zur Rechenschaft zieht. In der Zeitspanne zwischen Weltschöpfung und Weltende läuft der historische Prozess der Weltgeschichte, in dem jeder einzelne Mensch seinen einmaligen Ort hat. Dieses lineare Denken verleiht dem Einzelnen – gegenüber den zyklischen Vorstellungen der östlichen Religionen – ein besonderes Gewicht.

Blickt man auf jede der genannten Religionen, so erfährt man jeweils eine Vielfalt, die sich schwer fassen lässt – durch die Unterschiedlichkeit der Offenbarungs- bzw. Erkenntnisquellen, die Mannigfaltigkeit des Kultus, die sich entwickelt hat, verschiedene Lehrmeinungen und Überzeugungen, die sich in bestimmten geschichtlichen Konstellationen herausgebildet haben. Religionen haben Kulturen geprägt (und oft auch Politik und Wirtschaft), und sie sind umgekehrt davon geprägt worden. Die Frage des Inders, dem wir sagten, wir wollten in Indien den Hinduismus kennen lernen – »Haben Sie vor, mit einem Becher den Ozean auszutrinken?« – gilt für die Welt der Religionen insgesamt. Insofern kann es im Folgenden nur darum gehen, einen ersten Geschmack dieses Ozeans zu vermitteln, der zu einem weiteren Erkunden und Eintauchen in diese Welt einlädt.

Wenn im Folgenden erste Zugänge zu den vier großen Religionen Judentum, Islam, Hinduismus und Buddhismus – als Religionen mit besonders großer geschichtlicher und weltweiter Wirkung – eröffnet werden, bleibt das Defizit, dass auch die chinesischen Traditionen (Konfuzius, Lao-Tse usw.) der Berücksichtigung bedürften, dass in Indien neben dem Hinduismus auch der Jainismus und der Sikhismus beheimatet sind, dass das Baha'i'tum eine eigenständige neuzeitliche Religion darstellt und dass die sog. »Naturreligionen« bzw. indigenen Religionen (einschließlich des Shintoismus in Japan) gegenwärtig neu ihre Relevanz erweisen. Auch hier kann nur eingeladen werden, selbst auf weitere Entdeckungsreisen zu gehen.[3]

3 S. hierzu etwa das Bertelsmann Handbuch »Religionen der Welt«, *hg.v. M. u. U. Tworuschka*, Gütersloh 1992 bzw. München 1996 oder die »Kleine Bibliothek der Religionen«, *hg. v. A.T. Khoury*, Freiburg 1995, auch als preiswerte Sonderausgabe 2003.

1. Gott und das Volk Israel – das Judentum

»Höre, Israel! Jahwe, unser Gott, Jahwe ist einzig. Darum sollst du Jahwe, deinen Gott, lieben mit ganzem Herzen, mit ganzer Seele und mit ganzer Kraft. Diese Worte, auf die ich dich heute verpflichte, sollen auf deinem Herzen geschrieben stehen. Du sollst sie deinen Söhnen wiederholen. Du sollst von ihnen reden, wenn du zu Hause sitzt und wenn du auf der Straße gehst, wenn du dich schlafen legst und wenn du aufstehst. Du sollst sie als Zeichen um das Handgelenk binden. Sie sollen zum Schmuck auf deiner Stirn werden. Du sollst sie auf die Türpfosten deines Hauses und in deine Stadttore schreiben.

Und wenn der HERR, dein Gott, dich in das Land führt, von dem du weißt: er hat deinen Vätern Abraham, Isaak und Jakob geschworen, es dir zu geben ...: nimm dich in Acht, dass du nicht den Herrn vergisst, der dich aus Ägypten, dem Sklavenhaus, geführt hat.« (5 Mose/Dtn 6,4ff.)[4]

Dieser Abschnitt führt in die Mitte des Judentums hinein: in seinen strengen Monotheismus, in die tiefe Verbundenheit mit Gott, die Liebe zu ihm, die sich auch in vielen Bräuchen und Riten und der Kleidung eines orthodoxen Juden ausdrückt. Die Worte weisen auch auf die Verheißung des Landes, die auf Gottes Versprechen an die Stammväter Abraham, Isaak und Jakob zurückgeführt wird. Und sie erinnern an die Anfangsgeschichte Israels, die als Befreiungsgeschichte aus der Sklaverei erfahren wurde. Wenn Jesus das »Höre, Israel« zitiert und das Gebot der Gottesliebe als größtes Gebot verknüpft mit dem Gebot »Du sollst deinen Nächsten lieben wie dich selbst« aus 3 Mose/Lev 19,18 (Mk 12,29–31), so liegt das in der Linie der Grundgebote des Judentums, bei der der Jahwe-Glaube zentral verbunden ist mit ethischen Verpflichtungen.

So gehört im Judentum zum Glauben an den einen, einzigen Gott in besonderem Maße das Leben mit der eigenen Geschichte (mit ihren vielfältigen Höhen und Tiefen), die im Festkreis des Jahres immer wieder erinnert wird, mit der Verheißung des Landes, mit der Tora als heiliger Schrift und ihrer Auslegung im Talmud, mit dem Halten des Sabbats und der Beschneidung als Kennzeichen der Zugehörigkeit zum Volke Israel, mit der lebendigen Kultur und dem lebendigen Brauchtum der Religion und seiner schon in frühen Zeiten hoch entwickelten Ethik mit vielen sozialen Bezügen.

Wie der *Festkreis des Jahres* mit der *Geschichte Israels* verbunden ist, wird besonders sichtbar beim Passafest (hebräisch Pesach): Die Erinnerung an den Exodus, die Herausführung aus Ägypten, wird in einer Verbindung

4 Ich folge hier der evangelisch-katholischen Einheitsübersetzung der Bibel. Hinter dem schon bei Martin Luther mit HERR wiedergegebenen Gottesnamen steht das hebräische »Jahwe«, das im Judentum aus Ehrfurcht zumeist nicht ausgesprochen wird.

von Hausgottesdienst, Familienfeier und Festmahl vergegenwärtigt: mit dem Wegschaffen des Sauerteigs, der Symbolisierung des Passahlammes durch einen gerösteten Knochen, dem Vortragen der Erzählung vom Auszug aus Ägypten durch den Hausvater, der damit auf die Frage des Jüngsten antwortet: »Wodurch unterscheidet sich diese Nacht von allen anderen?« Die Erfahrung von Errettung und Bewahrung kommt auch im Chanukka- und im Purim-Fest zur Geltung: die Errettung aus der Gefahr der Verfolgung im Purim-Fest, das an das mutige Eintreten der jüdischen Königin Esther beim König Ahasveros (Xerxes) gegen den Judenfeind Haman erinnert (es wird besonders von Kindern in malerischer Verkleidung gefeiert); beim Chanukka-Fest bezieht man sich auf die Wiedereinweihung des Tempels im Jahr 164 v. Chr. nach der heidnischen Entweihung durch den Seleukidenkönig Antiochos Epiphanes: Täglich wird ein Licht mehr am achtarmigen Chanukkaleuchter entzündet, mit Hilfe des 9., des »Dienstlichts«. Beim Laubhüttenfest (hebräisch Sukkot) verbringen fromme Juden in der Festwoche viele Stunden in Laubhütten, feiern damit Erntedank, rufen aber auch die Zeit der Wüstenwanderung wach, in der die Israeliten in Notbehausungen lebten. Besonders festreich ist der Monat Tischri (September/Oktober) mit dem Neujahrsfest (Rosch ha Schana), dem Versöhnungstag (Jom Kippur), dem Laubhüttenfest und dem Fest der Gesetzesfreude (Simchat Tora). Rosch ha Schana und Jom Kippur gelten dabei als besonders hohe und ernst zu feiernde Feste, bei denen an Gottes Gericht, sein Urteil über die Menschen und die nötige Umkehr gedacht wird, u.a. mit Fasten und Beten. Die Treue zu den Traditionen und ihre Vergegenwärtigung in den Festen, im Gottesdienst in den Synagogen und im häuslichen Feiern haben einen zentralen Stellenwert im Judentum.

Hierher gehört besonders auch die Achtung und das intensive Studium der Tora, der »Weisung« bzw. »Lehre«, die auf die durch Mose empfangene Offenbarung am Sinai zurückgeführt wird und in den »5 Büchern Mose« enthalten ist. Sie beinhalten mit den 10 Geboten (weiter entfaltet in 605 zusätzlichen Pflichten) den Willen Gottes und bilden die Grundlage des jüdischen Glaubenslebens. In 54 Wochenabschnitten werden sie während eines Jahres in den Synagogen vollständig gelesen. Das Nachdenken über die Tora (s. Psalm 1) ist fester Bestandteil jüdischer Identität und konkretisiert sich in einer breiten Tradition der Auslegung, Kommentierung und Aktualisierung. Sie bietet sich konzentriert im Talmud (= Lehre) dar, der als palästinensischer bzw. babylonischer Talmud im 4. bis 6. Jahrhundert n. Chr. zusammengestellt wurde, aber in Teilen schon als »mündliche Tora« bei der Ursprungsoffenbarung am Sinai verankert wird. Wenn von »Theologie« im Blick auf das Judentum geredet werden kann, dann konkretisiert sich dies vornehmlich im »Nachsinnen«, Differenzieren und Aktualisieren des

»Gesetzes«. Die Sorgfalt auch des äußeren Umgangs mit der Tora – mit den im Tora-Schrein aufbewahrten Tora-Rollen und ihrer liturgisch geregelten Verwendung im Gottesdienst – ist genuiner Bestandteil jüdischer Frömmigkeitspraxis und drückt die große Ehrfurcht vor dem Wort Gottes aus.

Zwei Merkmale des Judentums, die sich die Geschichte hindurch konstant gehalten haben und zu seinem Selbstverständnis genuin hinzugehören, sind die Beschneidung der männlichen Neugeborenen und – den ganzen Lebensrhythmus betreffend – die Feier des Sabbats. Die Beschneidung am 8. Tag eines männlichen Neugeborenen wird auf den Abrahambund zwischen Gott und seinem Volk zurückgeführt (1 Mose 17,9–14); ihr folgt im Lebensrhythmus die Bar Mizwa (= »Sohn der Pflicht«)-Feier für die 13-Jährigen, die die Jungen zu vollwertigen Gemeindegliedern macht (in manchen, bes. liberalen jüdischen Gemeinden gibt es auch eine Bat Mizwa-Feier für die 12-jährigen Mädchen).

Der Sabbat ist ein zentrales Gebot des Dekalogs (2 Mose 20,7–11); es wird in ihm besonders ausführlich entfaltet und erhält seine Dignität bereits durch die Schöpfung, an deren siebten Tag Gott – nach der priesterschriftlichen Schöpfungsdarstellung – ruhte (1 Mose 2,2f.). Die vielfältigen Bräuche und Ordnungen des Sabbats – vorbereitet schon am Freitag, am Abend begrüßt mit dem Entzünden der beiden Sabbatkerzen durch die Frau des Hauses – geben dem Tag eine Festlichkeit und Herausgehobenheit, die als großes Geschenk Gottes an sein Volk empfunden wird und die das Judentum weltweit verbindet.

»Theologie«, das ist im Judentum vor allem die Reflexion der heilsamen Ordnungen, die Gott im Gesetz gegeben hat und die im jüdischen Selbstverständnis nicht als Last, sondern als hilfreiche Leitung zu einem Gott wohlgefälligen Leben verstanden werden. Sie wird in besonderem Maße von den »Schriftgelehrten«, den Rabbinen, betrieben, die es schon bei den Pharisäern zur Zeit Jesu gab, unter die aber auch Jesus selbst gerechnet wurde.

Zu diesem Jahrhunderte, ja Jahrtausende geübten Umgang mit der Tora gehört auch die früh und hoch entwickelte Ethik des Judentums, die etwa im Schutz des Fremden, in den Regelungen für Witwen und Waisen eine starke soziale Komponente aufweist und mit dem Sabbatjahr, das nicht nur Sklaven Befreiung bringt, sondern in der Anordnung für das Ruhen des Ackerlandes, seines Gebrauches durch die Armen und das Wild des Feldes eine ökologische Dimension hat (s. 2 Mose 23,10ff.).

Nach einer langen Geschichte im Verhältnis von Judentum und Christentum, die neben einzelnen Phasen kultureller Befruchtung und wechselseitiger Achtung immer wieder von Ausgrenzungen der Juden, von Pogromen und zuletzt vom Holocaust überschattet ist, ist es in der zweiten Hälfte des 20. Jahrhunderts in zahlreichen Vorstößen und Dialogen zu einer weitgehenden Neubesinnung und Neuordnung im Verhältnis von Christentum und Judentum gekommen. Dazu gehört die Bemühung um ein neues Verständnis des Judentums als Mutterreligion des Christentums, der Gestalt Jesu als tief im Judentum wurzelnder Persönlichkeit und eine produktive Bearbeitung der Belastungen, aber auch der positiven Berührungspunkte in der Geschichte.

Zu einem verantwortungsvollen Studium der Religionen gehört sowohl die Begegnung mit dem Judentum als lebender Religion in seiner unverwechselbaren Ausprägung (und auch in seiner Vielfalt orthodoxer, konservativer, reformerischer und liberaler Richtungen) als auch die Wahrnehmung der geschichtlichen Prägungen und der gemeinsamen Zukunftsaufgaben gegenüber allen Formen von Antisemitismus und Rassismus wie auch der (unerledigten) Friedensaufgaben für das Heilige Land.

2. Rechtleitung für ein Gott wohlgefälliges Leben – der Islam

1 Im Namen Gottes, des Erbarmers, des Barmherzigen.
2 Lob sei Gott, dem Herrn der Welten,
3 dem Erbarmer, dem Barmherzigen,
4 der Verfügungsgewalt besitzt über den Tag des Gerichtes.
5 Dir dienen wir, und Dich bitten wir um Hilfe.
6 Führe uns den geraden Weg,
7 den Weg derer, die Du begnadet hast,
die nicht dem Zorn verfallen und nicht irregehen.[5]

Diese berühmte »eröffnende« Sure des Koran (Al Fatihah), die zu jedem rituellen Gebet gehört, führt mitten hinein in das Selbstverständnis des Islam – mit dem Lob des souveränen und erhabenen, aber ebenso erbarmenden und barmherzigen Gottes,[6] mit der Bitte um seine Hilfe und Rechtleitung, in der Hoffnung auf seine Gnade und der Bewahrung vor einem Abirren vom rechten Weg.

5 Übertragung der 1. Sure aus: Der Koran, übers. v. *A. T. Khoury,* unter Mitwirkung v. *M. S. Abdullah,* Gütersloh 1987.

6 Allah ist die allgemeine arabische Bezeichnung für Gott; sie wird auch von den arabischen Christen gebraucht.

»Islam« heißt »Hingabe an den Willen Gottes«, und »Muslim« ist der in den Willen Gottes Ergebene. Dem dient das ganze »theologische« Nachdenken im Islam, vor allem aber die Anleitung zu einer frommen und ethisch verantwortlichen Lebenspraxis in der großen, weltweiten muslimischen Gemeinde, der Umma.

Die zentrale Quelle hierfür ist der Koran, das auf Mohammed herabgesandte, unverfälschte Wort Gottes. Es wird gültig interpretiert durch das Lebensbeispiel des Propheten Mohammed (das deswegen für jedes Studium des Islam einen wichtigen Stellenwert hat), aufbewahrt in den Hadithen, den Überlieferungen über sein Reden und Verhalten.

Auf den Koran beziehen sich nicht nur Imame und Rechtsgelehrte, sondern auch Politiker und Wirtschaftsführer in islamischen Staaten oft in unmittelbarer Weise. Er hat nach muslimischer Auffassung die Wahrheiten der heiligen Bücher der Juden und Christen in sich vereinigt und zur Vollendung geführt. Er zeigt in einfacher und klarer Weise, wie gottergebenes Leben Gestalt gewinnen kann. Da sind einmal die *sechs* grundlegenden *Glaubensartikel*

- der Glaube an die Einheit, Einzigartigkeit und Einzigkeit Gottes (dem man nichts – auch keinen »Sohn« – beigesellen darf!),
- der Glaube an Gottes Engel (als Gott untertane, reine Geschöpfe),
- der Glaube an die Bücher Gottes (die im Koran ihre von Gott seit Ewigkeiten vorbedachte, endgültige Fassung erhalten haben),
- der Glaube an die Propheten (zu denen u.a. Abraham/Ibrahim, Mose/Musa, David/Dawud, Jona/Junus, Jesus/Isa und schließlich Mohammed als das ›Siegel der Propheten‹ gehören),
- der Glaube an das Leben nach dem Tode,
- der Glaube an die göttliche Vorsehung.

Die gleiche, das Glaubensleben fast noch stärker prägende Bedeutung haben die fünf Hauptpflichten *(fünf Säulen)*

- das Bekenntnis: »Es gibt keinen Gott außer Gott. Mohammed ist sein Gesandter«,
- das fünfmalige tägliche Gebet (mit der Hinwendung nach Mekka und genau vorgeschriebenem Ritus),
- das Fasten im Monat Ramadan (in dem einst der Koran zur Rechtleitung der Menschen auf Mohammed herabgesandt wurde): Verbot von Essen und Trinken zwischen Sonnenaufgang und -untergang,

- das Almosen: eine Art Armensteuer, bei der wenigstens zweieinhalb Prozent der Einkünfte bzw. des Besitzes aller Vermögenden den Armen zugute kommen sollen,
- die Wallfahrt nach Mekka, die alle, die Mittel und Zeit dazu aufbringen können, wenigstens einmal im Leben unternehmen sollen.

Ein besonderes Kennzeichen dieser religiösen Pflichten ist, dass es sich jeweils um öffentliche, gemeinschaftliche Bekenntnishandlungen handelt. Das Bewusstsein, dass sie für die gesamte weltweite Gemeinschaft der Muslime gelten und überall nach den gleichen Grundregeln durchgeführt werden, verleiht ein besonderes Gefühl der Verbundenheit miteinander in der Hinwendung zu Gott, aber auch einer solidarischen und sozialen Zusammengehörigkeit. Ihre Einfachheit und Klarheit (bei denen es für viele Sonderfälle Erleichterungen gibt, auf einer über die Vorschrift hinaus gehenden Erfüllung aber auch der besondere Segen Gottes ruht) wird als Geschenk der Barmherzigkeit Gottes verstanden.

Von diesem Grundgerüst des islamischen Glaubens aus wird das ganze Leben in einer »vollkommenen Gesellschaftsordnung« erfasst und gestaltet: das individuelle Leben, das weder von Askese noch von Ausschweifung gekennzeichnet sein soll (deshalb das Verbot von Rauschmitteln, Schweinefleisch, unreinen Dingen), wie auch das soziale Leben, das von gegenseitiger Achtung und Verantwortung geprägt sein soll (deshalb z.B. das Verbot von Wucher, Übervorteilung, unmäßiger Ausbeutung der Schätze dieser Erde). – Juden und Christen werden dabei als Glaubensgemeinschaften, die eine heilige Schrift besitzen, (z.T. mit bestimmten Einschränkungen) anerkannt und erhalten traditionell in islamisch dominierten Staaten Grundgarantien für ihre Religionsausübung (wobei es in der Realität große Unterschiede zwischen Ländern mit grundsätzlich »westlichem« Recht wie der Türkei und einem Land wie Saudi Arabien mit einer strengen Form der »Sharia«, des islamischen Gesetzes, gibt).

Es wird von hier aus verständlich, warum Muslime in einer Minderheitensituation in eine Identitätskrise geraten können, wie das gegenwärtig verschiedentlich in Europa der Fall ist, wo ihr Glaube nicht gleichzeitig Grundlage des Gesellschaftssystems ist. Es gibt aber auch muslimische Theologen – in Bosnien, Österreich, Deutschland, Frankreich, Großbritannien –, die diese Situation neu zu deuten versuchen und den die Gesellschaftssysteme übergreifenden Charakter des muslimischen Gottesglaubens hervorheben.

Damit sind einige Grundzüge des Islam angedeutet. Zu einer vertieften Begegnung sind genauere Kenntnisse der Wurzeln des Islam, zum Weg Mohammeds, zur koranischen Theologie, zu den rituellen Regeln, zum islamischen Rechtssystem, zur kulturell bedeutungsvollen Geschichte des Islam und zur Entfaltung der islamischen Lebensordnung im Einzelnen, aber auch zur gegenwärtigen »Reislamisierung« vonnöten. Das Christentum wird in dieser Begegnung nach seinem eigenen Gottesglauben, nach der Bedeutung Jesu Christi, nach einer Bruderschaft mit allen Menschen gefragt, die jede imperiale Ausbeutung ausschließt. Aktuell sind insbesondere auch die Fragen des Zusammenlebens von Christen und Muslimen in Europa, die Fragen nach erlebter und gestalteter Nachbarschaft – in den Kommunen, den Schulen und den Gemeinden in einem weitgehend säkularisierten Kontext. Die Auseinandersetzung mit dem Missbrauch religiöser Überzeugungen für Terrorismus und Fanatismus und die aktive Beteiligung an der Gestaltung unserer pluralen, freiheitlichen Demokratie auf Dauer ist dabei Musliminnen und Muslimen ebenso aufgetragen wie allen anderen gesellschaftlichen Gruppierungen.

Das wirkliche theologische Gespräch, die Aufarbeitung von Vorurteilen, die Ansätze zu gemeinsamem Handeln stehen trotz vielfältiger Initiativen insgesamt erst am Anfang.

3. Sanathana Dharma – die »ewige Ordnung« in der Vielfalt des Hinduismus

»Ich nenne mich einen Sanatani Hindu, weil ich an die Veden, die Upanishaden... und alles, was zu den Hindu-Schriften gehört, glaube, und darum auch an *avataras* (d. h.: Herabkünfte der Gottheit) und an Wiedergeburt. Ich glaube an *varnashrama* (d.h.: die Ordnung der Kasten und der Lebensstadien) ... Ich glaube an den Schutz der Kuh in einem viel umfassenderen als dem üblichen Sinne. Ich verwerfe die Bilderverehrung nicht... Ich glaube, dass die Bibel, der Koran und der Zend-Avesta ebenso göttlich inspiriert sind wie die Veden.«[7]

Dieses Zitat von *Mahatma Gandhi* zeigt einerseits, dass wir im Hinduismus einer anderen »Religionswelt« begegnen im Gegenüber zu Judentum, Christentum und Islam; andererseits weist es bereits auf die religiöse Vielfalt der Hauptreligion Indiens hin und auf die Erfahrung, dass sie offen ist, die verschiedensten religiösen Traditionen aufzunehmen, positiv zu werten und zu integrieren.

7 *M. Gandhi,* Freiheit ohne Gewalt, übers. u. *hg. v. K. Klostermeier,* Köln 1968, 107.

Schon der Name Hinduismus ist eigentlich ungenau, da er nicht dem Selbstverständnis der indischen Hauptreligion entspricht, sondern von den Muslimen für die Bewohner des Indusgebietes gebraucht wurde, die nicht der Religion des Propheten angehörten.[8] Die Bezeichnung, die Hindus selbst für ihre Religion verwenden, ist Sanatana Dharma - das ewige Weltgesetz oder die »ewige Ordnung«. Sie verweist auf Grundmerkmale, in denen sich Hinduismus und Buddhismus vom Denken in den westlichen Religionen (Judentum, Christentum, Islam) vollkommen unterscheiden. Diese kommen in drei zentralen Lehren zum Ausdruck

- der Lehre von der Wiedergeburt (Samsara),
- der Lehre von der Wiedervergeltung (Karma) und
- der Lehre von dem Nicht-Sein als dem Zustand höchster Glückseligkeit (Moksha im Hinduismus, Nirvana im Buddhismus).

Im Unterschied zu den westlichen Religionen, für die das Leben eines jeden Menschen, einer jeden Kreatur einmalig ist und (außer beim Gottesgericht am Ende der Welt) nicht wiederkehrt, ist für Hinduismus und Buddhismus alles Leben eingespannt in einen unendlichen *Kreislauf des Entstehens und Vergehens*. Diesem Gesetz unterliegen alle Wesen der Welt: Teufel, Dämonen, Tiere und Menschen, ja selbst die Götter.

Miteinander verbunden sind die Wiedergeburten durch das *Gesetz des Karma*. Es besagt, dass jede Tat, jede Handlung vergolten wird; die gute Tat wird gut vergolten, die böse Tat wird mit Schlechtem vergolten - und zwar in diesem oder einem späteren Leben: Mein jetziges Wohlergehen hat seine Ursache in einem früheren guten Verhalten; mein jetziges schlechtes Ergehen hat ebenso seine Ursache in einem früheren schlechten Verhalten. Von hier aus ist es für den Hindu und Buddhisten auch leicht zu erklären, wieso es gegenwärtig guten Menschen schlecht und schlechten Menschen gut gehen kann: Das alles geht eben auf früheres Verhalten zurück.

Das höchste Erstrebenswerte für den Hindu und Buddhisten ist, das Ende des Kreislaufes der Wiedergeburten zu erreichen, dem Gesetz des immer neu Leben-Müssens zu entrinnen. *Moksha bzw. Nirvana* sind dabei nicht ein bloßes Nichts (im Sinne des Nihilismus), sondern als das Nicht-Sein die Auflösung alles leidvollen Lebens, die höchste Freiheit, die es geben kann.

8 Das Folgende in Aufnahme und Weiterführung von *J. Lähnemann*, Hinduismus, in: *W.C. Hinrich/M. Meyer-Blanck/G. Ruddat*, Evangelischer Taschenkatechismus, Rheinbach/Birnbach/Stuttgart [3]2002, 264-268.

Dieses »ewige Weltgesetz«, das sich über Jahrtausende durch alle Erscheinungsformen der großen fernöstlichen Religionen zieht, wird in den heiligen Schriften der Hindus, den Veden (= Wissen), die etwa von 1400–400 v. Chr. niedergeschrieben wurden, und vor allem in den Upanishaden (Texte philosophischer Dichtung), entfaltet. Das Wissen um dieses Gesetz und das hinter allen Erscheinungen stehende Absolute (= Brahman) kann dem Hindu-Leben eine Gelassenheit geben, die nicht aus der einen, gegenwärtigen Existenz alles Heil oder Unheil erwartet. Gleichzeitig wird auch das besonders achtungsvolle Verhältnis, das der Hindu aller nicht-menschlichen Kreatur entgegenbringen soll, verständlich, da diese ja den gleichen Gesetzen unterliegt wie die Menschen.

Die Schwierigkeiten, auf dem indischen Subkontinent kurzfristig gesellschaftliche Veränderungen zu erreichen, hängen u.a. hiermit, vor allem aber mit dem tiefen Eingewurzeltsein des Kastenwesens zusammen. Auf der anderen Seite hat eine so revolutionäre Gestalt wie die *Mahatma Gandhis* ihre Kraft aus eben den Grundlagen des Hinduismus geschöpft, der denkerische Weite, Toleranz und Selbstdisziplin zu seinen Kennzeichen zählt. Auch die Ordnung der Kasten interpretiert Gandhi in offener Weise:

»Die Einteilung bestimmt Pflichten, sie verleiht nicht Privilegien ... Alle sind dazu geboren, um der Schöpfung Gottes zu dienen – der *Brahmane* (= Kaste der Gelehrten/Priester) durch sein Wissen, der *Kshatriya* (= Kaste der Krieger, Politiker, Beamten) durch seine Kraft, der *Vaishya* (=Kaste der Kaufleute, Händler...) durch seine kommerziellen Fähigkeiten und der *Shudra* (= Kaste der Dienenden) durch körperliche Arbeit. Das heißt aber nicht, dass ein *Brahmane* nicht körperliche Arbeit verrichten oder sich und andere beschützen muss ... Andererseits kann den *Shudra* nichts daran hindern, sich all das Wissen zu erwerben, das er wünscht ...*Varnashrama* ist Selbstbeherrschung, Erhaltung und Einteilung von Energie...«[9]

»Theologie« ist im Hinduismus vor allem in der ständigen Neuinterpretation der religiösen Traditionen zu finden, wobei diese Neuinterpretation immer mit der Gestaltung der religiösen Praxis verbunden ist, wie etwa in den verschiedenen Ausprägungen des Yoga-Weges, der im eigentlichen Sinne nicht nur Körper- und Atemübungen umfasst, sondern einen Gesamtweg zur Erlösung beschreibt, zu dem Erkenntnis, Ethik, Übung und Meditation gleichermaßen gehören. Die Vielfalt der Lehren und Richtungen ist dabei kaum zu überschauen, wobei es durchaus bedeutende »Schulbildungen« gibt –

9 *M. Gandhi*, Freiheit ohne Gewalt, 107.

wie etwa im Gefolge des Mystikers *Ramakrishna* (1834–1886), der nicht nur die verschiedenen indischen Glaubensformen in sich vereinigt hatte, sondern zeitweise wie ein islamischer Heiliger lebte und u.a. auch eine Christusvision hatte. Auf ihn bezieht sich die von seinem Schüler *Vivekananda* (1863–1902) gegründete Ramakrishna-Mission, die nicht nur in Indien, sondern auch in Europa und Amerika durch ihre Sendboten (Swamis) Missionszentren bildete und eine wichtige Sozialarbeit betreibt.

Als drei wichtige Heilswege können Karma-Marga (der Weg der religiösen, heute auch ethischen Tat), Bhakti-Marga (der Weg der liebenden Hingabe an Gott) und Jnana-Marga (der Weg der Erkenntnis/Erleuchtung) gelten. Beim ersten spielt das rituelle Handeln, auch in der Verehrung der vielfältigen göttlichen Erscheinungen, um die der Hinduismus weiß, eine besondere Rolle; bei Bhakti-Marga steht die Hinwendung zu der einen Gottheit (meist Krishna) im Mittelpunkt, die kontinuierlich angerufen wird (z.B. in der Hare Krishna-Bewegung), während Jnana-Marga sowohl philosophisch ausgerichtet ist als auch in einem Übungsweg wie Yoga vollzogen wird. So verschieden diese Wege sind, sie können parallel oder ergänzend gegangen werden.

Das Phänomen eines »politischen Hinduismus« und »Kommunalismus«, das Indien und Hinduismus gleichsetzt und zu problematischen Abgrenzungen und religiösen Konflikten (besonders mit Muslimen) führt, hat sich in der zweiten Hälfte des 20. Jahrhunderts stark entwickelt. Es steht in Spannung zu der von den meisten indischen Denkern hervorgehobenen religiösen Toleranz des Hinduismus. Es sind vor allem machtbewusste politische Führer, die etwa christliche Mission als neokolonialistische Einmischung brandmarken, die Indien um seine religiös-nationale Identität bringe. Damit lassen sich leicht die Emotionen breiter Volksschichten aufrühren. Es gibt freilich gegenwärtig in allen großen Religionen Erscheinungsformen des Fanatismus und Exklusivismus, die mit dem Stichwort »Fundamentalismus« nur unzureichend gekennzeichnet sind und beim Studium der Religionen auch nüchtern in den Blick zu nehmen sind – ebenso wie die auf interreligiöse Verständigung gerichteten Gegenbewegungen, die es im Hinduismus ebenso gibt wie in Judentum, Christentum, Islam und Buddhismus.

Will man tiefer eindringen in das Wesen des Hinduismus, so wird man mit einer Differenzierung und Komplizierung rechnen müssen:[10] hinsichtlich der Erlösungsvorstellungen, die im Hinduismus herrschen, hinsichtlich der

10 Zum Folgenden vgl. *J. Lähnemann*, Zugänge zu den Weltreligionen, 436f.

Götterwelt (man spricht von nicht weniger als 360 Millionen Göttern im Hinduismus unter der obersten Götterdreiheit von Brahma als Weltschöpfer, Vishnu als Welterhalter, Shiva als Weltzerstörer und Welterneuerer), hinsichtlich der Kasten (die Wirklichkeit ist hier noch weit von Gandhis Idealvorstellung entfernt), hinsichtlich der Ordnung der Lebensstufen (die einem sinnvollen Lebensaufbau und der Vorbereitung einer besseren Wiedergeburt dienen sollen). Aber auch die Kontraste des modernen Indiens sind in den Blick zu nehmen: Hunger, Unterentwicklung, soziale Ungleichheiten einerseits, Bewegungen wie die hinduistische Ramakrishna-Mission (mit ihren Schulen, Waisenhäusern, Musterfarmen) oder die Gandhi-Friedensbewegung andererseits. Und schließlich ist der Erneuerungsimpuls für östliche und westliche Kultur zu bedenken, der aus dem Reformhinduismus hervorgeht. Dabei bedeuten weniger solche Bewegungen wie die (weitgehend verwestlichte) »Transzendentale Meditation« oder die (eher hinduistisch-orthodoxe) Krishna-Gesellschaft eine Herausforderung für das Abendland als vielmehr solche Reformer und Denker wie *Gandhi, Radhakrishnan, Aurobindo* oder der Versuch, einen Yoga für Christen zu entwickeln, wie es etwa der Benediktinerpater *Déchanet* unternommen hat.

4. Erwachen zur Erkenntnis der Leidüberwindung – der Buddhismus

»Zum Buddha nehme ich meine Zuflucht. Zur Lehre nehme ich meine Zuflucht. Zur Mönchsgemeinde nehme ich meine Zuflucht.« In diesem Gelübde, das ein Mönch bzw. eine Nonne bei der Aufnahme in die Mönchsgemeinde spricht, kommen Kernpunkte des Buddhismus deutlich zum Ausdruck. Konrad Meising kennzeichnet den Buddhismus mit Recht als Erlösungsreligion, Universalreligion, Weltreligion und Stifterreligion.[11] Dabei definiert er Religion als »das Streben nach außerweltlichem Heil«[12] (wodurch eine Religion nicht auf Theismus, wohl aber auf einen Transzendenzbezug festgelegt wird). Der Buddhismus hat mit seiner Botschaft nicht nur viele Teile Süd- und Ostasiens durchdrungen, sondern erweist seine Lebendigkeit und Attraktivität in einer zunehmenden Zahl buddhistisch orientierter Gruppen und Bewegungen im »Westen«. Der Gedanke einer religiösen Weltdeutung ohne notwendigen personalen Gottesbezug wirkt ebenso faszinierend, wie es die Möglichkeiten einer intensiven meditativen Praxis tun,

11 *K. Meisig,* Klang der Stille. Der Buddhismus (Kleine Bibliothek der Religionen I), Freiburg i.Br. 1995/2003, 9ff.

12 *K. Meisig,* aaO., 9.

alternative Formen des Kultes und ein anspruchsvoller ethischer Weg. Hinzu kommen die vergleichsweise offenen Formen einer Mitgliedschaft, das Fehlen eines Dogmengebäudes und (oft freilich nur vermeintlich) kultischer Strenge.

Das dreifache Mönchsgelübde kann dabei ein Leitfaden sein, sich dem Wesen des Buddhismus anzunähern.

Denn im Mittelpunkt des Buddhismus steht eine Erkenntnis, eine Erleuchtung, die einst dem historischen Buddha zuteil wurde und die durch die Zeiten hindurch in einer ungeheuren Vielfalt philosophischer und religiöser Richtungen gedeutet, entfaltet wurde und die Grundlage religiöser Praxis darstellt.

In Erzählungen von dem Buddha[13] (560–480 v. Chr., nach neueren Berechnungen möglicherweise später, aber jedenfalls vor dem Auftreten Alexanders des Großen) heißt es, dass dieser in seiner Jugend als Prinz gelebt habe und von allem Leid und Unheil abgeschirmt worden sei. Als er aber bei einer Ausfahrt einem Greis, einem Kranken, einem Leichnam und einem Asketen begegnete, habe ihn die Erkenntnis überfallen, dass alles Leben leidbedroht ist. Er sei in die Hauslosigkeit hinausgezogen, Asket geworden, habe aber nach einiger Zeit das Asketentum aufgegeben (da es Selbstzweck zu werden drohte und ihn an der Erleuchtung hinderte) und die Erlösung auf rein geistigem Wege gesucht. Diese sei ihm im siebten Jahr seiner Hauslosigkeit zuteil geworden. Er gewann dabei die Erkenntnis der *vier edlen Wahrheiten,* die den Mittelpunkt der buddhistischen Lehre darstellen:

(1) Die erste Wahrheit ist die Wahrheit vom *Leiden.* Hier liegt die Erkenntnis zugrunde, dass alle Wesen, nicht nur die Menschen, leiden. Denn alle Wesen sind der Vergänglichkeit unterworfen: dem Alter, der Krankheit und dem Tod. Wenn der Buddha dies erkannt hat, so führt das bei ihm nicht dazu, dass er der Welt überdrüssig wäre, sondern es führt umgekehrt zu einer starken Verbundenheit mit allem Lebendigen, zum Mitgefühl.

(2) Die zweite Wahrheit ist die Wahrheit von der *Entstehung des Leidens.* Der Grund für das Leiden liegt in der irrigen Meinung des Menschen, er wäre etwas Bestehendes, Bleibendes. Dadurch gerät er in Widerspruch zur Umwelt, die ihm durch ihre Veränderungen immer wieder zum Feind wird. Sie fügt ihm Schmerzen zu und entreißt ihm das Angenehme. In Wirklichkeit aber fügt der Mensch sich selbst das Leid zu. Er ist es ja, der an etwas hängt oder vor etwas anderem flieht. Der Grund für das Leid ist das Verlangen des Menschen und sein Widerwille. Beides zusammen wird als sein Haften, seine Gier oder insbesondere auch als sein Lebensdurst bezeichnet.

13 ›Buddha‹ ist der Ehrentitel des Siddharta Gautama und heißt ›Der Erwachte‹.

(3) Die dritte Wahrheit ist die Wahrheit von der *Aufhebung des Leidens:* Es ist die Unterdrückung der Gier durch gänzliche Leidenschaftslosigkeit – das Aufgeben, das Zurückweisen, das Fahrenlassen, das Nichtbeherbergen dieser Gier, das schließlich zum Nirvana – zum Erlöschen, Vergehen – führen kann.

(4) Die vierte Wahrheit ist die Wahrheit vom Wege zur *Aufhebung des Leidens.* Das Leid kann nur durch persönliche Anstrengungen aufgehoben werden. Der Weg zu dieser Aufhebung ist der edle *achtfache Pfad.* Zu ihm gehört 1. das Wissen um die eigene Vergänglichkeit und das Wissen der vier Wahrheiten, 2. der Wille, das Leid zu überwinden, das Nirvana zu erreichen, 3. rechtes Reden – dass man nämlich wahrheitsgetreu, höflich, angenehm, hilfreich redet, 4. rechtes Handeln – dass man nicht tötet, nicht stiehlt, sondern auf das Wohl der Mitmenschen bedacht ist, 5. dass man einen rechten Beruf ausübt und enthaltsam ist, 6. dass man sich recht anstrengt, 7. dass man sich der Vergänglichkeit, der Unvollkommenheit bewusst bleibt und schließlich 8. dass man die rechte Versenkung zu üben weiß. Dies ist eine Konzentration, die meist von einem Objekt oder Gedanken ausgeht und durch verschiedene Stufen bis zum Nirvana führt.

Die einzelnen Schritte des achtfachen Pfades gehören zusammen. Kein Mensch kann ihn gleich vollkommen gehen. Der Erlösung Suchende schraubt sich also langsam von unten herauf, jeweils so weit, wie es seine Vorbedingungen – sein Karma – erlauben.

Über vierzig Jahre lang durchzog der Buddha das nordöstliche Indien und verbreitete seine Lehre durch Zwiegespräche und Predigten. Er sammelte eine Gemeinde von Mönchen um sich, sprach aber ebenso Laien an, die die sittlichen Gebote seiner Lehre in Beruf und Familie zu verwirklichen versuchten, aber auch eingeladen waren, für begrenzte Zeit am Leben der Mönche teilzunehmen.[14] Besonders beeindruckend ist beim Buddha – ähnlich wie bei Jesus – die vollkommene Übereinstimmung von Leben und Lehre. Dass es ihm gelungen ist, durch strenge Zügelung der Sinne alle Begierden, alle Gefühle von Zorn und Hass und alle Verblendung in sich zu ertöten, wird von allen Texten übereinstimmend berichtet. Dennoch erachtet er nicht seine Person, sondern seine *Lehre* als das Entscheidende. Nicht durch die Verehrung seiner Person, sondern durch das Begehen des acht-

14 Der Buddha war ein Kritiker der starken Abgrenzung der Kasten in Indien voneinander. Seine Anhänger kamen aus den verschiedensten Schichten: neben Brahmanen gab es z.B. einen Fischer, einen Kuhhirten, einen Straßenkehrer, ja sogar einen ehemaligen Räuber.

fachen Pfades ist die Erleuchtung zu erlangen. Deshalb ist das »Rad der Lehre«, das sich immer weiter bewegt und die Lehren von der Erleuchtung überall hinträgt, das eigentliche Symbol des Buddhismus geworden.

Faszinierend ist, dass es dieser Lehre gelang, sich ohne Gewaltanwendung in der gesamten asiatischen Welt auszubreiten. Dass sie dabei die vielfältigsten Erscheinungsformen angenommen hat – in Verbindung mit den Kulturen so unterschiedlicher Länder wie China, Japan, Thailand, Tibet und der Mongolei – darf nicht verwundern.

Von »Theologie« ist beim Buddhismus explizit noch weniger zu reden als beim Hinduismus: Über »Göttliches« wird im Theravada-Buddhismus (der »Lehre der Älteren«) kaum reflektiert, während es im später herausgebildeten Mahayana-Buddhismus immerhin zu einer gottheitlichen Verehrung des Buddha und buddhagleicher Gestalten kommt. Es gibt aber eine ungeheuer vielfältige, auf unterschiedliche Kulturen und Adressatenkreise bezogene Entfaltung der buddhistischen Lehre und kultischen Praxis. Dabei spielt das (in der Tradition in vieler Hinsicht typisierte und legendarisch ausgeschmückte) Lebensbeispiel des Buddha ebenso eine wichtige Rolle wie die Erkenntniswege, die das »Entstehen in Abhängigkeit« reflektieren und die Erzählungen, die die Vergeblichkeit des Anhaftens an Vergänglichem drastisch klarmachen.

Will man ein differenzierteres Bild von dieser Weltreligion gewinnen, so muss man sich die Grundstrukturen ihrer Lehre vor Augen führen, Grundlinien ihrer Geschichte kennen, eine Vorstellung von den Hauptrichtungen des Theravada-(oder Hinayana-)Buddhismus (»Lehre der Älteren«, die streng den Weg der Erlösung aus eigener Kraft verfolgt) und des Mahayana-Buddhismus (»Großes Fahrzeug« – im Unterschied zu »Hinayana« = »Kleines Fahrzeug«, das um der Erlösung möglichst vieler willen wieder Konturen einer Erlösungsreligion annimmt) haben und insbesondere auch um die gegenwärtige Herausforderung durch eine Bewegung wie den Zen-Buddhismus wissen, der als Meditationsweg gerade auch von christlichen Klöstern, Gruppen und vielen Einzelnen beschritten wird.

Dass der Buddhismus – entgegen den Grundlehren des Buddha – wie jede Religion fanatisch-politisch missbraucht werden kann, zeigen Vorgänge im Bürgerkrieg in Sri Lanka ebenso wie etwa das Wirken der AUM-Sekte in Japan.

Auf der anderen Seite sind entscheidende Impulse zur interreligiösen Friedensarbeit gerade von buddhistischer Seite ausgegangen, wofür der *Dalai Lama* als geistliches Oberhaupt der Tibeter ebenso ein Beispiel ist wie *Nikkyo Niwano,* der Gründer der in Japan beheimateten buddhistischen

Laienbewegung Rissho Kosei Kai (»Gesellschaft zur Aufrichtung von Gerechtigkeit und Freundschaft«), der zu den Vätern der »Weltkonferenz der Religionen für den Frieden« (jetzt: *Religions for Peace*) gehört, die – 1970 erstmals in Kyoto zusammengetreten – gegenwärtig in allen Erdteilen wirkt, wenn auch noch in sehr unterschiedlicher Intensität. Zu erwähnen ist auch die Bewegung des »engaged buddhism« (oder Buddhismus mit kleinem »b« – wie er von *Sulak Sivaraksa,* dem thailändischen buddhistischen Führer gekennzeichnet wird) oder die im Gefolge Gandhis stehende Sarvodaya-Bewegung (»Wohlfahrt für alle«) von *A.T. Ariyaratne* in Sri Lanka, die ähnlich wie Basisbewegungen im Christentum gesellschaftskritisch und sozial verändernd wirken.

In Deutschland gibt es inzwischen in nahezu allen (vorwiegend den westlichen) Regionen buddhistische Zentren bzw. Gruppen, die sich buddhistischem Gedankengut, buddhistischer Lebensform und besonders den meditativen Traditionen des Buddhismus widmen. Da in ihnen die verschiedenen buddhistischen Richtungen zur Geltung kommen und sie insgesamt sehr dialogisch offen sind, ist inzwischen eine genuine Begegnung mit »Buddha im Westen« möglich.

B Arbeitsformen und eine religionswissenschaftlich-theologische Ortsbestimmung

So vielfältig uns die Religionen insgesamt und im Einzelnen begegnen, so vielfältig sind die wissenschaftlichen Bemühungen, sie als wesentliches Phänomen der menschlichen Geschichte und Gegenwart zu erschließen und zu verstehen.

1. Die Disziplin und die Teildisziplinen der Religionswissenschaft

Seit sich die Religionswissenschaft – besonders auch im Gegenüber zur Theologie – im letzten Drittel des 19. Jahrhunderts als eigenständige Disziplin herausbildete, hat sie sich in mehrere Teildisziplinen aufgegliedert. Zunächst wird grob zwischen Historischer und Systematischer Religionswissenschaft unterschieden. Die erste bezeichnet man herkömmlich als *Religionsgeschichte,* weil sie sich auf die geschichtlichen Ursprünge, die Abläufe innerhalb der Religionen und dann auch auf die Wechselbeziehungen zwischen ihnen konzentriert. Die Systematische Religionswissenschaft bemüht sich, eine zusammenhängend-systematische Sicht auf der Grundlage des empirischen Materials zu entwickeln, das ihr die religionsgeschichtliche Forschung bietet.[15] Fast synonym damit gebraucht wurde lange Zeit der Begriff *Religionsphänomenologie*, deren Ziel es war, »die verschiedenen religiösen Phänomene systematisch zu ordnen, ihre religiösen Inhalte zu bestimmen und auf diese Weise das Wesen der Religion zu begreifen«.[16] Weil hier die Tendenz bestand, jenseits der komplexen und divergierenden Erscheinungsformen der Religionen das »Eigentliche« der »Religion« (im Singular!) zu formulieren, ist diese Ausrichtung der Religionswissenschaft in der 2. Hälfte des 20. Jahrhunderts in heftige Kritik geraten, weil damit eine Wertung (meist aus westlich-abendländischer Perspektive) verbunden war, die der Komplexität des weiten Feldes der Religionen nicht gerecht werden konnte. Neuansätze in dieser Disziplin versuchen deshalb viel stärker, bei den häufig stark differierenden Erscheinungsformen der Religionen anzusetzen.

Weitere Teildisziplinen, die sich im Gesamtfeld der Religionswissenschaft ausdifferenziert haben, sind die Religionssoziologie, die Religionsethnologie, die Religionspsychologie und schließlich die Religionsgeografie und -ökologie. Sie machen deutlich, in wie vielen Lebensbereichen religiöse Bezüge auftauchen und für wissenschaftliche Untersuchungen von Bedeutung sind. In ihrer wechselseitigen Beziehung machen diese Teildisziplinen, die je ihre eigenen Methoden entwickelt haben, die Religionswissenschaft zu einem vielfältigen, mehrperspektivischen Fach, das nicht nur intellektuell-theoretisch dem Phänomen der Religionen gerecht zu werden versucht, sondern sie in ihren komplexen und aktuellen Erscheinungsformen in den Blick nimmt.

2. Der Religionsbegriff

Tabelle/Grafik 25

Im Blick auf den *Religionsbegriff* erweist es sich als hilfreich, von der differenzierten Befragung der vorhandenen Religionen auszugehen: »Religion« gibt es nicht unabhängig von den »Religionen«. Auch in vielen gegenwärtigen wissenschaftlichen Untersuchungen zu religiösen Phänomenen

15 Hierzu und zum Folgenden vgl. bes. *K. Hock*, Einführung in die Religionswissenschaft, Darmstadt 2002, 7ff.

16 *K. Hock*, aaO., 7.

wird zu unreflektiert von »Religion« im Singular gesprochen und dann oft nur eine bestimmte Religionsform – etwa das nachaufklärerische westliche Christentum in seinem säkularen Kontext – näher in den Blick genommen. Das ist auch kritisch gegen eine zu pauschale Aufnahme des Religionsbegriffs von *Paul Tillich* – Religion ist *»im weitesten und tiefsten Sinne des Wortes das, was uns unbedingt angeht«*[17] – ins Feld zu führen. Gerade in ihrer religionspädagogischen Rezeption tendiert diese Begriffsbestimmung zu Geschichtslosigkeit und Gesellschaftsferne[18] und vereinnahmt Philosophie und säkulare Bewegungen vorschnell als »Religion«, wobei nicht abzustreiten ist, dass es – und hier liegt ein berechtigtes Anliegen der Bestimmung bei Paul Tillich – in Philosophien und säkularen Weltanschauungen »quasireligiöse« Phänomene gibt. In Diskussion mit verschiedenen religionswissenschaftlich orientierten Begriffsbestimmungen und angesichts der Vielfalt der religiösen Welten habe ich als »tastenden Versuch« folgende Definition eingebracht:

»Religion ist der Name für eine Gemeinschaft, in der Menschen aus Erfahrungen mit einer über menschliche Grenzen hinausweisenden Macht/Größe leben, von denen her grundsätzliche Bestimmung und Sinngebung des Lebens vermittelt sowie grundsätzliche Anleitungen zum Verhalten gegeben werden.«[19]

Diese Definition ist offen für theistische wie nichttheistische Religionsformen und kann m.E. gleicherweise von Theologie wie von Religionswissenschaft gebraucht werden.[20]

Damit wird gleichzeitig ein Selbstverständnis von Theologie und Religionswissenschaft befürwortet, nach dem beide nicht in Konfrontation oder auch einem bloßen Nebeneinander verharren, sondern sich der Überschneidung ihrer Frageweisen und der Notwendigkeit kritischer gegenseitiger Korrektur bewusst sind.[21]

17 *P. Tillich,* Religion als eine Funktion des menschlichen Geistes? In: Die Frage nach dem Unbedingten. Schriften zur Religionsphilosophie. Ges. Werke V., Stuttgart 1964, 37-42, bes. 40.

18 *K.E. Nipkow,* Grundfragen der Religionspädagogik Bd 1, Gütersloh 1975, 139.

19 *J. Lähnemann,* Weltreligionen im Unterricht. Eine theologische Didaktik für Schule, Hochschule und Gemeinde. Teil II: Islam, Göttingen ²1996, 270.

20 Einen knappen, differenzierten Überblick über die gesamte Diskussionslage gibt *K. Hock* in seiner »Einführung in die Religionswissenschaft« 10ff.

21 Vgl. hierzu *J. Lähnemann,* Religionspädagogik und Religionswissenschaft – Probleme und Perspektiven, in: *W. Ritter/M. Rothgangel* (Hg.): Religionspädagogik und Theologie – Enzyklopädische Aspekte. Festschr. W. Sturm, Stuttgart 1998, 50-62.

Theologie – als »Denken des Glaubens« – fragt schwerpunktmäßig vom religiösen Vollzug aus und auf religiösen Vollzug hin, während Religionswissenschaft sich bemüht, den religiösen Vollzug und den Wahrheitsanspruch der einzelnen Religionen nicht von vornherein wertend aufzunehmen, sondern religiöse Erscheinungsweisen mit Hilfe historischer, philologischer, soziologischer, psychologischer u.a. Methoden zu deuten. Doch ist theologische Arbeit, wenn sie die Aktualität des Glaubens in den gegenwärtigen Weltzusammenhängen sichtbar machen will, auf die sorgfältige und Vorurteile in Frage stellende religionswissenschaftliche Arbeit angewiesen.[22] Und Religionswissenschaftler sind auf die Arbeit der Theologen insofern angewiesen, als sie dem Selbstverständnis einer Religion nur dann nahe kommen können, wenn sie die theologischen Bemühungen, dieses Selbstverständnis dem denkenden und handelnden Vollzug zu erschließen, ernst nehmen.

3. Modelle der Religionsbegegnung

❏ Tabelle/Grafik 25

Was sich in den letzten beiden Jahrzehnten entwickelt hat und was gerade auch religionspädagogisch noch viel stärker berücksichtigt werden muss, ist eine ungeheure Pluralisierung sowohl von Theologie als auch von Religionswissenschaft: Narrative Theologie, Befreiungstheologien, feministische Theologien, Theologien, die religionsübergreifende mystische und meditative Erfahrungen ernst nehmen, haben die Theologie »erdnäher«, kontextueller und an vielen Stellen lebendiger werden lassen. Und auch die religionswissenschaftlichen Forschungen haben sich zunehmend den religiösen Erscheinungen in ihren konkreten lebendigen Kontexten zugewandt. All dies verlangt nach »Arbeitsteilung«, Kooperation und gegenseitiger Befruchtung von Theologie, Religionswissenschaft und Religionspädagogik.

Das hat auch Folgen für eine christliche »Theologie der Religionen«, d.h. die Frage, wie die nichtchristlichen Religionen im Blick auf das christliche Selbstverständnis einzuordnen sind.

22 Dabei ist in Rechnung zu stellen, dass z.B. bei historisch-kritischem Umgang mit der Bibel, wie er sich in christlicher Theologie entwickelt hat, auf weite Strecken religionswissenschaftlich gearbeitet wird.

Es gibt *drei »klassische« Modelle der Verhältnisbestimmung von Christentum und Weltreligionen:*

(1) *Das exklusive Modell.* Jede andere Glaubensform wird als unheilvoll ausgeschlossen; meine Religion gilt allein als gültiger Heilsweg. Dieses Modell wird besonders in konservativen Kreisen der verschiedenen Religionen und Konfessionen vertreten (in den fernöstlichen Religionen allerdings insgesamt weniger scharf als herkömmlich in den monotheistischen Religionen). Der Philosoph *Carl Friedrich von Weizsäcker* hat dieses Modell in einem seiner Vorträge einmal so kritisiert: »Wie begrenzt muss die Vorstellung von Gott sein, wenn ich davon ausgehen muss, dass Gott mich in seiner unendlichen Güte (so wörtlich!) als evangelisches Kind in Deutschland in der einzig richtigen Religionstradition hat geboren werden lassen!« Damit hat er treffend die Aporie dieses Modells gekennzeichnet: Ich müsste ja davon ausgehen, dass Gott das Unheil eines großen Teiles der Menschheit gewollt oder zumindest hingenommen hat.

(2) *Das inklusive Modell.* In jeder Religion gibt es Spuren der Wahrheit und – von Gott inspirierte – Erleuchtungen und Heilserfahrungen, die im vollen und umfassenden Sinne aber in der eigenen Religion bzw. Konfession zur Geltung kommen. Diese Denkform findet sich in den »Theologien« der verschiedenen Religionen, nicht nur im Hinduismus, der immer wieder Impulse der verschiedensten Religionstraditionen in sich aufnehmen kann. Auch im Islam gibt es die Denkfigur, dass letztlich alles, was Gott geschaffen hat, »Muslim« (also in den Willen Gottes ergeben) sein kann, wenn es dem alles leitenden Lenken Gottes folgt. Besonders sichtbar wird dieser Ansatz in den Verlautbarungen des 2. Vatikanischen Konzils zu den Religionen, mit denen sich die römisch-katholische Kirche bewusst vom exklusiven Modell abwendet: In der Erklärung »Nostra aetate« wird viel Positives über die anderen Religionen gesagt, und zwar in aufsteigender Linie von der Sinnsuche der Humanisten über Hinduismus, Buddhismus, Islam, Judentum, die evangelischen und besonders die orthodoxen Christen. In vollem Umfang aber sei das Heil in der römisch-katholischen Kirche zu finden. Hier spielt *Karl Rahners* Denkfigur vom »anonymen Christen« eine besondere Rolle. – Kritik, die sich nahe legt, spiegelt sich in einer Anekdote, die von Karl Rahner erzählt wird: Er habe einmal in Indien ein Religionsgespräch mit einem buddhistischen Mönch geführt und ihn am Ende gefragt: »Darf ich Sie vielleicht als anonymen Christen bezeichnen?« – worauf dieser zurückgefragt haben soll: »Darf ich Sie vielleicht als anonymen Buddhisten bezeichnen?« Die Grenze des inklusiven Modells liegt darin, dass es den anderen Glauben doch in gewisser Weise vereinnahmt und nicht hinreichend in seiner spezifischen Identität ernst nimmt.

(3) *Das pluralistische Modell.* Dieses Modell spiegelt sich in der berühmten Ringparabel, wie sie in *Lessings* »Nathan der Weise« erzählt wird: Jede Religion trägt wesentliche Wahrheiten in sich. Es gibt nicht prinzipiell die eine wahre Religion. Die Religionen haben ihre Wahrheiten vielmehr im Wetteifer miteinander zu entfalten und zum Leuchten zu bringen. Wechselseitige Anerkennung und Wertschätzung gehören zum Ethos dieses Modells. Als einer der bekanntesten Vertreter dieses Ansatzes wird der englische Theologe *John Hick* angesehen (der allerdings differenzierter denkt, als es hier holzschnittartig beschrieben wurde).

Alle drei Modelle haben ihre Grenzen – auch das pluralistische, denn: »Nicht alles in den Religionen ist gleich und nicht alles ist gleich wahr«, wie *Hans Küng* einmal in einem Vortrag gesagt hat. Es muss auch Kritik in den Religionen und zwischen den Religionen möglich sein – und ich muss im Dialog auch eine eigene Überzeugung überzeugt vertreten können (ohne darum besserwisserisch aufzutreten).

Ich plädiere für eine Verhältnisbestimmung von Christentum und Weltreligionen, die wirklich dialogisch ist: Wahrheitserfahrung und Toleranz, Identität und Verständigung müssen als zwei Pole jeweils aufeinander bezogen werden. Die Wahrheitserfahrung der eigenen Tradition und die Aufgabe der Mission (d.h.: überzeugender Zeuge des eigenen Glaubens zu sein) wird nicht beiseite gelassen, aber in einen offenen Prozess eingebracht, der Toleranz und Achtung der anderen einschließt, Lernen voneinander ermöglicht und sich bewusst ist, dass all unser irdisches Wissen und Reden in irdischer Begrenzung geschieht. Gott ist letztlich immer größer als unser Verstehen, größer auch als alles, was in einer religiösen Lehre ausgedrückt werden kann. Es kann weder um den Ausschluss der anderen noch um ihre Vereinnahmung noch um Gleich-Gültigkeit gehen. Statt dessen könnte dieses dialogische Modell unter dem Motto des Religions- und Ökumenewissenschaftlers *Jochen Margull* stehen: »Wagen, um zu wissen«.

In einem geistigen und geistlichen Austausch sollten die Dialogpartner sich darum bemühen, sich authentisch einzubringen. Sie sollten versuchen, den anderen so zu verstehen, wie er selbst verstanden werden möchte. Verbindendes kann entdeckt werden, vielleicht kann man sogar voneinander lernen. Gleichzeitig gilt es, Unvereinbares zu erkennen und Fremdes wahrzunehmen und auszuhalten. Im Dialog sind die Partner auf dem Weg zueinander und miteinander. Grenzen sollten erst dann gezogen werden, wenn falsche Vorurteile ausgeräumt sind.

4. Die christlich-evangelische Perspektive

Evangelische Theologie »hat sich ... am Evangelium als ihrem zentralen Bezugsinhalt auszurichten – d. h. am Weg Jesu Christi als der Mitte christlichen Glaubens: dem Weg, auf dem Gott sich in radikaler Menschlichkeit gezeigt hat, einer Menschlichkeit, die dort Neuanfänge für den Einzelnen und die Gemeinschaft aufzudecken vermag, wo sie aller herkömmlichen Erfahrung nach nicht geahnt und gefunden werden und deren erste Adressaten gerade die Verlorensten sind. Ihr immer wieder provozierender Maßstab ist, dass Gott den Menschen jenseits von Können und Vermögen annimmt – nicht nach dem Maß seiner Leistungsfähigkeit, sondern nach dem Maß seiner Liebesbedürftigkeit. Systematisch-theologisch entfaltet wird dieser Maßstab besonders deutlich in dem reformatorischen Verständnis von der Rechtfertigung des Sünders.

Der Weg Jesu Christi (einschließlich seiner Passion und der Ostererfahrung) macht das Spezifikum christlicher Gotteserfahrung aus; in Stichworten: Die Herrlichkeit Gottes in der Niedrigkeit, die Verwandlung menschlichen Leides durch die radikale Teilnahme an ihm, die Verwandlung der Feindschaft durch eine Liebe, die auch vor dem Gegner nicht Halt macht, die Freude über den Neuanfang des Verlorenen, die radikale Hinterfragung der Gesetze und Einstellungen, die der Liebe Gottes keinen Raum lassen. Dies sind die Maßstäbe des Evangeliums, die Christen dann auch in die Begegnung mit Menschen anderen Glaubens einzubringen haben. Sie können sich dabei darauf beziehen, dass Jesus selbst in der Realisierung dieser Maßstäbe die Grenzen der ihn umgebenden Religiosität immer wieder gesprengt hat. (Ein Beispiel dafür ist Jesu Begegnung mit der syrophönizischen Frau, in der Jesus von dieser heidnischen Frau lernt.) »Das Überschreiten der Konfessionsgrenzen von seinem Gottesauftrag her und um des Menschen willen begleitet seinen ganzen Weg.«[23]

In meiner RP spreche ich bewusst von der »entgrenzenden Pädagogik des Evangeliums«.[24] Genau dies muss in den Dialog mit den Religionen eingebracht werden.

23 *J. Lähnemann,* Zielsetzungen und Aufgabenstellungen eines modernen evangelischen Religionsunterrichts in einer pluralen Gesellschaft, in: *M. Liedtke (Hg.):* Religiöse Erziehung und Religionsunterricht, Bad Heilbrunn 1994, 307-309, bes. 308.

24 *J. Lähnemann,* Evangelische Religionspädagogik in interreligiöser Perspektive, Göttingen 1998, 244.

Eine wichtige ergänzende Bedingung des Dialogs muss dabei ernst genommen werden: die *Kontextualität,* in der wir uns begegnen und wahrnehmen. Die Geschichte der Begegnung mit ihren Verletzungen und Befruchtungen und die gegenwärtigen Bedingungen des Zusammenkommens dürfen nicht außer Acht gelassen werden.

C Beispiele für das Studium

Die im vorigen Kapitel benannten Perspektiven sollten bei einem zeitgemäßen Studium der Weltreligionen zur Geltung kommen. Dementsprechend sind *vielfältige Zugänge* möglich und sinnvoll: kognitiv-intellektuell, emotional-existenziell wie auch praktisch-sozial.

Kognitiv geht es besonders um eine differenzierte Wahrnehmung der verschiedenen »Religionswelten»: Es reicht nicht hin, das Lehrgebäude einer Religion wahrzunehmen; es ist vielmehr eine kontextuelle Betrachtung gefordert, die geschichtliche und kulturelle Prägungen (und z.T. auch politische Konstellationen) ernst nimmt und auch konfessionelle Differenzierungen innerhalb der einzelnen Religionstraditionen nicht überspringt; dabei sind authentische Selbstdarstellungen aus den Religionen ein wichtiges Element neben religionswissenschaftlicher Forschung und theologischer Betrachtungsweise. Eine gründliche sachliche Orientierung hilft am ehesten, problematische Pauschalbilder zu überwinden und tendenziösen Berichterstattungen kritisch gegenüberzutreten. Es ist darauf zu achten, wer jeweils etwas präsentiert und mit welcher Intention, um nicht einfach ungeprüft »fertige« Bilder zu übernehmen (das gilt besonders auch für Internet-Präsentationen).

Im emotional-existenziellen Bereich geht es um die Begegnung mit Lebensentwürfen aus den Religionen: Was ist den in ihnen lebenden Menschen konkret an ihrem Glauben, ihrer Überzeugung wichtig? Welcher Lebenssinn, welche Lebensziele stehen ihnen vor Augen – diesseitig wie jenseitig? Wie wirkt sich die Glaubenspraxis – Liturgie, Gebet, Meditation – auf ihr Leben aus? Hilft sie ihnen zu Lebensbejahung, gibt sie Trost und Hoffnung, Beistand im Umgang mit Leid, Versagen, Schuld? Hier spielen die Möglichkeiten persönlicher Begegnung eine besondere Rolle.

Praktisch-sozial kann davon ausgegangen werden, dass es gegenwärtig viele Möglichkeiten der Direktbegegnung gibt. Die Ballungszentren, z.T.

auch ländliche Gegenden, sind religiös plural geworden. Sich die Religionen erschließen bedeutet hier: sich dieser Vielfalt und Unterschiedlichkeit aussetzen, sie als Teil unserer gesellschaftlichen Wirklichkeit wahrnehmen, sich selbst dadurch anregen und befragen zu lassen. Die praktisch-soziale Erfahrung der Multireligiosität ist dabei eng verknüpft mit der kognitiven Auseinandersetzung und der emotional-existenziellen Begegnung. Echter Dialog ist immer ein ganzheitlicher Prozess: vom Kopf bis zu den Füßen. Die geistige Auseinandersetzung gehört ebenso dazu wie das Hingehen zu den Anderen und die persönliche Öffnung ihnen gegenüber.

In der Praxis der religionspädagogischen Arbeit ist die Relevanz der Aufgabenstellung in den vergangenen Jahren zunehmend wahrgenommen worden, stärker noch als in der grundständigen Ausbildung der Lehrerinnen und Lehrer; diese muss die zunehmende Differenzierung in diesem Feld berücksichtigen: Die Thematik Weltreligionen hat Aufnahme in nahezu alle Lehrpläne für den ev. und kath. RU und auch den Ethikunterricht der Primar- und Sekundarstufen in Deutschland gefunden. Entsprechende Schulbuchkapitel wurden verfasst.

Wichtig sind folgende Erweiterungen des unterrichtlichen Spektrums:

- die Entgrenzung des überwiegend kognitiven Zugangs zu den Weltreligionen hin zu einer auch emotionalen und praktischen Begegnung;
- die altersmäßige Entgrenzung von den höheren Klassen der Sekundarstufen der Schulen bis hinein in die Grundschule, ja die Elementarerziehung;
- die Entgrenzung von der Betrachtung religiöser Lehren und Erscheinungsformen hin zu einer kontextuellen Beschäftigung, Auseinandersetzung und Begegnung mit den Weltreligionen – ihrer Geschichte, ihrer Kultur, ihrer verschiedenen Erscheinungsformen;
- das Bemühen um authentische Information und die Einbeziehung von Andersgläubigen als direkte Gesprächspartner.

Als *Leitziel* kann genannt werden, dass die Lernenden für eine Situation der Begegnung ausgerüstet werden, die nicht von Vorurteilsbarrieren belastet ist, in der vielmehr ein Hören aufeinander und ein Lernen voneinander möglich wird, das zur Entgrenzung und Bereicherung der Horizonte auf allen Seiten führt. Dabei soll nicht nur ein besseres Verständnis der religiösen und kulturellen Wurzeln des anderen, sondern auch gerade des eigenen Glaubens gewonnen werden.[25]

25 Vgl. *J. Lähnemann*, Weltreligionen im Unterricht. Eine theologische Didaktik für Schule, Hochschule und Gemeinde. Teil II: Islam, 163.

Damit sind Aufgaben für die *Ausbildung der Lehrerinnen und Lehrer* benannt. Sie lassen sich konkretisieren anhand von *4 Grundregeln,* die für die Didaktik der Weltreligionen generell gelten.

1. *Die plurale Gegenwart wahrnehmen und deuten*

Es gilt, die religiös-plurale Gegenwartssituation wahrzunehmen und ernst zu nehmen. Diese These betrifft den »Nahbereich« unserer religiösen Kontexte ebenso wie die weltweiten Zusammenhänge, in denen wir leben. Lehrerinnen und Lehrer haben hier die Entdeckungsaufgabe, in Gespräch, Arbeit, Zusammensein mit ihren Schülerinnen und Schülern diese unverwechselbaren Erfahrungen, von denen sie geprägt sind, sichtbar und fruchtbar zu machen. Jedes Kind stellt – laut oder leise – die grundlegenden Lebensfragen: nach Gott, nach Recht und Unrecht, Himmel und Hölle, nach dem Sinn des Lebens, gleich in welcher Kultur oder Religion es aufwächst, auch da, wo es keine festen weltanschaulichen Vorprägungen gibt. Eng zusammen hängt damit die *Selbstwahrnehmung des Lehrers/der Lehrerin:* Wo habe ich meinen Ort, wo ist mein Weg in der weltanschaulich-religiösen Pluralität? (→ II.A.7)

Hinzu kommt als Weiteres die Aufgabe, *das Bewusstsein für globale Zusammenhänge zu entwickeln.*[26] Die Herausforderungen, die mit den Begriffen des Konziliaren Prozesses umrissen sind – *Gerechtigkeit, Frieden, Bewahrung der Schöpfung* – sind nicht nur für die Kirchen, sondern für das Miteinander der Religionen und Weltanschauungen zentral. Hierbei ist die Ambivalenz der religiösen Traditionen kritisch wahrzunehmen: ihre eindrücklichen Motivationen für Gerechtigkeit, Frieden und weltweiten Schutz des Lebens; ihre »Schuldgeschichte« in jedem der Bereiche; aber auch die Beispielgestalten und -gemeinschaften, die gerade im letzten Jahrhundert Zeichen für Umkehr, Umdenken und erneuerndes Handeln gesetzt haben (*Albert Schweitzer, Mahatma Gandhi, Martin Luther King, Nelson Mandela,* der *Dalai Lama, Prinz Hassan von Jordanien* usw.). Komplementär zum Konziliaren Prozess hat das *Projekt Weltethos,* von *Hans Küng* initiiert, diese weltweiten Dimensionen deutlich gemacht. Die hier vorgetragenen Maximen – Kein Weltfriede ohne Religionsfriede! Kein Religionsfriede ohne Religionsdialog! Kein Religionendialog ohne Grundlagenarbeit in den Reli-

26 Vgl. zum »globalen Lernen« *J. Lähnemann,* Das Projekt Weltethos – Herausforderung für die Erziehung, in: Concilium 37/Okt. 2001, 495–508.

gionen![27] – verlangen nach der Fortsetzung: Kein Weltfriede, kein Dialog und keine Grundlagenarbeit ohne erzieherische Bemühung in Schulen, Gemeinden und Familien.[28]

Hier ist die universitäre RP in enger Kooperation mit den Erziehungs- und anderen Gesellschaftswissenschaften gefordert, fächerübergreifend Lehrangebote bereit zu halten. Es legt sich die hochschuldidaktische Zusammenarbeit mit den inzwischen vielfältigen Angeboten der Eine-Welt-Pädagogik und des Globalen Lernens nahe. Der religiöse Aspekt wird dabei besonders von der Stiftung Weltethos in Tübingen/*Hans Küng* vertreten und entfaltet (www.uni-tuebingen.de/stiftung-weltethos/bzw. www.schule-weltethos.de).

Im Überschneidungsfeld von Nahbereich und weltweiten Zusammenhängen gilt es insbesondere, *Vorprägungen und Vorurteile aufzuspüren und zu identifizieren.*

Das Inhaltsfeld der Religionen und Weltanschauungen ist in besonderem Maße mit Vorprägungen und Vor-Urteilen belegt und belastet. Die christlichen Identitäten im Abendland haben sich über Jahrhunderte hinweg vor allem in konfessionellen Wahrheitsansprüchen artikuliert, die die Abgrenzung vom anderen und meistens auch seine Abwertung einschlossen. Das geschichtliche Bewusstsein der 1000-jährigen »Bedrohung« des Abendlandes durch den Islam (»Mauren in Spanien«, »Türken vor Wien«) auf westlicher Seite, die Angst vor kolonialer Überfremdung mit »westlichen« Werten auf islamischer Seite sind auf beiden Seiten immer noch prägend und werden durch die Mediendarstellungen bewusst oder unbewusst weitgehend unterstützt; die Geschichte des Judentums in Europa trägt ihre spezifischen Belastungen in sich. – Dies ist sensibel wahrzunehmen und zu berücksichtigen: bei Lehrkräften selbst wie bei Schülerinnen und Schülern, besonders, wo sie in Nachbarschaft zu anderen Kulturen leben.

Hier stellt sich unmittelbar die Aufgabe, *offene Begegnungen anzubahnen.* Wo immer möglich, sollten die Möglichkeiten des »Lernens miteinander« ausgenutzt werden, wenn es um die gegenseitige Wahrnehmung geht.

27 Nach *H. Küng*, Projekt Weltethos, München 1992, 97; 137 und dem Flyer der Stiftung Weltethos. Waldhäuser Str. 23, D-72076 Tübingen, Oktober 1995.

28 Hierzu grundlegend: *J. Lähnemann*, »Das Projekt Weltethos in der Erziehung«. Referate und Ergebnisse des Nürnberger Forums 1994 (Pädagogische Beiträge zur Kulturbegegnung 14), Hamburg 1995.

Gleichzeitig erweist es sich als wichtig, *Problemfragen zu entdecken* und ihnen nicht einfach auszuweichen. Denn wo verschiedene Religionen in ihrer ganz spezifischen Struktur in den Blick kommen, stellen sich Problemfragen des Verstehens, der Verständigung und der Auseinandersetzung. Das gilt umso deutlicher, je größer die Gruppe derer ist, bei denen eine traditionelle religiöse Sozialisation nicht mehr vorausgesetzt werden kann. Jeder, der überzeugter Zeuge seines Glaubens sein will, wird die Vorstellung in sich tragen, dass die ihm zuteil gewordene Wahrheit (das, was ihn im Leben und Sterben trägt und bestimmt) auch für andere die hilfreiche Wahrheit werden sollte. Wahrheitsanspruch und Toleranz markieren die zentrale Problemfrage in der Religionsbegegnung, mit der sich die RL auseinander gesetzt haben soll. »Ideal und Wirklichkeit«, »Fremdheit und Faszination«, »Selbstwahrnehmung und Fremdwahrnehmung« bezeichnen weitere immer wiederkehrende Problemsachverhalte, die das Studium im Feld der Religionen spannend und schwierig machen können. Sich ihnen offen zu stellen, gehört elementar zur Aufgabenstellung hinzu.

Im Bereich universitären Lernens bedarf es hier vor allem der Einübung einer mehrperspektivischen Sichtweise,[29] bei der sowohl die jeweilige »Innensicht« der Religionsgemeinschaften (ihr Selbstverständnis, ihr Umgang mit ihrer Geschichte, ihre Sicht der »Anderen«), die »Außensicht« von Seiten anderer Religionsgemeinschaften als auch eine nicht religiös gebundene Wahrnehmung von Seiten der Geschichts- und Gesellschaftswissenschaften zur Geltung kommen sollte.

2. *Die Spezifika der Religionen wahrnehmen und deuten*

Die verschiedenen Religionen sind in ihren spezifischen historischen und gegenwärtigen Strukturen und Kontexten, aber auch in ihren Beziehungen zueinander in den Blick zu nehmen. Grundbedingung ist hier die Einführung in die wesentlichen Religionstraditionen (→ s.o. A). Hier kommt es zunächst darauf an, *sich an möglichst authentischen Informationen zu orientieren.* Die Geschichte der gegenseitigen Wahrnehmung der Religionsgemeinschaften hat im 20. Jahrhundert zu Bemühungen geführt, die eigene Religion auch

29 Vgl. hierzu *H. Biener*, Herausforderungen zu einer multiperspektivischen Didaktik. Eine Problemdarstellung anhand einer Lehrplananalyse zur Berücksichtigung des Islam im Religions-, Ethik- und Geschichtsunterricht (Päd. Beiträge zur Kulturbegegnung 24), Hamburg 2006.

Andersgläubigen zu explizieren, ohne sie gleich als »Missionsobjekte« zu betrachten, aber auch, andere Religionen so darzustellen, dass deren Anhänger sich in dieser Darstellung weitgehend richtig verstanden sehen.

Es kommt sodann darauf an, *sich die Religionen in ihren wichtigsten Dimensionen zu erschließen:* In allen Religionsgemeinschaften gibt es Fundamente, aus denen sie leben, Texte und Riten, in denen sie ihre Anschauungen zentral ausgedrückt finden, geschichtliche Erfahrungen, die für ihr Selbstverständnis und ihre Erscheinungsform wesentlich sind, soziale Ausprägungen und ethische Überzeugungen.

Dabei stellt sich die *Aufgabe, dem Eigencharakter der jeweiligen Religion auf die Spur zu kommen,* wobei der Unterscheidung der großen »Religionsfamilien«, wie sie oben beschrieben wurden, besonderes Gewicht zukommt.

In den Lehrveranstaltungen ist *Verbindendes, Konvergierendes und Unterscheidendes differenziert wahrzunehmen.*

Am Beispiel des Gottesglaubens in Christentum und Islam lässt sich das so veranschaulichen: In beiden Religionen ist der Glaube an Gott, der die Welt geschaffen hat und sich dem Menschen gnädig zuwendet, die Grundlage. Bei der Wahrnehmung der Unterschiede ist jeweils zu fragen, in welchem Sinnzusammenhang sie stehen und welche Erfahrungen sich in ihnen ausdrücken. Hier gibt es schwerpunktmäßig verschiedene, aber einander doch korrespondierende Aussagen: Gott, der liebende Vater, wie Jesus ihn verkündigt in einer Zeit und Umgebung, in der Gott vor allem als der ferne und gerechte Gott gelehrt wurde. – Gott, der Erhabene und Allmächtige, wie ihn der Koran darstellt, im Gegensatz zu dem Polytheismus in Mekka, wo die vielen Gottheiten in der Kaaba den Kaufleuten mit ihrer unbarmherzigen Gewinnmoral gleichsam zur Verfügung standen. Und schließlich gibt es Differenzen, die nicht übergangen und harmonisiert werden können, wie der christliche Glaube an Gott, der in Jesus selbst zu den Menschen kommt als ihr Retter, und die muslimische Überzeugung von der authentischen Gottesoffenbarung, die sich in ihrer ganzen Vollkommenheit im Koran findet.

In jedem Fall ist es hilfreich, darüber nachzudenken, was für den Glauben der Anderen von zentraler Bedeutung ist und warum. Das trägt dazu bei, die Differenzen und Kontroversen nicht in peripheren, vordergründigen Bereichen zu suchen. So können sie am ehesten erkannt und überwunden werden.

In der universitären Ausbildung ist dies der zentrale Bereich des Studiums der Weltreligionen. Hier geht es um die notwendigen Elementarkenntnisse, die in je eigenen Lehrveranstaltungen über Judentum, Islam, Hinduismus und Buddhismus – nach Möglichkeit auch über die indigenen Religionen – zu erschließen sind. Dabei ist die kontextuelle, die geschichtliche und die die verschiedenen Ausrichtungen der jeweiligen Religion in den Blick nehmende Betrachtungsweise zu integrieren.

- Beim *Judentum* ist nicht daran vorbeizusehen, dass es der Wurzelgrund christlichen Glaubens ist. Auch die belastete Geschichte von Christentum und Judentum muss im Blick bleiben. Es ist vor allem auch zu beachten, dass das Judentum nicht nur in geschichtlicher Perspektive, sondern auch als lebende Religion wahrzunehmen ist.
- Beim *Islam* kann nicht davon abgesehen werden, dass es die Religion »in der Nachbarschaft« ist. Es ist ebenfalls sichtbar zu machen, dass der Islam heute von manchen seiner Vertreter gleichsam als »Ideologie der Dritten Welt« propagiert wird – als unrassistische, auf die weltweite Gemeinschaft der Umma bezogene Religion. Nicht außer Acht zu lassen sind die Prägungen durch die Geschichte, z.B. mit der »Kulturbrücke« im Mittelalter, die vor allem der Islam in Spanien darstellte. Auch die Problembereiche, die sich mit den Kreuzzügen, mit dem Kolonialismus und dem immer noch wirkenden Anti-Kolonialismus-Syndrom der orientalischen Welt verbinden, sind ebenso relevant wie die aktuelle Terrorismusdebatte und die Vermittlung von Nachrichten aus der islamischen Welt (»Islamophobie«). *Samuel Huntingtons* These vom »Clash of Civilisations« – dass sich die Konflikte des 21. Jahrhunderts an den Grenzen der Zivilisations- und Kulturkreise entzünden werden - bedarf kritischer universitärer Erörterung.
- Bei den *fernöstlichen Religionen* ist in Rechnung zu stellen, welche Faszination auch auf Intellektuellenkreise Yoga, Zen, der *Dalai Lama* und der tibetische Buddhismus etc. ausüben. Auch hier ist eine anspruchsvolle Auseinandersetzung, mit den Erscheinungsformen im »Westen«, einschließlich der Esoterik, die vielfach aus diesen Traditionen schöpft, sowie mit den gesellschaftlich-politischen Kontexten gefragt.

Bei didaktischen Veranstaltungen zu den Weltreligionen ist sodann zu differenzieren im Blick auf die verschiedenen Schulstufen und Schultypen.

Für den *Grundschulbereich* sind besonders die Möglichkeiten zu erschließen, die das Schulleben und die Feste mit Blick auf die Kinder aus verschiedenen Religionen und Kulturen bieten.

Für die dritte und vierte Klasse kann schon eine erste bewusste Begegnung mit dem Glauben Anderer konzipiert (und auch praktikumsmäßig erprobt) werden – am besten personbezogen, erlebnisbezogen, projektmäßig.

Es ist zu studieren, wie das Denken in Symbolen, der Zugang zu den »Tiefendimensionen« der Religionen gefördert und »übertragendes Denken« (z.B. bei Bildern und Gleichnissen) angebahnt werden kann.

In der 5. und 6. Klasse, der *»Orientierungsstufe«*, fragen Schülerinnen und Schüler häufig nach Konkretem, aber auch nach Fremdem. Hier lässt sich üben, wie elementarisiert größere Zusammenhänge in den Blick genommen werden können: z.B. das Leben Mohammeds sowie die Entstehung und die wichtigsten Lehren und Pflichten des Islam, evt. schon erste Einblicke in seine kulturellen Leistungen. Es lässt sich vermitteln, dass es Korrespondenzen zwischen den Religionen gibt, besonders in der Ethik. Es gibt Judentum, Christentum und Islam verbindende Themen wie z.B. die Schöpfung sowie Themen, bei denen es gilt, miteinander übereinander zu lernen.

Für die Altersstufe des *7. bis 10. Schuljahrs* sollte man sich vor allem auch die geschichtliche Dimension erarbeiten. Die Religionen sind in ihrem gesellschaftlichen Kontext darzustellen. Es ist sinnvoll, Lebensbeispiele aus den Religionen zu geben und neben die traditionell stark beachtete Geschichte der Kriege und Konflikte die Geschichte der kulturellen Befruchtungen zu stellen. Auch die »fernöstlichen« Religionen Hinduismus und Buddhismus können mit ihrem alternativen Weltverstehen in den Blick kommen. Die Begegnungsdimension kann bes. in pluralen Stadtbezirken auch in Projekten – z.B. mit jungen Christen und Muslimen – wahrgenommen werden.

In der *Oberstufe* geht es darum, die Religionen in einer pluralen, säkularen Welt darzustellen – z.B. in den Inhaltsbereichen »Sinnsuche«, »Weltethos«[30] und bei den Themen des Konziliaren Prozesses: Gerechtigkeit, Frieden und Bewahrung der Schöpfung. Aber man sollte auch die eindrucksvollen heiligen Texte lesen.

3. Die eigene Tradition wahrnehmen und der Begegnung öffnen

Für eine dialogische Erschließung der Weltreligionenthematik ist es wichtig, sich die eigenen religiösen Traditionen für die Begegnung differenziert zu vergegenwärtigen. Diese Regel mag unerwartet sein, wenn es um Begegnung mit den Weltreligionen geht. Sie wird hier gleichwohl sehr bewusst eingebracht. Denn in der Begegnung mit den Weltreligionen ist die Frage nach dem eigenen Standort bzw. Weg immer mitgegeben. Echter Dialog lässt sich nicht in frei schwebender Beliebigkeit betreiben. Die unterrichtliche Vermittlung von durchdachter Kenntnis der religiösen Traditionen des eigenen

30 Hierzu *J. Lähnemann/W. Haußmann*, Unterrichtsprojekte Weltethos II, Hamburg 2000.

Kulturkreises ist deshalb notwendig, gerade um sich nicht von Schlagworten einfangen zu lassen und sich in der weltanschaulichen Pluralität der Gegenwart kritisch orientieren zu können. Im Studium wie auch in der Schule werden Studierende und Religionslehrkräfte sowohl im Dialog mit Muslimen als auch mit Atheisten oder Anhängern buddhistischer Sichtweisen gewärtig sein müssen, über zentrale Glaubensaussagen des Christentums Auskunft geben zu müssen: Wie ist Atheisten der Sinn des Transzendenzbezugs unseres Lebens zu erläutern, wie kann Muslimen die Dreieinigkeitslehre erklärt werden, welche besonderen Sinnerfahrungen sind in der Überzeugung von unserer einzigartig-einmaligen geschöpflichen Existenz gegenüber dem zyklischen Denken in Hinduismus und Buddhismus enthalten? Die Begegnung mit den Weltreligionen im Studium ist deshalb komplementär zu den Grundorientierungen der christlich-theologischen Sachgebiete, die in den anderen Beiträgen dieses Bandes erläutert werden.

Das Bewusstsein, dass die Christentumsgeschichte zusammen mit der neuzeitlichen Freiheitsgeschichte die Grundlage unserer auf den Menschenrechten gegründeten modernen Demokratie ist,[31] stellt eine notwendige Voraussetzung dar, um »Identität und Offenheit« in ein konstruktives Verhältnis zu bringen.

Für das universitäre Lehren und Lernen bedeutet das, dass die Fähigkeit, aus der eigenen Religionstradition heraus Antwort zu geben (»Apologetik« in einem konstruktiven Sinne), bewusst geübt werden muss. Die »Hauptstücke des christlichen Glaubens« sind immer auch im Angesicht der Anfragen aus den anderen Religionen zu studieren und zu entfalten. Es ist hilfreich, dass in elementarisierter Weise ein Buch wie *Hans Küngs* »Credo« diese Dimension mit im Blick hat,[32] ausführlicher sein Werk »Christentum und Weltreligionen«[33] und *Hans-Martin Barth* mit seiner »Dogmatik«.[34]

31 *K. E. Nipkow,* Grundfragen der Religionspädagogik. Bd 1: Gesellschaftliche Herausforderungen und theoretische Aspekte, Gütersloh 1975, 173

32 *H. Küng,* Credo. Das Apostolische Glaubensbekenntnis – Zeitgenossen erklärt, München 1992.

33 *H. Küng/J.V.Ess/H.v. Stietencron/H. Bechert,* Christentum und Weltreligionen. Hinführung zum Dialog mit Islam, Hinduismus und Buddhismus, München 1984.

34 *H.M. Barth,* Dogmatik. Evangelischer Glaube im Kontext der Weltreligionen. Ein Lehrbuch, Gütersloh 2001.

4. Begegnungen suchen und gestalten

Dialogisches Studieren ist vor allem ein Lernen in der Begegnung und durch die Begegnung. Das Studium der Religionen wird in besonderem Maße lebendig, wenn es authentische Begegnung einschließt. Schließlich sind es (im Unterschied zu vielen anderen Studieninhalten) immer *Menschen,* die dem, wofür die Religionen stehen, Gesicht und Ausdruck geben. Je internationaler und interkultureller unsere Universitäten werden, desto eher ist es möglich, sich wechselseitig einzuladen, zu informieren und zu befragen. Häufig sind Studierende und Dozierende, die in nichtchristlichen Religionen beheimatet sind, in besonderem Maße interessiert und fähig, über ihre religiös-weltanschauliche Überzeugung zu sprechen. Dies kann in Kombination bzw. Kooperation mit örtlichen Hochschulgemeinden und – wo es diese gibt – interreligiösen Gruppierungen *(Religionen für den Frieden/WCRP, Gesellschaften für christlich-jüdische Zusammenarbeit, Christlich-Islamische Gesellschaften, örtliche Interreligiöse Foren)* geschehen. Die Hochschulen sollten in die Lehrveranstaltungen entsprechend die Begegnung mit den Religionsgemeinschaften »vor Ort« integrieren. Zunehmend werden konfessionsübergreifende und (mit der Einrichtung der Ausbildung islamischer Religionslehrkräfte) religionsübergreifende Lehr-Kooperationen möglich sein.

Was für pädagogische Arbeit insgesamt gilt, dass sie mit »Kopf, Herz und Hand« geschehen soll, gilt für das Studium zur Religionenthematik in besonderem Maße: Es braucht die drei Elemente der Begegnung, der Verständigung und der Kooperation.

D Hilfen für das Studium

Der Gesamtkonplex der »Beispiele für das Studium« mag idealistisch und als zu umfangreich erscheinen. Wie soll man den aufgezeigten Intentionen gerecht werden, wenn – wie in Bayern – auch für das Hauptfach Religion im Rahmen der Lehrämter für Grund-, Haupt- und Realschulen gerade vier Semesterwochenstunden für dieses Inhaltsgebiet vorgesehen sind und für die Prüfung erwartet wird, dass man lediglich »die Kenntnis einer Weltreligion in ihrem Verhältnis zum Christentum« nachzuweisen hat? Pragmatisch kann man vorschlagen, dass man die beiden zweistündigen Lehrveranstaltungen auf eine »monotheistische« und eine »fernöstliche« Religion aufteilt, dass die Lehrveranstaltungen idealerweise Dialogisches einschließen, dass im erziehungswissenschaftlichen Bereich fächerübergreifende Veranstaltungen zu dem Inhaltsgebiet Platz haben und Lehrangebote im Disziplinbereich der RP auch die Didaktik der Weltreligionen einschließen. Die Literaturhinweise zu diesem Beitrag bieten ergänzend hinreichend gut zu lesende, z.T. sogar spannende Lektüre. Anliegen der breiten Darstellung der Beispiele für das Studium war vor allem, die Vielfalt der Thematik, ihre Weite und ihre Relevanz aufzuzeigen und damit auch zu einer Verbreiterung dieses Themengebiets in den Studienordnungen anzuregen.

Wichtigste »Hilfe« für das Studium der Religionen ist die eigene Offenheit für dieses Aufgabenfeld: sensible Neugier, der Wille, sich differenziert zu informieren, hinzuhören und wahrzunehmen, was Menschen in den verschiedenen Religionstraditionen wichtig und »heilig« ist, und dieses ohne dogmatische Scheuklappen zu tun. Dabei ist nicht die Entäußerung von dem eigenen Standort bzw. Weg gefordert, auch nicht der unkritische Blick auf die anderen Traditionen, sondern eine Haltung der Aufmerksamkeit, die für Entdeckung und Begegnung mit Neuem offen ist.

Eine wichtige Hilfe ist sodann, dass die Geschichte der gegenseitigen Wahrnehmung der Religionsgemeinschaften in den vergangenen Jahrzehnten zu Bemühungen führt, die eigene Religion auch Andersgläubigen zu explizieren, ohne sie gleich als »Missionsobjekte« zu betrachten, aber auch, andere Religionen so darzustellen, dass deren Anhänger sich in dieser Darstellung weitgehend richtig verstanden sehen. So gehen die Taschenbücher »Was jeder vom Judentum wissen muss«[35] und »Was jeder vom Islam wissen muss«[36] auf Faltblattserien zurück, die von Juden bzw. Muslimen vor ihrer Veröffentlichung gegengelesen wurden. Aber auch Monographien über die verschiedenen Religionen sind oft im Gespräch mit deren Anhängern entstanden und leisten, weil sie von Denkern unseres Kulturkreises verfasst sind, eine wichtige »Dolmetscherarbeit« – wie etwa die Bücher von *Annemarie Schimmel*,[37] *Hans Küng*,[38] von *Monika und Udo Tworuschka*[39] oder *Michael von Brück*;[40] in meinen Bänden »Weltreligionen im Unterricht«[41]

35 *A. H. Baumann (Hg.)*, Was jeder vom Judentum wissen muss, Gütersloh ^{9}2005.

36 Was jeder vom Islam wissen muss, *hg. v. den Kirchenämtern der VELKD u. EKD*, Gütersloh ^{6}2001.

37 *A. Schimmel*, Mystische Dimension des Islam. Die Geschichte des Sufismus, Köln ^{2}1992.

38 *H. Küng*, Spurensuche. Die Weltreligionen auf dem Weg (Multimedia-Projekt), Hannover 1999.

39 *U. Tworuschka*, Methodische Zugänge zu den Religionen. Einführung für Unterricht und Studium. Unter Mitarbeit v. *M. Tworuschka*, Frankfurt/München 1982.

40 *M. v. Brück*, Buddhismus. Grundlagen – Geschichte – Praxis, Gütersloh 1998.

41 *J. Lähnemann*, Weltreligionen im Unterricht. Eine theologische Didaktik für Schule, Hochschule und Gemeinde I: Fernöstliche Religionen II: Islam. Göttingen ^{2}1994/1996.

und »Evangelische Religionspädagogik in interreligiöser Perspektive«[42] sind neben den Gesprächspartnern aus den anderen Religionen auch die Unterrichtenden, für die sie geschrieben sind, immer implizite Gesprächspartner.

Freilich bilden Selbstdarstellungen wie *Smail Baliçs* »Ruf vom Minarett«[43] oder *Ram Malls* »Hinduismus«[44] einen besonders direkten Zugang zu Erfahrungen in Denkweisen und Erfahrungen der jeweiligen Religion.

Hilfreich sind schließlich die inzwischen vielfältigen Broschüren und Handreichungen der christlichen Kirchen, der anderen Religionsgemeinschaften und interreligiöser Gruppierungen zu Einzelfragen in interreligiöser Perspektive (z.B. Rolle der Frau, Aufgabe der Erziehung, verbindende und unterscheidende spiritueller Praxis wie auch die Frage nach Gebetsstunden der Religionen, sozialethische Probleme ...) und zur »interreligiösen Szene vor Ort«. So stellen sich in der Nürnberger WCRP-Broschüre »Offene Türen« 27 Religionsgemeinschaften selbst vor: mit Fotos, Kontaktadressen, Internet-Präsenz.[45]

Hier zeigt sich erneut, dass das Studium der Religionen in besonderem Maße geeignet ist für Eigeninitiative und überraschende Entdeckungen!

Literatur

Religionen, Religiosität und christlicher Glaube. Eine Studie, Gütersloh ²1991

W. Haussmann/J. Lähnemann (Hg.), Dein Glaube – mein Glaube. Interreligiöses Lernen in Schule und Gemeinde, Göttingen 2005

J. Lähnemann (Hg.), Interreligiöse Erziehung 2000, Hamburg 1998

Weiße, Wolfram (Hg.), Vom Monolog zum Dialog. Ansätze einer dialogischen Religionspädagogik, Münster u.a. ²1999

E. Brunner-Traut (Hg.), Die fünf großen Weltreligionen, Freiburg ¹⁴2000

K. Hock, Einführung in die Religionswissenschaft, Darmstadt 2002

42 *J. Lähnemann,* Evangelische Religionspädagogik in interreligiöser Perspektive, Göttingen 1998.

43 *S. Baliç,* Ruf vom Minarett. Weltislam heute - Renaissance oder Rückfall. Eine Selbstdarstellung, Hamburg ³1984.

44 *R. A. Mall,* Der Hinduismus. Seine Stellung in der Vielfalt der Religionen, Darmstadt 1997.

45 Solche Publikationen, die es inzwischen auch in anderen Städten gibt, sind z.B. über die Website www.wcrp.de und die dortigen Links zu den örtlichen Gruppen zu finden.

Tabellen/Grafiken

Was erwarten Studienanfänger?

»Ich werde Religionslehrerin bzw. Religionslehrer, weil ...«

... ich den Glauben weitergeben will.	59
... ich selbst gute/schlechte Erfahrungen mit religiöser Sozialisation gemacht habe.	56
... ich mich für Fragen des Glaubens und die Inhalte der Theologie interessiere.	45
... ich Werte vermitteln will.	32
... der Religionsunterricht »anders« ist als der Unterricht in den anderen Fächern.	31
... ich den Schülerinnen und Schülern helfen will.	20
... andere Studienfächer nicht in Frage kamen.	18
... ich pädagogisch wirken will.	8

Daten einer Befragung von 147 Studienanfängern im Theologisch-religionspädagogischen Propädeutikum der Universität Bamberg (Mehrfachnennungen waren möglich.)

Was wird von Religionslehrkräften erwartet?

(2) Die Erziehungsberechtigten haben das Recht, über die Teilnahme des Kindes am Religionsunterricht zu bestimmen.

(3) Der Religionsunterricht ist in den öffentlichen Schulen mit Ausnahme der bekenntnisfreien Schulen *ordentliches Lehrfach.* Unbeschadet des staatlichen Aufsichtsrechtes wird der Religionsunterricht *in Übereinstimmung mit den Grundsätzen der Religionsgemeinschaften* erteilt.

Kein Lehrer darf gegen seinen Willen verpflichtet werden, Religionsunterricht zu erteilen.

Art. 7 Abs. 2 u. 3 GG

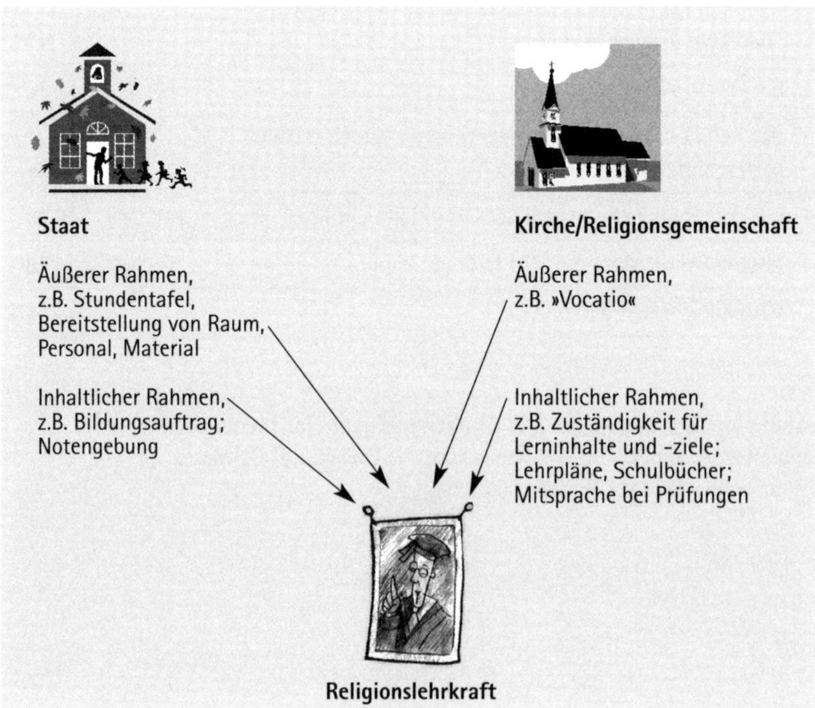

Was wird von Religionslehrkräften verlangt?

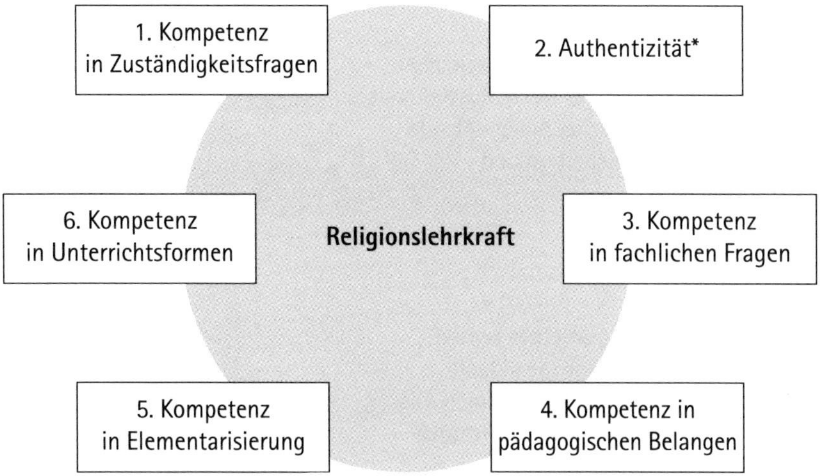

* *Authentizität:* Die RL setzt sich mit ihren Erfahrungen und Motiven auseinander; hat eine positive Grundeinstellung gegenüber Religion, Christentum, Kirche; schätzt die christliche Überlieferung wert und behandelt sie hoffnungsvoll; weiß, dass Glaube ein Geschenk und eine stets offene Frage ist; steht auf dem Boden einer bestimmten Konfession, über die sie Auskunft geben kann.

Religionspädagogische Kompetenz in sechs Dimensionen

1. Rechtlich-institutionell
2. Persönlich
3. Fachwissenschaftlich-theologisch
4. Pädagogisch-humanwissenschaftlich
5. (Fach-)Didaktisch
6. Methodisch

Was macht einen Religionslehrer/eine Religionslehrerin aus?

Fragmentarität

»Sie ist und bleibt immer unabgeschlossen, unfertig und schließt das Noch-Ausstehende und Schwer-Zugängliche, Andersseiende ebenso ein wie das Scheitern und Misslingende.«

Individualität

Sie »lässt sowohl biografisches Lernen als auch den Eigensinn je individuell erfahrener Sozialisation als legitimen Ausdruck religionspädagogischer Identitätsbildung gelten und versteht diese so als vorrangig individuell wahrzunehmende Aufgabe.«

Pluralität

Sie »erwächst aus der Akzeptanz der eigenen Individualität, zu der essenziell die Anerkennung des Anderen, Fremden und Verschiedenen gehört.«

Kommunikation

»Religionspädagogische Berufsidentität ist stets ausgelegt und ausgerichtet auf Gemeinschaft und Verständigung.«
Sie »befindet sich im Einzugs- und Einflussbereich einer Leitintention, die die ›Kommunikation des Evangeliums‹ auf ihre Identitätskarte geschrieben hat.«

**Religions-
unterrichtliche
Identität**

Was ist unter Religionspädagogik und Religionsdidaktik zu verstehen?

Religionspädagogik ist eine »auf Religion bezogene Theorie von Erziehung, Bildung, Sozialisation, Lernen und Entwicklung in Kirche, Schule und Gesellschaft«.

Die Religionspädagogik hat zwei Disziplinen:

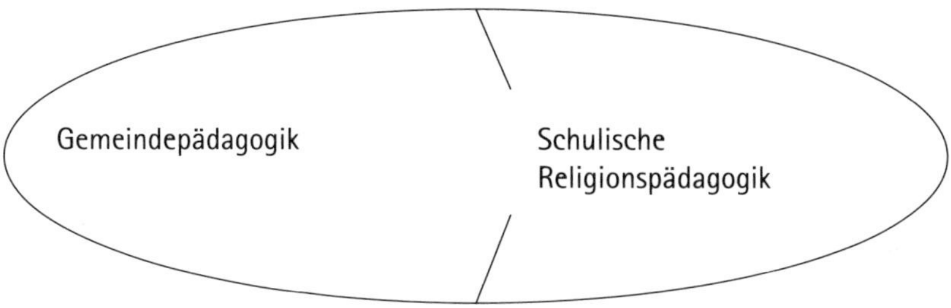

Die Religionspädagogik wird diskutiert als

- Handlungswissenschaft d.h. Glauben lernen
- Wahrnehmungswissenschaft d.h. Glauben wahrnehmen lernen
- Hermeneutische Wissenschaft d.h. Glauben verstehen
- Verbundwissenschaft d.h. Theologie und Pädagogik (u.a.) aufeinander anwenden.

Die Religionspädagogik fragt,

- welche Inhalte, Ziele, Medien und Methoden
- welchen Adressaten
- warum, wozu und wie angeboten werden sollen.

Sie reflektiert,

was,
warum
zu welcher Zeit,
von wem
zu lernen und zu lehren notwendig ist.

Der Gegenstand der Religionspädagogik: Sieben Typen von Religion und Religiosität

Bezeichnung	**Inhalt**	**Vertreter (u.a.)**
1. Theismus	Persönliche Beziehung zu einem personalen Gott – Schöpfer, Erlöser, Bewahrer	Christen, Juden, Muslime
2. Natürliche Religion	Natur und Vernunft als »Gott« – moralisches Verhalten	Kant, Lessing, Herder, Semler
3. Transzendental-anthropologische Deutung	»Geschmack für das Unendliche« – »Gefühl schlechthinniger Abhängigkeit«	Schleiermacher
4. Das Heilige	Ehrfurcht vor dem Numinosen in Geschichte, Kultur und Religion	Otto
5. Theonto-logischer Religionsbegriff	»Das, was uns unbedingt angeht« – Sein-Selbst = Gott	Tillich
6. Religionskritik	Religion als Projektion – Religion als »Opium« Religion als Neurose	Feuerbach – Marx – Freud
7. Soziologisch-funktionaler Religionsbegriff	Religion als Wirklichkeitsdeutung, Selbst-transzendierung	Weber, Luhmann, Luckmann

Anwendung im RU

1. Kennenlernen des christlichen Deuterahmens Gott – Welt – Mensch und der christlichen Lebenspraxis – alle Schularten und -stufen
2. Öffnung für ethische Fragestellungen; Würdigung der Natur als »gut« – ältere Schülerinnen und Schüler
3. Öffnung für die Wahrnehmung von Religion im Alltag – ab Sek I
4. Öffnung für religionskundliche und Dialog-Projekte; Ehrfurcht vor dem Leben – alle Schularten und -stufen
5. Einübung einer Unterscheidung zwischen Wesentlichem und Unwesentlichem – Sek I und Sek II
6. Auseinandersetzung mit ideologisch motiviertem Atheismus – Sek II
7. Einüben eines kritischen Wahrnehmens »heiliger« Texte und Sitten; alle Schularten und -stufen

Die Sprache der Religion: Symbole

Beispiele für christliche Symbole

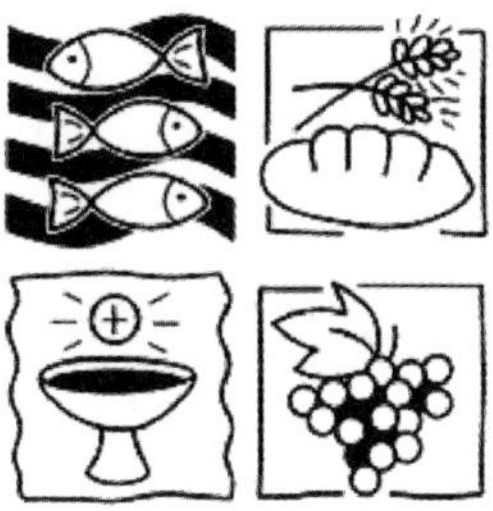

Religiöse Symbole

- verweisen auf eine übersinnliche, nicht fassbare Wirklichkeit;
  lassen den Betrachter teilhaben an dieser übersinnlichen Wirklichkeit;
  können Lebensperspektiven und -räume eröffnen und zu neuem Möglichkeits- und
- Wirklichkeitssinn führen;
- können Glaube und Alltag, Heiliges und Profanes, Sinnliches und Übersinnliches, Wirkliches und Mögliches, Vergangenes und Gegenwärtiges, Individuum und Tradition verbinden;
- können religiöse Dimensionen erschließen, die dem Alltag sonst verschlossen bleiben;
- sind Träger und Mittler religiöser Sozialisation und Erziehung;
- leisten Hilfe zur religiösen Selbst- und Identitätsfindung.

Religiöse Symbole schlagen Brücken des Glaubens und Verstehens.
Um ihre Wirkung zu entfalten, bedürfen sie des *Glaubens* und des *deutenden Wortes.*

Im Gegensatz zu Symbolen eindeutig sind

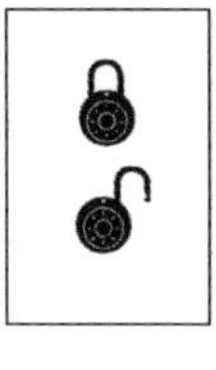

- religiöse Zeichen
- Signale
- Metaphern
- Sinnbilder
- Bilder.

Konzeptionen des Religionsunterrichts: Tradition und Lebenswelt

Stichwort	Unterricht mit dem Ziel	»Erfinder«	»Slogan«*
Evangelische Unterweisung	auf Gottes Wort zu hören.	Kittel	»Ich oder Gott«
Hermeneutischer Religionsunterricht	die christliche Tradition existenziell zu verstehen	Stallmann	»Ich – in der Bibel«
Problemorientierter Religionsunterricht	gegenwärtige Probleme unter christlichem Aspekt wahrzunehmen und zu bearbeiten	Kaufmann	»Mit der Bibel gegen die gesellschaftlichen Missstände«
Sozialisationsbegleitender Religionsunterricht	Unterricht mit dem Ziel, die religiöse Sozialisation aufzuarbeiten	Stoodt	»Ich und meine religiöse Biografie«
Korrelationsdidaktik	Überlieferung und Gegenwart ins Gespräch zu bringen	Nipkow/Baudler	»Umwelt und Bibel begegnen sich«
Religionsunterricht im Pluralismus	Fremdes und Eigenes entdecken, verstehen und sich dazu verhalten.	div.	»Lebenswelt und Deutungen – und was ich daraus mache«

* Erfinden Sie besser eigene Slogans.

Religiöse Entwicklung von Kindern und Jugendlichen

Entwicklungsstufen nach Jean Piaget (1932; 1952) und Lawrence Kohlberg (1969)

Normenbewusstsein (P.)	Kognitives Bewusstsein (P.)	Moralisches Urteil (K.)
3.–5. Lj.: Motorische Moral Egozentrisches, nicht verpflichtendes Normenbewusstsein	*3.–7. Lj.:* Präoperationales Denken egozentrisch und vorbegrifflich	*Kleinkind:* Straf- und Gehorsams-orientierung
5.–9. Lj.: Moralischer Realismus Normen werden als absolut verpflichtend angesehen.	*8.–10. Lj.:* Konkret-operationales Denken konkret-logische Operationen	*Kind:* Hedonistisch-egoistische Orientierung
10–11. Lj.: Autonome Moral Eigenständiger Umgang mit Normen	*ab 12. Lj.:* Formal-operationales Denken logische Kombinationen	*Frühe Jugend:* Orientierung am netten Jungen und netten Mädchen *Jugend:* Gesetz- und moralische Standard-Orientierung *Junge Erwachsene:* Sozialkontrakt-Orientierung *Erwachsenenalter:* Orientierung an eigenen, aber universalen Prinzipien

Religiöse Entwicklung von Kindern und Jugendlichen

Entwicklungsstufen des religiösen Urteils (Fritz Oser) und des Glaubens (James W. Fowler)

---

1. *Heterenomiephase:*
   Unbedingter Gehorsam gegen Gott und seine Gebote.
2. *Bipolaritätsphase:*
   Gott lässt sich durch gute Taten beeinflussen.
3. *Deismusphase:*
   Gott existiert, hat aber keinen Einfluss auf das Leben.
4. *Heilsplanphase:*
   Gott ist der Ermöglichungsgrund von Mitmenschlichkeit und Glück.
5. *Gott-Mitmensch-Phase:*
   Gott als Freiheit und Liebe erscheint im Mitmenschen.

---

1. *Intuitiv-projektiver Glaube:*
   Vorstellungen werden intuitiv transzendiert.
2. *Mythisch-wörtlicher Glaube:*
   Mythen u.Ä. werden wörtlich verstanden.
3. *Konventionell-synthetischer Glaube:*
   Vorfindliche Religion wird übernommen und synthetisiert.
4. *Individuell-reflektierender Glaube:*
   Reflexion der überlieferten Religion und neuer individueller Glaube.
5. *Paradox-verbindender Glaube:*
   Synthese der eigenen mit der überlieferten Religion.
6. *Universalisierender Glaube:*
   Gott wird in allem entdeckt.

Religion und Religiosität in der Lebenswelt von Kindern und Jugendlichen

Zeitphänomene, die im Zusammenhang mit Lebenswelt und Religion diskutiert werden:

– Subjektivierung	»Welcher Gott? – Ist doch gleich gültig!«
– Individualisierung	»Ich mach mir meine eigene Religion.«
– Privatisierung	»Meine Religion geht nur mich etwas an.«
– Autonomisierung	»Ich weiß schon, wo's langgeht.«
– Enttraditionalisierung	»Dogmen? – Kannst du vergessen.«
– Entkirchlichung	»Kirche? – Was such ich da?«
– Eudaimonisierung	»Religion muss mir Glück bringen ...«
– Säkularisierung	»Mein Lebensglück hier und jetzt ist mir heilig.«
– Ethisierung	»Religion soll Menschen bessern.«
– Pluralisierung	»Religionen wie Sand am Meer ...«

Privatisiert religiös

»Es ist doch egal, woran man glaubt, wichtig ist, dass man Kraft und Halt spürt.«
»Diese innere Kraft wirkt wie ein Partner in mir.«
»Jeder muss doch selbst wissen, wo er Halt findet.«

Säkularisiert religiös

»Irgendeinen Sinn wird das Ganze schon haben.«
»Wenn so viele von ihren Gotteserfahrungen reden,
wird das schon begründet sein,
aber mich betrifft das nicht.«

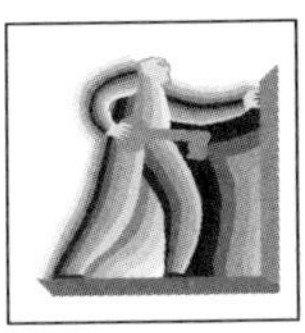

Traditionell religiös

»Bibel und Kirche – darauf baue ich!«

Methoden der Religionsdidaktik

Um Schüler und Stoff zusammenzubringen …

- Konvergieren: Annähern

- Korrelieren: In Zusammenhang bringen

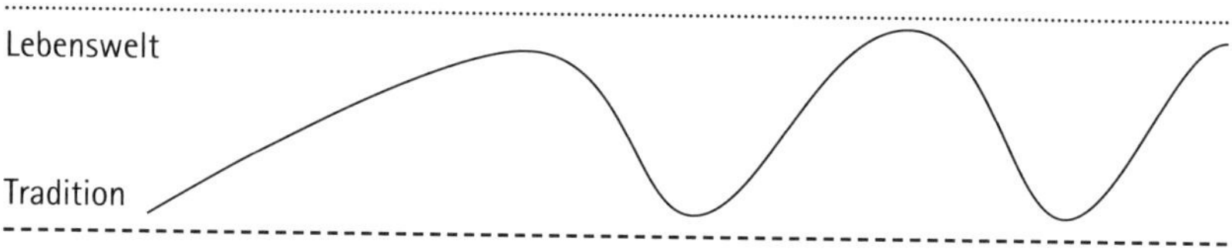

- Symbolisieren:
  Unter die Oberfläche blicken
  und tieferen Sinn finden

- Elementarisieren: Elementare Strukturen des »Stoffes« deutlich machen
  Elementare Erfahrungen zur Sprache bringen
  Elementare Zugänge finden
  Elementare Wahrheiten geltend machen

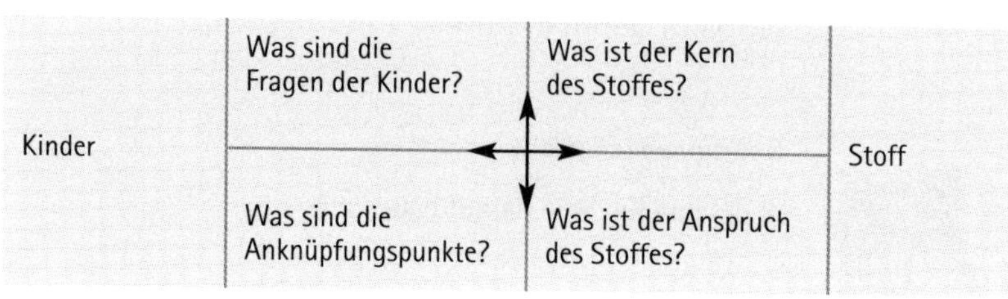

Methoden und Medien im Religionsunterricht

Damit das Konvergieren, Korrelieren, Symbolisieren, Elementarisieren gelingt ...

Religionsunterricht

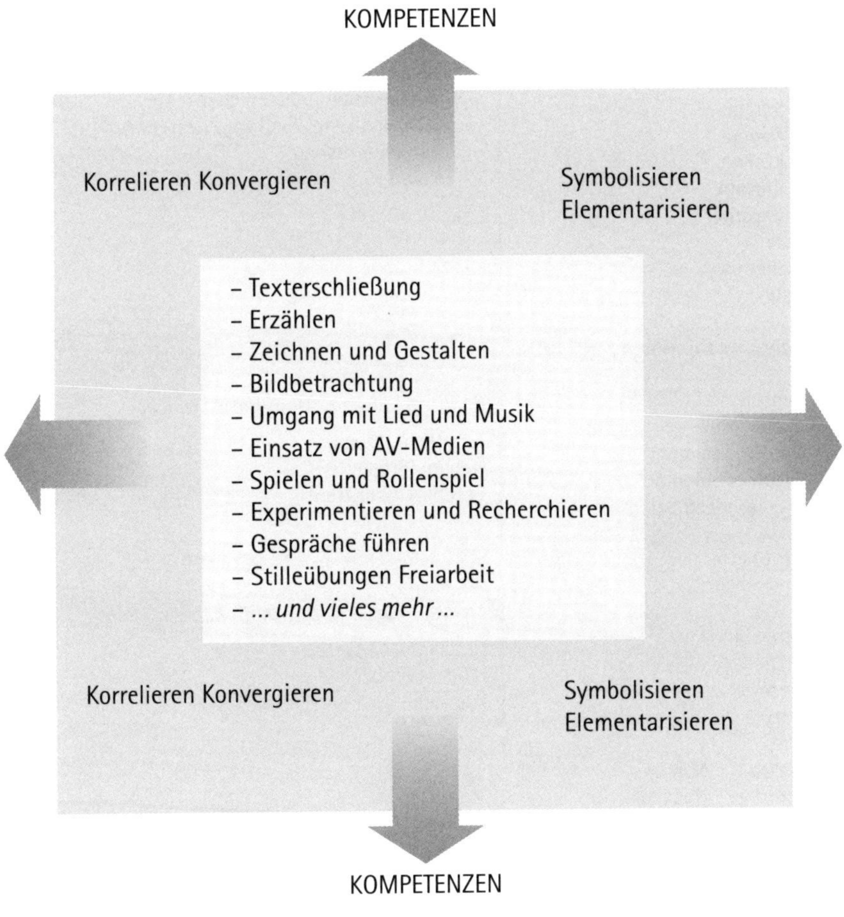

Das Alte Testament als Schriftensammlung

(Kanonisiert als Heilige Schrift des Judentums um 100 n.Chr.)

Geschichte	

1 Mose
2 Mose
3 Mose
4 Mose
5 Mose
Josua
Richter
Rut
1 Samuel
2 Samuel
1 Könige
2 Könige
1 Chronik
2 Chronik
Esra
Nehemia
Ester
	Pentateuch (5 Bücher Mose)
	
	Entstanden in 6 Schritten:
	- Lieder, Geschichten, Sippenregeln (mündlich)
	- Zusammenfassungen zu Erzählkränzen
	  - Komposition des Jerusalemer Geschichtswerks (720–600)
	  - Gesetzessammlungen (700–600)
	    → *Deuteronomistisches Geschichtswerk*
	  - Komposition priesterlicher Texte (Babylonisches Exil) zur Priesterschrift
	- Zusammenfassung

Lehre und Psalmen	
Hiob Psalter Sprüche Salomos Prediger Salomo Das Hohelied Salomos	*Kanon in jüdischer Tradition = Tenach* Tora (Pentateuch) Nebiim (Propheten) Cetubim (Schriften)
Prophetie	
Jesaja Jeremia Klagelieder Jeremias Hesekiel Daniel Hosea, Joel, Amos, Obadja, Jona, Micha Nahum, Habakuk, Zefanja, Haggai, Sacharja, Maleachi	*Kanon in christlicher Tradition (linke Spalte)* Geschichtsbücher Prophetenbücher Poetische Bücher

Brennpunkte der Geschichte Israels

	Älteste Geschichte Israels		Propheten
	Erzeltern		
1300–1100?	Exodus und Wüstenwanderung		
1200–1000?	Landnahme und Richter		
um 1000?	Frühe Königszeit (Saul, David, Salomo)		
930–722	Die beiden Reiche Juda und Israel		
	Juda/Jerusalem	Israel	
	Rehabeam	Jerobeam I.	
		Ahab	Elia und Elischa
		Jerobeam II.	Amos
	Joschija		Jeremia
	Eljakim/Jojakim		Jesaja
	Zedekia		
587/6–538	**Babylonische Gefangenschaft**		
	Zeit nach der babylonischen Herrschaft		Deuterojesaja/Ezechiel
538–332	Herrschaft der Perser		
332–301	Herrschaft der Griechen		Haggai
301–198	Herrschaft der Ptolemäer		Sacharja
198–129	Herrschaft der Seleukiden		Maleachi
129–63	Herrschaft der Hasmonäer		Tritojesaja
-324 n. Chr.	Herrschaft der Römer		

Sieben theologische Schwerpunkte alttestamentlicher Schriften

1. Die Frage nach Gott als Mitte der Schrift	Geschichten mit Gott, die ▪ zu einer vertrauensvollen Beziehung herausfordern (Schöpfung), ▪ in die Pflicht nehmen (Gebote), ▪ zur kritischen Unterscheidung anleiten (Gott und Götter), ▪ zukünftige Möglichkeiten des Lebens eröffnen.
2. Geschichte im Zusammenhang biblischen Redens von Gott	▪ Geschichte und Menschenleben sind zukunftsoffen und zukunftsfähig. ▪ Beides ist von Schuld bedroht. ▪ Aber Gott kann von Schuld befreien, Böses zum Guten wenden.
3. Schöpfungstexte und Urgeschichte	Die Wahrnehmung der Welt als Schöpfung regt an zum ▪ Lob von Schöpfer und Schöpfung ▪ reflektiertem Umgang mit der Welt ▪ zum Verständnis der Gottesebenbildlichkeit jedes Menschen.
4. Väter- und Mütterüberlieferungen	Ursprüngliche Einzelsagen sind mit der göttlichen *Segenszusage* als cantus firmus verbunden. ▪ Verheißung von Nachkommen und Land; Realisierung trotz Gefährdung durch menschliches Versagen. ▪ Offene und verdeckte göttliche Führung ▪ Narrative Ethik
5. Befreiungsgeschichte	Gott gibt sich zu erkennen ▪ als der, der das Elend seiner Kinder hört und sieht; ▪ als der, der den Unterdrückten den Weg in die Freiheit bahnt und hilft, die verdankte Freiheit zu bewahren.
6. Tora, Bund und Gebote	▪ Die Gebote gelten Befreiten und intendieren die Bewahrung der geschenkten Freiheit. ▪ Sie stehen vor der institutionalisierten Gemeinschaft und gelten Herrschern wie Beherrschten.
7. Prophetische Kritik und Verheißung	Propheten als »Kontrollinstanz« der Herrscher und Kultkritiker; darüber hinaus wirkmächtige z.T. noch offene Verheißungen ▪ eines gerechten Friedens ▪ eines neuen Bundes ▪ eines messianischen Königs.

Methodische Zugänge zum Alten Testament

	Diachrone Methoden	Synchrone Methoden
Zum Beispiel	historisch-kritische Auslegung, sozialgeschichtliche Auslegung	tiefenpsychologische Auslegung, befreiungstheologische Ansätze, interaktive Methoden
Ziel	historische Distanz ernst nehmen	unmittelbare Beziehung zw. Text und Leser herstellen
Schritte	▪ Textkritik ▪ Literarkritik ▪ Überlieferungskritik ▪ Form- und Gattungsgeschichte	▪ Gliederung ▪ Klärung fremder Vorstellungen ▪ Identifizierung einer überzeitlichen, existenziellen Fragestellung ▪ Auseinandersetzung mit der existenziellen Fragestellung, z.B. unter psychoanalytischer Perspektive

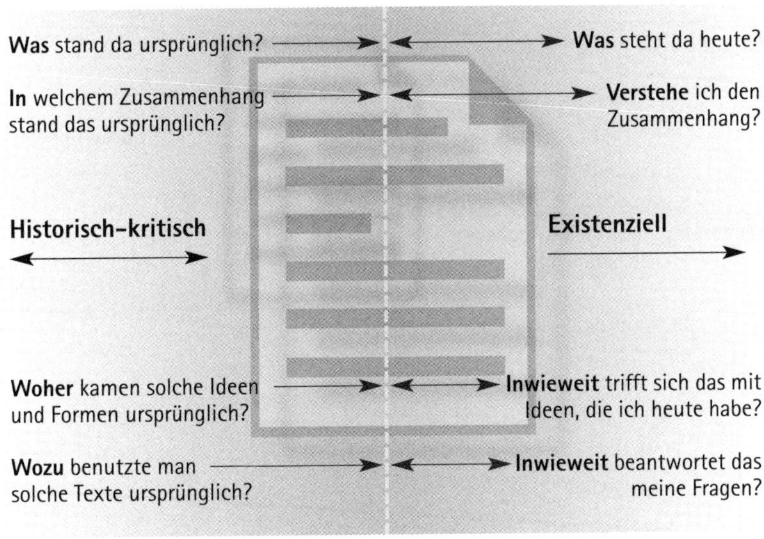

Vier Schriftengruppen im Neuen Testament (27 Schriften)

Schriften	**Namen**	**Charakter**	**Fokus**
Evangelien und Apg	Markus, um 70	Erzähler und Deuter	Geheimnis
	Matthäus, 80–90	Christl. Schriftgelehrter	Erfüllung(szitate)
	Lukas, ab 90	Heidenchrist	Heil für Verlorene
	Johannes, 90–100	Philosophischer Theologe	Vater, Sohn, Tröster
Paulusbriefe	1 Thess, ab 50	1) *situativ-seelsorglich*	z.B. Spaltungen
		2) *theologisch:* vom Auferstandenen her	Paulus' Bekehrung
	dazwischen: 1 Kor, 2 Kor, Gal, Phil, Phlm	3) *soteriologisch:* gerecht aus Glauben	Werke – Glaube
	Röm („letzter Wille")	4) *ethisch:* auf Hoffnung ausgerichtet	Leben in Christus, auf Christus hin
Spätere Briefe	Pastoralbriefe	1 Tim, 2 Tim, Tit	neu ggüber Paulus: gesunde Lehre, gutes Gewissen
	Deuteropaulinen	Eph, Kol, 2 Thess	
		Hebr	Jesus als Priester
	Katholische Briefe, um 100 oder später	Jak, 1 Petr, 2 Petr, 1 Joh, 2 Joh, 3 Joh	
Offenbarung	einzige Apokalypse im Kanon	viele at.liche Bilder, Ausblick in Hoffnung für Gläubige	Christus als Lamm; kein „Termin"!

Methodische Zugänge zum Neuen Testament

Erste Annäherung: Die Västerås-Methode

Was kann ich beobachten und erklären?	!
Welche Textstruktur lässt sich erkennen?	#
Was verstehe ich nicht?	?
Was finde ich wichtig?	>

Methodische Schritte der Erschließung

Synchrone Analyseschritte

Syntaktische Analyse:
Wortformen, Satzbau

Semantische Analyse:
Stilmittel als »Sinnmittel«

Pragmatische Analyse:
Aussagerichtung/Zweck des Textes

Kontextanalyse:
Sinn des Textes im größeren Zusammenhang

Diachrone Analyseschritte

Literarkritik
Parallen und Vorstufen des Textes

Redaktionsanalyse
Besonderheiten im Vergleich mit Parallelen

Formanalyse
Mündliche Vorstufen des Textes (»Sorte«)

Sozialgeschichtliche Analyse
Äußere Bedingungen der erzählten Situation

Religionsgeschichte
Religiöser Kontext der erzählten Situation

Rezeptionsgeschichte
»Gebrauch« des Textes im Lauf der Zeit

Textkritik
Rekonstruktion des originalen Wortlauts

Epochen der Christentumsgeschichte I: Alte Kirche und Mittelalter

Alte Kirche 0–500

- Urgemeinde (um 50)
- Apostolische Väter (um 100): Fragen des Glaubens und der kirchlichen Sitte werden diskutiert.
- Die Verteidigung des Glaubens gegen Irrlehren:
  Die Apologeten und die frühe christliche Theologie (um 150).
- Die Entstehung der frühkatholischen Kirche:
  Glaubensregeln, Ämter- und Kanonbildung (2./3. Jh.).
- Konstantinische Wende 324: Das Christentum wird geduldet und zur Staatsreligion erhoben – Kaiser Theodosius und das Konzil von Konstantinopel 381 – Synthese von Imperium und Christentum (4. Jh.).

Mittelalter 500–1500

- Frühmittelalter (450–900): Übergang des Christentums von der griechisch-römischen in die germanische Welt. Germanisierung des Christentums, Enkulturation des Evangeliums in einen anderen Kulturraum (Bibelübersetzung durch den Goten Wulfila (383).

- Hochmittelalter (900–1300): Zusammenbruch des gleichberechtigten Nebeneinanders von geistlicher und weltlicher Herrschaft (Investiturstreit). Papsttum behauptet seine Autonomie. *Thomas von Aquin* († 1274).
  Mystik und Mönchtum.

- Spätmittelalter (1300–1500): Pestepidemien. Flagellanten- und Geißlerbewegungen. Judenverfolgungen und Bauernaufstände.
  Zunehmendes Aufbegehren gegen eine als starr empfundene, fiskalisch interessierte Kirche. *John Wyclif* († 1384), *Jan Hus* († 1415).
  Aufkommender Humanismus *Erasmus von Rotterdam* († 1536).

Epochen der Christentumsgeschichte II: Reformation

Wann?	Wer?	Was?
1517	Luther	**95 Thesen / Beginn der Reformation**
1518	Luther	Ketzereianklage gegen Luther
1519	Luther	Disputation mit J. Eck: »Auch Päpste [...] können irren.«
1520	Luther	Erhalt und Verbrennung der **Bannandrohungsbulle.**
1521	Karl V.	Bannbulle; Reichsacht f. Luther auf Reichstag Worms
1521/2	Luther	**Übersetzung des Neuen Testaments** (Wartburg)
1524/5	Bauern	Berufung auf Evangelium gipfelt im Bauernkrieg
1526	Landesherren	Reichstag zu Speyer: Umgang mit Reformation nach deren Ermessen
1529	**Zwingli** und Luther	Marburger Religionsgespräch: Lehrunterschiede
1529	»Protestanten«	2. Reichstag Speyer: Protest der Evangelischen
1530	Altgläubige/ Protestanten	Reichstag in Augsburg: **Confessio Augustana**
1531	Protestanten	vereinigen sich zum **Schmalkaldischen Bund**
1532	Nürnberger Anstand	Freie Religionsausübung bis zu einem Konzil
1541/4	Altgläubige/ Protestanten	Religionsgespräche in Regensburg und Speyer
1545-63	**Kath. Kirche**	Konzil von Trient: Erneuerung
1546	Luther	stirbt (Februar).
1546/7	Schmalkaldischer Bund/Kaiser Karl V.	**Krieg und Niederlage des Bundes/ betreibt Rekatholisierung**
1548	Protestanten	Augsburger Interim: Unterordnung gefordert
1555	**Altgläubige/ Protestanten**	**Augsb. Rel.-Friede: Gleichberechtigung** ev.-kath. = Bi-Konfessionalität

Epochen der Christentumsgeschichte III: Neuzeitlicher Protestantismus und Brennpunkte der Kirchengeschichte im 20. Jahrhundert

Neuzeitlicher Protestantismus (1580–1900)

	Daten	**Namen, Stichworte**
Altprotestantische Orthodoxie	*2. Hälfte 16. bis Anf. 18. Jh.*	Hutter, Hollaz, Callixt. Wortwörtliche Autorität der Bibel. Konkordienbuch
Pietismus	*Ab 1675*	Spener, Francke, Tersteegen, Zinzendorf Umsetzung des Glaubens ins Leben
Aufklärung	*18. Jh.*	Baumgarten, Semler. Bibelexegese unter rational-ethischen Gesichtspunkten.
19. Jahrhundert		Schleiermacher: »Kirchenvater«. Wichern, Sieveking. Fliedner: Soziale Frage.

Brennpunkte der Kirchengeschichte im 20. Jahrhundert

	Daten	**Namen, Stichworte**
Weimarer Republik	*1919–1933*	Barth, Thurneysen, Brunner, Gogarten: Dialektische Theologie/ Th. der Krise.
Nationalsozialismus	*ab 1933*	Bonhoeffer, Niemöller. Deutsche Christen, Bekennende Kirche, Barmer Theologische Erklärung (Barth)
Zwei deutsche Staaten	ab 1945 bis 1989	EKD (1948): Stuttgarter Schuldbekenntnis; ÖRK; in der DDR staatlich verordneter Atheismus, in der Bundesrepublik Erosion der Volkskirche (70er).
Ökumenische Theologie		→ VIII

Arbeitsformen und -methoden der Historischen Theologie

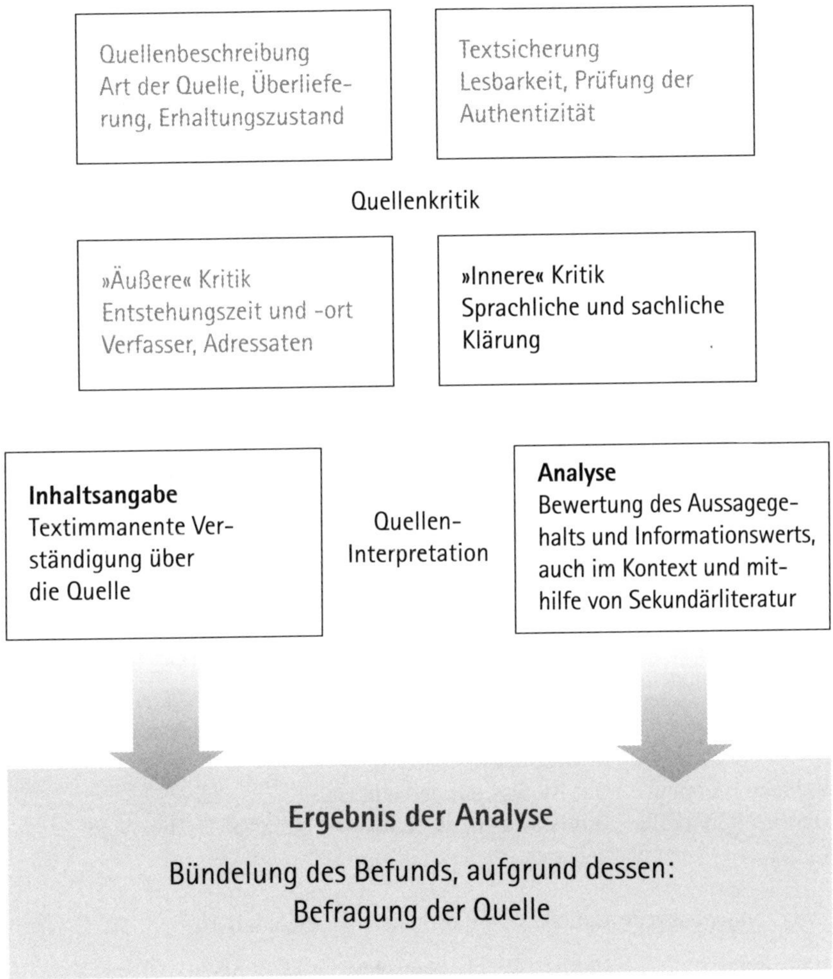

Zur Begründung und Gültigkeit ethischer Urteile

Ethik = Nachdenken über Moral, Sitte und Ethos.
Was ist gut/böse, gerecht/ungerecht?
Warum und für wen?

Philosophisch-metaphysische Modelle

Plato	Gut ist, was der Idee des Guten nahe kommt.
Aristoteles	Gut ist, was glücklich macht.
Stoa	Gut ist, was im Einklang mit dem Welt-Logos steht.

Philosophisch-rationale Modelle

Thomas Hobbes	Gut ist, was dem »natürlichen Gesetz« entspricht.
René Descartes	Gut ist vorläufig und muss immer wieder kritisiert werden.
John Locke	Gut ist, was allgemeine Anerkennung findet.
Immanuel Kant	Gut ist, was als Prinzip einer allgemeinen Gesetzgebung gelten könnte.
Jürgen Habermas	Gut ist, was im Diskurs als »gut« definiert und anerkannt wird.
A.M. Hare	Gut ist, was alle so nennen.

Christliche Modelle

Martin Luther	Gut ist, was den Gesetzen der Bibel entspricht (Riegel, Spiegel, Siegel)
Wilhelm Hermann	Gut ist, was gut gemeint ist.
Dietrich Bonhoeffer	Gut ist, was in der konkreten Situation Gottes Wille gebietet.

Zwei zeitgenössische Modelle (1. philosophisch; 2. theologisch)

Hans Jonas	Gut ist, was die Menschheit erhält und ihrer Bestimmung dient.
Ulrich Körtner	Gut ist für Christen, die sich von Gott gerechtfertigt wissen, befreit und opferbereit vor Gott und Mensch Verantwortung zu übernehmen.

Werterziehungsmodelle

Das Wert**vermittlungs**modell

Werte sind gegeben. Es gilt, sie anschaulich zu vermitteln.

Das Wert**klärungs**modell

Werte sind subjektiv. Es gilt, sie zu erkennen und zu prüfen.

Das Wert**entwicklungs**modell

Werte wachsen. Es gilt, von heteronomen zu autonomen Werten zu gelangen.

Das Wert**fühlungs**modell

Werte kennen nützt wenig. Es gilt, sie zu »fühlen«, um sie zu achten.

Das Modell zur **Sensibilisierung** für eine Überlebensverantwortung (H. Jonas)

Die Bewahrung des Lebens ist der entscheidende *Wert.*

Das Wert**analyse**- und **Prozess**modell

Werte sind zu definieren, zu reflektieren, zu bewerten, bevor es zu einem Urteil kommt. Dazu empfehlen sich neun Schritte:

1. Wahrnehmung des Problems und seiner spezifischen Problematik;
2. Analyse der Situation und ihrer möglichen Handlungsalternativen;
3. Kenntnisnahme der üblichen Entscheidungen und ihrer Alternativen;
4. Erarbeitung elementarer Lebensbedingungen;
5. Auseinandersetzung mit traditionellen und aktuellen Werten, Normen und ethischen Denkmodellen;
6. Überlegungen zu spezifisch christlichen Lösungen;
7. Urteilsfindung und Entscheidung;
8. Folgerungen für das persönliche und gemeinsame Leben;
9. Mögliche Revision der Entscheidung.

Religionswissenschaft: Was ist „Religion"? Was ist Wahrheit?

Religion – eine Definition

„Religion ist der Name für eine Gemeinschaft, in der Menschen aus Erfahrungen mit einer über menschliche Grenzen hinausweisenden Macht/Größe leben, von denen her grundsätzliche Bestimmung und Sinngebung des Lebens vermittelt sowie grundsätzliche Anleitungen zum Verhalten gegeben werden." (J. Lähnemann)

Wahrheit in Christentum und anderen Religionen – drei Modelle und »echter Dialog«

„Die Wahrheitserfahrung der eigenen Tradition und die Aufgabe der Mission werden nicht beiseite gelassen, aber in einen offenen Prozess eingebracht, der Toleranz und Achtung der anderen einschließt, Lernen voneinander ermöglicht und sich bewusst ist, dass all unser irdisches Wissen und Reden in irdischer Begrenzung geschieht. Gott ist letztlich immer größer als unser Verstehen, größer auch als alles, was in einer religiösen Lehre ausgedrückt werden kann. Es kann weder um den Ausschluss der anderen noch um ihre Vereinnahmung noch um Gleich-Gültigkeit gehen." (J. Lähnemann)

Exklusiv

»Meine Religion allein ist der gültige Heilsweg!«

Plural

»Die Wahrheit ist größer als jede Religion. Lassen wir also alle gleichgültig sein!«

Inklusiv

»Meine Religion ist wahr. – Die anderen kennen Stücke der Wahrheit.«

Anhang

1. Abkürzungsverzeichnis

1.1 Biblische Bücher (nach den Loccumer Richtlinien)

Altes Testament

Gen	Genesis (1 Mose = Das 1. Buch Mose)*
Ex	Exodus (2 Mose = Das 2. Buch Mose)
Lev	Levitikus (3 Mose = Das 3. Buch Mose)
Num	Numeri (4 Mose = Das 4. Buch Mose)
Dtn	Deuteronomium (5 Mose = Das 4. Buch Mose)
Jos	Das Buch Josua
Ri	Das Buch der Richter
Rut	Das Buch Rut
1 Sam	Das 1. Buch Samuel
2 Sam	Das 2. Buch Samuel
1 Kön	Das 1. Buch der Könige
2 Kön	Das 2. Buch der Könige
1 Chr	Das 1. Buch der Chronik
2 Chr	Das 2. Buch der Chronik
Esra	Das Buch Esra
Neh	Das Buch Nehemia
Tob	Das Buch Tobit (= Das Buch Tobias) [griechisch]
Jdt	Das Buch Judit [griechisch]
Est	Das Buch Ester [mit griechischen Zusätzen]
1 Makk	Das 1. Buch der Makkabäer [griechisch]
2 Makk	Das 2. Buch der Makkabäer [griechisch]
Ijob	Das Buch Ijob (Hiob = Das Buch Hiob)
Ps	Die Psalmen
Spr	Das Buch der Sprichwörter (= Die Sprüche Salomos)
Koh	Das Buch Kohelet (Pred = Der Prediger Salomo)
Hld	Das Hohelied (= Das Hohelied Salomos)
Weish	Das Buch der Weisheit (= Die Weisheit Salomos) [griechisch]
Sir	Das Buch Jesus Sirach [griechisch]
Jes	Das Buch Jesaja

* In der Tradition der Lutherbibel werden die in runden Klammern angegebenen Bezeichnungen und Abkürzungen gebraucht.

Jer	Das Buch Jeremia
Klgl	Die Klagelieder des Jeremia
Bar	Das Buch Baruch [griechisch]
Ez	Das Buch Ezechiel (Hes = Das Buch Hesekiel)
Dan	Das Buch Daniel [mit griechischen Zusätzen]
Hos	Das Buch Hosea
Joël	Das Buch Joël
Am	Das Buch Amos
Obd	Das Buch Obadja
Jona	Das Buch Jona
Mi	Das Buch Micha
Nah	Das Buch Nahum
Hab	Das Buch Habakuk
Zef	Das Buch Zefanja
Hag	Das Buch Haggai
Sach	Das Buch Sacharja
Mal	Das Buch Maleachi

Neues Testament

Mt	Das Evangelium nach Matt(h)äus
Mk	Das Evangelium nach Markus
Lk	Das Evangelium nach Lukas
Joh	Das Evangelium nach Johannes
Apg	Die Apostelgeschichte
Röm	Der Brief an die Römer
1 Kor	Der 1. Brief an die Korinther
2 Kor	Der 2. Brief an die Korinter
Gal	Der Brief an die Galater
Eph	Der Brief an die Epheser
Phil	Der Brief an die Philipper
Kol	Der Brief an die Kolosser
1 Thess	Der 1. Brief an die Thessalonicher
2 Thess	Der 2. Brief an die Thessalonicher
1 Tim	Der 1. Brief an Timotheus
2 Tim	Der 2. Brief an Timotheus
Tit	Der Brief an Titus
Phlm	Der Brief an Philemon
Hebr	Der Brief an die Hebräer
Jak	Der Brief des Jakobus
1 Petr	Der 1. Brief des Petrus
2 Petr	Der 2. Brief des Petrus
1 Joh	Der 1. Brief des Johannes
2 Joh	Der 2. Brief des Johannes
3 Joh	Der 3. Brief des Johannes
Jud	Der Brief des Judas
Offb	Die Offenbarung des Johannes

1.2 Zeitschriften/Reihen

ATD	Das Alte Testament Deutsch, Göttingen 1949ff.
BEvTh	Beiträge zur evangelischen Theologie, München 1940ff.
BThSt	Biblisch-theologische Studien, Neukirchen-Vluyn 1977ff.
EKK	Evangelisch-katholischer Kommentar zum Neuen Testament, Neukirchen-Vluyn 1975ff.
EvErz	Der Evangelische Erzieher, Frankfurt a.M. 1949ff.
KatBl	Katechetische Blätter, München 1875ff.
LexRP	Lexikon der Religionspädagogik, Neukirchen-Vluyn 2001
LThK	Lexikon für Theologie und Kirche, Freiburg i. Br. ^{2}1957ff., ^{3}1993ff.
NTD	Das Neue Testament Deutsch, Göttingen 1932ff.
NSK	Neuer Stuttgarter Kommentar, Stuttgart 1992ff.
RGG	Religion in Geschichte und Gegenwart, Tübingen ^{3}1956ff., ^{4}1998ff.
Rh	Religion heute. Zeitschrift für Religionspädagogik, Frankfurt a.M., jetzt: Velber 1982ff.
rhs	Religionsunterricht an höheren Schulen, Düsseldorf 1958ff.
RpB	Religionspädagogische Beiträge. Zeitschrift der Arbeitsgemeinschaft Katholischer Katechetikdozenten, Kaarst 1978ff.
SKK	Kleiner Stuttgarter Kommentar
StNT	Studien zum Neuen Testament, Gütersloh 1969ff.
StTh	Studien zur Theologie, Würzburg 1987ff.
TLL	Theologie für Lehrerinnen und Lehrer, Göttingen 1999ff.
TRE	Theologische Realenzyklopädie, Berlin ^{3}1976ff.
ZBK	Zürcher Bibelkommentare, Zürich u.a. 1960ff.

1.3 Sonstiges

Ap	Apostolisches Glaubensbekenntnis
AT	Altes Testament
BTE	Barmer Theologische Erklärung (1934)
DDR	Deutsche Demokratische Republik
EKD	Evangelische Kirche in Deutschland
GER	Gemeinsame Erklärung zur Rechtfertigungslehre (1999)
GG	Grundgesetz der Bundesrepublik Deutschland
NC	Das Glaubensbekenntnis von Nizäa-Konstantinopel (381)
NT	Neues Testament
ÖRK	Ökumenischer Rat der Kirchen, Genf
RL	Religionslehrkraft / Religionslehrkräfte / Religionslehrer / Religionslehrerin
RD	Religionsdidaktik
RP	Religionspädagogik
RU	Religionsunterricht
Sek	Sekundarstufe
VELKD	Vereinigte Evangelisch-Lutherische Kirche Deutschlands

2. Namenregister

3. Sachregister

4. Autorenverzeichnis

Gause, Dr., Ute – Professorin für Kirchen- und Theologiegeschichte und Fachdidaktik an der Universität Siegen.

Hoenen, Dr., Raimund, geb. 1939 – seit 2004 em. Prof. für Ev. Theologie und Didaktik des Religionsunterrichts an der Martin-Luther-Universität Halle-Wittenberg.

Johannsen, Dr., Friedrich; geb. 1944 – Professor für Evangelische Theologie und Religionspädagogik an der Universität Hannover.

Lachmann, Dr., Rainer; geb. 1940 – Professor an der Universität Bamberg, Lehrstuhl für Evangelische Theologie mit Schwerpunkt Religionspädagogik und Didaktik des Religionsunterrichts.

Lähnemann, Dr., Johannes; geb. 1941 – Professor an der Universität Erlangen-Nürnberg, Lehrstuhl für Religionspädagogik und Didaktik des Evangelischen Religionsunterrichts.

Mokrosch, Dr., Reinhold; geb. 1940 – Professor für Evangelische Theologie: Praktische Theologie /Religionspädagogik an der Universität Osnabrück.

Müller, Dr., Peter; geb. 1950 – Professor für Evangelische Theologie und Religionspädagogik an der Pädagogischen Hochschule in Karlsruhe.

Sturm, Dr., Erdmann; geb. 1937 – seit 2002 em. Professor für Systematische Theologie und Religionspädagogik am Institut für Evangelische Theologie und ihre Didaktik der Evangelisch-Theologischen Fakultät der Universität Münster.